KEY ECONOMICS TEXTBOOK SERIES OF THE

"12TH FIVE-YEAR-PLANNING" FOR GENERAL UNIVERSITIES

上海市第四期本科教育高地建设项目

——国际经济与贸易

普通高等院校经济学"十二五"规划重点教材

总主编 唐海燕

微观经济学

赵立辉 主编

立信会计出版社
LIXIN ACCOUNTING PUBLISHING HOUSE

内容简介

微观经济学是经济类、管理类本科专业的基础课程和核心课程，主要研究稀缺资源的合理配置问题。本书在吸收国内外经济学教科书的优点和当代微观经济学最新研究成果基础上，从理性经济人假定出发，研究微观主体在市场中的行为，系统地介绍了微观经济学基本概念和原理。本书研究了需求和供给的一般理论、弹性理论、消费者行为理论、生产者行为理论、市场结构理论、分配理论、一般均衡理论和市场失灵理论等主要问题。全书脉络清楚、涵盖了新古典经济学主要理论内容。

本书可作为高等院校财经类专业本科生的教学用书，也可供相关专业教师、研究生和经济学爱好者参考和阅读。

总 序

经济学的研究内容包罗万象，涉及社会生产生活的方方面面。既有对社会经济总体运行的规律性总结，也有对特定经济活动进行的深入研究；既有对国内特定社会经济部门的分析，也有对开放经济条件下对外经济活动的实践与规律的总结；既有对市场主体的经济行为的研究，也有对政府公共管理政策及理论的探讨。进入21世纪以来，随着经济科学内容及架构的不断丰富与完善，对经济学的认识与研究逐渐演变深化为日益细分的特定领域与具体学科和专业，体现在高校的经济学教育中，就是经济类各相关专业的核心专业课程。本系列“普通高等院校经济学‘十二五’规划重点教材”即为适应高等院校经济学本科专业教育教学不断发展的新要求而组织编写的。

上海立信会计学院作为一所财经类高校，经济学科是学校建设和发展的主体学科之一。建校80多年来，学校已经为社会输送了大量专业人才，积累了丰富的教育教学和学科专业建设经验。为更好地促进经济学本科各专业发展，提升学科专业建设水平，总结与提炼教学经验，为社会培养更多优秀人才，为各高等院校经济类本科专业教学提供优秀适用教材，上海立信会计学院以经济类专业骨干教学研究力量成立了教材编写委员会，结合教学实践与人才培养要求编写出版系列经济学规划教材。

本系列教材主要用于高等院校本科经济类相关专业的教学实践与参考，教材规划涵盖经济学各相关专业的核心课程。目前主要包括《宏观经济学》、《微观经济学》、《货币金融学》、《金融市场学》、《公共经济学》、《政府预算管理》、《国际贸易学》、《国际经济学》、《国际服务贸易》、《商业银行经营与管理》、《中国税制》等。在后续工作中，本系列教材还将不断充实完善其他经济类核心课程教材。

本系列教材的主要特点是：

第一，来自教学实践，注重教学效果。本系列教材的编写人员以上海立信会计学院从事教学一线工作多年的教授、博士组成。本系列教材是他们经过多年的教学实践，不断积累总结教学经验后的成果。他们都有丰富的教材写作经历和经验。在本系列教材创作过程中，他们充分吸收了以往的教研成果，更加注重教材在实际教学中的使用效果。

第二，吸收最新成果，内容有取有舍。在本系列教材规划之初，主创人员就统一了写作理念。在保证基础知识完整性的前提下，不断更新内容，尽量把各自专业领域里最新的、已经系统化的新知识、新内容、新方法吸收进来。应该由相关教材或通过自学掌握的知识不再列入本系列教材的写作内容。

第三，体系完整开放，规划高瞻远瞩。本系列教材编写委员会在成立之初就确定好了教材写作的主导思路与体系架构，从总体学科领域进行专业教材的布局与安排，注意了学科之间的相互联系与教学内容的前后衔接。随着后续教材的充实完善，本系列教材将逐渐形成完整的经济学教材体系。

感谢本系列教材各位编写人员的辛勤劳动，感谢立信会计出版社的领导与编辑老师对本系列教材的支持与编审工作。由于水平所限，本系列教材一定还存在一些不足甚至是错误。敬请高校经济学各位同仁和广大学生在使用中提出宝贵意见。相信在你们的关心帮助下，通过我们的后续工作和努力，本系列教材将会不断得以改进。

唐海燕

2011 年 6 月于立信松江园

前　言

随着中国特色市场经济改革的推进和发展，人们对经济生活了解不断深入，对经济学的学习热情和渴望更加迫切，更多的人开始关注和参与市场经济，从而关注经济学。经济学也逐渐变成了“显学”，经济学的教育也面临着普及和深化的双重使命。本书就是在这样的大背景下，由高校多年从事经济学教学与研究，有较好理论基础和丰富教学经验的一线教师们编写的。

现代经济学主要包括微观经济学和宏观经济学两部分。微观经济学是经管类专业本科生必修课程之一，是理论经济学和基本经济理论的一个重要方面。微观经济学研究的是经济运行中经济个体的经济行为，这里的经济个体包括单个的消费者、单个的企业和单个的要素所有者等。这些经济个体或经济单位通过市场相互联系、相互影响和相互作用。微观经济学主要阐述经济社会中这些经济个体在市场中根据什么和怎样作出经济决策。即消费者怎样作出购买产品和劳务的决策；企业针对消费者需求以及收益和成本的比较关系怎样作出生产的决策；要素所有者怎样决定要素的流向与要素的流量，等等。

本书以新古典经济理论为基础，通过研究微观市场上供给、需求与均衡价格关系，分别推导出消费者行为理论和生产者行为理论，以及政府在市场中的作用等。全书共分十章：

第一章 绪论。主要介绍经济学的产生、研究对象、研究方法、经济学研究的基本内容等。这一章有一个经济学基本假定——理性经济人假定——是我们所有学习经济学人要注意的，这是新古典经济学大厦的基础和理论出发点。对这个假定的不同理解产生了经济学诸多不同的分支。

第二章 供求理论。这一章是经济学基本的内容，主要涉及供给和需求、市场均衡及相关概念，这是经济学最基本的概念。

第三章 弹性理论。弹性理论是经济学最有价值的理论之一。本章从需求弹性出发探讨了若干弹性的定义和理解。只要两个变量能够建立起函数关系，这两个变量之间就可以探讨弹性问题。

第四章 消费者行为理论。本章是在第二、第三章基础上，从需求的角度探讨消费者在产品市场上的行为，即消费者在既定收入和偏好的情况下如何消费才能实现效用最大化。

第五章 生产者行为理论。本章是在第二、第三章基础上，从供给的角度探讨生产者在产品市场上的行为，即生产者在既定资源和技术条件下如何生产才能实现利润最大化。

第六章 市场结构理论（一）、第七章 市场结构理论（二）。这两章研究厂商在面对完全垄断、寡头垄断、垄断竞争、完全竞争等不同的市场结构下如何选择生产和实现利润最大化问题，针对不同的市场结构生产效率有什么不同。这两章内容是第五章内容的深入探讨。

第八章 分配理论。分配理论研究的是要素的收入问题。这一章研究的是单个市场主体在要素市场上的需求和供给行为。我们前面研究的都是单个经济主体在产品市场上的行为，所以前面得到的结论，在本章中可以得到相应的移植和应用。

第九章 一般均衡理论与福利经济学。本章是相对比较独立的一章。一般均衡分析方法是相对于局部均衡分析方法而言的，本书之前基本使用的都是局部均衡分析方法，本章给出一个一般均衡分析的框架。公平和效率问题一直是经济学富有争议的话题，福利经济学就是探讨经济效率的实现和公平的权衡问题，需要注意的是福利经济学这一部分主要用的是规范分析方法，之前我们用得更多的是实证分析方法。

第十章 市场失灵理论与微观经济政策。本章是对微观经济学市场万能理论的一种否定。主要探讨了导致市场配置资源无效率的几种情况，及此时政府的作用。第十章告诉我们市场的作用是巨大的，但我们也不能完全相信市场，它也会有失灵的时候，这时候政府这只“看得见的手”对经济的干预就有了依据。

以上内容基本涵盖了微观经济学学习基本要求的知识点。对于学时比较少的教学单位，本书第七、第八章可以略讲，第九章可以不讲。

本书是由来自教学第一线有多年从事经济学教学工作经验的教师编写，因而所选内容符合实际。本书主要特点是，体系新颖，通过微观经济学各理论的形式将整个微观内容串联起来，便于学习和记忆；每章前都有教学目的和要求作为学习引导；本书尽可能选取较新数据和案例；针对性强，理论叙述通俗易懂，特别对数学叙述和证明尽可能做了简化处理。本教材立足内地普通高等院校，力求将教材编写得通俗易懂，全面系统地介绍微观经济学的基本原理，并配以主要名词和思考题，没有学过初级微观经济学的读者可直接把本书作为学习微观经济学的入门教材。

本书主要分工：赵立辉（第一、第二、第五章）；王延军（第三、第四章）；李雪（第六、第七、第十章）；史浩江（第八、第九章）。赵立辉负责框架设计和统稿工作。

本书主要供高等院校本科经济学和管理学专业学生作为微观经济学的教材，也适用于非经济管理专业学生及广大读者自学，同时也可供那些想了解经济学概貌的社会人士来研读。本书在编写过程中，裴瑱教授给予了很多意见和指导。朱向红教授、潘瑞姣博士、石金海博士、关凤利博士等各位同仁都对编写工作提出中肯的建议和热情关注，方士华编辑不辞辛苦往来两校区与编者沟通，每一次电话和邮件的联系都印证了编辑高度的职业责任心。这里一并表示谢忱。

由于编者学识和视野所限，书中如有不当之处，敬请批评指正。

本教材是上海市第四期本科教育高地建设项目“国际经济与贸易”的建设成果。

《宏观经济学》一书与本书配套出版。

编　　者

2011 年 9 月

目　录

第一章　绪　　论

本章教学目的与要求

为了使初学者对经济学有一个总体印象，本章对经济学的产生和基本经济问题、经济学基本框架、经济学研究对象和方法等作一介绍。

第一节　经济学中的基本问题

以 1776 年亚当·斯密发表著作《国富论》为标志，现代经济学作为一门独立的科学已经有 200 多年历史。在我们国家，随着社会主义市场经济越来越深入，人们对经济问题更加关注，对市场经济运行的原理更加关心，对参与市场经济运行的主体的行为更加关切。因此，经济学的地位也变得越来越重要。

对于关心经济社会、经济生活、经济世界是如何运转的人们来说，经济学是他们必须学的、最相关的，也是最有趣的学科之一。对于管理决策，对于制定和理解公共政策，对于理解一个现代经济社会是如何运作的，掌握经济学是不可或缺的。

一、经济资源的稀缺性和经济学的产生

（一）经济

我国古代就有"经济"这个词，意指"经国济民"，包括政治、经济、文化、军事、外交等一切治国方针，范围很广。在现代生活中，也使用"经济"这个词，但是它的含义较窄，仅指节约。

西方经济学中的"经济"一词，是由希腊文 o'ikos（家产）和 nemein（管理）合成的"oikonomia"一词演变而来的，以后逐渐演化成为 economy。自日本用汉字译成日文"经济"以后，也被我国普遍采用。其原意是指家产管理，现指人类一般谋生

活动。

人类的一切活动，归根结底就是为了人类本身能更好地生存。人类为了谋生，需要各种物品，其中包括服务（也称劳务）。这些物品可以分为两大类：一类是自然界中原来就存在的不用付出任何代价即可以得到的物品，如空气、阳光和水，称为自由物品（free goods）；另一类是要利用自然界存在的各种资源，通过人类的劳动而生产出来，这类物品要付出代价才能取得，有正的价格，被称为经济物品（economic goods）；除上述两类外还有一种物品就是人类不但不需要，而且必须付出一定的代价才能去掉的物品，有负的价格，被称为废品。

在谋生活动中，人类都希望最有效地利用物品，即以一定的代价取得最大的效益，或者获取一定的效益以损失最小的代价取得，这是人类一切谋生活动的经济原则。

因此，所谓经济，就是在一定的社会中，人类有效地取得和利用各种经济品的一切活动。

（二）稀缺性和选择

1. 稀缺性的事实——人类社会的一个永恒问题

经济学之所以存在，是因为经济问题的存在。那么是什么原因导致了经济问题呢？西方经济学家普遍认为，所有经济问题都产生于一个不可避免的事实：稀缺性（scarcity）的存在，即任何社会或任何人总是无法得到自己想要的一切东西。或者说，相对于人们的欲望而言，资源总是不足的。可见稀缺是经济问题存在的根源，经济问题是经济学存在的前提。

人类进行生产活动，是为了满足人们的消费欲望（wants）。假如人们的消费欲望以及由这些欲望引起的对物品的需要（needs）是有限的，如果满足需要的手段有无数种而且取之不尽、用之不竭，人类社会就不会存在稀缺性问题，经济问题也就没有存在的必要了。但现实恰恰相反，面对人们的无穷尽的需求，资源总是显得不足的，当一个欲望得到满足，另一个欲望就会诞生。正如马斯洛需求层次论所说，人的需求或欲望可分为五个层次：第一个层次是基本的生理需要，即满足吃、穿、住等生存需要；第二个层次是安全的需要，即希望未来生活有保障，有一个稳定的预期；第三个层次是社会的需要，即感情的需要、爱的需要、归属感的需要；第四个层次是尊重的需要，即名誉、威望和社会地位等；第五个层次是自我实现的需要，即出于对人生的看法，实现自己的抱负和理想。这些欲望逐步递增实现，当一个欲望满足后另一个欲望就会产生。

在经济文献中，稀缺性意味着“可用的数量不够满足全部的需要和欲望”。稀缺性是相对于人类无穷的欲望而言，经济品，或者说生产这些物品所需要的资源总是不足的。从历史上看，自从有人类社会以来，没有哪一个社会能摆脱稀缺性，也没有哪一个时期不面对稀缺性。可以说，这种稀缺存在于人类的一切时期，无论是原始社会还是未来。从现实中看，这种稀缺存在于各个社会，无论是贫穷的国家，还是富裕的国家。从这种意义上说，稀缺性又是绝对的。稀缺性之所以无时不在、无处不在，是因为任何社会或个人，无论资源再多总是有限的，而人的欲望却是无限的。我们所说的稀缺性，不仅是指物品或资源的绝对量的多少，更主要是指相对于人类欲望的无限性来说的，再多的物品与资源也总是不足的，从这种意义上看稀缺是相对的。因而稀缺性有双重属性，既指资源绝对稀缺，也指资源相对稀缺，我们研究的更主要是相对的稀缺性。

稀缺性是经济学的根本。如果所有物品，都像空气一样能自由免费使用，那就没有必要节省资源，也就没有经济问题。由物品、劳务和资源的稀缺性所决定，人们在物品和劳务的消费过程中、在物品和劳务的生产过程中是不能随意而行的，必须进行科学的选择和决策。这样就产生了经济问题。

稀缺性表明了欲望的无限性与资源的有限性的矛盾，正是这种矛盾引起了经济活动。经济活动就是人类克服稀缺性的活动。

2. 选择的必要——解决稀缺性的办法

稀缺性这一事实，使人们不得不面临选择(choice)。为了解决稀缺性问题，人类社会所能做的就是进行选择。所谓选择，就是如何利用有限的资源去生产经济物品，以便更好地满足人类的需要。或者说，选择就是要决定用有限的资源去满足人类无限欲望中的哪些欲望。这就是说，我们拥有的资源不能满足所有的欲望，必须按一定的原则决定先满足某些欲望后再满足其他欲望。稀缺性告诉人们，选择问题实质上就是资源的配置问题，即如何将有限的资源最有效地、最合理地分配到人们所需要的各种物品和劳务的生产中去。

经济学是建立在以下两个基本事实基础上的，一是社会在一定时期里，经济资源总是有限的、稀缺的；二是人们的需求或欲望总是无限的。这样就产生了如下的命题：如何将有限的资源配置到社会的各种生产需要中去，使生产出来的商品能够更大地满足人们的需要。这是经济社会面临的基本问题，它包含以下几层内容：① 由于资源稀缺，当一定量资源用于生产某种物品时，就必须放弃另一种物品的生产。同时，某些物品多生产就必须以某些物品少生产为代价。就是说，任何社会都必须首先确定生产什么和生产多少的问题。② 由于资源稀缺，而人们欲望又无限，确定了生产什么后，就有一个用什么方式和技术生产的问题，不同的方式对资源的利用会有不同，因此必须选择那些既定产量下生产成本最低的要素组合方式。这就是怎样生产的问题。③ 由于资源稀缺，产量也就是有限的，而人们的需要无限，这就产生了生产出来的产品谁有权利使用的问题，即如何分配的问题。如何分配也就是为谁生产的问题。

上述问题可以简单归纳为三方面的问题，这被西方经济学家概括为任何社会都面临的三大基本经济问题：第一，生产什么(what)？第二，如何生产(how)？第三，为谁生产的问题(for whom)。人类面临的经济问题有很多，但基本的经济问题就这三个。

稀缺性是人类社会各个社会所面临的永恒的问题，所以，选择就是“生产什么、如何生产和为谁生产”的问题，也就是人类社会必须解决的基本问题，只不过不同的社会制度所采用的方法不同而已。

经济学正是为了确定解决这些问题的原则而产生的，从这种意义上说，稀缺性与选择这一永恒而至关重要的问题，引起了经济学的产生。而经济学作为解决人类生存与发展的基本问题的科学，它在社会科学中处于“皇后”的地位也就成为必然的了。

（三）机会成本和生产可能性边界曲线

1. 机会成本

面对稀缺资源在做出选择时，目标就是要使选择达到最优。一个重要的原则就是要使从这种选择中所获得的收益与为此而付出的代价平衡。在尽可能的范围内实现这种平衡，就是最优化(optimizing)或称经济化(economizing)。所以，最优化、经济化就是做出选择的基本原则。

在进行选择时，机会成本是一个十分重要的概念。资源通常均有多种用途，可以生产不同的产品。当我们做出选择决定生产某种产品来满足某种欲望时，必须放弃另一些产品的生产和其他欲望的满足。如何衡量某种选择相比另一种选择是好的，或者说达到了最优，机会成本是一个很好的标准。

机会成本(opportunity cost)就是在我们做出一项选择决策时所放弃的其他可供选择的最好用途，也称机会损失。例如，某人有 10 万元资金。可供选择的用途分别是：存银行、借贷、炒股票，每一种用途 1 年的收益(暂不考虑风险因素)分别为：获利 0.5 万元、2 万元、3 万元。如果此人选择把 10 万元用于炒股票，则放弃的其他可供选择的用途是存银行或借贷。在所放弃的两种用途中，最好的用途是借贷(可获利 2 万元)。所以，选择进行炒股获利 3 万元的机会成本就是所放弃的借贷可能获利 2 万元的机会。这种选择的收益大于机会损失，所以是最优的。如果此人选择了将 10 万元存银行，收益是 0.5 万元，其选择的机会成本是放弃的借贷或炒股票两种选择中最好的一种，就是炒股票可能的收益 3 万元，因此机会成本为 3 万元。机会成本大于收益，所以选择存银行的行为就不是最优的。

机会成本的思想是经济学最重要的思想之一，也是经济学有别于其他学科的标志。就是人们在做出选择或决策时不仅要考虑所得，更要考虑所失，在所得和所失之间进行权衡。如果所得大于所失，或者至少所得应等于所失，这样的选择才是最优的。

机会成本使我们认识到，世界上任何选择都是有代价的，正如人们常说的，“没有免费的午餐”。所以，在做出某项选择时，不能只考虑收益，还要考虑放弃了多少可能赚到的收益，即获得收益的机会成本是多少。在理解机会成本时要注意以下几点：

第一，机会成本不同于实际成本。它不是在做出某项选择时实际支付的费用或损失，而是一种观念上的成本或损失。因为资源是有限的，“鱼与熊掌不可兼得”，你选择了一个，就必须放弃另一个。如你选择了 10 万元存银行机会成本是 3 万元，并不是说你实际损失了 3 万元，只是说你有赚取 3 万元的机会，但是没有获得，其实你不但没有损失，你还有 0.5 万元的收益。

第二，机会成本是做出一种选择时所放弃的其他若干种可能的选择中最好的一种。例如，你选择把 10 万元用于炒股票，则放弃的其他可供选择的用途是存银行或借贷，在所放弃的两种用途中，最好的用途是借贷(可获利 2 万元)，而不是存银行(可获利 0.5 万元)。因此你选择炒股票的机会成本是 2 万元，而不是 0.5 万元，也不是 2 万元与 0.5 万元之和。

第三，机会成本并不全是由个人的选择所引起的。其他人的选择会给你带来机会成本，你的选择也会给其他人带来机会成本。

第四，机会成本是在可选择范围内发生的，非选择范围内的收益不应作为机会成本。

第五，机会成本存在的前提是资源稀缺，并且资源有多种用途。如果资源有唯一用途，即不存在选择，也就不存在机会成本，或说机会成本为 0。

机会成本的思想对我们在做任一决策或人生的选择时是有很大帮助的。

2. 生产可能性边界

生产可能性边界(production possibility frontier，PPF)：也称生产可能性曲

线，表示给定资源条件下的最大产出界线，或能生产出来的产品和劳务与不能生产的产品和劳务之界限。生产可能性边界是经济学用来说明稀缺性和选择的一个重要模型。首先，模型假设资源量已定，而且在讨论期不变；其次，生产技术已定，而且在讨论期不变；最后，假定只生产两种产品，比如，黄油与大炮的生产（这是一个古老而经典的例子，最早见于萨缪尔森《经济学》一书），这是一个简化的经济模型，略去了现实经济的许多细节。如表 1－1 所示。

表 1－1　**黄油与大炮的生产组合**

	黄油（万吨）	大炮（万门）
A	0	15
B	1	14
C	2	12
D	3	9
E	4	5
F	5	0

如表 1－1 组合，假定现实社会将其全部资源都用于两种物品——大炮和黄油。如果将其资源全都用来生产一种物品，如大炮则可生产 15 万门；而全部资源用于生产黄油则可生产 5 万吨。

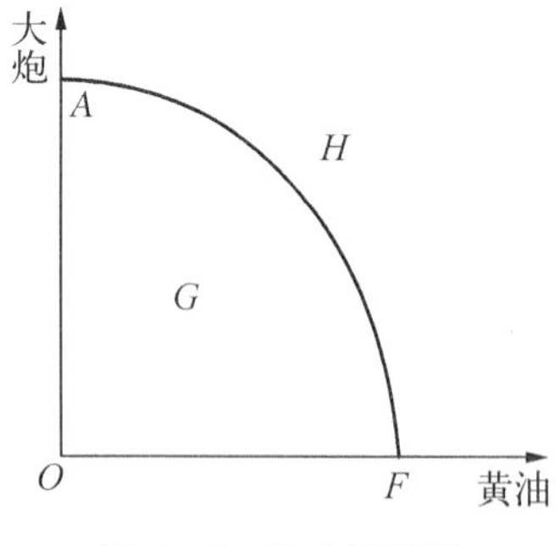

图 1－1　生产可能线

如果我们将表 1－1 中的组合描绘在坐标图中，就可以得到图 1－1 中的 *AF* 曲线。*AF* 线表明以在资源既定的条件下所能达到的两种产品最大产量组合；*AF* 线以内的 *G* 点，显然也是在既定资源下能达到的，但并不是最大产量组合，此时资源没有得到充分利用。*AF* 线以外的 *H* 点，是两种产品更大数量的组合，但在现有资源和技术条件下无法实现。只有在 *AF* 线上的任何一点，才是资源既定的条件下既能实现，又是最大的产量组合。由此，*AF* 线被称为生产可能线、生产可能性边界线，或生产转换线。

社会对大炮与黄油的需求是无限的，而生产可能线表明了大炮与黄油的产量或者说生产这些大炮与黄油的资源是有限的。当生产处在 *AF* 线上时，我们说资源得到了有效配置，这是有效率的状态，但生产落在 AF 线上哪一点，却涉及选择问题。多生产黄油就要少生产大炮，也就是说黄油的生产是有机会成本的，反之亦然。通过曲线图形我们看出机会成本是递增的；当生产处在 G 点时，我们说资源没有得到充分利用，即存在资源闲置或浪费；当由于技术等因素变化使产出达到 H 点时，我们说经济得到了增长。生产可能性边界模型很简洁地表明了经济学的稀缺性、效率、选择、最优、机会成本、经济增长等许多基本的概念和原理。

（四）经济学

人类的欲望是无限的，相对来说，经济资源却是有限的、稀缺的。因此，人类的欲望不可能得到全部满足，充其量只能达到最大满足。为此，人类必须进行选择，"尽我们所有的，做我们最好的"。

从经济学要解决的这三个基本问题出发，西方经济学家把经济学定义为：一门研究人们如何使用相对稀缺的资源来满足无限的需求的社会科学。例如，英国经济学家 L·罗宾斯给经济学所下的一个经典性的定义是："经济学是一门科学，它把人类行为作为目的与可以有其他用途的稀缺资源之间的关系来研究。"而美国出版的权威的《国际社会科学百科全书》给经济学下的定义是："按广泛接受的定义，经济学是研究稀缺资源在无限而又有竞争性的用途中间配置的问题。它是一门研究人与社会寻求满足他们的物资需求与欲望的方法的社会科学，这是因为他们所支配的东西不允许他们去满足一切愿望。"这一定义实际上是强调了经济学是研究资源配置问题的。

萨缪尔森在《经济学》一书中定义："经济学研究的是社会如何利用稀缺的资源以生产有价值的商品，并将它们分配给不同的个人。"马歇尔在《经济学原理》一书中定义："经济学是一门研究人类一般生活事务的学问。" 这是两个比较传统的定义。

综上所述，我们理解经济学的定义是：研究如何有效地利用可供各种选择的有限资源，以求人类现在和将来无限欲望最大满足的一门科学。

（五）资源利用问题——经济学的扩大

资源的稀缺是人类社会共同面临的问题，但是有时这种稀缺的资源还得不到充分利用。例如，在 20 世纪 30 年代大危机时，西方各国失业人数达到 3 000 万人，有 1/3 以上的工厂设备闲置，工业生产退回到第一次世界大战前的水平。这种情况就是产量没有达到生产可能线（图 1－1 中的 G 点），这时经济学要研究的问题就不仅是资源配置，而且还包括资源利用，即不仅要研究用既定的资源生产多少大炮与黄油，而且还要研究如何使大炮与黄油的产量达到最大。

在研究资源利用时，经济学又涉及这样三个问题：

第一，一国的资源如何能得到充分利用，即如何才能使产品的产量达到最大。

第二，货币的购买力如何变动。货币在经济中起着十分重要的作用，影响着资源的配置与利用。但货币的购买力又是在变动的，若干年前能买1门大炮或10吨黄油的钱，现在也许买不到半门大炮或5吨黄油。这种价格的变动显然影响产品的产量，即资源的利用。

第三，一国的经济为什么会发生变动，如何才能得到持续的增长。这也就是要研究为什么有时产品的产量高而有时又少，如何能使其持续增长。

可见，经济学的定义应扩大，不仅研究资源配置问题还要研究资源的利用问题。

经济学(economics)是研究在市场经济制度下，稀缺资源配置与利用的科学。

（六）经济制度

微观经济学在研究问题时习惯上假定经济制度是不变的，即不考虑经济制度对经济资源配置与资源利用的影响。但是从总体上看，资源配置与资源利用问题，总是在不同的经济制度下通过不同的方式来解决的。所以，经济学总是无法回避经济制度问题。

当前世界上解决资源配置与利用的经济制度基本有三种。

1. 市场经济制度

市场经济制度，即自由经济制度。其基本特点是：以私有财产为基础，以经济自由为原则，以价格机制为指导，以利润最大为目标，在这种经济制度中，通过价格的调节来决定生产什么、如何生产和为谁生产的问题。具体地说，生产什么东西取决于消费者的货币选票，即消费者每天做出的购买这种物品而不是那种物品的决策；如何生产取决于生产要素的价格和不同生产者之间的竞争；为谁生产则取决于生产要素市场的供给与需求，即取决于工资、地租、利息和利润的大小。即市场经济制度下资源配置和利用由价格来实现。

在市场经济中，消费者通过价格的变化进行选择，从而达到欲望的最大满足；作为生产要素所有者，通过价格的变化试图得到尽可能高的利润。当某一种商品相对稀缺时，消费者之间就会展开竞争，从而使物价上升，其结果是增加生产要素的收益和生产这种商品的厂商的利润。由于利润的增加又会导致更多的生产要素被吸引到这个行业，供给量按照消费者的愿望得到了增加；反之，如果消费者不需要某种商品，其价格就会下降，生产要素的价格就会减少，资源就会转移到别的行业，其结果是供给量就会按照消费者的意愿减少。正是在这种调节过程中，价格机制解决了“生产什么”、“如何生产”和“为谁生产”的问题。价格这种调节作用的关键在于价格可以完全而迅速地自由变动。价格就像一只“看不见的手”对资源起到基础性的调节作用。

尽管没有明确说明，其实西方经济学的隐含假定就是市场经济制度，其所有理论都是在这一假定情况下给出的。

2. 计划经济制度

计划经济制度，主要是指生产资料的公有、政府或集体计划经营的社会主义制度，有时也指资本主义国家战时统制经济制度，或国民经济计划管理制度。这种经济制度的主要特征是：生产性资源如资本物品和土地基本上归国家或政府所有，生产什么、如何生产以及为谁生产，基本上是由中央计划当局的指令性计划决定的，即其资源的配置与利用靠计划来实现。在这种经济制度中，由于产品的品种、数量、经济资源的分配以及各行业劳动者的工资收入都是由中央计划当局决定的，所以，各种产品以及生产要素的价格的高低对资源的配置几乎不发生作用，货币和价格只起着核算工具和交换的作用；尽管消费者也可以自由地按照其意愿花费其收入、自由地消费各种物品，但是他只能在计划当局所决定生产的物品中进行选择。政府就像一只“看得见的手”对资源进行配置调整。

3. 混合经济制度

严格来说，目前世界上既没有纯粹的私有制市场经济制度，也没有纯粹的公有制计划经济制度，而是两种经济制度在不同程度上的混合。混合经济制度主要是指所有制结构是由私人部门和公共部门混合而成的，其经济运行是由自由市场机制和国家机构共同调节的经济制度。

二、经济学的基本假设

任何一门学科的建立，都必须以人们公认的、具有常识性的、无需证明的、一目了然的假设为分析的基础和起点，在这一基础上通过严密的逻辑分析，推导出一些不易直接判断的理论。经济学尤其如此，经济学最基本假设就是完全理性经济人的假定。

西方经济学假定所有参与经济活动的主体都是理性的人，即以完全利己为目的从事经济活动的人，他们是力图以自己最小经济代价去获得最大经济利益的人，这被称为完全理性经济人假定或理性人假定。理性人假定是传统西方经济学理论的基石，这种理性人具备了以下三个显著特点：无限理性、无限意志力和无限自私自利。任何假定都是需要一定的抽象，理性人假定就是将经济活动的主体消费者（居民）、厂商、政府等丰富多彩的行为，如道德、情感、习惯等抽象为仅剩下一种行为——经济行为。一切目的都是为了经济利益最大，具体来说经济主体中的消费者（居民）就是为了追求自身效用最大化，消费者是具有一定收入的经济主体，任何消费者都试图利用既定的收入购买各种消费物品或劳务，从而获得一定程度的满足。而对于一个有理性的消费者来说，他们在购买物品或劳务时，总是审慎地选择和搭配，在他们有限的收入基础上获取最大限度的满足；厂商就是追求利润最大化，对于一个有理性的生产者来说，生产者最为重要的目的就是获取最大的利润，而为了实现最大化这一目标，生产者进行着各种合理的抉择。利润的实现是许多因素的混合产物，利润的实现要求管理的成功和具有技术革新的优势。一般说来，在完全竞争的压力下，企业由于受到竞争的压力，为了求得在市场中生存，总是把追求利润最大化作为经营的目标；政府作为经济主体它的理性表现为追求决策最优和政策最大化执行，这一假定将政府人格化，它也有自身的利益。

理性人的假设是对经济活动主体的一般假设，而这种假设是经济学中最基本的假设。经济学的研究并不涉及伦理、道德观念等。因此，这种理性不是指遵守伦理、道德观念，更不是指会不会犯错误的行为。经济学家认为人类的经济行为具有理性的假定是不十分精确的，实际上大多数个人在做出经济决策时，除了考虑个人利益外，一般还要考虑社会、政治及道德因素，同时也依赖于文化、习惯、风俗和传统。但是必须注意的是，人类的经济行为具有理性的假定是一个合理而又必要的简化的假定，它是现代经济理论建立的必不可少的基石。

经济学既然假定经济行为的主体都是理性人，经济主体行为的动力就是利益最大化，就必然得出只有符合理性人假定要求的经济制度才能激励人们的长期经济行为。通过教化和感动、宣传、道德等方式虽然短期会使一些人作出不考虑个人利益的高尚行为，但要求多数人长期牺牲个人利益是不切合实际的，通过强迫力量也是短期的。人性不存在“善”和“恶”，只有“理性”和“非理性”，只有建立符合理性人要求的制度来规范人们的行为，才是经济发展的内在要求。

三、经济学的分类

经济学有两大分支：微观经济学（microeconomics）和宏观经济学（macroeconomics）。

微观经济学主要研究个别经济单位的经济行为，这些经济单位包括消费者、工人、投资者、土地所有者、厂商等。换句话说，这些经济单位包括了任何参与我们经济运行的个人或实体。微观经济学阐述这些经济单位为什么和怎么样做出决策。解释了厂商怎样决定雇工人数，以及工人怎样决定工作地点和工作量。微观经济学还解释了这些经济单位是怎样相互作用从而形成更大的经济单位：市场和行业。通过分析个别厂商和消费者的行为及其相互作用，微观经济学揭示了行业和市场是怎样运作和演变的，它们为什么彼此相异，以及它们怎样受政府和全球经济环境的影响。

相比之下，经济学的另一重要分支宏观经济学则着眼于对经济总量的研究，如国民总产出的水平和增长率、利率、失业以及通货膨胀。然而，近几年来宏观经济学和微观经济学的界限越来越模糊了，这是因为宏观经济学的研究同样也涉及了对市场的分析。宏观经济学家们越来越关注总体经济现象的微观经济基础。况且，宏观经济学的许多内容其实也是微观经济学分析的延续。

1. 微观经济学

微观经济学以单个经济决策主体为研究对象，通过研究单个经济单位的经济行为和相应的经济变量的单项数值的决定来说明价格机制是如何解决社会的资源配置的经济学。可见，微观经济学采用个量分析方法，以市场价格为中心，主要研究特定经济单位的经济活动及其经济变量（如单个消费者、生产者、要素所有者的经济行为，单个物品或产业的需求、供给、价格等），揭示单个经济单位的经济行为和经济规律。

微观经济学研究的对象是各个经济单位。各个经济单位是指组成经济的最基本的单位，如家庭和厂商。家庭是经济中的消费者，厂商又称企业，是经济中的生产者。在微观经济学中，假定家庭与厂商经济行为的目标是实现利益最大化，即消费者要实现满足程度（效用）最大化，生产者要实现利润最大化。微观经济学研究家庭与企业的经济行为就是研究家庭如何把有限的收入分配于各种物品的消费，以实现效用最大化，以及企业如何把有限的资源用于各种物品的生产，以实现利润最大化。

概括地说，微观经济学就是研究消费者对各种商品的需求与生产者对市场的供给如何决定每一种商品的数量及价格，生产要素的供给和需求如何决定每一种生产要素的使用量和价格以及相应的收入分配。

微观经济学所要解决的问题是资源的配置。解决资源配置问题就是要使资源配置达到最大化，即在这种资源配置下能给社会带来最大的经济福利。微观经济学从研究单个经济单位的最大化行为入手，来解决社会资源的最优配置问题。因为，如果每个经济单位都实现最大化，那么，整个社会的资源配置也就实现了最优化。

微观经济学的中心理论是价格理论，在市场经济中，家庭和厂商的行为要受价格的支配，生产什么、如何生产和为谁生产都由价格决定。价格像一只“看不见的手”，调节着整个社会的经济活动，通过价格的调节，社会资源的配置实现了最优化。微观经济学正是要说明价格如何使资源配置达到最优化。因此，价格理论是微观经济学的中心，其他内容都是围绕这一中心问题展开的。正因为此，微观经济学也被称为价格理论。

微观经济学在研究中所采用的方法是个量分析法。个量分析是研究经济变量的单项数值如何决定。例如，某商品的价格，就是价格这种经济变量的单项数值。微观经济学中所涉及的变量，如产品的产量、价格等都属这一类，微观经济学分析这类变量的决定、变动及其相互间的关系。

2. 宏观经济学

宏观经济学是以整个国民经济为研究对象，通过研究经济中有关总量的决定及其变化，来说明资源如何才能得到充分利用。所以，宏观经济学是采用总量分析法，以国民收入为中心，主要研究整个国民经济的经济活动及其经济变量(如总需求、总供给、总就业、物价水平等)的经济行为和经济规律。

宏观经济学研究的对象是整个经济。宏观经济学所研究的问题不是经济中的各个单位，而是由这些单位所组成的整体。它主要研究整个经济的运行方式与规律，从总体上分析经济问题。

宏观经济学所要解决的问题是资源利用问题。宏观经济学在研究资源利用问题时把资源作为既定的，主要研究现有资源未得到充分利用的原因，达到充分利用的途径以及如何才能持续的增长等问题。

宏观经济学研究的中心理论是国民收入决定理论。宏观经济学把国民收入作为最基本的总量，以国民收入的决定为中心来研究资源利用问题，分析整个国民经济的运行，其他理论都围绕这一理论展开。

宏观经济学研究的方法是总量分析法。所谓总量是指能反映整个经济运行情况的经济变量。能反映整个经济运行情况的经济变量有两种：其一是总和，即个量的加总。例如，国民收入、总消费、总需求和总投资等；其二是平均量。例如，价格水平等。总量分析就是研究这些总量的决定、变动及其相互关系，从而说明整体经济的状况。从总体上论述经济活动，包括景气和衰退，总的商品（服务）的产出及产出增长、通货膨胀与失业，收支平衡以及利率等。

微观经济学是在资源总量利用程度既定的前提下，研究各种资源的最优配置；宏观经济学则是在各种资源配置既定的前提下，研究资源总量的充分利用。由于分析的方法不同，从微观角度看是正确的决策，从宏观角度来看未必正确。例如，各个企业降低工资，可以增加利润，但如果所有企业都降低工资，势必造成社会的购买力下降，有效需求不足，经济增长下降，反过来影响企业利润。

需要指出的是，微观与宏观经济学并不是按分析对象划分的。首先，微观经济学虽然以分析个体为主，但个体的综合就是总体，从个体的经济也可以大致看到总体的经济规律。其次，宏观经济学虽然以分析总体为主，但总体可以分解为个体，从总体的经济规律也可以大致看到个体的经济规律。最后，两者所使用的许多概念和方法，也是相同的。因此，微观与宏观实际上并非彼此对立，而是相得益彰。在研究当代经济问题时，往往两者并用，互相结合。

微观经济学与宏观经济学的区别可见表 1－2。

表 1－2　**微观经济学与宏观经济学**

	微观经济学	宏观经济学
又(别)名	小经济学、个体经济学、价格理论	大经济学、总体经济学、收入理论
理论依据	新古典经济学	凯恩斯经济学
基本假设	资源稀缺、充分就业	需求不足、存在失业
分析方法	个量分析法	总量分析法
分析对象	以家庭、厂商等经济个体为主	以整个国民经济总体为主
分析重点	市场价格	国民收入
主要目标	个体效益最大化	全社会福利最大化
解决问题	资源配置	资源利用

第二节　经济学简史

物资资料的生产和消费是人类社会生存与发展的基础，古代许多思想家早就开始研究经济问题，并提出了不少至今仍有影响的经济问题的论述。但是，这些经济问题的论述是与哲学、政治学、法学、伦理学等混杂在一起的，仅仅是作为这些学科的一部分或附属物。当时经济学本身并没有成为一门独立的科学，这是与当时经济的现状与不发达状况相关。

今天所说的经济学是与资本主义生产方式的形成同时产生的。最早的经济学是资本主义原始积累时期的重商主义。随着资本主义经济的发展，西方经济学经历了古典经济学、新古典经济学、当代经济学这样几个重要的阶段。

一、重商主义：经济学萌芽时期

重商主义产生于15、16世纪，终止于17世纪中期，这是资本主义生产方式的形成与确立时期。重商主义的代表人物有英国经济学家约翰·海尔斯、威廉·斯塔福德、托马斯·曼，法国经济学家安·德·孟克列钦、让·巴蒂斯特·柯尔培等人。

重商主义的代表作是托马斯·曼的《英国得自对外贸易的财富》。重商主义把金银形式的货币作为唯一形态，认为一国的财富来自对外贸易，主张用扩大出口限制进口的办法增加财富。马克思称重商主义是“近代生产方式最早的理论研究”。但重商主义仅限于对流通领域的研究，其内容也只是一些政策主张，并没有形成一个完整的经济学体系，只能说是经济学的萌芽时期。真正的经济科学只有在从流通领域转到生产领域时才会出现。

从15世纪开始，西欧封建制度进入了瓦解时期。在这一时期里，封建自然经济日趋衰落和解体，商品货币关系日益发展，城市和农村出现了手工业者和农民的急剧分化，在封建社会内部资本主义关系开始萌芽和成长。到了15世纪末，西欧主要国家由于生产力的发展，需要同东方进行频繁的贸易。但是，通商路线受到阻隔，寻找通往印度的新航线成为迫切的要求。同时，由于商品经济的发展，封建统治阶级的开支不断增加，为此西欧各国迫切需要黄金。而在当时欧洲人同东方的贸易中，向外输出的黄金远远地超出了流入的黄金数量，大批黄金流出欧洲造成了西欧各国黄金的短缺，于是在这些国家里产生了炽烈的“黄金渴望”现象。

商业资本和商业的发展，引起了社会分工的扩大，进一步引起对商品需求的增长，从而加速了商品生产的发展。同时也扩大了原有市场和开辟了新的市场，促进了国内市场的统一和世界市场的形成。世界市场推动了对外贸易的迅速发展。

在封建社会晚期，西欧各国为适应上述发展的要求，先后出现了重商主义政策和重商主义学说。可以说，重商主义是资产阶级最初的经济学说。

早在14世纪末15世纪初，就已经出现了一些重商主义的思想。例如，在英国，当时国王向伦敦造币所成员征询如何能使英国走出财政的困境的意见时，造币所的理查德·爱尔斯回答说："英国没有金银矿藏，所有的金银都是从外国输入的。如果我们使英国向外国购买的商品少于我们所出售的商品数量，那么大量的货币(当时的货币是金银)，就会从外国流入英国。"这一回答的中心大意实际是向国王建议应当竭力做到向外国人"少买多卖"。这其中包括了后来的重商主义的基本思想。

由于商业资本的发展以及国家实际采用了重商主义的政策和措施，产生了从理论上阐述这些经济政策的要求，于是逐渐形成一种重商主义理论。

研究重商主义的一些观点可以看出，重商主义实际上是以研究交换为中心的。重商主义学说是以商业资本的运动作为其考察对象，从流通领域研究货币—商品—货币′(G—W—G′)的运动。

重商主义在其发展过程中经历了两个历史阶段，大约从15世纪到16世纪中叶为早期重商主义，16世纪下半叶到17世纪为晚期重商主义。无论是早期还是晚期的重商主义，都把货币看作是财富的唯一形态，都把货币的多寡看作是衡量国家富裕程度的标准。但是，在如何增加货币上两者之间存在着分歧。

早期重商主义主张采取行政手段禁止货币的输出和积累货币财富。在贸易上，他们主张多卖少买或不买。恩格斯曾形象地指出，该时期的重商主义者"就像守财奴一样，双手抱住他心爱的钱袋，用嫉妒和猜疑的眼光打量着自己的邻居"。

为增加货币和限制货币的输出，当时许多国家，如英国、西班牙等，就根据早期重商主义的主张颁布了各种法令，甚至规定了严厉的刑罚禁止货币输出国外。

晚期重商主义认为，国家应该允许将货币输出国外，以便扩大国外商品的购买量。不过他们要求在对外贸易中必须谨守"购买外国商品的货币总额必须少于出售本国商品所取得的货币总额"。其目的仍然是要保证有更多的货币流回本国。晚期重商主义者为了鼓励输出，实现"出超"(输出超出输入)主张国家必须实行保护关税的政策。

晚期重商主义认为，货币是财富的唯一形态，从而把财富同货币混为一谈。重商主义从货币是财富的唯一形态出发，并进而认为对外贸易是财富的唯一源泉，只有在对外贸易中保证做到商品输出大于输入，才能有更多的金银流入国内，从而才能不断地增加一国的国民财富。这样重商主义就把财富和利润的来源归结为流通过程。

随着资本主义生产方式逐渐居于统治地位，资本原始积累逐渐让位给资本主义积累，资本主义的生产成为人们注意的中心，以流通领域为研究中心的重商主义就必然趋于崩溃，而为资产阶级古典经济学所代替。

二、古典经济学：经济学的形成时期

从古希腊和古罗马开始，就产生了亚里士多德等人的古代经济思想和阿奎那等人的中世纪经济思想，但作为一门独立的科学，经济学是随着资本主义的发展而逐步形成的。如上所述，在15世纪就出现了经济学的萌芽，继此之后经济学到了形成时期。

古典经济学从17世纪中期开始，到19世纪70年代前为止。

继重商主义后，在17世纪，出现了魁奈等以研究农业和总资本的再生产为中心的重农主义。从17世纪下半叶以来，法国出现了反对重商主义的政策，他们主张经济自由和重视农业，继之产生了重农学派。

重农学派的创始人是佛郎斯瓦·魁奈(1694—1774)，他生于1694年法国的一个地主家庭，一生中研究过许多科学，擅长的是医学，做内外科都很成功，曾写出关于医学和生理学方面的著作。他研究经济问题时是在他60岁左右，1757年写出两篇经济论文《农民论》和《谷物论》，后来又写出《人类论》，在该论文中提出与重商主义相对立的意见，在同年又写出《赋税论》，1758年发表了著名的《经济表》。

魁奈创立了一整套重农主义的经济理论，并据此提出了发展法国资本主义的经济政策。由于魁奈的影响，在他周围出现了一批门徒和追随者，他们自称为经济学并形成了一个独立的学派。由于重农学派最早系统地研究了资本主义的生产方式，所以，马克思把重农学派称之为近代资产阶级经济学的真正鼻祖。

重农主义认为社会的财富就是从土地中产生出来的农产品，而社会财富的真正源泉则是农业。所以，他们猛烈抨击重商主义对社会财富来源的看法。在重农主义看来，货币并不是国民的真正财富。因为它既不是能供消费，又不是能不断再生产的财富。货币的职能只是作为流通的手段，货币如果被置于流通之外，不与其他财富相交换，便不能促进国家财富的经常再生产。他们还认为，积累货币是一种坏事，货币积累越多，国家就越贫困，货币除了供商品买卖时使用之外，别无他用，即货币不能产生货币。

由于重农主义认为真正的财富只能是每年从土地里生产出来的产品，如果没有这种财富的不断产生，也就没有一切其他财富。基于这一点，他们认为工业不是社会财富的源泉，而不过是农业原料的加工部门；加工业不过是农业的附属物，它不生产新的物质。

重农主义还否认对外贸易是社会财富的源泉，他们认为，对外贸易无非是以一种具有出售价值的产品，去交换另一种价值相等的产品。在交换中当事者双方毫无损失，也无好处。

从经济学的发展过程看，实际上重农主义仍是古典经济学的前期，而我们所说的古典经济学则是从英国经济学家威廉·配第开始的。

威廉·配第是英国资产阶级古典经济学的创始人。威廉·配第(1623—1687)生于一个手工业者家庭，一生中从事过商船的服务员、水手，到医学、解剖学以及音乐教授。威廉·配第是由重商主义向古典经济学过渡时期的经济学家，他的经济理论清楚地反映出这种过渡的特点。他的重商主义见解，只是到了晚年才被完全克服，他对经济学的主要贡献是最先提出劳动价值论，同时他还提出过地租论。

从威廉·配第开始，到1776年，亚当·斯密出版了《国民财富的性质和原因的研究》(简称《国富论》)，集当时一切经济思想之大成，形成了统一和完整的科学体系，成为资本主义经济学的"鼻祖"，也被称为西方经济学史上的"第一次革命"。

亚当·斯密，是英国古典经济学的主要代表之一。亚当·斯密(1723—1790)，出生在苏格兰的一个海关官吏家庭，曾先后在格拉斯哥和牛津大学学习，主要研究哲学，毕业后长期在大学任教，教修辞学和文学。亚当·斯密在格拉斯哥一直住到1764年，这对他的经济学说的形成起了重要的作用，因为该地当时是苏格兰的工业中心。

1764年，亚当·斯密辞去大学教授的工作，到欧洲大陆旅行，在巴黎结识了重农主义者魁奈。由于受魁奈的影响，亚当·斯密在法国旅游期间决定写一部经济学著作。当他于1767年回到家乡后就开始专心从事这项写作，但是这部建立古典经济学理论体系的著作写了近10年的时间，经多次修改后终于在1776年出版。这就是著名的《国富论》即《国民财富的性质和原因的研究》。亚当·斯密一生中只发表过一本经济著作，即《国富论》。但是该著作出版后，立即轰动一时，并被译成许多国家的文字。在中国该书于1901年最先由严复译成中文，题为《原富》，在1963年又由郭大力、王亚南重译出版题为《国富论》。

古典经济学的另一个代表人物是大卫·李嘉图。大卫·李嘉图(1772—1823)，出生于伦敦一个有钱的交易所经纪人家庭。早年受到的教育很不完备，14

岁起随父从事交易所的活动。25岁时由于在交易所的投机而致富，成为拥资百万英镑的大资产者，才开始致力于学习和科学研究。他最初热心于自然科学，1799年当他阅读了《国富论》后，从此对经济学问题发生了兴趣，但真正研究经济学问题是在10年以后，即1809年。他的第一篇经济论文是《黄金的价格》，匿名发表在1809年8月29日的《英国晨报》上。该论文批评了当时英格兰银行滥发纸币的政策，奠定了他的货币数量论的基础。在1910年他又将其改写成小册子，名为《金块价格高昂是银行券贬值的证明》，为此博得货币流通理论家的声誉。

大卫·李嘉图进一步发展了斯密的劳动价值论，认为劳动时间决定商品的价值，指出商品具有两个因素——价值和使用价值。

古典经济学的代表人物除亚当·斯密和大卫·李嘉图外，马尔萨斯以及法国的经济学家让·巴蒂斯特、萨伊及约翰·穆勒也是古典经济学的主要代表。

古典经济学的中心是研究国民财富如何增长。他们强调了财富是物质产品，因此，增加财富的方法是通过资本的积累等途径来发展生产。而要发展生产就必须实行自由放任的原则，让价格这只"看不见的手"来调节经济。可见自由放任是古典经济的核心。

古典经济学内容很多，既有对国民收入决定经济增长这些宏观经济问题的研究，又有价格、价值、分配这些微观经济问题的研究。但当时还没有微观经济学宏观经济学之分。

19世纪，随着第一次产业革命的完成，经济危机的产生，阶级斗争的激化和社会主义思想的发展，古典学派分为根本对立的两大学派。即由李嘉图到马克思为一大学派，发展为社会主义经济学派；由马尔萨斯到凯恩斯为一大学派，发展为资本主义经济学派。

三、新古典经济学：微观经济学的形成时期

新古典经济学是19世纪末叶以来，西方经济学中具有广泛影响、占有重要地位的经济理论，又称新古典学派理论。它渊源于19世纪70年代的所谓"边际革命"，到20世纪30年代结束。

这一时期经济学的中心仍然是自由放任的，从这种意义上说，它是古典经济学的延续。但它又用新的方法、从新的角度来论述自由放任思想，并建立了现在所说的微观经济学，所以在古典经济学前加上一个"新"字。

19世纪70年代奥地利的经济学家K·门格尔、英国经济学家W·S·杰文斯

和法国经济学家L·瓦尔拉斯几乎在同时提出了以边际效用决定商品价值的理论(即边际效用价值论)。他们使用抽象演绎法、边际分析法、心理分析法或数理分析法建立包括边际效用价值论、时差利息论和一般均衡论等在内的理论体系。所以,经济学说史家称他们为边际效用学派。

边际效用学派主张摒弃历史的和政策的因素于经济理论之外,以数学表达的纯粹经济法则解释经济现象,建立纯粹经济学——“真空”内的经济学,英国经济学家E·罗尔评论说:“边际效用概念不仅被看作是经济‘工具箱’的一种补充,并且还被看作是经济科学研究方法上的一项极其重要的革新。”因此,边际效用价值论的出现被称为西方经济学史上的“第二次革命”,即为边际革命。这次革命就是新古典经济学的开始。

以剑桥大学马歇尔为首的新古典经济学派,将新古典经济学加以“改装”,反对劳动价值论,提出均衡价格论,主张增加“国民分配额”,调和劳动者阶级和资本家阶级之间的矛盾。1890年马歇尔出版了《经济学原理》,该书综合了当时的各种经济理论,被称为新古典经济学的代表作。

新古典经济学已不像古典学派那样只重视对生产的研究,而是转向了消费、需求。他们把资源配置作为经济学研究的中心,论述了价格如何使社会资源配置达到最优。他们把消费、需求分析与生产、供给分析结合在一起,建立了现代经济学体系和基本内容。这种微观经济学体系是以完全竞争为前提的。

新古典经济学的主要特点主要表现在以下几个方面。

1. 新古典经济学是一些不同学派思想的汇合

由于受到边际学派产生时的具体影响,新古典经济学不是一个单一学派的理论,而是各学派思想的松散汇合。每一个学派都有自己公认的代表,有的学派一直沿袭下来,目前还有继承者。这些学派有:

英国的剑桥学派。马歇尔是这个学派的当然领袖。1890年,他的《经济学原理》一书的出版,标志着这个学派的建立。在该书中,他在边际学派主观边际效用价值论和传统的三要素生产价值立足点基础上,通过需求曲线和供给曲线相结合的方式,形成他的供求双方共同决定价格的均衡价值论。继承马歇尔学说的是庇古、罗伯逊和霍特里等人。

洛桑学派。它的代表人物是边际学派创始人之一,法国的瓦尔拉斯和意大利的帕累托。由于建立这个学派时,他们相继在瑞士洛桑大学任教因而得名。代表作是瓦尔拉斯1874年发表的《纯粹政治经济学纲要》。此书以边际效用价值论为基础，运用数理方法，从交换、生产、资本形成和货币流通四个方面，创立了一般均衡理论体系。帕累托在1890—1897年及1906年《政治经济学讲义》和《政治经济学教程》中以序数效用指数代替了瓦尔拉斯的基数效用，并首先提出无差异曲线，用数学公式推进了瓦尔拉斯的一般均衡理论体系。

奥国学派。门格尔在任教于维也纳大学之前，于1871年出版了《国民经济学原理》，从而建立了奥国学派。继承他的也都是维也纳大学的教授，他们是维塞尔和庞巴维克。维塞尔首创“边际效用”一词。

除上述几个学派外有影响的还有瑞典学派和美国学派等，可见新古典经济学是19世纪末期到20世纪20年代末以上学派经济理论的汇合。

在20世纪初垄断资本主义出现之后，这一体系已不能完全与现实一致。20世纪30年代，英国经济学家J·罗宾逊和美国经济学家E·张伯伦对这种微观经济体系作了补充，论述了不同条件下的资源配置问题，从而使微观经济学完成。

2. 新古典经济学主张经济和谐观

新古典经济学认为，经济体系的变动和发展是渐进的而不是突变的，是和谐的而不是冲突的，对经济刺激的反应是灵活的而不是不易变动的。但是这种经济和谐观与当时充满着冲突、经济衰退和大量失业以及通货膨胀的资本主义实际情况并不吻合。

3. 新古典经济学的价值论是主观价值论

新古典经济学认为，商品和要素的价格决定于市场上的供求力量。市场上的理性行为是在需求一方消费者寻求最大的满足，在供给一方生产者追求最大的利润，通过价格的变动使供求量调整到双方相等时的均衡状态。新古典经济学家利用马歇尔的局部分析方法在其他条件不变的假定下，分析一种商品的供求达到均衡时的价格决定问题，或者利用瓦尔拉斯的一般均衡分析方法，在市场上所有商品的供求和价格具有相互依存性的前提下，考察全部商品同时达到均衡状态时的价格决定问题。因此，可以说新古典经济学的价值论主要是在一个静态经济中的稀缺资源的配置理论。

4. 新古典经济学研究的前提是完全竞争经济

新古典经济学的一切经济理论研究都是建立在完全竞争市场的前提之上，它的均衡价值论也是建立在完全竞争的基础上的，认为资本主义经济是一个完全竞争并趋向于均衡状态的经济。这一前提是与19世纪70年代资本主义已经进入垄断阶段的事实相悖的。

5. 新古典经济学的假设是充分就业的经济

充分就业是指所有的生产要素都已经得到配置，不存在任何的闲置。新古典经济学认为市场供求力量能够使一国的经济实现充分就业，因此经济学的任务不是去研究资源如何才能充分利用，而是研究如何使资源得以合理的或最优的配置。实际上到了20世纪30年代资本主义社会就出现了严重的经济危机，大批的工人失业和大量的工厂、设备闲置现象。

四、现代经济学：宏观经济学的建立与发展

现代经济学是以20世纪30年代的凯恩斯主义的出现为标志的。这一时期，经济学得到全面深入的发展，无论是在研究的内容、方法，还是研究的深度与广度方面，都是过去无法比拟的。但其中心还是宏观经济学的建立与发展。按照这一时期经济学的发展我们可以把现代经济学分为三个时期。

第一个时期是凯恩斯革命时期。这一时期从20世纪30—50年代之前。新古典经济学把资本主义经济描绘成一部能自行调节的机器。在这种经济中，通过价格的调节可以实现充分就业。但是30年代的大危机打破了这种神话。经济理论与经济现实发生了尖锐的冲突，经济学面临着它的第一次危机。在这样的形势下，英国经济学家J·M·凯恩斯1936年发表了划时代的《就业利息和货币通论》(简称《通论》)。这本著作在理论上把产量与就业水平联系起来，从总需求与总供给两个方面来说明产量水平(即国民收入)的决定，并从总需求的角度说明了总需求不足是失业存在的原因；在政策上则提出放弃自由放任，由国家干预经济的主张。凯恩斯的这些观点被认为是西方经济学史上的“第三次革命”——凯恩斯革命。

第二个时期是凯恩斯主义发展时期。这一时期从20世纪50—70年代末。第二次世界大战后西方各国都加强了国家对经济生活的全面干预，凯恩斯主义得到了广大的传播与发展。美国经济学家P·萨缪尔森等人把凯恩斯主义的宏观经济学与新古典经济学的微观经济学结合在一起，形成了新古典综合派。新古典综合派全面发展了凯恩斯主义的宏观经济理论，并把这一理论应用于美国经济政策实践，被认为是战后对凯恩斯主义的重大发展。在英国，以J·罗宾逊为首的新剑桥学派则主张把凯恩斯主义与新古典经济学的联系进一步切断，以分配理论为中心完成凯恩斯革命。他们对分配理论的论述以李嘉图的劳动价值论为基础，并由另一个英国经济学家P·斯拉伐发展了这种劳动价值。斯拉伐对劳动价值的发展则被认为是西方经济学上的“第四次革命”——斯拉伐革命。新古典综合派与新剑桥

学派对凯恩斯主义的理解与发展,存在着原则性的分歧。

第三个时期是自由放任思潮复兴,凯恩斯主义与自由放任并存争论的时期。这一时期是20世纪70年代之后。第二次世界大战后,西方各国对经济生活的全面干预,一方面促进了经济的发展;另一方面也引起了许多经济问题。70年代初出现在西方各国的"滞涨",即经济停滞与通货膨胀严重并存引起了凯恩斯主义的危机,即西方经济学史上的第二次经济学危机。这次危机使得自由放任的思想得以复兴。作为自由放任思想的中坚的,是以美国经济学家M·弗里德曼为首的货币主义。货币主义60年代的形成被认为是西方经济学史上的"第五次革命"——货币主义革命,或称对抗凯恩斯革命的革命。在70年代之后,又出现了以美国经济学家R·卢卡斯为首的理性预期学派,这一派的出现被称为西方经济学史上的"第六次革命"——理性预期革命。这些主张自由放任的经济学家把凯恩斯主义的国家干预作为滞涨的根源。他们论述了市场机制的完善性,说明了国家干预经济政策的无用性,提出减少国家干预,充分发挥市场机制的作用,实现自由放任的主张。70年代末,西方各国采用了这种主张,实行经济自由化的政策,并对经济的复兴起了一定的作用。这就是现在人们所说的"自由放任"的复兴。

五、经济学家族谱系解释

16世纪,在封建主义的崩溃和资本主义的诞生过程中,出现资本主义最早的经济理论——以研究交换为中心的重商主义。

17世纪,出现了魁奈等以研究农业和总资本的再生产为中心的重农主义。

1776年,亚当·斯密集当时一切经济思想之大成,形成了统一和完整的科学体系,成为资本主义经济学的鼻祖。以亚当·斯密为代表,包括李嘉图、马尔萨斯、萨伊等人直到约翰·穆勒为止,统称古典学派。

19世纪,第一次产业革命完成、经济危机的产生,古典学派分为两派:由李嘉图到马克思为一大学派,后来发展为社会主义经济学;由马尔萨斯到凯恩斯为一大学派,后来发展为近代资本主义经济学。

由于各国资本主义发展的特点,近代资本主义经济学又分为剑桥学派、边际效用学派,包括奥地利学派、洛桑学派、历史学派、制度学派等。

直至当代,源于上述各个流派的经济学,有各种不同的立场和观点,也不易加以区别。但大致来说,可以分为自由派和保守派。按照对市场机制的依赖程度的大小,各主要流派为:新自由主义、货币主义、合理预期学派、供应学派、熊彼特创新学派、后凯恩斯主义主流经济学、凯恩斯左派、瑞典学派和新制度学派。

经济学家族谱系如图 1-2 所示。

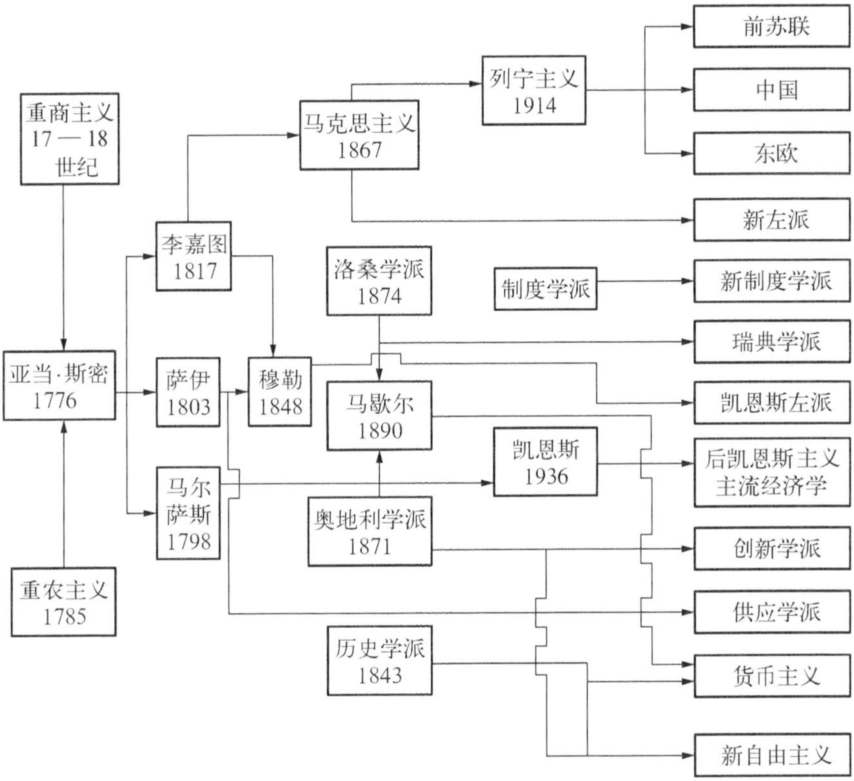

图 1-2　经济学家族谱系

第三节　微观经济学的研究方法、特点及基本内容

一、微观经济学的研究方法

任何一门比较成熟的学科均有其相应的一套分析方法，微观经济学与其研究对象和分析目的相适应，运用了有别于古典经济学、传统经济学的一系列新的分析

方法，其中最有代表性的、运用最广泛的有实证分析和规范分析方法、均衡分析和非均衡分析方法、动态分析和静态分析方法三种。

（一）实证分析和规范分析方法

1. 实证分析与实证经济学

所谓实证分析(positive analysis)是指只对经济现象、经济行为或经济活动及其发展趋势进行客观分析，得出一些规律性的结论。其特点为：回答“是什么”的问题；分析问题具有客观性；得出的结论可以通过经验事实进行验证。以实证分析方法为主的经济学即为实证经济学(positive economics)。实证经济学是根据一定的假设，分析经济体系是怎样运行的，为什么这样运行，以预测人们经济行为的后果。它所力求说明“是什么”的问题，或者说它回答如果做出了某种选择，将会带来什么样的后果的问题。“实证经济学企图超脱或排斥一切价值判断，只考虑建立经济事物关系的规律，并在这些规律的作用下，分析和预测人们经济行为的效果。”

2. 规范分析与规范经济学

规范分析(normative analysis)是根据一定的价值判断，提出评价经济体系运行的标准，为什么这样评价，以研究怎样才能符合这些标准。它所回答“应该是什么”的问题。以规范分析方法为主的经济学即为规范经济学(normative economics)。规范经济学是指“以一定的价值判断作为基础，提出某些准则，作为分析处理经济问题的标准，树立经济理论的前提，作为制定经济政策的依据”。

这里所说的“价值判断”不是经济学意义上的商品价值，而是指经济事物的社会价值，即是好还是坏的问题，大而言之是指社会经济制度的好坏，小而言之是指某一具体经济事物的好坏。所谓好坏也就是对社会是有积极意义，还是有消极意义。

由此可见，实证分析就是就事论事，好比天文学一样，说明“是什么”，不涉及好坏。实证经济学就是研究经济运行规律，不涉及评价问题；而规范分析则包括主观评价，好比占星学一样，说明“应怎样”，说明好坏，要研究的是是非善恶的问题。规范经济学涉及对经济运行的评价。两者各有自己不同的研究方法和研究领域，但在实践中难以截然分开，往往互相补充。

3. 实证经济学和规范经济学的比较

在西方经济学界，有人把实证经济学比作天文学，把规范经济学比作占星学。天文学是研究天体运行规律，不涉及对这件事的评价问题。占星学是研究星相，预计吉凶祸福，涉及评价问题。这说明，实证经济学是研究经济运行的规律，不涉及评价问题，规范经济学则对经济运行进行评价。

实证经济学是一种对经济运行过程的判断，它是在既定的假定之下进行判断的。它可以通过各种方式检验由此得出的结论是否正确。

规范经济学则是伦理的判断，它并不是先去检验经济运行过程，而是先去检验假定本身，并通过假定的检验，对经济运行过程的好坏做出判断。

无论实证经济学还是规范经济学都与目标问题有关。目标是分层次的，越是高级的目标越具有规范性，目标的层次越低则越具有实证性。所以说，实证也好规范也好其实它们是相互补充、互为完整的。例如，“十二五规划”要求我国年均经济增长目标7%，实证经济学就要研究在多大的储蓄比例和投资下可以达到这一目标，而且可以检验这个结论是否正确；规范经济学就要研究该目标设定本身是否合理，实现这一目标对社会生产的后果是好还是坏等。所以对任何一个经济问题进行研究，不仅要对经济运行过程本身进行研究，而且还要对经济过程作出价值判断，才能说明整个经济过程的全部，而不至于使经济运行发生偏差。

微观、宏观经济学在对市场经济资源配置和利用问题的研究，主要采用实证分析的方法。但微观、宏观经济学虽属实证经济学，但其中都有规范经济学的因素。如微观经济学中涉及消费偏好、收入再分配问题的研究，以及宏观经济学中关于充分就业的含义，经济增长的后果的研究都具有规范经济学的因素。至于福利经济学、新制度经济学、马克思政治经济学等基本都是规范经济学。

（二）均衡分析和非均衡分析方法

均衡(equilibrium)是从物理学中借用来的一个概念，原指作用在某一物体上的所有合力为零时的状态，在平衡状态下的物体，除非受外力的作用，就没有线加速度或角加速度，就会一直处于平衡状态。经济中的均衡是指对立的经济变量不再改变其数值的状态。即一个经济体系中，各个经济决策者所做出的决策正好相容，并且在外界条件不变的情况下，每个人都不愿意调整自己的决策，从而不再改变其经济行为。或者说，经济决策者相互作用、相互影响的稳定性结果。

对经济体系中均衡的形成、变化和制约因素等进行分析的方法，称为均衡分析法。均衡有局部均衡与一般均衡之分，所以均衡分析法可具体分为局部均衡分析法(partial equilibrium)、一般均衡分析法(general equilibrium)。

局部均衡在考察一种商品的价格和供求均衡时，总是假定“其他条件不变”，即假定一种商品的均衡价格取决于自身的供求状况，而不受其他商品供求的影响。如研究牛肉价格的形成，假定猪肉、羊肉等市场价格均不变，只研究牛肉市场自身的供给和需求的变动对价格形成的影响。

一般均衡分析是指一种商品价格不仅取决于本身的供求状况，也要受其他商品价格和供求的影响。因此一种商品的价格和供求的均衡，只有在所有商品的价格和供求都达到均衡时才能决定。如研究牛肉市场价格形成，必须要研究猪肉市场和羊肉市场的影响，当所有市场价格确定后牛肉价格才会确定，这就是一般均衡的思路。一般均衡分析方法是法国经济学家瓦尔拉斯(Léon Walras)首先提出，它重视不同市场中的商品的产量和价格的关系，强调各部门、市场的相互作用和联系，因此一般均衡分析是关于整个经济体系价格和产量结构的一种研究方法，是全面考虑经济体系、经济活动方方面面的分析方法，显然一般均衡分析要比局部均衡分析复杂得多。在经济学中，传统上大多采用局部均衡分析方法。

非均衡分析是指资源配置的非最优状态，经济主体若重新配置资源可获得更大效用而使自己的状况变好。事实上，在一个经济系统中均衡是偶然的、短暂的，而非均衡是常态。经济学研究均衡无非是要提供一个标准，如经济何时稳定(均衡)、稳定的状态是什么样的、什么原因会导致稳定的改变、如何再恢复稳定的状态等。

(三) 动态分析和静态分析方法

与均衡分析相关的还有静态分析和动态分析方法。

静态分析(static analysis)方法是分析经济现象的均衡状态及达到均衡状态所需具备的条件，却不论及实现均衡的过程。它完全抽象掉了时间因素，即分析某一时点的均衡状态，是一种静止地考察经济变量的状态，最后的影响结果。

静态分析方法有静态分析(某一时点)和比较(comparative)静态分析(两个时点对比)区分。比较静态分析就是分析对经济变量在两个时点发生的状态进行对比，而不涉及转变的具体过程。静态分析犹如分析一张照片(某一时刻的状态)，比较静态分析犹如两张不同时期(两个时点)的照片对比。

动态分析(dynamic analysis)方法是论述均衡调整变化的实际过程，通常把经济运动过程划分为连续的分析期间，考察有关经济变量在相继续起的各个期间的变化，即引进时间变量。

动态均衡分析是指从时间序列角度对经济现象的分析。即在一个时序内经济变量整个变化的过程的研究。这就犹如放一段录像带，有连续的动作和影像的变化过程。这种分析要考虑时间因素，将经济现象当作一个连续的过程，不管静态分析还是比较静态分析，都把注意力集中在均衡位置上，而动态分析实际上是探讨非均衡状态及其变动，即研究一些在时间推移过程中依然有效的关系。动态分析一般要运用到比较复杂的数学工具，因此一般在中级经济学教材中基本没有体现。本书使用的更多的是比较静态分析方法。

二、微观经济学分析的特点

1. 以充分就业为前提

根据萨伊法则(Say's Law)，供给能够自动创造需求。因为，买是为了卖，一种产品的卖，就意味着对其他产品的买，任何一种产品供给的增加就意味着对其他产品需求的增加。因此，生产者必然有充分利用全部生产要素资源的机会，供给的总量必然是全社会最大的产量，即使偶尔出现短暂的生产过剩，市场竞争的自发力量也会很快使供给恢复到最大产量。这就是充分就业的假设(这里的就业，不仅指工人的就业，也包括一切生产要素的就业)。除不完全竞争市场外，微观经济分析都是在这样的前提下进行的。

2. 以个量分析为方法

根据充分就业的假设，微观经济学认为全社会的总量为已知，没有必要再去进行分析，因而把注意力集中在经济个体的消费、生产、交换和分配，即消费者如何购买、生产者如何生产、市场价格如何决定、要素所有者如何提供要素。有时微观经济分析也涉及总量，但只是让个量简单地加总，而且不研究各个总量(如产品、货币、财政、外贸)之间的相互关系。

3. 以边际分析为工具

在微观经济学中，同时使用平均分析，但经常以边际分析来决定均衡状态，衡量经济决策的结果。当一个或几个自变量发生微小变动时，因变量如何随之变动，这就是边际分析。平均分析用于分析一般水平，边际分析用于分析变动趋势。正是根据边际分析，产生了一系列极为重要的边际概念和边际法则。

4. 以市场价格为中心

微观经济学，首先分析个别需求量的变动，其次分析个别供给量的变动，最后分析在各种不同的市场条件下，需求与供给如何共同决定价格，既包括产品价格，也包括要素价格。所以，微观经济分析始终以市场价格为中心。

5. 以均衡状态为基础

均衡状态是指每个经济个体都得到最大利益，如果其他条件不变，就会继续从事相同的经济行为，而不愿意改变。在完全竞争的条件下，产品的供求相等是达到均衡状态的必要条件。微观经济分析的消费理论、厂商理论、分配理论、市场理论，都采用局部均衡分析，一般均衡理论则采用一般均衡分析。

6. 以个体利益为目标

微观经济学从“经济人”(economical man)的抽象概念出发，认为人都是利己的，所有人都为自己的经济利益而奋斗，此外没有任何其他因素。当每个人都追求自己最大的经济利益时，全社会的利益就会达到最大。

三、微观经济学分析的基本内容

微观经济学的内容包括如下几个方面。如图 1－3 所示。

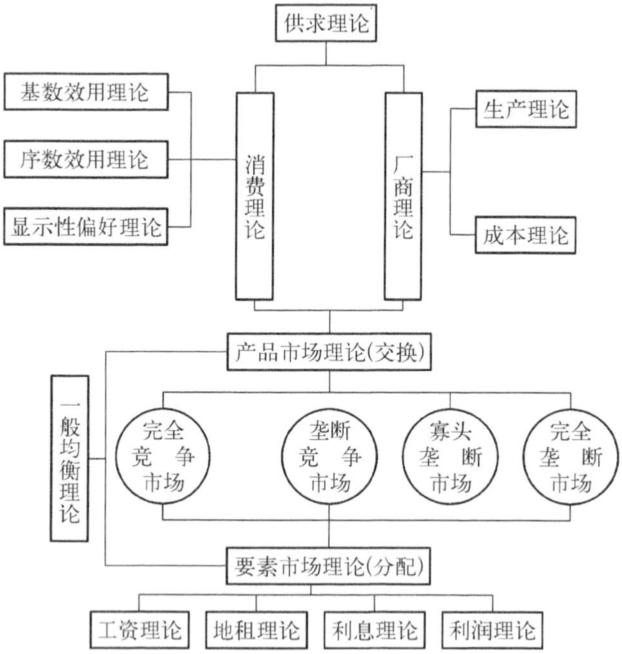

图 1－3 微观经济学分析的基本内容

1. 供求理论

供求理论说明需求、供给和市场均衡，研究商品的价格如何决定，以及价格如何调节整个经济的运行，所以也称价格理论。这实际上是微观经济分析的总和。

2. 消费理论

消费理论即消费者行为理论。在消费理论中，主要介绍三种确定性的消费者行为理论：基数效用理论、序数效用理论、显示性偏好理论，说明需求是如何决定的，研究消费者如何将有限的收入分配于各种物品的消费上以实现效用最大。本书主要介绍了基数效用理论和序数效用理论。

3. 厂商理论

厂商理论即生产者行为理论。在厂商理论中，将分别从生产函数和成本函数出发研究生产者理论，说明供给是如何决定的，研究生产者如何将有限的资源用于各种物品的生产上而实现利润的最大化，因此包括从技术角度研究生产要素与产量之间关系的理论、从经济角度研究成本与收益的成本—效益理论。

4. 市场结构理论

在市场结构理论中，将按照完全竞争、完全垄断、垄断竞争、寡头垄断四种市场类型，说明产品市场的产量和价格是如何决定的，以及不同市场条件下厂商行为理论和市场效率。

5. 分配理论

在分配理论中，将说明在各种不同市场条件下，工资、地租、利息、利润等要素市场的价格是如何决定的，也就是收入是如何分配的。所有这些理论，都采用局部均衡分析。

6. 一般均衡理论与福利经济学

研究社会资源配置最优化的实现以及社会福利的实现等问题。

7. 市场失灵理论与微观经济政策

研究市场配置资源失效的原因及政府微观治理措施。

在阐述各种理论时，将首先逐个介绍有关的基本概念，然后运用这些基本概念介绍相关的基本原理，最后介绍运用这些基本原理分析有关经济问题的方法。

四、经济理论与经济模型

（一）经济理论及其模型

经济现象不但错综复杂，而且变化不定，无法像自然科学那样，在实验室内进行实验。为了便于研究，经济学家往往舍去一些比较次要的因素，专门研究具有普遍性、决定性的因素之间的因果关系，形成系统的经济理论。经济理论包括经济模型的制定与使用，这些模型是相互联系的经济关系的集合。经济理论是实践经验的高度概括，经济模型则是经济理论的简明表达。

假定 2011 年长时期干旱使得小麦大面积的减产。为此，人们都确信小麦的价格将上涨。这就是一个模型及其应用的例子。在这个模型中包含了人们所想到的需求、供给与价格之间的关系。长时间的干旱影响了供给，供给的减少预示着价格的上涨。这类模型存在于每一个人的脑海中，并不必与相应的正规价格理论的模型完全等同，但是理论的模型是清晰准确的。

一个飞机模型并不一定能飞起来，因为它不具备真正的飞机的许多特点。但是它展示了成为飞机的基本要素及其作用。同样，经济模型也是精简得只剩下基本的要素。如 C－D(柯布-道格拉斯)产出模型，并不包括与生产有关的成千上万个事实。在这个模型中的资本、劳动与产出的关系，不必提到是否有许许多多工人喜欢娱乐而不愿意工作。一个模型只包括基本的和有关的联系，这些联系足以说明资本、劳动在产出中如何起作用的一个方面。

经济模型(economic model)可以采用语言文字、几何图形、数学符号三种表达形式，它们各有自己的特点：语言文字比较细腻，几何图形的分析比较简明，数学符号的分析则比较严谨。作为经济分析的工具来说，文字经济模型(literary economic model)与数学经济模型(mathematical economic model)没有什么本质区别，只不过前者的假设和结论使用语言文字，后者使用数学方程；前者的推理过程使用文字逻辑，后者使用数学定理。

经济学形成和发展的过程，也是不断运用数学方法的过程。一般认为，法国经济学家古诺(A. Cournot)是数理经济学的鼻祖，他在 1838 年出版的《财富理论的数学原理》中，首先运用函数表达供求规律。但数理经济学作为一门独立的学科，是自 19 世纪 70 年代边际效用学派开始形成的。由于几何是数学的一个分支，采用几何图形进行经济分析也可看作数理经济学，但广义地说，数理经济学除几何以外，还包括使用线性代数、微积分、微分方程、差分方程等数学方法。狭义地说，数理经济学仅指以瓦尔拉斯(L. Walras)为代表的边际效用学派的一般均衡理论。

数理经济模型具有以下几个优点：使用数学比较简练，表达概念比较精确，可以运用许多数学定理，可以处理多个变量的一般情况。但是，数理经济学家往往容易以数学代替知识，以计算代替理解，把研究的范围限于数学上能够解决的问题，而且为了数学上的方便任意采用不适当的假设，以致追求数学技巧而抛弃经济原则。让数学从“仆人”变成“主人”，不是数学分析为经济分析服务，而是经济分析为数学分析服务，这是数理经济学大忌。此外，由于数学不是所有经济学家的行话，也造成数理经济学家和非数理经济学家交流上的困难。

20 世纪 30 年代以来，数理经济学向下述两个方向发展：一是引入时间变化因素，从静态学发展到动态学；二是引入经济统计因素，将数理经济学应用于社会经济生活，成为应用经济学。应用经济学又分为两个分支：以统计资料作为记述现实经济变动过程的手段，叫统计经济学；以统计资料作为验证理论，预测未来的手段，叫计量经济学，也译为经济计量学。

图 1－4 显示了经济学、数学、统计学三者之间的关系：经济学与数学相结合，产生数理经济学；经济学与统计学相结合产生经济统计学；数学与统计学相结合，产生数理统计学；最后，数学、经济学、统计学三者的结合产生计量经济学。广义地说，一切包括经济、数学、统计学三者的模型，都叫计量经济模型；狭义地说，仅指用参数估计和假设检验的数理统计方法研究经验数据的模型。

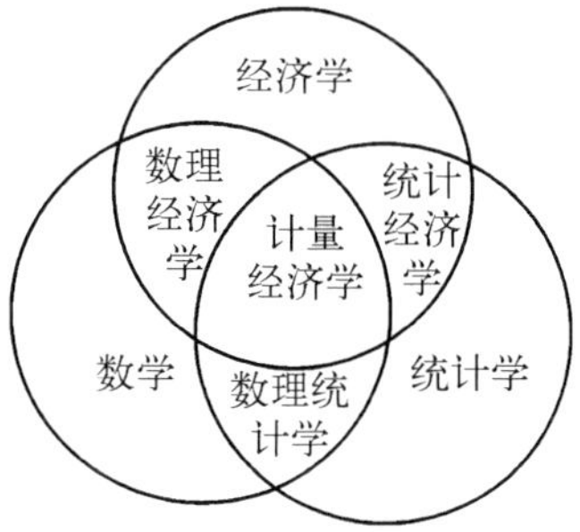

图 1－4 经济学、数学、统计学三者之间的关系

实际上，理论研究需要经验数据的检验，而经验研究也需要理论分析的指导，我们不能只搞没有计量的理论，更不能只搞“没有理论的计量”——统计“炼金术”。

（二）经济模型的基本概念

数学经济模型通常由描述经济关系的一组方程构成，而方程又由一组变量构成。首先，给出一组假设的数学形式；其次，对这些方程进行数学运算；最后，得到某些结论。

1. 变量

变量(variables)是指大小可变的量。由于它是可变的，必须用数学符号而不用数据表示。

存量与流量。存量(stock)指某一点所测度的量，它的大小没有时间维度。流量(flow)则是指某一时期(两个时点之间)所测度的量，有时间单位。在遇到任何变量时，必须首先弄清楚它究竟是存量、流量，还是存量之间、流量之间或存量与流量之间的比例。

自变量(解释变量)与因变量(被解释变量)。一个变量的大小，往往取决于多种因素。我们通常假设在“其他条件不变”的情况下(这几乎是经济学标准的语气)，专门研究两个或者更多变量之间的函数关系。如果确定某一个或几个变量之后，另一变量都有确定的值与之对应，则称前者为自变量，后者为因变量。

内生变量与外生变量。在一个特定的模型中，由该模型本身所决定的未知变量，叫内生变量(endogenous variables)。由该模型以外决定的已知变量，叫外生变量(exogenous variables)。一般来说,自变量是外生变量,因变量是内生变量。但是,一个方程的因变量,可能成为另一个方程的自变量;一个模型的内生变量,也可能是另一模型的外生变量。

常数和参数。常数(constants)与变量相反,是不变的量,它可以单独存在,也可以与变量相连,与变量相连的常数叫该变量的系数(coefficient)。参数(parameters)指可变的常数。当参数是常数时,也叫常数。由于参数是已知的或可知的,外生变量与其相似,有时两者统称为参数。

2. 方程式

变量虽然可以单独存在,但只有用方程式把它们联系起来,才能表达一定的经济关系。一般来说,方程式可以分为以下三种:

(1) 定义方程式(definitional equation)。它是指两个含义完全相同而形式不同的式子之间的恒等关系,主要用来定义概念。

(2) 行为方程式(behavioral equation)。它是指一个因变量如何随着其他自变量的变化而变化,主要用来描述人们所选择的经济行为,政策、法令等制度限制,工艺、材料等技术关系。

(3) 均衡方程式(equilibrium equation)。当模型包括均衡概念时,才有均衡状态。它也是恒等式,是指达到均衡状态必须具备的条件。

五、微观经济分析的简化模型

(一) 家庭经济行为模型

一个家庭一般拥有一种以上的生产要素(劳动力、资本、自然资源、企业家才能)。家庭通过向社会提供生产要素取得一定的收入,并以一定的收入购买产品(包括劳务),从而获得欲望的满足。根据经济学的基本假设,家庭所追求的唯一目标是满足的最大化(maximization of satisfaction),而满足的大小取决于产品的消费量。产品的消费量则取决于下列环境条件:产品价格、家庭收入、个人偏好等。因此,家庭经济行为模型就是在上述限制条件下,为追求最大化的目标而采取的行动。家庭经济行为模型如图 1-5 所示。

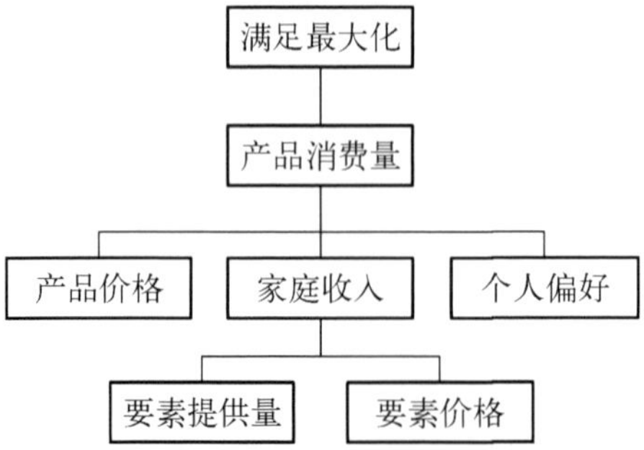

图 1-5 家庭经济行为模型

（二）厂商经济行为模型

一个厂商雇佣生产要素，生产产品后通过销售产品取得利润。厂商所追求的唯一目标是利润最大化(maximization of profit)。利润是总收入与总成本的差额，而总收入取决于产品销售量和产品价格，总成本取决于生产要素的雇佣量和要素的价格。因此，厂商经济行为就是在各种条件限制下，为追求利润的最大化而采取的行动。厂商经济行为模型如图 1－6 所示。

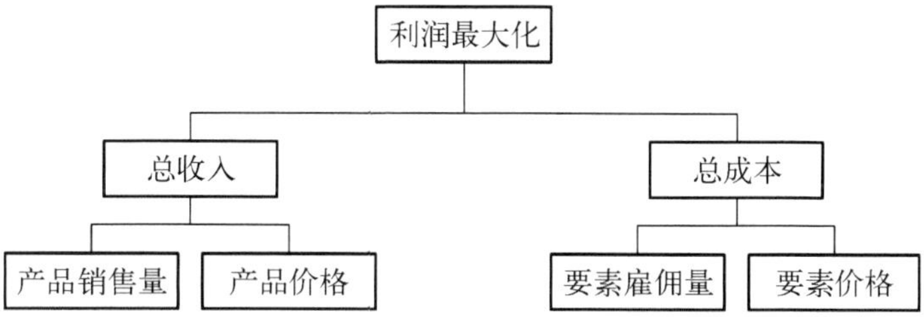

图 1－6 厂商经济行为模型

（三）微观经济循环模型

如果忽略政府、外贸以及家庭之间、厂商之间的经济活动，经济活动中只有厂商、家庭两个主体和产品、要素两个基本市场，就可以得到一个简化的微观经济循环模型。在产品市场上家庭是商品的需求者，厂商是商品的供给者；在要素市场上正好相反，家庭是要素的供给者，厂商是要素的需求者。微观经济循环模型如图 1－7 所示。这个模型分内、外两个循环圈，内圈代表货币流，外圈代表物质流。两圈形成犹如一封闭管道，如果没有漏出，经济活动将正常进行。

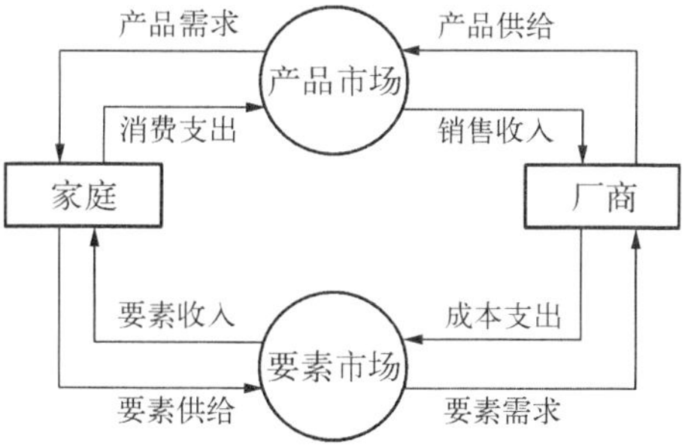

图 1－7 微观经济循环模型

六、微观经济学的功能与用途

（一）微观经济学的功能

由于微观经济学的主要内容是进行实证分析，因此它具有两个重要的功能：解释功能与预测功能。它可以用于解释或预测微观经济行为主体如生产者或消费者的经济行为。

微观经济学对于微观经济行为主体经济行为的解释或预测建立在理论的基础之上。像其他任一门科学理论一样，经济学理论依靠一套基本概念、假设以及公理化的推理体系对于所观察到的经济现象进行解释。经济学中的一些基本概念如效用、利润、成本、价格、供给、需求等都有明确的定义。在这些概念的基础上经济学对经济主体的行为做出若干假设，通过假设与推理对经济现象进行解释。例如，在微观经济学的消费者理论中，假设消费者行为目标是追求效用的最大化。利用这一假设，该理论解释了消费者如何进行时间分配，以便通过收入与闲暇的最优选择达到效用的最大化；或者消费者如何进行自己所拥有的收入与财产的分配，消费者购买什么样的商品、保留多少储蓄、选择什么样的资产才能使效用达到最大化。该理论解释了工资、利率或消费品价格的变化如何影响消费者的效用最大化行为。又如，在微观经济学的厂商理论中，假设厂商的行为目标是追求利润的最大化。利用这一假设，该理论解释了产品的生产与生产要素的投入决策，以达到利润的最大化。该理论还解释了产品与生产要素价格的变化如何影响厂商的利润最大化行为。

经济理论也是进行经济预测的基础。一旦对经济行为主体的行为做出某种假设，我们就可以对若干经济变量进行预测。例如，假设厂商的目标是追求利润的最大化，就可以预测，在其他条件不变的情况下，厂商所使用的投入物价格的上升，如劳动者工资率的提高、原材料价格的上涨等将会使厂商减少产量；反之，若厂商所使用的投入物价格下降将会使厂商增加产量。

利用统计学与计量经济学技术可以对经济理论加以模型化，从而可以对所观察到的经济现象做出比较精确的解释，或对经济量做出比较精确的预测。经济模型是对经济理论的数学表述，一旦利用统计学与计量经济学的技术建立起经济模型，便可以将对于经济主体经济行为的定性分析与预测变为定量的分析与预测。例如，我们可以预测，在其他条件不变的情况下，若原材料的价格上升 10%，厂商的产量将会下降多大的幅度。

无论是对于所观察的经济现象的解释，还是对于经济主体行为的预测，都离不开经济量。实证经济学所涉及的基本上是经济量之间的关系，例如投入与产出之间的关系、成本与利润之间的关系、价格与数量之间的关系等。

在微观经济学中，利用经济理论或经济模型对经济量进行分析、对经济现象进行解释、对经济主体的经济行为及其结果进行预测并不是完美无缺的。由于经济学是一门社会科学,它所描述的经济变量之间的关系非常复杂,因此,经济学不可能像物理学那样对变量之间的关系描述得非常精确。在利用经济模型对经济量进行预测时更难达到较高的准确性。这表明经济学的定性分析与定量分析方法都有待于进一步完善。

（二）微观经济学的用途

无论从理论上讲还是从实践上讲,微观经济学都具有广泛的用途。从理论上讲,它既是经济学理论研究的一个重要领域,又是经济学其他研究领域的基础。宏观经济学、国际经济学、比较经济学、发展经济学、财政学等研究领域需要微观经济学理论作为基础。微观经济学理论甚至被引入政治学、社会学的研究领域中,用于研究人的政治决策行为与社会决策行为。从实践上讲,微观经济学理论既可以用于指导企业或消费者的决策行为,又可以用于指导政府的决策行为。

对于消费者来说,微观经济学中资产组合的理论、消费与储蓄的时机选择理论等可以用于指导他们的选择行为。对于生产者而言,微观经济学中的成本与收益分析、厂商定价理论、资本与投资理论等可以用于指导其投资决策与生产、销售决策。微观经济学中的机会成本的分析比会计成本的分析对于企业经理人员的决策更具有指导意义。

微观经济学理论不仅仅对消费者、生产者这样的微观经济主体的决策行为具有指导作用,对于政府的决策行为同样具有指导作用。政府的许多决策如果能够科学地运用微观经济学知识,就会减少决策的盲目性。例如,若政府试图通过限制某种商品的价格而增加消费者的福利,政府必须了解该商品需求的价格弹性。如果该商品需求的价格弹性很小,就不应限制该商品的价格。否则,限价的结果只会减少而不是增加消费者的福利,政府若举办某项公共工程,也应该运用微观经济学中的成本—效益分析理论对欲举办的公共工程进行经济分析,以便减少其决策的盲目性。

主要名词与术语

稀缺性　机会成本　生产可能边界　经济学　理性人假定　微观经济学　实证经济学　规范经济学　内生变量　外生变量　存量　流量

复习思考题

1. 谈谈你对机会成本的理解。它对我们决策有什么意义?
2. 经济问题是如何产生的? 基本经济问题有哪些?
3. 西方经济学完全理性人的假定有什么意义?
4. 生产可能边界包含了哪些经济学思想?
5. 微观经济学的特点有哪些?
6. 举一实例说明实证分析与规范分析的区别。

第二章 供求理论

本章教学目的与要求

微观经济学要阐明价格如何配置经济资源，如何调节市场主体经济行为，因此价格决定理论是微观经济学的核心问题。在市场经济中，价格是由需求与供给共同决定的。本章为大家重点介绍需求和供给的一般概念和规律；由此给出市场均衡的概念，以及均衡发生变动的情况；最后给出应用供求理论的一个例子。下一章将更深入地探讨需求和供给的一些特性和实际应用。

供求理论是微观经济学的最基本理论，需求与供给是经济学中的两个最基本的概念。

第一节 需求理论

一、需求和需求量的概念

（一）需要

传统经济学理论认为，某种商品或劳务的价格和产量是由市场的供给和需求关系确定的，而需求则产生于人们要利用物品的各种需要（want）。需要也被称为欲望。人类的需要就是人们想要得到任何东西，如人们的衣、食、住、行等。对某种物品，既有缺乏的感觉又有获取（满足）的愿望，两者缺一不可，否则就不能产生欲望。欲望是人类一切经济行动的原动力。

美国心理学家马斯洛认为，每个人都有一个必须被满足的需要层次，其范围从基本的生理要求到自我实现。当一个需要被满足后，情绪层次中下一个较高水平

的需要便支配了意识功能。为此,可以将人的欲望划分为五个层次:

第一,生理需要。即生存的需要,是人类最基本的也是最底层的需要。如吃、喝、御寒取暖等。

第二,安全需要。即希望未来生活有保障。如避免伤害、避免失业等。

第三,社交需要。即感情需要。如爱的需要、思想交流。

第四,尊重需要。自尊心、受他人尊重。

第五,自我实现需要。对于人生的看法、理想,是最高层次的需要。

这五个层次的需要(欲望)由低到高,依次产生。每当某个层次的需要得到满足以后,又会产生较高的需要。所以,人类的欲望或需要实际上是无限多样、永无止境的。但是,社会满足人们的欲望或需要的方式和手段,即资源则是有限的和稀缺的。

(二)需求与需求量

由需要就产生了需求,一般说需求(demand)是指在某一时期内,在各种可能的价格水平下,消费者对某种商品或劳务愿意并且能够(有能力)购买的数量的对应关系。它不是单一的数量,而是一种关系。即需求是指人们在一定的经济环境中,对某种物品的价格、收入、偏好与其需求量之间的关系。

由欲望的动机产生具体的需求,即需求产生于人们要利用物品和服务的愿望,这是很明显的。但是,对原料和半成品也有需求,因为它们可以转变为消费品。对劳动和资本物品有需求,因为生产需要它们。对劳动和资本物品的需求,通常叫做派生的需求(derived demand)。因为,它是从最终消费物品派生出来的需求。在本章中主要是讨论最终需求,即主要研究在商品市场上消费者对商品的需求。而将派生需求(厂商的需求)留在第八章去讨论。一般说来,需求可以是指对某一种商品的需求,也可以是指对社会总商品的需求。而在经济学中,对于这两种不同的情况习惯上用两个概念表示。当指社会总商品的需求时称为“总需求”,而这个概念是宏观经济学中的内容。微观经济学中所说的需求,是指对个别商品的需求。

在经济活动中,消费需求通常通过市场表现出来。但也不总是这样。例如,公共决定的某些事情,如公路、国防、学校教育,这些事业开支不是通过市场表现的。

理解消费者的需求主要包括三个要点:第一,消费者购买的欲望,即愿意;第二,消费者具有的购买能力,即能够;第三,购买的欲望和购买能力两者的对应关系。这三条是非常重要的,如果只有购买的欲望而没有购买的能力,或者虽然有购买的能力而没有购买的欲望,都不能产生有效的需求,也不能在市场上形成实际的购买能力，都不是我们所说的需求。另外，需求强调的不是商品的某一个具体的价格，而是任何一个可能的价格，也就是说有一个商品的价格消费者就可能有一个数量需求，再有一个价格，消费者会有另一个数量需求，因此需求强调的是一种对应关系。在经济学中，“需求”这个术语，总的说是一个“表”，记住这一点就可以避免混乱。

需求量(quantity of demand)是指在某一时期内，在某种特定价格下，消费者购买某种商品的数量。

必须注意，需求与需求量是两个不同的概念。需求量指的是在某种特定的价格下，消费者购买某种商品的数量。需求量强调的是在特定的价格，而需求则强调的是在各种可能的价格。

（三）影响需求的基本因素

一个消费者对商品的需求，主要取决于以下两大类因素。

一类因素是商品自身价格变化，而其他条件都不变对需求的影响。一般来说当商品价格上涨时，需求会减少，反之需求会增加；另一类因素是商品自身价格不发生变化，而其他条件发生改变时对需求的影响。影响需求的其他条件一般包括消费者的偏好、收入水平、相关商品的价格、消费者对某商品的价格预期等。它们对需求的影响如下：

第一，消费者的偏好。即消费者对某种商品的喜好程度。随着社会生活水平的提高，消费不仅要满足人们的基本生理需求，而且还要满足种种心理与社会需求。因此，消费者的个人偏好对需求影响很大，如有的人爱吃大米，有的人喜欢吃面食，有的人喜欢肉食，有的人喜欢素食等，因而对商品需求就会不同。偏好主要影响消费者的购买意愿，消费者对某种商品偏好越大则对该商品需求就越大。

第二，消费者的收入水平。收入影响购买能力，收入增加需求会增加，收入减少需求会减少。

第三，相关商品的价格。其他商品的价格也会影响对某商品的需求，这就是相关商品价格变化的影响。这是因为，一种商品与另一种物品可能存在某种关系，有的是可以代用(替代)的；而有的则必须共同使用(互补)。例如，手机和固定电话是代用品，而牙膏和牙刷则是互补用品。商品之间的关系归结起来有，一种是替代关系，一种是互补关系。即商品可以分为替代品、互补品和独立品。替代品(substitute goods)是指商品可以互相替代来满足同一种欲望的两种或多种商品，如苹果和梨单独享用都能满足人们对维生素的需要，它们之间就有一定的替代性，当然不同替代品替代程度会有不同;互补品(complement goods)是指消费者必须共同使用来满足某种欲望的两种商品,如影碟机和碟片须同时使用才会满足我们看电影的欲望;独立品(independence goods)是指那些商品之间既不存在互补又不存在替代关系的商品。

如果考察一下不同相关商品的需求与价格,一定会发现替代品之间价格与需求呈同方向变动,即某商品的替代品价格上涨(下降)时,对该商品需求会增大(减少);而互补品之间价格与需求成反方向变动。例如水果和蔬菜为替代品,当蔬菜价格上涨时,人们对水果(假设水果价格保持不变)的需求会增大。

第四,人口数量与结构的变动。人口数量的多少对需求的影响是显而易见的,而人口结构的变动则影响需求的构成,从而影响某些商品的需求。

第五,政府的消费政策。如提高利率可减少消费,而实行消费信贷制度则会鼓励消费。如 2009 年我国实施的对 1.6 以下排量的小汽车购置税减半的政策,就有效地刺激了对这类型号汽车的需求。

第六,消费者对未来的预期。包括对自己未来收入、对商品价格等水平的预期,如果消费者预期自己的收入在不久的将来会增加,那么目前即使他的收入没有增加他也会增加消费。

第七,社会收入分配状况。社会收入分配越公平,收入差距越小,需求越大;收入差距越大,需求越小。

总之,影响需求的因素是多种多样的。有些影响需求意愿,有些影响需求能力,这些因素的共同作用影响了需求。

二、需求法则及表示

(一)需求价格与需求法则

价格作为商品需求的一个决定因素,它的简单定义就是指每种商品具体单位的货币价值。需求价格(price of demand)是指在特定时间内,消费者对一定数量的商品所愿意支付的最高价格。

一般来说,物品的价格越高,消费者对其购买的数量就越少;反之,物品的价格越低,消费者对其购买的数量就越高。存在于产品的价格与消费者购买量之间的这种反比关系,是普遍的和正常的,这被称为需求法则(law of demand)或称需求定理。

严格地说,需求法则是假定在其他条件不变(消费者的收入、个人偏好保持不变,其他产品价格等保持不变)的情况下,商品价格越高,需求量越少;价格越低,需求量越大。

在理解需求法则时要注意以下两点：

第一，其他条件不变是指影响需求的其他因素不变，如偏好、收入、相关商品价格等不变。也就是说，需求法则是在假定影响需求的其他因素不变的前提下，研究商品本身价格与需求量之间的关系。离开了这一前提，需求法则就无法成立。

第二，需求法则指的是一般商品的规律，但这一法则也有例外，如奢侈（炫耀）品与吉芬商品就违反需求法则。

（二）对需求法则的表示：需求表、需求函数、需求曲线

需求本质上既然是一种对应关系，也就是一种函数关系，需求法则实际上描述的就是商品价格的变化与需求量的关系。

1. 需求表

在一定的时间内，某消费者对某种商品在各种可能的价格下，愿意并能购买的数量用表格表示，就是需求表(demand schedule)。如表 2－1 描述某消费者对水果的需求。

表 2－1　**某消费者对水果的需求表**

	价格(元)	需求量(千克)
A	1	20
B	2	15
C	3	10
D	4	8
E	5	5

2. 需求函数

一个函数说明两个或多个变量之间的关系。如果两个变量按这种方式联系着：对于一个变量(自变量)的每一个值，另一个变量(因变量)也只有一个值和它对应。那么第二个变量称为第一个变量的函数。需求函数(demand function)是我们遇到的第一个重要的函数关系。

从广义上说，在既定的时期内的一个既定的市场中，一种商品的需求函数是这种商品的各种可能的购买量和这些购买量的决定因素之间的关系。

一种产品的需求量(Q_d)取决于一系列因素，主要有产品的价格(P)、相关产品的价格(P_r)、收入(M)、个人偏好(F)以及时间的变化(T)等。

它们之间的关系，可以表示为下列需求函数：

$$Q_d = f(P, P_r, M, F, T, \cdots)$$

在经济分析中，一般假定在其他条件不变的情况下，着重研究 P、P_r、M 分别对 Q_d 的影响，即：

需求（价格）函数：$Q_d = f(P)$

需求（交叉）函数：$Q_d = g(P_r)$

需求（收入）函数：$Q_d = h(M)$

在各种需求函数中，最重要的是需求价格函数（function of demanding price），简称为需求函数，它刻画了需求法则的关系，因此狭义上讲需求函数，即指 $Q_d = f(P)$，为简便起见我们假定需求量与需求价格具有线性函数关系，则需求价格函数可以表述为：

$$Q_d = a - bP \quad (a > 0, b > 0)$$

其中：a 为常数，表示当 $P = 0$ 时的需求量。系数 $-b$ 为斜率，表示当 P 发生微小变化时所引起的 Q_d 的反向变动。

即：

$$-b = \frac{\Delta Q_d}{\Delta P} < 0$$

或：

$$-b = \lim_{\Delta P \to 0} \frac{\Delta Q_d}{\Delta P} = \frac{dQ_d}{dP}$$

这个特性即是需求法则的内涵。

如果需求函数为非线性函数，需求函数也可表述为：$Q_d = \alpha P^{-\alpha}$

3. 需求曲线

在一定的时间内，某消费者对某种商品在各种可能的价格下，愿意并能购买的数量用图形表示，即为需求曲线（demand curve）。

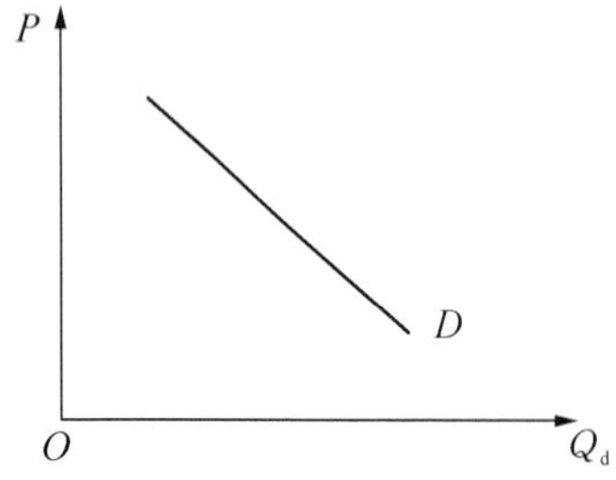

图 2－1　需求曲线

需求的决定因素可以划分为两大类：一是变动量（movement parameter），即产品自身价格变动；二是替换变量（shift parameter），除产品价格以外的所有其他与需求相关的因素，即“其他条件”。如果我们固定替换变量，就可以描绘出变化量（P）和需求量 Q_d 之间关系的二维图（two-dimensional），这一结果就是需求曲线。如图2－1

所示。

注意，图 2-1 中的表示方法同数学中的表示有所不同，即自变量（价格 P）以纵轴表示，而横轴表示因变量（需求量 Q_d）。图 2-1 中的曲线斜率为负值，这个斜率的几何意义正是需求法则，即消费者在价格高时买量减少。如果，将所有其他因素固定不变，其价格同需求量成反比关系。将所有其他因素固定不变的目的是，可以集中注意力去研究价格与需求量之间的关系，并使得在二维坐标中描绘需求曲线成为可能。

由于经济学中习惯于以纵轴表示自变量，这样图 2-1 中曲线的方程实际为：

$$P = \frac{a}{b} - \frac{1}{b}Q_d$$

一条需求曲线，不是表示一个时期的事件进程的历史图。需求曲线是一个没有时间性、非历史的概念。曲线上所有的点，在同一时刻同时有效。它们代表多种可能性，其中只有一个能够实现。

三、需求量的变动与需求的变动

需求量的变动是指其他条件不变的情况下，商品本身价格变动所引起的需求量的变动。需求量的变动表现为同一条需求曲线上的移动。如图 2-2 中（$A \rightarrow B$）所示。

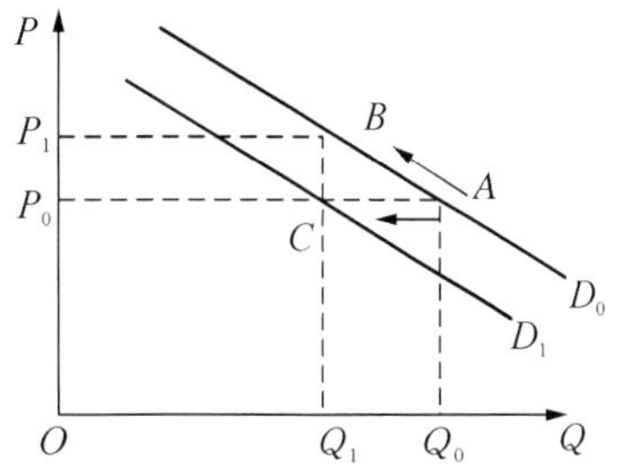

图 2-2 需求量与需求的变动

当价格从 P_0 上升为 P_1 时，消费者将削减购买量，需求量从 Q_0 减少到 Q_1，价格的增长导致 A 沿着同一条需求曲线运动到 B 点；反之亦然。这并不是需求的变动，因为，需求包含的所有的点都在这条曲线上。可见需求量的变动，就是在其他因素固定不变的条件下，由于价格的变动引起的需求量沿着固定的需求曲线上的变动。

需求的变动是指商品本身的价格不变的情况下，其他因素的某一因素变动所引起的需求的变动（如图 2-2）。需求的变动引起需求曲线整体的变动，表现为图中需求曲线由 D_0 到 D_1 的变化。例如，消费者的收入减少了，即使产品的价格不变，消费者购买的数量也将减少，图中，消费者消费的数量由 Q_0 移动到 Q_1（价格仍

为 P_0）。可见点 A 与点 C 在两条不同的需求曲线上。有关需求是如何变动的将在后一章节具体论述。这里需要了解的是，需求变动仅仅是指消费者在任何价格下现在想购买的数量都同过去不同了。

到现在为止，我们实际上已经讨论了或者说用了四种形式对需求进行了描述，即文字、几何图形、表格和函数（模型）。

四、个别需求与市场需求

在一定时间内，某个消费者（家庭、厂商）对一种产品的需求量，叫个别需求。某市场所有消费者对该种产品的总需求量，叫市场需求。

市场需求是个别需求的简单加总，如果令 Q_d 为市场需求，Q_{di} 为个别需求，则市场需求与个别需求关系为：

$$Q_d = \sum_{i=1}^{n} Q_{di}$$

例如，如图 2－3 所示，设某青菜市场有三户家庭 A、B、C，其对青菜的需求方程式分别为：

$$Q_{dA} = a_{0A} - a_{1A}P = 9 - 5P$$

$$Q_{dB} = a_{0B} - a_{1B}P = 13 - 5P$$

$$Q_{dC} = a_{0C} - a_{1C}P = 39 - 15P$$

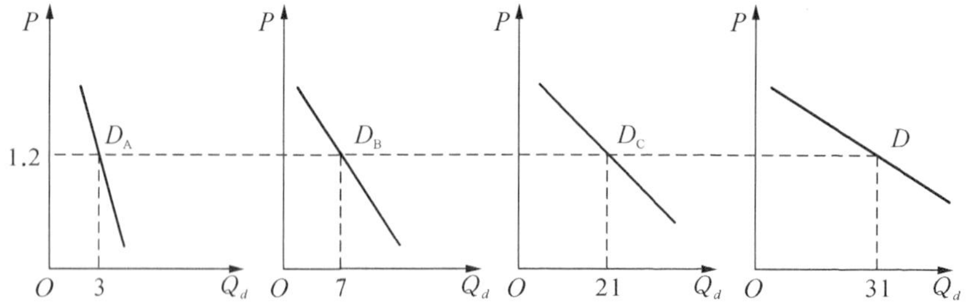

图 2－3　个别需求与市场需求

则：青菜市场的需求方程为：

$$Q_d = Q_{dA} + Q_{dB} + Q_{dC} = (a_{0A} + a_{0B} + a_{0C}) - (a_{1A} + a_{1B} + a_{1C})P = 61 - 25P,$$

具体对应关系如表 2－2 所示。

表 2-2　　　　青菜的个别需求与市场需求

青菜价格	A需求量	B需求量	C需求量	市场需求量
0.6	6	10	30	46
0.8	5	9	27	41
1.0	4	8	24	36
1.2	3	7	21	31
1.4	2	6	18	26
1.6	1	5	15	21
1.8	0	4	12	16

一般情况下，从形状上，市场需求曲线要比个别需求曲线平缓。

第二节　供 给 理 论

一、生产与供给

供给与需求是一对互相依存的概念，供给的意义与需求的意义是对称的。需求与人类的欲望有关，供给则同生产相关。

（一）生产

在上一节中我们已经知道了需求，即从消费者一方研究了一些基本的问题。众所周知，市场不仅要有消费者，还必须有生产者，即市场是由消费者与生产者组成的，它如同一个球体，一半是消费者一半是生产者，缺一不可。这一点反映在我们的经济中，就是需求与供给。

人类无法创造或增加物质，只能创造或增加物质的效用。生产就是人类通过劳动变更物质的性能，创造或直接、间接满足人类欲望的效用的活动。厂商是生产一方的代表，它是一个从事生产，以追求最大利润为目的的独立经营组织。它可以小到一个商贩，也可以大到一个跨国公司；可以只有一个生产单位，也可以拥有工厂、农场、矿场、仓库、运输、批发及零售等多种多个生产单位。

（二）供给

供给(supply)是指一定时间内，厂商在各种可能的价格下，对某种产品愿意并能够提供的数量。它是指特定的时间、在其他条件不变(固定)时，生产者愿意提供的产品数量与各种可能的价格之间的对应关系。

在理解供给的定义时，除了和需求一样要注意供给也是愿望和能力的一致外，还要注意以下两点：① 供给不是指不同时期价格与供给量之间的历史变化情况，而是表示在某一特定时刻同时存在的各种可能的价格与供给量之间的多个对应关系；② 在谈及既定的供给状况时，是假定在除商品本身的价格以外的各种因素不变的前提下。另外，供给的产生是有条件的，如果商品的价格太低，厂商不愿意出售，即使有产品也不可能在市场中形成有效的供给。然而，从长期来看，供给量与生产量是一致的。

供给量是指生产者在特定的时间内和某种特定价格下，愿意向消费者提供的某种产品或劳务的数量。

在这里必须注意，如同需求与需求量一样，供给与供给量也是两个不同的概念。

（三）影响供给的基本因素

影响供给的两大类因素：一是商品本身的价格变化。一般来说，商品自身的价格是影响商品供给的最主要、最直接的因素。在其他条件不变的情况下，商品的价格上升供给增加，价格下降供给减少。二是其他因素(其他条件)，具体有：

第一，厂商的目标。在微观经济学中，一般假设厂商的目标是利润最大化，即厂商供给多少取决于这些供给能否给他带来最大的利润。如果厂商的目标是产量最大或销售收入最大，或者厂商还有其他政治或社会道义目标，那么供给就会不同。

第二，相关商品的价格。在两种互补商品之间，一种商品的价格上升，对另一商品的供给会增加；反之，一种商品的价格下降，对另一种商品供给会减少。

在两种替代商品之间，一种商品的价格上升，对另一种商品的供给会减少；反之，一种商品的价格下降，对另一种替代品供给会增加。

第三，生产技术的变动。在资源既定的条件下，生产技术的提高会使资源得到更充分的利用，从而供给增加。

第四，生产要素的价格，也称资本的价格。生产要素的价格下降，会使产品的成本减少，从而在产品价格不变的情况下，增加利润，增加供给；反之，生产要素的价格上升，会使产品的成本增加，从而在产品价格不变的情况下，减少利润，减少供给。

第五，政府的政策。政府采用鼓励投资与生产的政策(例如减税、退税)，可以刺激生产增加供给；反之，政府采用限制投资与生产的政策(例如增税)，则会抑制生产减少供给。

第六，厂商对未来的预期。如果厂商对未来的经济持乐观态度，则会增加供给，如果厂商对未来的经济持悲观的态度，则会减少供给。

影响供给的因素要比影响需求的因素复杂得多。在不同的时期，不同的市场上，供给要受多种因素的综合影响，有关这些问题将在以后章节系统论述。

二、供给法则及表示

(一) 供给价格与供给法则

价格不仅影响需求，对供给同样产生影响。

供给价格是指生产者为提供一定量商品所愿意接受的最低价格。即在特定时间内，厂商对一定数量的产品所愿意出售的最低价格，而这一价格是由生产这一定量商品所付出的成本所决定的。

供给法则(law of supply)是说明商品本身价格与其供给量之间关系的理论。其基本内容是，在其他条件不变的情况下，某商品的供给量与价格呈同方向变动，即供给量随着商品本身价格的上升而增加，随着商品本身价格的下降而减少。就是说，当商品价格高时，生产者将愿意提供更多的产品；而价格低时，生产者将减少商品的供给量，这就是供给法则或称供给定理。

在理解供给定理时要注意这样两点：

第一，其他条件不变是指影响供给的其他因素不变。这也就是说，供给定理是在假定影响供给的其他因素不变的前提下，研究商品本身价格与供给量之间的关系。离开了这一前提供给定理就无法成立。如假如厂商生产的目的是为了某种社会目的，那么商品本身的价格与供给量就不一定呈同方向变动了。

第二，供给定理指的是一般商品的规律，但这一定理也有例外。例如，有些商品的供给量是固定的，价格上升，供给量也无法增加，如文物、已故名人的字画等。

(二) 供给法则的表示：供给表、供给函数、供给曲线

1. 供给表

在一定的时间内，厂商对某种商品在各种可能的价格下，愿意并能够提供的数量用表格表示，就叫供给表(supply schedule)。如表 2－3 描述某厂商对水果的

供给。

表 2-3　　某厂商对水果的供给表

	价格(元)	供给量(千克)
A	1	5
B	2	8
C	3	10
D	4	15
E	5	20

2. 供给函数

一种产品的供给量(Q_s),也取决于一系列因素:

(1) 产品价格(P):供给量的多少与产品价格的高低成正向变动。

(2) 相关产品价格(P_r):相关产品(替代、互补)的价格发生变动,也会影响到这种产品的供给量。当某种产品(A)的替代品(B)涨价时,这种产品的厂商就会转向其替代品(B)的生产,因而减少这种产品(A)的供给量;当某种产品的互补品涨价时,由于这种产品(A)也会随之涨价,厂商就会增加这种产品的供给量。

(3) 生产成本(C):生产成本的变动,主要来自生产要素的价格变化。在产品自身价格不变时,当生产要素的提高导致生产成本的变化,厂商的利润就会减少。为此,厂商就会减少该产品的生产,最终将减少该种产品的供给;反之也是一样。

(4) 生产者的技术水平(T):生产技术的进步往往意味着产量的增加或成本的降低,使厂商愿意并且能够在原有价格下增加供给量。

为此,可将该因素分解为劳动力价格(W)、资本价格(r)、技术水平(T)等因素。

(5) 预期价格(P_e):对未来价格的预期,也可能对供给量有重大影响,如果行情看涨,厂商就会囤积居奇,待价而沽。

(6) 自然条件(N):许多产品的供给量与自然条件密切相关。如有的产品供给量受雨季和旱季的影响,农产品的供给量正是如此。

一种产品的供给量 Q_s 与上述各因素之间的关系,可以表示为下列供给函数(supply function):

$$Q_s = f(P, W, r, T, P_r, N, \cdots)$$

在经济分析中，一般假定其他条件不变的情况下，着重研究价格 P 和成本 C 变化对供给 Q_s 的影响。即：

供给价格函数：$Q_s = f(P)$

供给成本函数：$Q_s = g(C)$

其中最重要的是供给价格函数(price function supply)。它假定在其他条件不变下，专门研究一种产品的价格变动对供给量的影响。通常一般将供给价格函数简称为供给函数。

为方便起见，在不影响基本结论的基础上我们一般假定，供给量与供给价格之间具有线性关系，即供给函数为：

$$Q_s = -c + dP \quad c > 0, d > 0$$

其中：常数 $-c$ 为当 $P = 0$ 时的供给量。由于厂商不可能提供负的供给量，因此 $-c$ 的实际含义是，要想厂商提供正的供给量必须使 $P > \frac{c}{d}$（显然，如果产品的价格为零，厂商不但不会生产反而会去购买）。系数 d 表示，当 P 发生微小变化时所引起的 Q_s 的正向变动，即：

$$d = \frac{\Delta Q_s}{\Delta P}$$

或：

$$d = \lim_{\Delta \to 0} \frac{\Delta Q_s}{\Delta P} = \frac{\mathrm{d}Q_s}{\mathrm{d}P}$$

3. 供给曲线

在一定时间内，某厂商对一种产品在各种可能的价格下，能够并且愿意出售的数量，用图形表示，就叫供给曲线(supply curve)，即能反映供给与价格关系的图形，如图 2－4 所示。

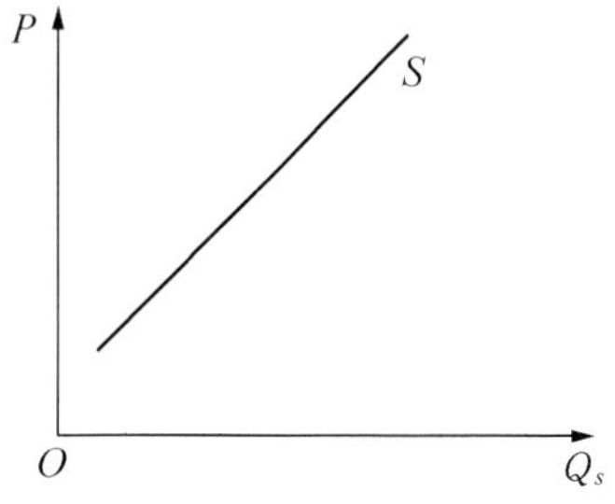

图 2－4　供给曲线

同需求一样，供给的决定因素也可划分为两大类，即变动量(价格)、替换量(除价格以外的其他各因素)。将替换量固定不变，就可以在二维图中绘出供给与价格的变化情况，而这一变动轨迹就是供给曲线。

这里，纵轴表示的是自变量，横轴表示的是因变量。

注意：① 供给曲线不是连接价格和不同时期出售量的历史曲线，它表示在某一时刻存在的多种可能性；② 各种物品的供给曲线，各有其特别形状，这要看扩大生产的难易程度。曲线的形状对购买者极为重要。如果供给曲线上升坡度很陡，则表示，只有按很高的价格，增长的需求才能得到满足；相反，坡度缓的供给曲线却表示，生产能迅速扩大，更高的需求不会引起价格的上涨。

三、供给量的变动与供给的变动

供给量的变动是指其他条件不变的情况下，商品本身价格的变动所引起的供给数量的变动。供给量的变动表现为在同一条供给曲线上的两点之间的滑动，如图 2-5 中 $A \to B$。

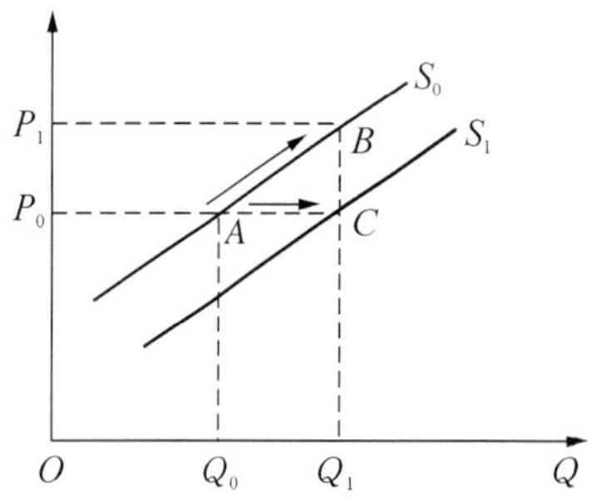

图 2-5 供给与供给量的变动

当价格由 P_0 上升为 P_1 时，供给量从 Q_0 增加到 Q_1，在供给曲线上则是从 A 点向上方移到 B 点；反之亦然。供给量的变动，主要是由于价格变动所致。

供给变动是指商品本身价格不变的情况下，其他因素变动所引起的供给的整体变动（如技术改造、产品生产要素价格的下降等）供给的变动表现为整个供给曲线的整体移动。

当生产产品的成本降低时，厂商的利润就会增加，为此该厂商就会在各种价格水平下增加产品，这意味着增加供给，即图 2-5 中的从 A 点移动到 C 点（注意是在同样的价格水平下），供给曲线由 S_0 移动到 S_1。

但必须注意，要使供给在既定的价格水平下（P_0）增加，替换量（即其他因素，至少有一个）必须变动。

四、个别供给与市场供给

在一定的时间内，某厂商对一种产品的供给量，称个别供给，也可称为企业供给。某市场所有厂商对该种产品的总供给量，叫市场供给或称行业供给。

微观经济学中，一般认为行业供给量是由行业内诸企业的供给量简单相加而得（这也适用于需求曲线）。如图 2-6 所示。

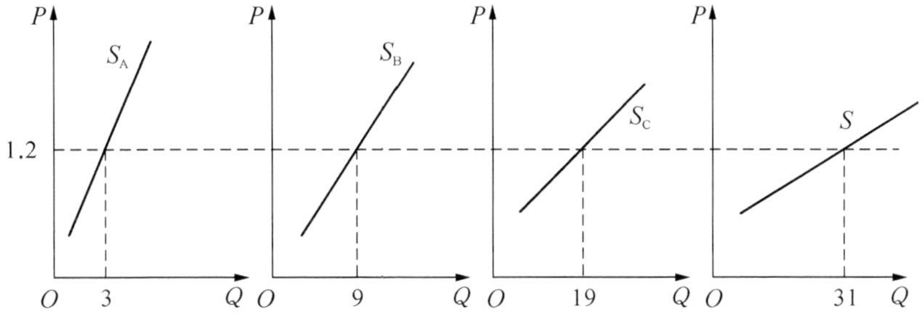

图 2-6　企业供给与行业供给

例如，设某青菜市场仅有三户菜农 A、B、C，其供给方程分别为：

$$QS_A = -3 + 5P$$

$$QS_B = -3 + 10P$$

$$QS_C = -11 + 25P$$

则青菜市场的供给方程为：

$QS = QS_A + QS_B + QS_C = -17 + 40P$，具体对应关系如表 2-4 所示。

显然：$\frac{1}{b_{1A}}$、$\frac{1}{b_{1B}}$、$\frac{1}{b_{1C}} > \frac{1}{b_1}$

表 2-4　**青菜的个别供给与市场供给表**

价　　格	A 户供给量	B 户供给量	C 户供给量	市场供给量
0.6	0	3	4	7
0.8	1	5	9	15
1.0	2	7	14	23
1.2	3	9	19	31
1.4	4	11	24	39
1.6	5	13	29	47
1.8	6	15	34	55

因此，按经济学的习惯，A、B、C 的个别供给曲线的斜率均大于这个市场的曲线斜率，因此市场供给曲线一般比厂商个别供给曲线要平缓。

第三节　市 场 均 衡

上两节中分别讨论了市场的需求和供给，但是我们仍不了解市场中产品的价格是如何形成的，它又是如何调节经济的？这是市场均衡理论的中心问题，本节主要是说明需求和供给是如何决定一种产品的价格及其变动的，同时阐明价格是如何调节经济的。

一、市场均衡的一般理解：均衡价格的形成

市场是由买方与卖方或需求一方和供给一方组成的，也就是说在市场上有两种力量，即需求与供给。同时我们还知道，需求量与供给量的变动都取决于价格。但是价格既不能由需求决定，也不能由供给决定。确切地说，市场价格是由这两种市场力量的相互作用决定的。

均衡(equilibrium)原是一个物理学的概念，它表示当物体受到方向相反且力量相等的力的作用时而处于相对静止的状态。它是一种没有变动的趋势从而能够持续存在的状态。均衡描述的是一种相对静止的状态，或者说是一个如果达到该状态就保持不变的位置。经济学家将这个术语引入经济学，用于说明相对立的经济变量处于平衡、相对静止的状况。所谓均衡价格就是指一种商品需求与供给相等(平衡)时的价格。在这个价格上，购买者愿意购入一定的数量，而且销售者愿意出售的正是这个数量，市场结清了，既没有剩余也没有短缺。所以，也有人将均衡价格称为结清价格(clean price)。与均衡价格相对应的商品的交易数量，即商品的需求量与供给量相等时的数量称为均衡数量。均衡价格一旦确定均衡数量也就相应确定。

经济学者认为均衡价格有两方面的作用，首先，对生产者而言，均衡价格作为市场需求的尺度，在既定市场价格下，生产者依据生产成本决定产量，以获得最大利益。在完全竞争条件下，市场中供给量将等于均衡数量。其次，对消费者而言，均衡价格是市场供给的尺度。在给定的市场价格下，消费者将决定如何支出有限的收入去购买特定的商品，以获得效用的最大满足。在完全竞争条件下，市场中需求量将等于均衡数量。产品的均衡价格是通过市场供求关系的自发调节而形成的。

由于需求和供给可以用需求曲线和供给曲线来表示，如果将供给曲线和需求

曲线相结合，事实上两条曲线相交的点，即代表均衡的市场价格，即价格将趋于图 2－7 的 P_e点（均衡价格）。

为什么价格（P_e）是唯一可能的均衡价格，或称最后的价格呢？

现在让我们来看当市场价格偏离均衡价格情况，考虑价格 P_L低于均衡价格 P_e情况。在价格为 P_L时，消费者要买的数量为 Q_3个单位，然而此时生产者（供应者）愿意出售的数量却是 Q_1个单位，这是因为在价格为 P_L时厂商的利润很少，生产的积极性也很小。可见在这种价格下消费者的需求是大于供应商的供给量的，市场出现了短缺（shortage），也称过剩的需求。

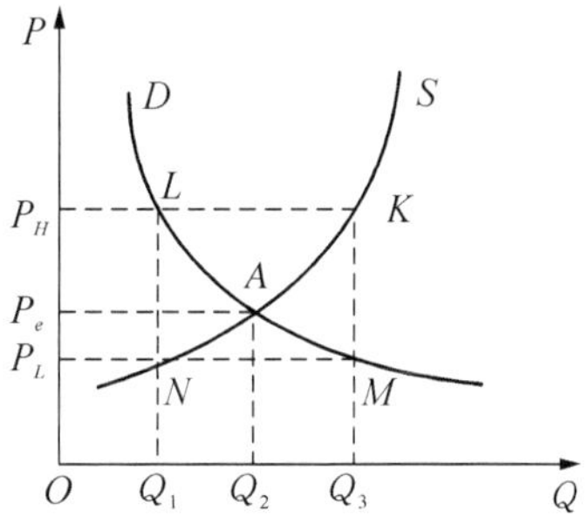

图 2－7　均衡价格的形成

这样一来，有些急迫的购买者开始宁愿出高一些价格，以满足需要。这样下去的结果是，市场价格要上涨，随着价格的上涨需求的数量将会逐渐地减少，过剩的需求将会逐渐地消失，只要这种不均衡存在，这种变化的过程就不会停止，这是任何人也无法抗拒的。

再假定市场价格现在是 P_H，即高于均衡价格 P_e。此时，消费者能够购买的量为 Q_1，而供给者愿意出售的量为 Q_3，供应量超出需求量，形成商品过剩（surplus），这时部分厂商就会采取降价的政策来达到减少库存，从而增加本企业的利润（薄利多销）的动作，这样下去，市场价格就会下跌，只有不均衡价格存在，这个过程就会持续，直到过剩消失。

最后，当价格移动到 P_e时需求量与供应量就达到了平衡，这时市场出清，即在这个价格下想买的都买到了和想卖的也都卖出去了，需求方和供给方都得到了满足。然而均衡价格通常并不能很快就保持稳定，但是这种价格最终（或趋向于）将达到这个平衡点。

例如，现在我们将上述青菜市场的例子结合起来看一下，以便了解均衡价格的变化。如表 2－5 所示。

表 2－5　**青菜市场均衡价格的形成**

P（元）	Q_d（千克）	Q_s（千克）	供求相比剩余 短缺（千克）	价格趋势
0.6	46	7	－39	上升↑
0.8	41	15	－26	↑

（续表）

P(元)	Q_d(千克)	Q_s(千克)	供求相比剩余短缺(千克)	价格趋势
1.0	36	23	−13	↑
1.2	31	31	0	均衡—
1.4	26	39	13	下降↓
1.6	21	47	26	↓
1.8	16	55	39	↓

从表 2-5 中数字看，当价格在 1.2 元以下时，供不应求，价格必将上涨；当价格在 1.2 元以下时，供过于求，价格必将下降；只有当价格为 1.2 元时市场才能达到均衡。即所有愿意以供给价格出售的青菜都能卖完，所有愿意以需求价格购买的青菜都能买到，市场上既没有剩余的青菜，也没有短缺。如果其他条件没有变化，价格和数量将稳定在这个水平，没有理由再发生变动。

上述结论也可以用数学方法求得，我们已知：

$$\text{Demand}: Q_d = f(P, P_s, P_r, I, N, \cdots) \quad ①$$

$$\text{Supply}: Q_s = f(P, W, r, T, \cdots) \quad ②$$

我们将其他因素（除产品本身价格外）均固定不变，并根据定理，有均衡数量为：

$$Q_d = Q_s$$

据此，可以构成一个完全竞争市场模型的基本方程。

$$\left.\begin{aligned} Q_d &= a_0 - a_1 P \quad (2.1) \\ Q_s &= -b_0 + b_1 P \quad (2.2) \end{aligned}\right\} \text{行为方程}$$

$$Q_d = Q_s \quad (2.3) \longleftarrow \text{均衡方程}$$

其中：Q_d，Q_s为内生变量；a_0，a_1，b_0，b_1为参数。

得：$a_0 - a_1 P = -b_0 + b_1 P$

$$P_e = \frac{a_0 + b_0}{a_1 + b_1} \quad (2.4)$$

将 P_e代入式(2.1)、式(2.2)：

$$Q_d = a_0 - a_1 \frac{a_0 + b_0}{a_1 + b_1} = \frac{a_0 b_1 - a_1 b_0}{a_1 + b_1} \tag{2.5}$$

$$Q_s = - b_0 + b_1 \frac{a_0 + b_0}{a_1 + b_1} = \frac{a_0 b_1 - a_1 b_0}{a_1 + b_1} \tag{2.6}$$

$$Q_e = Q_d = Q_s = \frac{a_0 b_1 - a_1 b_0}{a_1 + b_1} \tag{2.7}$$

现将上例中数据及青菜市场供求方程代入式(2.4)至式(2.7)，即可求得P_e、Q_e：

$$Q_d = 61 - 25P$$

$$Q_s = - 17 + 40_P$$

$$P_e = \frac{a_0 + b_0}{a_1 + b_1} = \frac{61 + 17}{25 + 40} = \frac{78}{65} = 1.2(\text{元}) \tag{2.8}$$

$$Q_e = \frac{a_0 b - a_1 b_0}{a_1 + b_1} = \frac{61 \times 40 - 25 \times 17}{25 + 40} = \frac{2\ 015}{65} = 31(\text{千克}) \tag{2.9}$$

对均衡的理解应注意这样四点：

第一，英国经济学家A·马歇尔把这一概念引入经济学中，主要是指经济中各种对立的变动着的力量处于一种力量相当、相对静止、不再变动的状态。均衡一旦形成之后，如果有另外的力量使它离开原来均衡的位置，则会有其他力量使之恢复到均衡。由此可见，均衡价格就是由于需求与供给这两种力量的作用使价格处于一种相对静止、不再变动的状态。

第二，决定均衡价格的是需求与供给。这里要强调的是，在一个完全竞争、不存在垄断的市场上，只有需求与供给决定价格，它们像一把剪刀的两边一样起作用，不分主次。因此，需求与供给的变动都会影响均衡价格的变动。但是，如果考虑时间因素作用，需求与供给对均衡价格的相对影响也就有所不同。一般说来，所考虑的时间越短，需求对市场价格的影响就越大；而时间越长，供给对市场价格的影响作用将越重要。

经济学家马歇尔根据供给因时间的长度不同对市场价格的影响差异，将均衡价格分成四种类型。即① 极短时间的暂时均衡；② 正常的短期均衡；③ 正常的长期均衡；④ 极长时间的均衡。

第三，市场上各种商品的均衡价格是最后的结果，其形成是在市场的背后进行的。

第四，微观经济学对均衡的描述是由两个指标来刻画的，一个是均衡价格，一个是均衡数量，任何一个量发生改变，均衡即发生改变。

二、均衡的变动

市场均衡既然由需求和供给两个因素共同决定，那么一旦需求和供给有一个方面发生改变就都将会导致市场均衡的变动，市场均衡的变动具体体现为均衡价格和均衡数量的变动。一般地，我们研究三种情况下的需求和供给变动对均衡的影响：一是只有需求发生改变，供给不变的情况下，均衡价格和均衡数量的变动情况。从图上直观地表现为需求曲线发生移动而供给曲线不变的情况；二是只有供给发生改变，而需求不变的情况下，均衡价格和均衡数量的变化。从图上直观地表现为需求曲线不变而供给曲线发生移动的情况；三是当需求和供给都发生改变时均衡的变化情况，从图上直观地表现为需求曲线和供给曲线都发生移动的情况。第三种情况尽管复杂，但在前两种情况分析清楚后，第三种情况分析起来就容易多了，因此前两种情况的分析是基础。下面我们逐一进行分析。

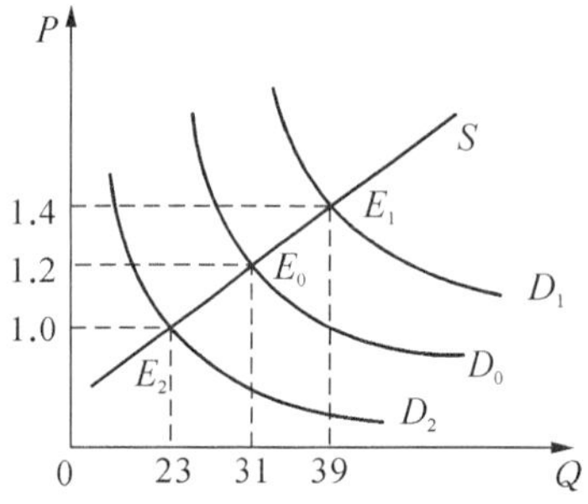

图 2－8　需求变动对均衡的影响

1. 需求变动，而供给不发生改变对均衡的影响

假定某产品的初始价格（见图 2－8）为 P_0，均衡数量为 Q_0，分别由 S 与 D_0 相交的 E_0 点决定。此时 $P_0=1.2, Q_0=31$。如果消费者的收入增加（影响需求的其他条件变化了），则会导致需求增加（是需求的变动），需求曲线向右上方移动。即由 D_0 移到 D_1，D_1 与 S 相交于 E_1 点，决定了均衡价格为 1.4 元，均衡量为 39。这表明需求增加，均衡价格与均衡数量均增加。

如果消费者收入减少，会导致需求减少，需求曲线向左下方移动，即由 D_0 移动到 D_2，D_2 与 S 相交于 E_2 点，决定了均衡价格为 1.0 元，均衡数量为 23。这表明由于需求减少，均衡价格与均衡数量均减少。即当供给不变时，均衡价格与均衡数量与需求同向变动。

2. 供给变动，而需求不发生变化时对均衡的影响

S_0 与需求曲线 D 相交于 E_0 决定了均衡价格为 1.2，均衡数量为 31（见图 2－9）。假设厂商生产成本下降（影响供给的其他条件变化）会导致供给增加（供给的变动），供给曲线向右下方移动，即由 $S_0 \rightarrow S_1$，S_1 与 D 相交于 E_1，决定了均衡

价格为 1.0，均衡量为 36。这表明，由于供给增加，均衡价格下降，均衡数量上升。

如果供给减少，供给曲线向左上方移动，即，由 S_0 移动到 S_2，S_2 与 D 相交于 E_2，决定了均衡价格为 1.4，均衡数量为 26。这表明，由于供给的减少，均衡价格上升，均衡数量减少。即供给与均衡价格成反向变动，与均衡数量成同向变动。

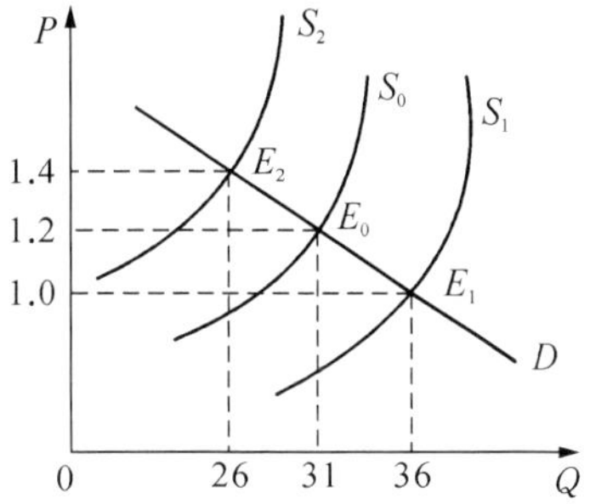

图 2-9 供给变动对均衡的影响

上述问题采用数学推导可得出同样的结论：

从本节式(2.8)、式(2.9)可知，均衡价格、均衡数量都取决于 a_0、a_1、b_0、b_1 这四个参数。当其中任何一个或几个参数发生变动时，P_e、Q_e 都将发生变动。

$$P_e = \frac{a_0 + b_0}{a_1 + b_1} = \frac{61 + 17}{25 + 40} = \frac{78}{65} = 1.2(\text{元})$$

$$Q_e = \frac{a_0 b_1 - a_1 b_0}{a_1 + b_1} = \frac{61 \times 40 - 25 \times 17}{25 + 40} = \frac{2\,015}{65} = 31(\text{千克})$$

在这里，我们只讨论当一个参数发生变动，而其他参数不变时，均衡价格的变动。

证明时，可通过求 P_e 及 Q_e 的偏微分，并将各参数的值代入判断其正负即可。

(1) 当 a_0 增加，a_1、b_0、b_1 不变时，P_e 将提高，Q_e 将增加。

$$\frac{\partial P_e}{\partial a_0} = \frac{\partial}{\partial a_0}\left(\frac{a_0 + b_0}{a_1 + b_1}\right) = \frac{1}{a_1 + b_1} = \frac{1}{25 + 40} = \frac{1}{65} > 0$$

$$\frac{\partial Q_e}{\partial a_0} = \frac{\partial}{\partial a_0}\left(\frac{a_0 b_1 - a_1 b_0}{a_1 + b_1}\right) = \frac{b_1}{a_1 + b_1} = \frac{40}{25 + 40} = \frac{8}{13} > 0$$

上式的含义是当表示需求曲线位置的横轴截距 a_0 有微小变化时(增加) P_e、Q_e 随之增加，呈同方向变动；反之亦然。

例如，设 $Q_{d0} = 61 - 25P$，$Q_{d1} = 74 - 25P$，则当 a_0 从原 61 增至为 74 时，P_e 将从 1.2→1.4，Q_e 将从 31→39，见图 2-10。

(2) 当 a_1 增加，a_0、b_0、b_1 不变时，P_e 和 Q_e 均下降。

$$\frac{\partial P_e}{\partial a_1} = \frac{\partial}{\partial a_1}\left(\frac{a_0 + b_0}{a_1 + b_1}\right) = \frac{-(a_0 + b_0)}{(a_1 + b_1)^2} = \frac{-(61 + 17)}{(25 + 40)^2} = -\frac{78}{4\,225} < 0$$

$$\frac{\partial Q_e}{\partial a_1}=\frac{\partial}{\partial a_1}\left(\frac{a_0b_1-a_1b_0}{a_1+b_1}\right)=\frac{-b_1(a_0+b_0)}{(a_1+b_1)^2}=\frac{-40(61+17)}{(25+40)^2}=-\frac{40\times 78}{4\,225}<0$$

这表明，当 a_1 有微小变化时（增加），需求曲线的斜率变小，P_e 和 Q_e 随之减少，成反向变动；反之亦然。

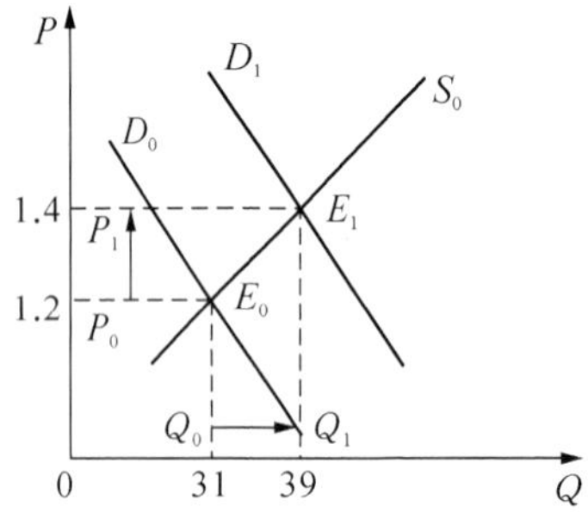

图 2-10　a_0 变动（增加）

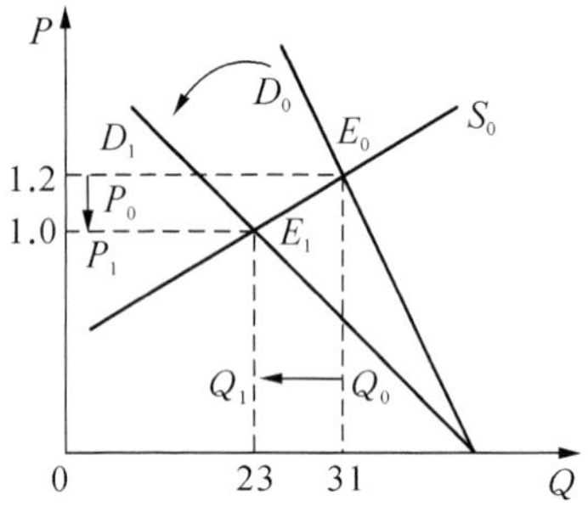

图 2-11　a_1 变动（增加）

例如，当 a_1 从原 25→38 时，P_e 将从 1.2 降为 1.0；Q_e 将从 31 降为 23，见图 2-11。

(3) 当 b_0 增加，a_0、a_1、b_1 不变时，P_e 将提高，Q_e 将减少。

$$\frac{\partial P_e}{\partial b_0}=\frac{\partial}{\partial b_0}\left(\frac{a_0+b_0}{a_1+b_1}\right)=\frac{1}{a_1+b_1}=\frac{1}{25+40}=\frac{1}{65}>0$$

$$\frac{\partial Q_e}{\partial b_0}=\frac{\partial}{\partial b_0}\left(\frac{a_0b_1-a_1b_0}{a_1+b_1}\right)=\frac{-a_1}{a_1+b_1}=\frac{-25}{25+40}=-\frac{5}{13}<0$$

这个结果的含义是，当表示供给曲线位置的横轴截距 $|b_0|$ 有微小变动（增加）时，P_e 随之提高，而 Q_e 将减少；反之，当 $|b_0|$ 有微小减少时，P_e 将随之减少，而 Q_e 将增加。这里 b_0 的值是取的绝对值。所以此处所谓 b_0 增加实际上是供给减少。

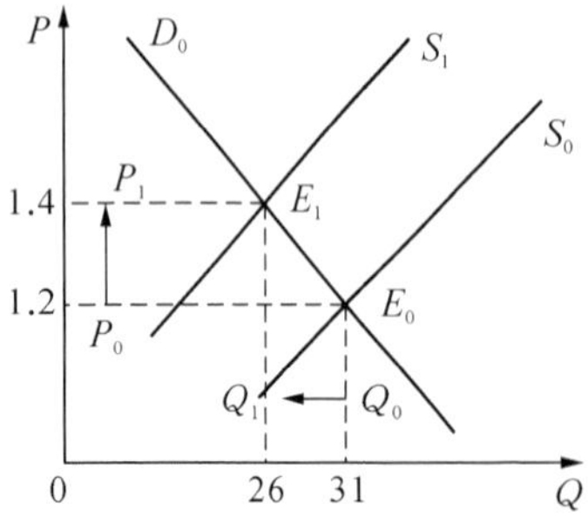

图 2-12　b_0 变动的影响（增加）

例如，当 b_0 由原 17 增加到 30 时，P_e 将从 1.2 提高到 1.4，Q_e 将从 31 减少到 26，见图 2-12。

(4) 当 b_1 增加，a_0、a_1、b_0 不变时，P_e 将降低，Q_e 将增加。

$$\frac{\partial P_e}{\partial b_1}=\frac{\partial}{\partial b_1}\left(\frac{a_0+b_0}{a_1+b_1}\right)=\frac{-(a_0+b_0)}{(a_1+b_1)^2}$$

$$=\frac{-(61+17)}{(25+40)^2}=-\frac{78}{4\,225}<0$$

$$\frac{\partial Q_e}{\partial b_1}=\frac{\partial}{\partial b_1}\left(\frac{a_0b_1-a_1b_0}{a_1+b_1}\right)=\frac{-a_1(a_0+b_0)}{(a_1+b_1)^2}=\frac{-25(61+17)}{(25+40)^2}=-\frac{1\,950}{4\,225}<0$$

结果表明，当 b_1 有微小增加时，供给曲线的斜率变小，P_e 随之降低，Q_e 随之增加；反之，当 b_1 减少时，P_e 提高，Q_e 减少。

如，当 b_1 由原 40 增加到 53 时，P_e 将从 1.2 降低到 1.0，Q_e 将从 31 增加到 36。如图 2－13 所示。

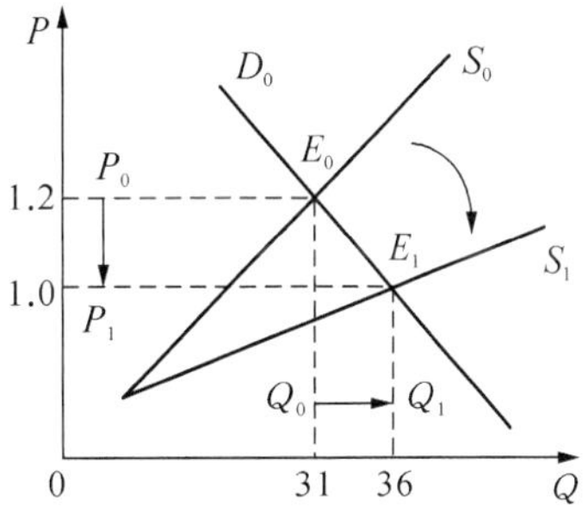

图 2－13　b_1 变动的影响（增加）

3. 供求同时变动对均衡的影响

当供求同时变动时对市场均衡的影响相对复杂一些，由于供求变动的方向和程度的差异，对市场均衡的影响也就不同。但分析的基础还是前面两种情况。我们分两大类情况研究，一是供求反向变动，二是供求同向变动情况。如图 2－14 所示。

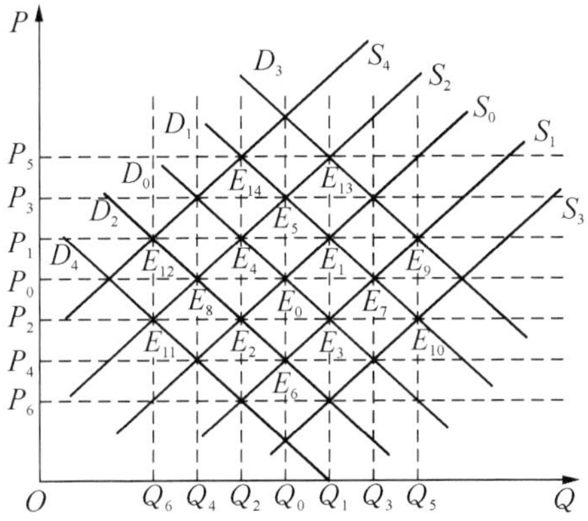

图 2－14　供求变动对均衡的影响

第一，当供求变动方向相反时，不论变动程度如何，若需求增加，供给减少，则均衡价格上升；若需求减少，供给增加，则均衡价格下降，但是，均衡数量则需根据供求变动的程度而定。

（1）若供求增减程度相等，均衡数量保持不变。如 D_0 增至 D_1，S_0 减至 S_2，则均衡点从 E_0 移至 E_5，价格从 OP_0 增至 OP_3，数量不变，仍为 OQ_0。如 D_0 减至 D_2，S_0 增至 S_1，则均衡点从 E_0 移至 E_6，价格从 OP_0 减至 OP_4，数量也不变，仍为 OQ_0。

（2）若供求增减程度不等，则需求增加大于供给减少，或者需求减少小于供给增加时，均衡数量增加；需求增加小于供给减少，或者需求减少大于供给增加时，均衡数量减少。如 D_0 增至 D_3，S_0 减至 S_2，需求增加大于供给减少，则 E_0 移至 E_{13}，价格从 OP_0 增至 OP_5，数量自 OQ_0 增至 OQ_1；如 D_0 增至 D_1，S_0 减至 S_4，需求增加小于供给减少，则 E_0 移至 E_{14}，价格自 OP_0 增至 OP_5，数量自 OQ_0 减至 OQ_2。

第二，当供求变动方向相同时，均衡数量与供求同向变动，但均衡价格则需根据供求变动的程度而定。

(1) 若供求变动方向相同，且变动程度相等时，均衡数量随供求增减而增减，但均衡价格不变。

如 D_0 增至 D_1，S_0 增至 S_1，则均衡点从 E_0 移至 E_7，价格仍为 OP_0，但均衡数量从 OQ_0 增至 OQ_3；

如 D_0 减至 D_2，S_0 减至 S_2，则均衡点从 E_0 移至 E_8，价格仍为 OP_0，但均衡数量从 OQ_0 减至 OQ_4。

(2) 当供求变动方向相同，但变动程度不等时，若需求增加大于供给增加，或者需求减少小于供给减少，则均衡价格上升。若需求增加小于供给增加，或者需求减少大于供给减少，则均衡价格下降。如 D_0 增至 D_3，S_0 增至 S_1，均衡点从 E_0 移至 E_9，价格从 OP_0 增至 OP_1，数量从 OQ_0 增至 OQ_5；如 D_0 增至 D_1，S_0 增至 S_3，均衡点从 E_0 移至 E_{10}，价格从 OP_0 降至 OP_2，数量从 OQ_0 增至 OQ_5；如 D_0 减至 D_4，S_0 减至 S_2，均衡点从 E_0 移至 E_{11}，价格从 OP_0 降至 OP_2，数量从 OQ_0 减至 OQ_6；如 D_0 减至 D_2，S_0 减至 S_4，均衡点从 E_0 移至 E_{12}，价格从 OP_0 升至 OP_1，数量从 OQ_0 减至 OQ_6。

上述供求变动对均衡价格和均衡数量的影响，可列表 2 - 6。

表 2 - 6 **供求变动对均衡的影响**

			供求变动	价格趋势	数量趋势
供给不变			需求增加	↑	↑
			需求减少	↓	↓
需求不变			供给增加	↓	↑
			供给减少	↑	↓
供求同时变动	反向变动	程度相同	需求增加与供给程度相等	↑	—
			需求减少与供给增加程度相等	↓	—
		程度不等	需求增加大于供给减少	↑	↑
			需求增加小于供给减少	↑	↓
			需求减少大于供给增加	↓	↓
			需求减少小于供给增加	↓	↑
	同向变动	程度相等	需求增加等于供给增加	—	↑
			供求减少程度相等	—	↓

（续表）

			供求变动	价格趋势	数量趋势
供求同时变动	同向变动	程度不等	需求增加大于供给增加	↑	↑
			需求增加小于供给增加	↓	↑
			需求减少大于供给减少	↓	↓
			需求增加小于供给减少	↑	↓

4. 供求定理

从以上分析可以得出：

第一，需求的增加引起均衡价格上升，需求的减少引起均衡价格下降。

第二，需求的增加引起均衡数量增加，需求的减少引起均衡数量减少。

第三，供给的增加引起均衡价格下降，供给的减少引起均衡价格上升。

第四，供给的增加引起均衡数量增加，供给的减少引起均衡数量减少。

所以说，需求的变动引起均衡价格与均衡数量同方向变动；供给的变动引起均衡价格反方向变动，引起均衡数量同方向变动，这就是微观经济学的供求定理。

第四节 供求理论应用

一、价格机制：价格对经济的调节

要想了解价格对经济的调节，就必须了解价格机制。“机制”一词原是从“机器”与“制动”这两个科技术语中各取一字构成的。原意是指机器构造及其制动原理和运行规则。后来生物学和医学借用“机制”一词来指生物体，尤其是人体的结构和功能，即它们内在运行、调节的方式和规律。20世纪40年代末美国科学家提出控制论以后，人们把社会作为一个有机的整体，机制一词就被用来说明社会本身的运行、调节的方式和规律。

价格机制是指价格调节社会经济生活的方式与规律。价格机制包括价格调节经济的条件，价格在调节经济中的作用，以及价格调节经济的方式。所以，价格机制概述了市场经济中价格调节经济的方式及其内在的规律。

价格机制调节经济的条件是市场经济的存在。

首先，要求经济中的各个单位必须作为独立的经济实体存在，它们进行各种经济活动的目的是实现最大化。即生产者追求利润最大、消费者追求效用最大，他们的行为受价格的支配。

其次，价格机制对经济的调节要存在市场，这是因为市场是交易的场所，价格只能由市场的供求关系决定。

最后，在市场中要存在不受任何限制的竞争，即完全竞争。

在市场经济中，价格的作用表现在如下三个方面：第一，价格可以作为指示器反映市场的供求状况。市场的供求受各种因素的影响，时刻都在变化，而这种变化是很难直接观察到的。但是，这些变化都会通过价格的变动而反映出来。所以人们就可以通过价格的变动来确切地了解供求的变动。如果某产品的市场价格上升，就表示该产品的需求超过了供给的数量，即供小于求；反之如果某产品的价格下降，就表示需求的数量小于供给的数量，即供大于求。价格的这种作用是任何东西都无法代替的。第二，价格的变动可以调节供求。一方面，由于最大化原则，任何消费者为了实现效用的最大化，在其购买物品时一定会按价格的变化来决定是否购买与消费及其数量。当物品的价格上升时，消费者就会减少对该种物品的购买和消费；如果物品的价格下降时，消费者就会增加对这种物品的购买和消费。所以，消费者的行为完全受价格的支配。另一方面，生产者为了实现利润的最大化，也一定会按照价格的变化来安排生产。即当某物品的价格上涨时，厂商就会增加这种产品的生产；而当物品的价格下降时，厂商就会减少对该种产品的生产。可见厂商的行为完全受价格的支配，这也是任何东西都无法替代的。第三，价格可以使资源配置达到最优状态。通过价格对需求与供给的调节，最终会使需求与供给达到平衡。当需求和供给达到平衡时，消费者的欲望就得到了满足，生产者的资源也得到了最大的利用。社会的资源通过价格的作用分配到最需要的地方，得到了最佳配置，从而达到了消费者的效用和生产者的利润的最大化。

上述价格的作用是非常隐蔽地进行的，从而实现了对经济的调节作用。亚当·斯密把价格称为“看不见的手”，他认为，每个人都是关心自己的经济利益的“经济人”。价格是如何调节经济的运行的？简单地说，当市场上某种商品的供给大于需求时，这种商品在市场上就会出现供给过剩，供给过剩说明资源配置的不合理。而供给大于需求时就会使商品的价格下降。由于价格的下降一方面会刺激消费，从而增加对该商品的需求；另一方面又会抑制生产，从而减少对该产品的供给，最终使得供求达到平衡，使资源得到合理的配置。同理，当某种产品的供给小于需求时，也会通过价格的上升使资源的配置达到合理。价格的这一调节过程，是在市场经济中每日每时进行的。由于价格的这种作用，就把单个的消费者和生产者活动联系在了一起，并协调了他们的活动，从而使整个经济和谐而正常地运行。

二、价格政策与市场机制

价格政策是指政府根据形势需要和既定政策，运用行政权力直接干预和影响市场产品价格的行为，从而达到调整供求关系的目的，也称管制价格（controlled price）。这种管制价格不仅不受市场的影响，反而可以影响市场，从而调整供求关系，以满足国家和人民的需要。政府对经济的干预主要是通过价格政策实施的。

（一）管制价格的种类

1. 最高限价

它是政府规定某些产品价格的上限，以便把价格压到市场均衡水平以下以抑制价格上涨。最高限价主要用于战争和自然灾害期间，平时对房租、利息等也有规定。最高限价政策主要是为了保护消费者的利益。

2. 最低限价

它是指政府规定某些产品价格的下限，以便把价格保持在市场均衡水平以上，来挽救产品价格的跌势。最低限价是政府为了支持某一行业的生产而规定的该行业产品最低达到的价格，也称为支持价格。比如对农产品的收购保护价。

3. 双面管制

它是指政府对某些产品价格既规定上限，又规定下限，只准在这个范围内上下浮动，目的是防止物价的暴涨暴跌。

4. 绝对管制

政府对某些产品直接规定一个价格，买卖双方都必须按照这个价格交易，没有任何伸缩的余地。

（二）政府对价格政策的弥补

政府对价格实行管制，往往使管制价格与市场价格不一致，从而破坏了市场机制的功能，这时政府就要对失衡的市场进行调整。

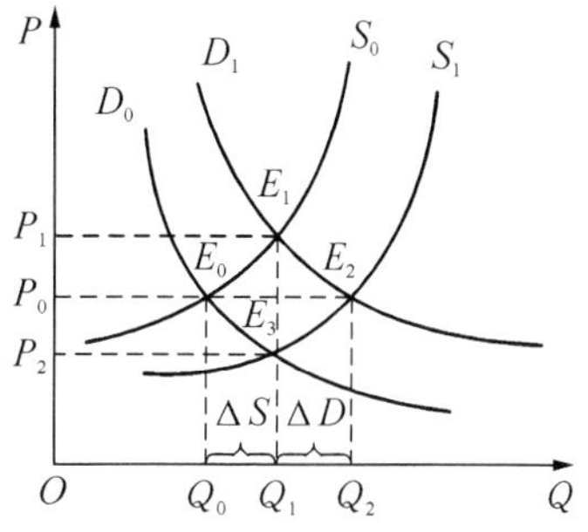

图 2-15 农产品市场的管制价格

图 2-15 表示农产品市场的管制价格。D_0、

S_0分别代表原有市场的需求曲线和供给曲线，均衡点为 E_0，均衡数量为 OQ_0，OP_0为均衡价格，现因人口增长、国民收入提高等原因，对农产品的需求从 D_0 增至 D_1，而供给不变，则均衡点从 E_0 移至 E_1，数量增为 OQ_1，价格升至 OP_1。

假如政府实行价格管制，农产品的价格不得上升，保持在 OP_0的水平。这时的供给仍为 OQ_0，而需求量将从 OQ_0增至 OQ_2，于是农产品发生 $Q_0Q_2 = E_0E_2$ 数量的短缺，市场就会出现排队、抢购等不正常现象。为此，政府必须向市场投放大量农产品，以弥补这个缺额。或采取发配给券、限额配给。

反之，因技术改进，风调雨顺，农产品的供给从 S_0增至 S_1，而需求不变，则均衡点应从 E_0移至 E_3，数量增至 OQ_1，价格降至 OP_2。

假如政府规定，农产品的价格不得下降，保持在 OP_0的水平，这时的需求量仍为 OQ_0，而供给量将从 OQ_0增至 OQ_2，于是农产品发生 $Q_0Q_2 = E_0E_2$ 数量的剩余，政府必须从事收购，消除剩余，或限制产量以平衡供求。

（三）管制价格的影响

政府实行价格管制政策一般是在特殊情况下为了实现社会平等和有利于社会的安定而采取的主动措施，但由于它违背自由的市场机制原则，造成人为价格的扭曲，所以常常会产生一些弊端。

1. 资源使用不当

从图 2-15 中可以看出，管制价格造成的不平衡数量为 Q_0Q_2，可以分为 Q_0Q_1和 Q_1Q_2两个部分。当需求增加，供给不变，政府不准涨价时，即政府实行最高限价政策，在这一政策下需求量会超过生产量，造成商品的短缺。Q_0Q_1是生产者由于缺乏积极性而少生产的部分，Q_1Q_2是消费者由于价格便宜而多消费的部分，两者之和 Q_0Q_2是管制价格造成的数量短缺。当供给增加，需求不变，政府不允许降价时，即政府实行最低限价政策，实行这一政策的结果是 Q_1Q_2是生产者由于获得超额利润而多生产的部分，Q_0Q_2是消费者由于价格过高而少消费的部分，两者之和 Q_0Q_2是管制价格造成的数量剩余。由于产生一定数量的剩余，政府要维持最低限价就必须或者处置剩余产品，或者限制生产。如政府负债收购产品，用于储备、出口和对外援助等。从上述分析不难看出这两种管制价格都会在一定程度上造成资源的使用不当。

2. 产品分配不公

以不准涨价为例，当需求增加，供给不变时，价格本应从 OP_0提高到 OP_1。这时真正需要的人会以 OP_1的价格购买 OQ_1的数量，不太需要的人就不会购买，产品的分配比较公平合理。然而，由于不准涨价，使需求不必要地扩大，造成产品短缺，导致排队或配给。这就使得本来真正需要的人，不一定能购买得到，而不太需要的人，反而能购买得到。

3. 产品质量变异

管制价格的结果，往往会影响到产品的质量。例如，由于不准涨价，产品短缺，会使原来的质量标准下降，粗制滥造，缺斤短两，成为变相涨价。

4. 黑市交易盛行

由于不准涨价，产品短缺，真正需要的人出于急需，愿以高价购买，而那些不太需要的人虽能买到，但却不急需，就会以高价出售。由于不准降价，产品剩余，生产者会设法以各种方式变相降价，消费者也乐意以这种价格购买自己本来不太需要的产品。这都会给不法商人以可乘之机，倒买倒卖，黑市盛行。

由此可见，管制价格是政府为贯彻执行国家经济政策而不得不采取的一种权宜之计。由于人为地限定价格，往往会产生一些不良影响。为此，管制价格的实施必须辅以相应的行政措施，才能保持供求均衡和经济生活的稳定。

三、价格管制的一个应用：最低工资

最低工资即由最低工资法规定的任何一个雇主要支付的最低劳动力价格。美国国会在《1938 年公平劳动标准法案》(*Fair Labor Standards Act of 1938*)中第一次制定了最低工资，以保证工人最低的适当生活水平。到 2010 年根据联邦法律最低工资达到每小时 7.25 美元。大多数欧洲国家也制定了最低工资法。我国《企业最低工资规定》最早是在 1993 年出台的，到 2004 年 3 月 1 日，由劳动和社会保障部正式实施，这标志着最低工资法作为法律规则步入我国社会经济生活中。目前如上海地区 2011 年规定最低工资为 1 180 元人民币，或每小时不得低于 11 元人民币，北京地区最低工资每小时不低于 6.7 元人民币，每月不低于1 160 元人民币。

下面讨论最低工资对劳动市场的影响。

如果没有政府最低工资的影响，劳动市场通过供求力量将自动达到均衡。如图 2－16a 所示，在 E 点实现均衡的劳动价格和劳动供求数量。现假定政府制定最低工资 W_1，比市场均衡价格要高，如图 2－16b 所示。

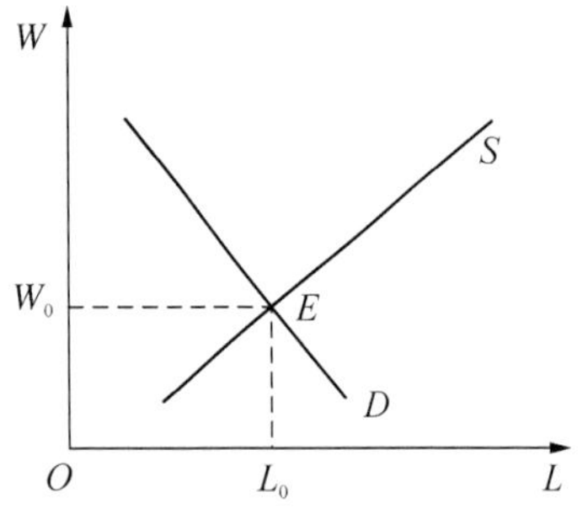

图 2-16a　自由劳动市场均衡

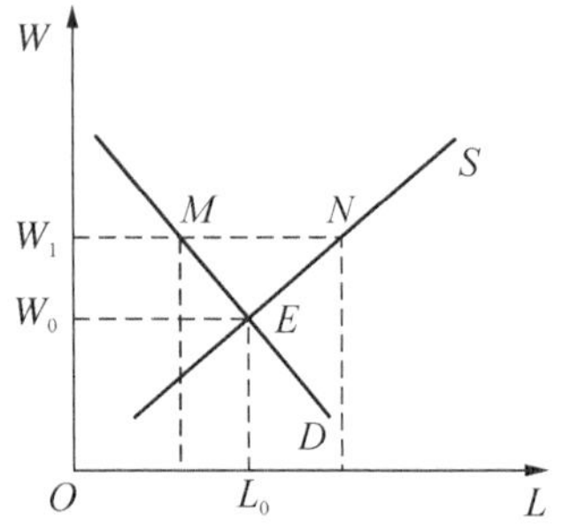

图 2-16b　最低工资限制劳动市场均衡

由于有最低工资限制，劳动供给量为 W_1N，大于劳动需求量 W_1M。劳动市场出现 MN 失业。最低工资增加了现有工作的工人的劳动的收入，但减少了对劳动的需求，使得本来愿意以 W_0 工资工作的人不能就业，因而增加了失业，客观上也使得没有工作的人收入减少。因此最低工资法是个备受争议的话题。经济学者在这个问题的争议也是势均力敌。支持最低工资法的人认为这项政策是对工人的一种保护，是解决贫困的好方法，那些拿最低工资的人只能勉强度日，他们的收入只能维持最低生活标准。尽管支持者也认为这项政策可能会有一些负面影响，比如失业，但相比较而言，是利大于弊的；反对这项政策的人认为，最低工资法不是解决贫困的最好办法。较高的最低工资引起失业，导致技能不熟练者无法就业变得更加贫困，甚至较高的最低工资会引起青少年退学而参加工作，造成更多的失业。很多经济学家对最低工资法提出了批评，其中以斯蒂格勒 1946 年发表的《最低工资立法经济学》最为引人注目。他得出的结论是：为减轻贫困而制定的这种政策，不仅对减轻贫困起不了作用，而且还扭曲了资源配置。之后，越来越多的经济学家相信，最低工资法是政府人为干预劳动市场的一种方式，如果人为规定的最低工资高于劳动力市场上的均衡工资，就会减少对劳动力的需求，结果是失业人数反而增加。

除此之外，经济学家列出的最低工资法的种种罪过还包括：① 许多事实上拿最低工资的工人未被包括在最低工资法内。比如学徒工、临时工、兼职工人、家庭仆人、童工等；② 企业是否真正执行最低工资法也是个实践中的难题。在很多发展中国家，由于行政缺乏效率，监管缺乏足够的资源，企业对于最低工资法的执行往往不力；③ 最低工资法可能带来熟练劳动力替代非熟练劳动力。当最低工资提高之后，企业会更多地雇佣熟练劳动力，这反而导致非熟练劳动力处于更艰难的就业状况，他们往往更难获得工作，也就失去了在工作中学习技能、提高自己的机会；

④ 最低工资法可能鼓励资本替代劳动。如企业会更有积极性采用节省劳动的新技术,比如用洗碗机替代洗碗工等;⑤ 最低工资法反而会导致就业中的种族歧视或性别歧视等;⑥ 从根本上讲,最低工资法被视为政府干预经济的一种方式,这种干预将妨碍市场机制的自发运转。这是一件很值得思考的事情。

经济学家认为他们能够把这件事情说得很清楚,但是为什么最低工资法却在世界范围内越来越流行呢?我们应该看到,政策的背后总会有利益的身影。首先,从各国的经验来看,工会一定是最低工资法的支持者。一般来说,工会很难把所有的工人都发展为成员,因为这里面有奥尔森所说的"集体行动的困难"。但是,最低工资法却可以帮助工会克服这一困难。由于参加工会的成员均能得到最低工资法的保护,所以这有助于提高工会成员对于普通工人的吸引力。事实上,劳动者被划分为工会成员和非工会成员之后,我们就能够看到,工会成员借助于最低工资法的保护,能够有效地阻止非工会成员的竞争。但这常常是熟练工人对非熟练工人的排挤、本地工人对外地工人的排挤、在职工人对失业工人的排挤。其次,有趣的是,工商界也往往对最低工资法表现出浓厚的兴趣。这主要是因为,企业希望借助最低工资法阻止那些雇佣更廉价劳动力的竞争对手将它们挤垮,而且,有了最低工资法,企业可以用很冠冕堂皇的理由,比如"社会责任"、"企业伦理"来达到打击竞争对手的目的,还可以得到公众的掌声,一举两得。最后,如果失业的工人能够得到政府的福利救济,他们也会支持最低工资法。经济学家发现,实行最低工资法之后,社会福利的支出不仅没有减少,反而会有提高。这说明,最低工资法并没有起到激励更多工人就业的初衷。

主要名词与术语

需求　供给　需求法则　供给法则　均衡价格　均衡数量　最高限价　最低限价

复习思考题

1. 影响需求的原因有哪些?

2. 需求的变动与需求量的变动有何区别?

3. 供给的变动与供给量的变动有何区别?

4. 需求的变动和供给的变动对均衡有什么样的影响?

5. 供给法则告诉我们价格越高供给量越大,价格越低供给量越少。2000年笔记本电脑价格相比2010年笔记本电脑价格高很多,但厂商2010年的电脑产量却比2000年的产量多很多,这种现象是否违反供给法则?请说明。

6. 用经济学原理解释,同样是旺季,为什么水果的价格要下降,而旅游区的房价却在上升?

第三章 弹性理论

本章教学目的与要求

弹性概念通常被用来描述一个变量对另一个变量变化的反应的敏感度。比如说，需求的价格弹性描述的是需求量对于商品本身价格变动的敏感度。本章将讨论需求的价格弹性、需求的收入弹性、需求的交叉价格弹性等有关需求的弹性以及影响需求价格弹性的因素，还将讨论供给的价格弹性以及影响供给价格弹性的因素。本章的最后还将分三部分介绍弹性在具体实践中的应用。弹性理论将为学习者提供一套研究变量之间关系的有用工具，这些知识对企业管理、经济预测有很实用的价值。

通过学习，要求掌握各种弹性的概念、分类和计算方法，特别是需求价格弹性和供给价格弹性的概念、分类、计算方法及其影响因素。另外，要求掌握需求价格弹性和厂商销售收入之间的关系，弹性和税收负担之间的关系以及“谷贱伤农”现象，并能够利用弹性理论分析现实中的经济现象。

第一节 弹性的一般概念

如前所述，当一种商品的价格发生变化时，这种商品的需求量会发生变化。此外，当消费者的收入水平或者相关商品的价格等其他因素发生变化时，这种商品的需求也会发生变化。同样地，当一种商品的价格发生变化，或者这种商品的生产成本等其他因素发生变化时，这种商品的供给量会发生变化。由此，我们会问，当一种商品的价格下降1%时，这种商品的需求量和供给量究竟分别会上升和下降多少呢？当消费者的收入水平上升1%时，商品的需求量究竟增加了多少？这些问题可以用弹性概念解决。

弹性概念在经济学中得到广泛的应用。一般说来，只要两个经济变量之间存在着函数关系，我们就可用弹性(elasticity)来表示因变量对自变量变化的反应的敏感程度。具体地说，它是指当一个经济变量发生1%的变动时，由它引起的另一个经济变量变动的百分比。例如，弹性可以表示当一种商品的价格上升1%时，相应的需求量和供给量的变化的百分比具体是多少。

在经济学中，弹性的一般公式为：

$$\text{弹性系数} = \frac{\text{因变量的变动比例}}{\text{自变量的变动比例}}$$

设两个经济变量之间的函数关系为 $Y = f(X)$，则弹性的一般公式可以表示为：

$$e = \frac{\frac{\Delta Y}{Y}}{\frac{\Delta X}{X}} = \frac{\Delta Y}{\Delta X} \cdot \frac{X}{Y} \tag{3.1}$$

式中：e 为弹性系数；ΔX、ΔY 分别为变量 X、Y 的变动量。该式表示，当自变量 X 变化1%时，因变量 Y 变化的百分比。

若当式(3.1)中的 $\Delta X \to 0$，且 $\Delta Y \to 0$ 时，则弹性公式为：

$$e = \lim_{\Delta X \to 0} \frac{\frac{\Delta Y}{Y}}{\frac{\Delta X}{X}} = \frac{\frac{dY}{Y}}{\frac{dX}{X}} = \frac{dY}{dX} \cdot \frac{X}{Y} \tag{3.2}$$

通常将式(3.1)称为弧弹性(arc elasticity)公式，将式(3.2)称为点弹性(point elasticity)公式。

需要指出的是，由弹性的定义公式可以清楚地看到，弹性是两个变量变化比例的一个比值，所以，弹性是一个具体的数字，它与自变量和因变量的单位无关。

第二节　有关需求的弹性

一、需求价格弹性

有关需求方面的弹性主要包括需求的价格弹性、需求的交叉价格弹性和需求收入弹性。其中，需求的价格弹性又被简称为需求弹性。下面我们详细考察需求价格弹性。

需求价格弹性(price elasticity of demand)表示在一定时期内一种商品的需求量变动对于该商品的价格变动的反应程度。或者说,表示在一定时期内当一种商品的价格变化1%时所引起的该商品的需求量变化的百分比。其公式为:

$$需求的价格弹性系数=-\frac{需求量变动率}{价格变动率}$$

二、需求价格弹性分类及计算

需求的价格弹性可以分为弧弹性和点弹性。

(一)弧弹性

1. 含义及公式

需求的价格弧弹性表示某商品需求曲线上两点之间的需求量的变动对于价格的变动的反应程度。简单地说,它表示需求曲线上两点之间的弹性。假定需求函数为 $Q=f(P)$, ΔQ 和 ΔP 分别表示需求量的变动量和价格的变动量,以 e_d 表示需求的价格弹性系数,则需求的价格弧弹性的公式为:

$$e_d=-\frac{\frac{\Delta Q}{Q}}{\frac{\Delta P}{P}}=-\frac{\Delta Q}{\Delta P}\cdot\frac{P}{Q} \tag{3.3}$$

在通常情况下,由于商品的需求量和价格是呈反方向变动的,$\frac{\Delta Q}{\Delta P}$为负值,所以,为了便于比较,就在式(3.3)中加了一个负号,以使需求的价格弹性系数取正值。

2. 需求价格弧弹性的计算

假定需求函数 $Q_d=2\,000-400P$,如图 3-1 所示。

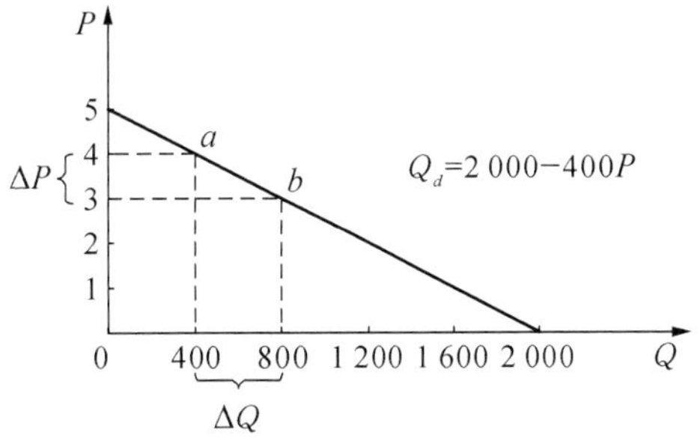

图 3-1 需求的价格弧弹性

图 3-1 中需求曲线上 a、b 两点的价格分别为 4 和 3,相应的需求量分别为 400 和 800,现在考虑 a、b 两点之间需求弧弹性的计算。当商品的价格由 4 降为 3 时,或者当商品的价格由 3 上升为 4

时，根据式(3.3)，相应的弧弹性可分别计算如下。

由 a 点到 b 点(即降价时)：

$$e_d = -\frac{\Delta Q}{\Delta P} \cdot \frac{P}{Q} = -\frac{400}{-1} \times \frac{4}{400} = 4$$

由 b 点到 a 点(即涨价时)：

$$e_d = -\frac{\Delta Q}{\Delta P} \cdot \frac{P}{Q} = -\frac{-400}{1} \times \frac{3}{800} = 1.5$$

显然，由 a 点到 b 点和由 b 点到 a 点的弧弹性系数值是不相同的。其原因在于：尽管在上面两个计算中，ΔQ 和 ΔP 的绝对值都相等，但由于 P 和 Q 所取的基数值不相同，所以，两种计算结果便不相同。这样一来，在需求曲线的同一条弧上，涨价和降价产生的需求价格弹性系数值便不相等。我们如果仅仅一般地计算需求曲线上某一段的需求的价格弧弹性，而不是具体地强调这种需求的价格弧弹性是涨价还是降价的结果，则为了避免不同的计算结果，一般通常取两点价格的平均值$\left(\frac{P_1+P_2}{2}\right)$和两点需求量的平均值$\left(\frac{Q_1+Q_2}{2}\right)$来分别代替式(3.3)中的 P 值和 Q 值，因此，需求价格弧弹性的计算公式又可以写为：

$$e_d = -\frac{\Delta Q}{\Delta P} \cdot \frac{\frac{P_1+P_2}{2}}{\frac{Q_1+Q_2}{2}} \tag{3.4}$$

该公式也被称为需求价格弧弹性的中点公式。

根据上式，上例中 a、b 两点间的需求价格弧弹性为：

$$e_d = \frac{400}{1} \times \frac{\frac{4+3}{2}}{\frac{400+800}{2}} \approx 2.33$$

3. 需求价格弧弹性的类型

如前所述，需求的价格弹性是指当商品的价格变动 1%时，需求量的变动究竟有多大的百分比。根据需求量的变动不同，我们可以将需求的价格弹性划分为不同的类型。

(1) 富有弹性。在商品的价格变化 1%的前提下，需求量的变化率大于 1%，

这时有 $e_d>1$；由于 $e_d>1$ 表示需求量的变动率大于价格的变动率，即需求量对于价格变动的反应是比较敏感的，所以，$e_d>1$ 被称为富有弹性。

(2) 缺乏弹性。在商品的价格变化1%的前提下，若需求量的变化率也可能小于1%，这时有 $e_d<1$；由于 $e_d<1$ 表示需求量的变动率小于价格的变动率，即需求量对于价格变动的反应欠敏感，所以，$e_d<1$ 被称为缺乏弹性。

(3) 单一弹性。在商品的价格变化1%的前提下，需求量的变化率也可能恰好等于1%，这时有 $e_d=1$，它表示需求量和价格的变动率刚好相等。$e_d=1$ 被称为单一弹性或单位弹性。

以上这三种类型的需求的价格弧弹性分别如图3-2中的(a)、(b)和(c)所示。

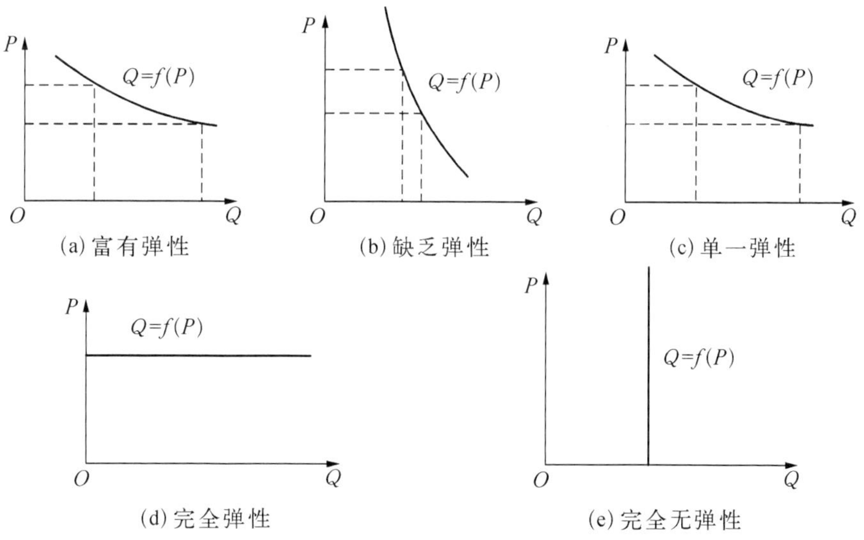

图3-2 需求价格弧弹性的五种类型

(4) 完全弹性。图3-2(d)中需求曲线为一条水平线。水平的需求曲线表示在既定的价格水平下需求量是无限的。从需求的价格弹性的角度看，对于水平的需求曲线来说，只要价格有一个微小的上升，就会使无穷大的需求量一下子减少为零。也就是说，相对于无穷小的价格变化率，需求量的变化率是无穷大的，即有 $e_d=\infty$，这种情况被称为完全弹性。

(5) 完全无弹性。图3-2(e)中的需求曲线是一条垂直线。垂直的需求曲线表示相对于任何价格水平需求量都是固定不变的。从需求的价格弹性的角度看，对于垂直的需求曲线来说，无论价格如何变化，需求量的变化量总是为零，即有 $e_d=0$，这种情况被称为完全无弹性。

（二）点弹性

1. 含义及公式

当需求曲线上两点之间的变化量趋于无穷小时，需求的价格弹性要用点弹性来表示。也就是说，它表示需求曲线上某一点上的需求量变动对于价格变动的反应程度。在式(3.3)的基础上，需求的价格点弹性的公式为：

$$e_d=\lim_{\Delta P\to 0}-\frac{\frac{\Delta Q}{Q}}{\frac{\Delta P}{P}}=-\frac{\frac{\mathrm{d}Q}{Q}}{\frac{\mathrm{d}P}{P}}=-\frac{\mathrm{d}Q}{\mathrm{d}P}\cdot\frac{P}{Q} \tag{3.5}$$

比较式(3.3)和式(3.5)可见，需求的价格弧弹性和点弹性的本质是相同的。它们的区别仅在于：前者表示价格变动量较大时的需求曲线上两点之间的弹性，而后者表示价格变动量无穷小时的需求曲线上某一点的弹性。

2. 需求价格点弹性的计算

可以利用需求价格点弹性的公式(3.5)来计算给定的需求曲线上某一点的弹性。仍用需求函数 $Q_d=2\,000-400P$ 来说明这一计算方法。

根据(3.4)式，由需求函数 $Q_d=2\,000-400P$ 可得：

$$e_d=-\frac{\mathrm{d}Q}{\mathrm{d}P}\cdot\frac{P}{Q}=-(-400)\cdot\frac{P}{Q}=400\frac{P}{Q}$$

在 a 点，当 $P=4$ 时，由需求函数可得：$Q_d=2\,000-400\times4=400$，即相应的价格—需求量组合为(4，400)。将其代入上式，便可得：

$$e_d=400\frac{P}{Q}=\frac{400\times4}{400}=4$$

即图 3-1 需求曲线上 a 点的需求价格点弹性值为 4。

同样地，在 b 点，当 $P=3$ 时，由需求函数可得 $Q_d=2\,000-400\times3=800$，即相应的价格—需求量组合为(3，800)，于是有：

$$e_d=400\frac{P}{Q}=\frac{400\times3}{800}=1.5$$

即图 3-1 需求曲线上 b 点的需求价格点弹性值为 1.5。

除此之外，还可以根据需求的价格点弹性的几何意义来计算相应的点弹性值。

3. 需求价格点弹性的几何意义

下面先以线性需求曲线为例说明需求价格点弹性的几何意义。

在图 3-3 中，线性需求曲线分别与纵坐标和横坐标相交于 A、B 两点，令 C 点为该需求曲线上的任意一点。从几何意义看，根据点弹性的定义，C 点的需求的价格弹性可以表示为：

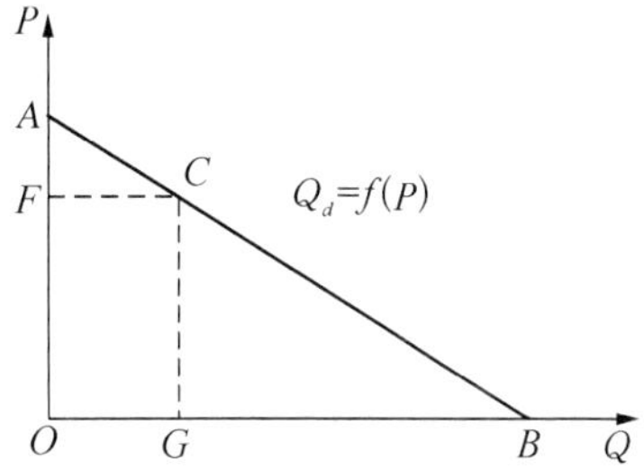

图 3-3 线性需求曲线的点弹性

$$e_d=-\frac{\mathrm{d}Q}{\mathrm{d}P}\cdot\frac{P}{Q}=\frac{GB}{CG}\cdot\frac{CG}{OG}=\frac{GB}{OG}=\frac{CB}{AC}=\frac{FO}{AF} \quad (3.6)$$

由此可得出这样一个结论：线性需求曲线上的任何一点的弹性，都可以通过由该点出发向价格轴或数量轴引垂线的方法来求得。

具体地，在图 3-1 中，线性需求曲线上 a、b 两点的弹性值可按以下方法来计算。

在 a 点：

由 a 点向数量轴作垂线，再根据式(3.6)中的 $e_d=\frac{GB}{OG}$，可得 $e_d=\frac{1\,600}{400}=4$

或者，由 a 点向价格轴作垂线，再根据式(3.6)中的 $e_d=\frac{FO}{AF}$，可得 $e_d=\frac{4}{1}=4$

类似地，在 b 点：

$$e_d=\frac{1\,200}{800}=1.5$$

或：

$$e_d=\frac{3}{2}=1.5$$

通过对比可以发现，在此用几何方法计算出的 a、b 两点的弹性值与前面按直接用点弹性定义公式计算出的弹性值是相同的。

显然，线性需求曲线上的点弹性有一个明显的特征：在线性需求曲线上的点的位置越高，相应的点弹性系数值就越大；相反，位置越低，相应的点弹性系数值就越小。这一特征在图 3-4(a)中得到了充分的体现。在图 3-4(a)中，随着需求曲线上的点的位置由最低的 A 点逐步上升到最高的正点的过程，相应的点弹性由 $e_d=0$ 逐步增加到 $e_d=\infty$。具体地分析，在该线性需求曲线的中点 C，有 $e_d=1$，因为 $CA=EC$。在中点以下部分的任意一点如 B 点，有 $e_d<1$，因为 $BA<EB$。在中

点以上部分的任意一点如 D 点，有 $e_d > 1$，因为 $DA > ED$。在线性需求曲线的两个端点，即需求曲线与数量轴和价格轴的交点 A 点和 E 点，分别有 $e_d = 0$ 和 $e_d = \infty$。可见，向右下方倾斜的线性需求曲线上每一点的弹性都是不相等的。这一结论对于除了将要说明的两种特殊形状的线性需求曲线以外的所有线性需求曲线都是适用的。

在图 3－4(b)和图 3－4(c)中各有一条特殊形状的线性需求曲线。图 3－4(b)中一条水平的需求曲线上的每一点的点弹性均为无穷大，即 $e_d = \infty$。图 3－4(c)中的一条垂直的需求曲线上每一点的点弹性均为零，即 $e_d = 0$。可见，对于线性需求曲线上每一点的点弹性都不相等的结论来说，水平的和垂直的需求曲线是两种例外。

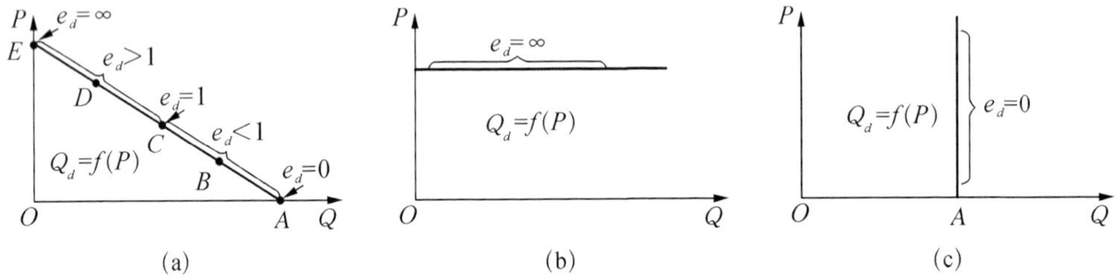

图 3－4　线性需求曲线点弹性的类型

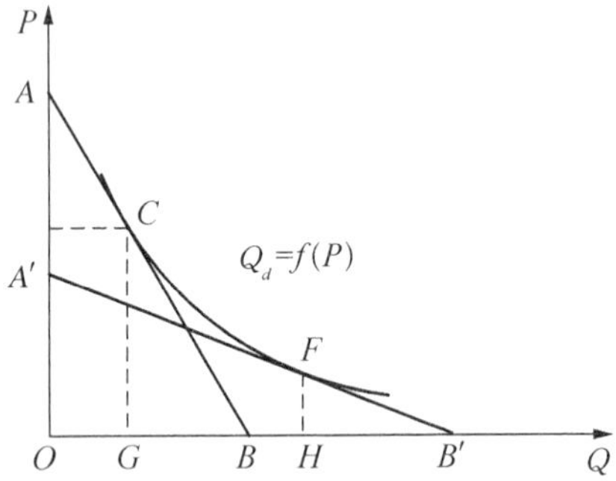

图 3－5　非线性需求曲线的点弹性

再说明非线性需求曲线的点弹性。以图 3－5 为例。

关于非线性需求曲线上的任何一点的弹性的几何意义，可以先过该点做需求曲线的切线，然后用与推到线性需求曲线的点弹性的几何意义类似的办法来得到。具体地，为了计算图中非线性需求曲线上 C、F 两点的弹性值，先过 C、F 两点分别作两条切线，各自交 P 轴和 Q 轴于 A、B 点和 A'、B'点。再从 C、F 两点出发向 Q 轴引垂线，各自交 Q 轴于 G、H 两点。

在 C 点有：

$$e_d = \frac{GB}{OG}$$

在 F 点有：

$$e_d = \frac{HB'}{OH}$$

当然，也可以通过 C、F 两点分别向 P 轴引垂线的方法，来分别求得 C、F 两点的需求点弹性。在此我们不再进行说明。

显然，就非线性需求曲线而言，曲线的不同形状和曲线上的点位置的不同，都会影响需求点弹性系数值的大小。

最后，需要注意的是，在考察需求的价格弹性问题时，需求曲线的斜率和需求的价格弹性是两个紧密联系却又不相同的概念，必须严格加以区分。

由前面对需求的价格点弹性的分析可以清楚地看到，需求曲线在某一点的斜率为 $\frac{\mathrm{d}P}{\mathrm{d}Q}$。而根据需求的价格点弹性的计算公式，需求的价格点弹性不仅取决于需求曲线在该点的斜率的倒数值 $\frac{\mathrm{d}Q}{\mathrm{d}P}$，还取决于相应的价格—需求量的比值 $\frac{P}{Q}$。所以，这两个概念虽有联系，但区别也是很明显的。这种区别在图 3－4(a)中得到了充分体现：图中线性需求曲线上每点的斜率都是相等的，但每点的点弹性值却都是不相等的。

由此可见，直接把需求曲线的斜率和需求的价格弹性等同起来是错误的。严格区分这两个概念，不仅对于线性需求曲线的点弹性，而且对于任何形状的需求曲线的弧弹性和点弹性来说，都是有必要的。

（三）影响需求的价格弹性的因素

影响需求的价格弹性的因素是很多的，其中主要有以下几个。

第一，商品的可替代性。一般来说，一种商品的可替代品越多，相近程度越高，则该商品的需求的价格弹性往往就越大；相反，该商品的需求的价格弹性往往就越小。例如，在苹果市场，当国光苹果的价格上升时，消费者就会减少对国光苹果的需求量，增加对相近的替代品如黄蕉苹果的购买。这样，国光苹果的需求弹性就比较大。又如，对于食盐来说，没有很好的可替代品，所以，食盐价格的变化所引起的需求量的变化几乎等于零，它的需求的价格弹性是极其小的。

对一种商品所下的定义越明确越狭窄，这种商品的相近的替代品往往就越多，需求的价格弹性也就越大。例如，某种特定商标的豆沙甜馅面包的需求要比一般的甜馅面包的需求更有弹性，甜馅面包的需求又比一般的面包的需求更有弹性，而面包需求的价格弹性比一般的面粉制品的需求的价格弹性又要大得多。

第二，商品用途的广泛性。一般说来，一种商品的用途越是广泛，它的需求的价格弹性就可能越大；相反，用途越是狭窄，它的需求的价格弹性就可能越小。这是因为，如果一种商品具有多种用途，当它的价格较高时，消费者只购买较少的数量用于最重要的用途上。当它的价格逐步下降时，消费者的购买量就会逐渐增加，将商品越来越多地用于其他的各种用途上。

第三，商品对消费者生活的重要程度。一般说来，生活必需品的需求的价格弹性较小，非必需品的需求的价格弹性较大。例如，馒头的需求的价格弹性是较小的，电影票的需求的价格弹性是较大的。

第四，商品的消费支出在消费者预算总支出中所占的比重。消费者在某商品上的消费支出在预算总支出中所占的比重越大，该商品的需求的价格弹性可能越大；反之，则越小。例如，火柴、食盐、铅笔、肥皂等商品的需求的价格弹性就是比较小的。因为，消费者在这些商品上的支出是很小的，消费者往往不太重视这类商品价格的变化。

第五，所考察的消费者调节需求量的时间。一般说来，所考察的调节时间越长，则需求的价格弹性就可能越大。因为，当消费者决定减少或停止对价格上升的某种商品的购买之前，他一般需要花费时间去寻找和了解该商品的可替代品。例如，当石油价格上升时，消费者在短期内不会较大幅度地减少需求量。但设想在长期内，消费者可能找到替代品，于是，石油价格上升会导致石油的需求量较大幅度地下降。

需要指出，一种商品需求的价格弹性的大小是各种影响因素综合作用的结果。所以，在分析一种商品需求的价格弹性的大小时，要根据具体情况进行全面的综合分析。

三、需求交叉价格弹性

如前所述，一种商品的需求量受多种因素的影响，相关商品的价格就是其中的一个因素。假定其他的因素都不变，仅仅研究一种商品的价格变化和它的相关商品的需求量变化之间的关系，则需要运用需求的交叉价格弹性的概念。需求的交叉价格弹性也简称为需求的交叉弹性。

需求的交叉价格弹性(cross-price elasticity of demand)表示在一定时期内一种商品的需求量的变动对于它的相关商品的价格的变动的反应程度。或者说，表示在一定时期内当一种商品的价格变化1%时所引起的另一种商品的需求量变化的百分比。它是该商品的需求量的变动率和它的相关商品的价格的变动率的比值。

假定商品X的需求量是它的相关商品Y的价格 P_Y 的函数，即 $Q_X = f(P_Y)$，则商品X的需求的交叉价格弧弹性公式为：

$$e_{XY} = \frac{\frac{\Delta Q_X}{Q_X}}{\frac{\Delta P_Y}{P_Y}} = \frac{\Delta Q_X}{\Delta P_Y} \cdot \frac{P_Y}{Q_X} \tag{3.7}$$

式中：ΔQ_X 为商品X需求量的变化量；ΔP_Y 为相关商品Y价格的变化量；e_{XY} 为当Y商品价格发生变化时X商品需求的交叉价格弹性系数。

当X商品的需求量的变化量 ΔQ_X 和相关商品价格的变化量 ΔP_Y 均为无穷小时，则商品X的需求的交叉价格点弹性公式为：

$$e_{XY} = \lim_{\Delta P_Y \to 0} \frac{\frac{\Delta Q_X}{Q_X}}{\frac{\Delta P_Y}{P_Y}} = \frac{\mathrm{d}Q_X}{\mathrm{d}P_Y} \cdot \frac{P_Y}{Q_X} \tag{3.8}$$

需求的交叉价格弹性系数的符号取决于所考察的两种商品的相关关系。

商品之间的相关关系可以分为两种：一种为替代关系，另一种为互补关系。一般可以简单的说，如果两种商品之间可以互相代替以满足消费者的某一种欲望，则称这两种商品之间存在着替代关系，这两种商品互为替代品。如苹果和梨就是互为替代品。如果两种商品必须同时使用才能满足消费者的某一种欲望，则称这两种商品之间存在着互补关系，这两种商品互为互补品。如磁带和录音机就是互为互补品。

若两种商品之间存在着替代关系，则一种商品的价格与它的替代品的需求量之间成同方向的变动，相应的需求的交叉价格弹性系数为正值。例如，当苹果的价格上升时，人们自然会在减少苹果的购买量的同时，增加对苹果的替代品如梨的购买量。若两种商品之间存在着互补关系，则一种商品的价格与它的互补品的需求量之间成反方向的变动，相应的需求的交叉价格弹性系数为负值。例如，当录音机的价格上升时，人们会减少对录音机的需求量，这样，作为录音机的互补品的磁带的需求量也会因此而下降。若两种商品之间不存在相关关系，则意味着其中任何一种商品的需求量都不会对另一种商品的价格变动作出反应，相应的需求的交叉价格弹性系数为零。

同样道理，反过来，可以根据两种商品之间需求的交叉价格弹性系数的符号来判断两种商品之间的相关关系。若两种商品需求的交叉价格弹性系数为正值，则这两种商品之间为替代关系。若为负值，则这两种商品之间为互补关系。若为零，则这两种商品之间无相关关系。

四、需求收入弹性

需求的收入弹性就是建立在消费者的收入量和商品的需求量之间关系上的一个弹性概念，它也是一个在西方经济学中被广泛运用的弹性概念。需求的收入弹性(income elasticity of demand)表示在一定时期内消费者对某种商品的需求量的变动对于消费者收入量变动的反应程度。或者说，表示在一定时期内当消费者的收入变化1%时所引起的商品需求量变化的百分比。它是商品的需求量的变动率和消费者的收入量的变动率的比值。

假定某商品的需求量 Q 是消费者收入水平 M 的函数，即 $Q = f(M)$，则该商品的需求的收入弹性公式为：

$$e_M = \frac{\frac{\Delta Q}{Q}}{\frac{\Delta M}{M}} = \frac{\Delta Q}{\Delta M} \cdot \frac{M}{Q} \tag{3.9}$$

或：

$$e_M = \lim_{\Delta M \to 0} \frac{\frac{\Delta Q}{Q}}{\frac{\Delta M}{M}} = \frac{\mathrm{d}Q}{\mathrm{d}M} \cdot \frac{M}{Q} \tag{3.10}$$

以上式(3.9)和式(3.10)分别为需求的收入弧弹性和点弹性公式。

根据商品的需求的收入弹性系数值，可以给商品分类。首先，商品可以分为两类，分别是正常品和低档品。其中，正常品是指需求量与收入成同方向变化的商品；低档品是指需求量与收入成反方向变化的商品。其次，还可以将正常品再进一步区分为必需品和奢侈品两类。以上的这种商品分类方法，可以用需求的收入弹性来表示。具体地说，$e_M > 0$ 的商品为正常品，因为，$e_M > 0$ 意味着该商品的需求量与收入水平成同方向变化。$e_M < 0$ 的商品为低档品，因为，$e_M < 0$ 意味着该商品

需求量与收入水平成反方向变化。在正常品中，$e_M < 1$ 的商品为必需品，$e_M > 1$ 的商品为奢侈品。当消费者的收入水平上升时，尽管消费者对必需品和奢侈品的需求量都会有所增加，但对必需品的需求量的增加是有限的，或者说，是缺乏弹性的；而对奢侈品的需求量的增加是较多的，或者说，是富有弹性的。

在需求的收入弹性的基础上，如果具体地研究消费者用于购买食物的支出量对于消费者收入量变动的反应程度，就可以得到食物支出的收入弹性。西方经济学中的恩格尔定律（Engel Law）指出：在一个家庭或在一个国家中，食物支出在收入中所占的比例随着收入的增加而减少。用弹性概念来表述恩格尔定律可以是：对于一个家庭或一个国家来说，富裕程度越高，则食物支出的收入弹性就越小；反之，则越大。许多国家经济发展过程的资料表明恩格尔定律是成立的。

第三节　有关供给的弹性

一、供给价格弹性

供给的价格弹性（price elasticity of supply）表示在一定时期内一种商品的供给量的变动对于该商品的价格的变动的反应程度。或者说，表示在一定时期内当一种商品的价格变化百分之一时所引起的该商品的供给量变化的百分比。它是商品的供给量变动率与价格变动率之比。供给的价格弹性通常被简称为供给弹性。其公式为：

$$\text{供给的价格弹性系数} = \frac{\text{供给量变动率}}{\text{价格变动率}}$$

二、供给价格弹性分类及计算

与需求的价格弹性一样，供给的价格弹性也分为弧弹性和点弹性。

1. 供给价格弧弹性含义及计算

供给的价格弧弹性表示某商品供给曲线上两点之间的弹性。假定供给函数为 $Q = f(P)$，以 e_s 表示供给的价格弹性系数，则供给的价格弧弹性的公式为：

$$e_s = \frac{\frac{\Delta Q}{Q}}{\frac{\Delta P}{P}} = \frac{\Delta Q}{\Delta P} \cdot \frac{P}{Q} \tag{3.11}$$

供给的价格弹性的计算方法和需求的价格弹性是类似的。给定具体的供给函数，则可以根据要求，由式(3.9)求出供给的价格弧弹性，或由中点公式求出供给的价格弧弹性。供给的价格弧弹性的中点公式为：

$$e_s = \frac{\Delta Q}{\Delta P} \cdot \frac{\frac{P_1 + P_2}{2}}{\frac{Q_1 + Q_2}{2}} \tag{3.12}$$

供给的价格弹性根据 e_s 值的大小也分为五个类型。$e_s > 1$ 表示富有弹性；$e_s < 1$ 表示缺乏弹性；$e_s = 1$ 表示单一弹性或单位弹性；$e_s = \infty$ 表示完全弹性；$e_s = 0$ 表示完全无弹性。

2. 供给价格点弹性含义及计算

供给的价格点弹性表示某商品供给曲线上某一点的弹性。供给的价格点弹性的公式为：

$$e_s = \frac{\frac{\mathrm{d}Q}{Q}}{\frac{\mathrm{d}P}{P}} = \frac{dQ}{dP} \cdot \frac{P}{Q} \tag{3.13}$$

供给的价格点弹性可以直接用上式求出。

在通常情况下，商品的供给量和商品的价格是呈同方向变动的，供给量的变化量和价格的变化量的符号是相同的。因此，在弧弹性和点弹性的计算公式中，$\frac{\Delta Q}{\Delta P}$和$\frac{\mathrm{d}Q}{\mathrm{d}P}$均大于零，作为计算结果的 e_s 为正值。

供给的价格点弹性也可以用几何方法来求得。在此用图 3 - 6 以线性供给函数为例加以说明。图 3 - 6 是线性供给函数 $Q = -2\,000 + 1\,000P$ 的几何图形。

根据式(3.13)，供给曲线上 A 点的点弹性为：

$$e_s = \frac{\mathrm{d}Q}{\mathrm{d}P} \cdot \frac{P}{Q} = \frac{CB}{AB} \cdot \frac{AB}{OB} = \frac{CB}{OB} = \frac{5\,000}{3\,000} \approx 1.67$$

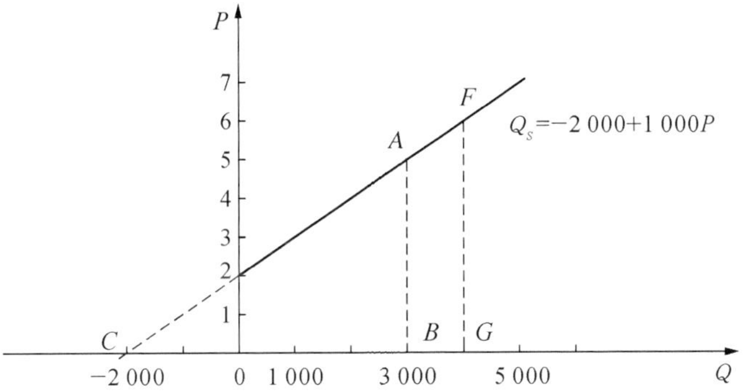

图 3-6 供给价格点弹性几何表示

同理，在 F 点有：$e_s = \frac{CG}{OG} = \frac{6\ 000}{4\ 000} = 1.5$

从线性供给曲线的点弹性的几何意义出发，可以进一步找出线性供给曲线点弹性的有关规律。如图 3-7 所示。

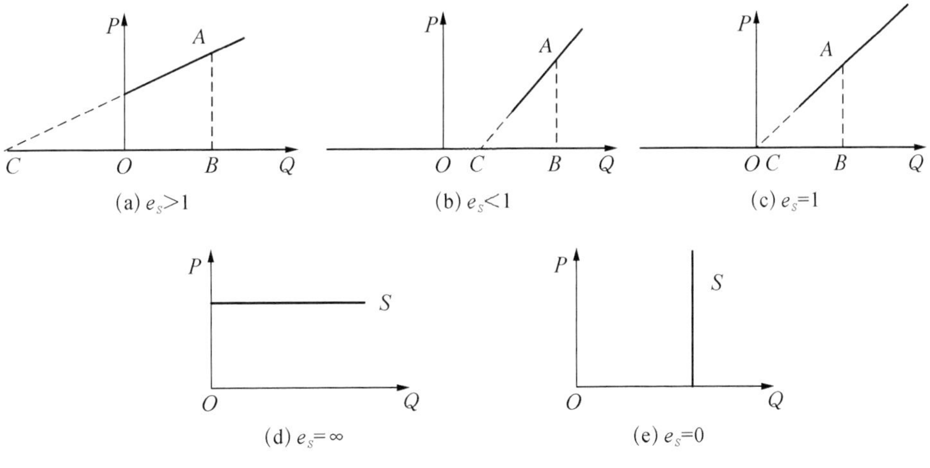

图 3-7 线性供给曲线的点弹性

图(a)中的线性供给曲线上的所有点弹性均大于 1，例如在 A 点，因为 $BC > OB$，所以 $e_s > 1$。图(b)中的线性供给曲线上的所有点弹性均小于 1，例如在 A 点，因为 $BC < OB$，所以 $e_s < 1$。图(c)中的线性供给曲线上的所有点弹性均为 1，例如在 A 点，因为 $BC = OB$，所以 $e_s = 1$。

由此可以得出这样的规律：若线性供给曲线的延长线与坐标横轴相交的交点位于坐标原点的左边，则该供给曲线上所有点的点弹性都是大于 1 的。若交点位于坐标原点的右边，则该供给曲线上所有的点弹性都是小于 1 的。若焦点恰好就是坐标原点，则该供给曲线上所有的点弹性都为 1。

除此之外，图 3－7(d)中有一条水平的供给曲线，曲线上所有的点弹性均为无穷大，即 $e_s = \infty$。图 3－7(e)中有一条垂直的供给曲线，曲线上所有的点弹性均为零，即 $e_s = 0$。这两种特殊的情况和前面分析的三种情况一起，构成了线性供给曲线点弹性的五种类型。

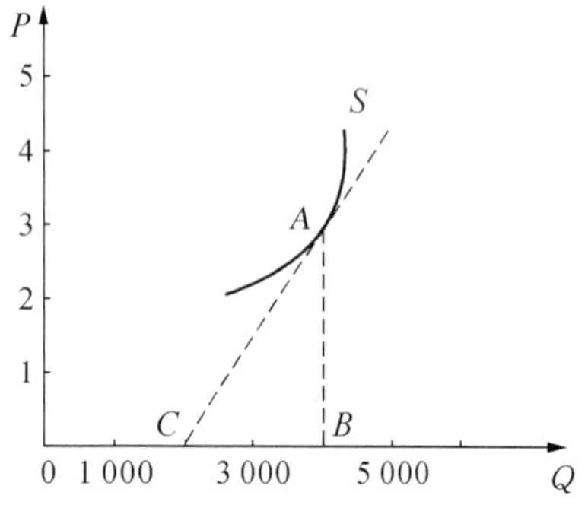

图 3－8　曲线形供给曲线的点弹性

关于曲线形供给曲线的点弹性的几何意义，其后的过程推导与线性供给曲线是相同的。例如，图 3－8 中曲线形供给曲线上 A 点的切线交横轴于 C 点，则 A 点的供给弹性为：

$$e_s = \frac{dQ}{dP} \cdot \frac{P}{Q} = \frac{CB}{AB} \cdot \frac{AB}{OB} = \frac{CB}{OB} = \frac{2\,000}{4\,000} = 0.5$$

同样地，可以根据曲线形供给曲线上所求点的切线与坐标横轴的交点是位于坐标原点的左边，还是位于坐标原点的右边，或者恰好就是坐标原点，来分别判断该点的供给是富有弹性的，还是缺乏弹性的，或者是单位弹性的。

在影响供给的价格弹性的众因素中，时间因素是一个很重要的因素。当商品的价格发生变化时，厂商对产量的调整需要一定的时间。在很短的时间内，厂商若要根据商品的涨价及时地增加产量，或者根据商品的降价及时地缩减产量，都存在不同程度的困难，相应地，供给弹性是比较小的。但是，在长期内，生产规模的扩大与缩小，甚至转产，都是可以实现的，供给量可以对价格变动作出较充分的反应，供给的价格弹性也就比较大了。

除此之外，在其他条件不变时，生产成本随产量变化而变化的情况和产品的生产周期的长短，也是影响供给的价格弹性的另外两个重要因素。就生产成本来说，如果产量增加只引起边际成本的轻微的提高，则意味着厂商的供给曲线比较平坦，供给的价格弹性可能是比较大的。相反，如果产量增加引起边际成本的较大的提高，则意味着厂商的供给曲线比较陡峭，供给的价格弹性可能是比较小的。就产品的生产周期来说，在一定的时期内，对于生产周期较短的产品，厂商可以根据市场价格的变化较及时地调整产量，供给的价格弹性相应就比较大。相反，生产周期较长的产品的供给的价格弹性就往往较小。

第四节 弹性的应用

一、需求的价格弹性和厂商的销售收入

在实际的经济生活中会发生这样一些现象：有的厂商提高自己的产品价格，能使自己的销售收入得到提高，而有的厂商提高自己的产品价格，却反而使自己的销售收入减少了。这意味着，以降价促销来增加销售收入的做法，对有的产品适用，对有的产品却不适用。如何解释这些现象呢？这便涉及商品的需求的价格弹性的大小和厂商的销售收入两者之间的相互关系。

我们知道，厂商的销售收入等于商品的价格乘以商品的销售量。在此假定厂商的商品销售量等于市场上对其商品的需求量。这样，厂商的销售收入就又可以表示为商品的价格乘以商品的需求量，即厂商销售收入$=P \cdot Q$，其中，P 表示商品的价格，Q 表示商品的销售量即需求量。

前面已经讲过，商品的需求的价格弹性表示商品需求量的变化率对于商品价格的变化率的反应程度。这意味着，当一种商品的价格 P 发生变化时，这种商品需求量 Q 的变化情况，进而提供这种商品的厂商的销售收入 $P \cdot Q$ 的变化情况，将必然取决于该商品的需求的价格弹性大小。所以，在商品的需求价格弹性和提供该商品的厂商的销售收入之间存在着密切的关系。这种关系可归纳为以下三种情况。

第一种情况：对于 $e_d > 1$ 的富有弹性的商品，降低价格会增加厂商的销售收入，相反，提高价格会减少厂商的销售收入，即厂商的销售收入与商品的价格成反方向的变动。这是因为，当 $e_d > 1$ 时，厂商降价所引起的需求量的增加率大于价格的下降率。这意味着价格下降所造成的销售收入的减少量必定小于需求量增加所带来的销售收入的增加量。所以，降价最终带来的销售收入 $P \cdot Q$ 值是增加的。相反，在厂商提价时，最终带来的销售收入 $P \cdot Q$ 值是减少的。这种情况如图 3 - 9(a)所示。

第二种情况：对于 $e_d < 1$ 的缺乏弹性的商品，降低价格会使厂商的销售收入

减少，相反，提高价格会使厂商的销售收入增加，即销售收入与商品的价格成同方向的变动。其原因在于：$e_d<1$ 时，厂商降价所引起的需求量的增加率小于价格的下降率。这意味着需求量增加所带来的销售收入的增加量并不能全部抵消价格下降所造成的销售收入的减少量。所以，降价最终使销售收入 $P \cdot Q$ 值减少。相反，在厂商提价时，最终带来的销售收入 $P \cdot Q$ 值是增加的。用图 3－9(b)说明这种情况。

第三种情况：对于 $e_d=1$ 的单位弹性的商品，降低价格或提高价格对厂商的销售收入都没有影响。这是因为，当 $e_d=1$ 时，厂商变动价格所引起的需求量的变动率和价格的变动率是相等的。这样一来，由价格变动所造成的销售收入的增加量或减少量刚好等于由需求量变动所带来的销售收入的减少量或增加量，所以，无论厂商是降价还是提价，销售收入 $P \cdot Q$ 值是固定不变的。如图 3－9(c)所示。

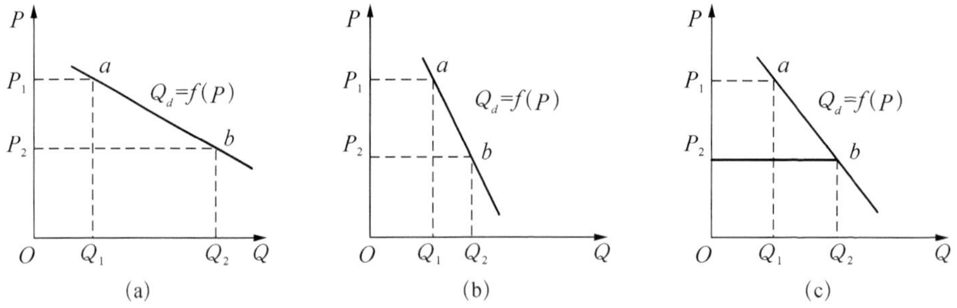

图 3－9　需求弹性与销售收入

以上三种情况都是以需求的弧弹性为例进行分析的。事实上，经数学证明，对这三种情况分析所得到的结论，对需求的点弹性也是适用的。

与以上三种情况相对应，在西方经济学中，也可以根据商品的价格变化所引起的厂商的销售收入的变化，来判断商品的需求的价格弹性的大小。如果某商品价格变化引起厂商销售收入反方向的变化，则该商品是富有弹性的。如果某商品价格变化引起厂商销售收入同方向的变化，则该商品是缺乏弹性的。如果厂商的销售收入不随商品价格的变化而变化，则该商品是单位弹性的。

将 $e_d=\infty$ 和 $e_d=0$ 的两种特殊情况考虑在内，商品的需求的价格弹性和厂商的销售收入之间的综合关系如表 3－1 表示。

表 3-1 需求的价格弹性和销售收入

	$e_d>1$	$e_d=1$	$e_d<1$	$e_d=0$	$e_d=\infty$
降价	增加	不变	减少	同比例于价格的下降而减少	既定价格下，收益可以无限增加，因此，厂商不会降价
涨价	减少	不变	增加	同比例于价格的上升而增加	收益会减少为零

最后，再指出一点，因为厂商的销售收入就等于消费者的购买支出，所以，以上关于需求的价格弹性和厂商的销售收入之间关系的分析和结论，对于需求的价格弹性和消费者的购买支出之间的关系同样也是适用的。

二、谷贱伤农

“谷贱伤农”是我国流传已久的一种说法，它描述的是这样一种现象：在丰收的年份，农民的收入反而减少了。这种似乎难以被理解的现象，可以用弹性原理加以解释。

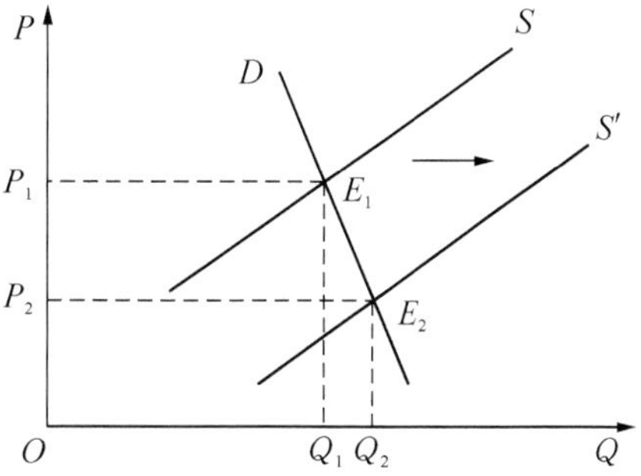

图 3-10 缺乏弹性的需求曲线和谷贱伤农

造成这种现象的根本原因在于农产品往往是缺乏需求价格弹性的商品，以图 3-10来具体说明。图中的农产品的需求曲线 D 是缺乏弹性的。农产品的丰收致使供给曲线由 S 的位置向右平移至 S' 的位置，由于需求缺乏弹性，农产品的均衡价格大幅度地由 P_1 下降到 P_2。由于农产品均衡价格的下降幅度大于农产品的均衡数量的增加幅度，最后导致农民总收入减少。总收入的减少量相当于图中矩形 $OP_1E_1Q_1$ 和 $OP_2E_2Q_2$ 的面积之差。

类似地，在歉收年份，同样由于缺乏弹性的需求曲线的作用，农产品均衡数量减少的幅度将小于由它所引起均衡价格的上升幅度，最后致使农民的总收入量增加。在图 3-10 中，只需先假定农产品的歉收使供给曲线由 S' 的位置向左平移至 S 的位置，随后便可以具体地说明这种与丰收年份相反的情况了。

基于以上的经济事实及其经验，某些西方国家的一些援助农场主的计划，就是通过减少农产品的种植面积，来减少农产品的供给和支持农产品的价格，从而保证农场主的总收入。

三、税收(补贴)经济学

如果政府对每单位待售的小工具征税 1 元，小工具的价格会发生什么变化？很多人可能会认为，价格将上涨 1 元。因为消费者现在每单位小工具比无税时多支付了 1 元。但这种想法是不对的。

另外，假设政府要征收汽油税 2 元/升，可供选择的方案有两种：第一种方案是由各加油站向政府缴纳；第二种方案是由消费者直接向政府交税。对于消费者，哪一种方案代价更大？许多人可能会选择后者，他们又错了。

税收负担(或补贴收益)由消费者和生产者分摊。谁向政府缴税无关紧要——就消费者来说，两种方案的成本相同。消费者承担的税收份额取决于供求曲线的形状，尤其是供求的相对弹性。关于第一个问题，税收确实会提高小工具的价格，但价格上涨幅度通常小于或远远低于 1 元。下面，我们将利用供求曲线来分析税收对消费者和生产者的影响，以及价格与数量的变动。

为简化起见，我们分析完全竞争条件下从量税——以课税对象的自然单位作为计税依据的税收负担。

假设政府对每单位小工具征税 t 元，这意味着消费者支付的价格高出卖方获得的净价 t 元，图 3－11 描绘了这种关系。图中，P_0、Q_0 代表税前的市场价格和数量，P_b 是消费者支付的价格，P_s 是卖方获得的税后净价。引入税收后，均衡状态必须满足四个条件：

(1) 购买量和消费者支付价格 P_b 必须在需求曲线 $Q_d = Q_d(P_b)$

(2) 销售量和销售者所得价格 P_s 必须在供给曲线 $Q_s = Q_s(P_s)$

(3) $Q_d = Q_s$

(4) $P_b - P_s = t$(定量税)

已知 $Q_d(P_b)$、$Q_s(P_s)$和 t，我们可以很方便地求出 P_b、P_s 及均衡数量。

在图 3－11 中，税负是由消费者和生产者平均分摊的，但情况并不总是这样。如果需求相对无弹性，供给相对有弹性，税收将主要由消费者承担，如图 3－12。反之，税收则主要由生产者承担，如图 3－13。

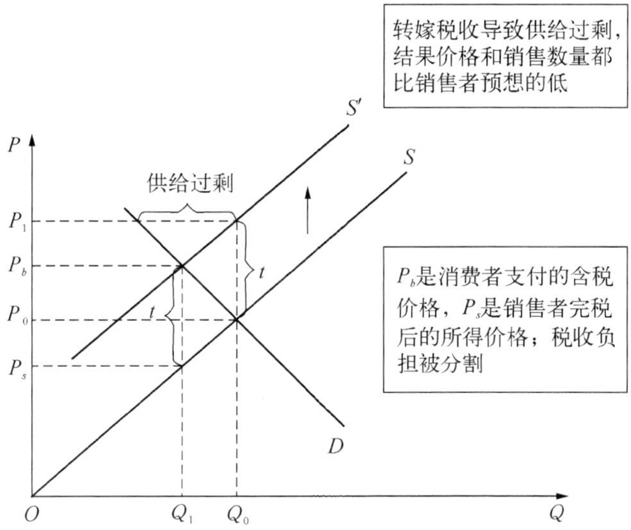

图 3-11 供求弹性与税收负担

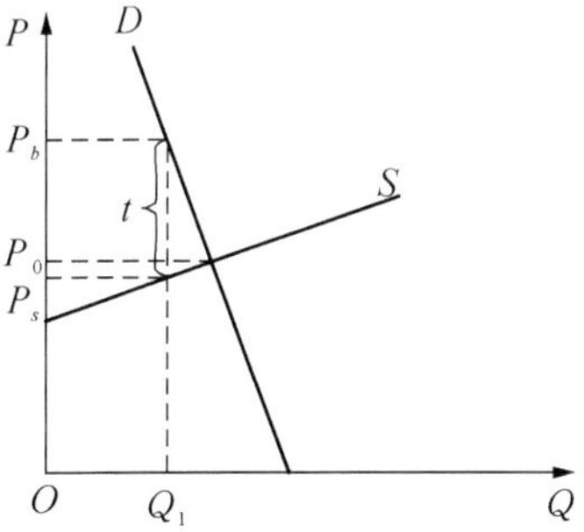

图 3-12 消费者负担

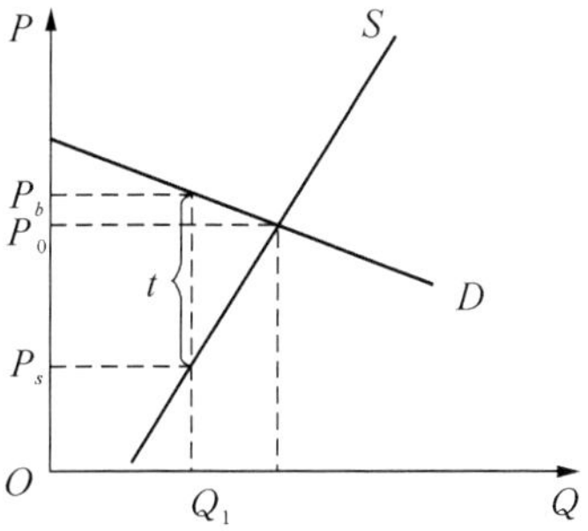

图 3-13 生产者负担

对补贴可以进行与税收一样的分析，事实上，补贴可以看作是一种负税收。在补贴政策下，卖方价格超过买方价格，两者的差额等于补贴。补贴对均衡数量的影响恰好与税收相反——均衡数量增加。图 3-14 描绘了这种情况。

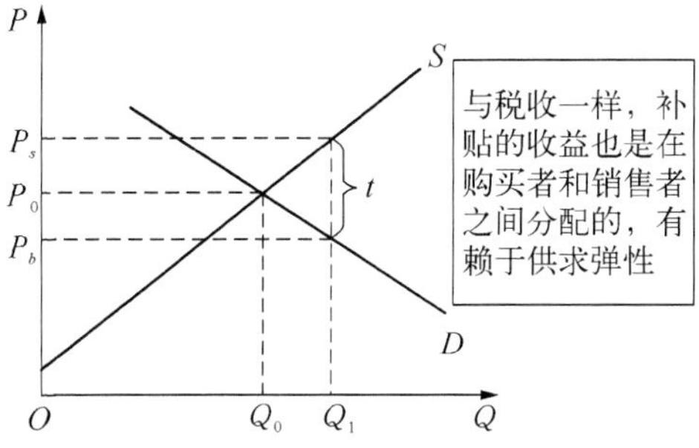

图 3-14 补贴的分配

适用补贴的四个条件可表达为：

(1) 购买量和消费者支付价格 P_b 必须在需求曲线 $Q_d = Q_d(P_b)$

(2) 销售量和销售者所得价格 P_s 必须在供给曲线 $Q_s = Q_s(P_s)$

(3) $Q_d = Q_s$

(4) $P_s - P_b = S$(补贴)

已知 $Q_d(P_b)$、$Q_s(P_s)$和 S,我们就可以求出价格和数量,与税收类似,补贴好处在消费者和生产者之间的分享份额取决于供求弹性。

主要名词与术语

弹性　弧弹性　点弹性　需求弹性　需求的交叉价格弹性　需求的收入弹性　恩格尔定律　供给弹性

复习思考题

1. 如果考虑到提高生产者的收入,那么对农产品和电视机、录像机一类高级消费品应采取提价还是降价的办法?为什么?

2. 假定需求和供给曲线均为直线,请思考下面结论是否正确,并提供相应的证明。

(1) 对一给定的供给曲线和均衡点,需求曲线的弹性越是不足,消费者所负担的“单位产品税”越重。

(2) 对一给定的需求曲线和均衡点,供给曲线的弹性越大,消费者所负担的“单位产品税”越重。

3. 试举例说明需求曲线的斜率和弹性系数的区别。

第四章 消费者行为理论

本章教学目的与要求

效用被定义为消费者在消费商品时所感受到的满足程度。消费者行为理论从消费者效用最大化出发探讨消费者对于最优商品消费量的选择，并最终得出商品的需求曲线。本章将首先探讨效用的概念，然后分别通过基数效用论和序数效用论研究消费者的最优化行为，接着得出商品的需求曲线。本章在最后分析了价格变化对需求产生的两种效应：替代效应和收入效应，并分别探讨了正常商品、低档商品以及吉芬商品的替代效应与收入效应。

通过学习，要求掌握效用、无差异曲线、商品的边际替代率、预算线、消费者均衡、消费者剩余、收入效应和替代效应等概念，并了解边际效用递减规律和商品的边际替代率递减规律的内容。要求能够从消费者效用最大化的行为出发分别利用基数效用论和序数效用论推导出消费者的需求曲线，并了解价格变化和收入变化对消费者均衡的影响。

第一节 效用的概念

效用(utility)是指商品满足人的欲望的能力，或者说，效用是指消费者在消费商品时所感受到的满足程度。一种商品对消费者是否具有效用，取决于消费者是否有消费这种商品的欲望，以及这种商品是否具有满足消费者欲望的能力。效用这一概念与人的欲望是联系在一起的，它是消费者对商品满足自己欲望的能力的一种主观心理评价。

既然效用是用来表示消费者在消费商品时所感受到的满足程度，于是，就产生了对这种“满足程度”即效用大小的度量问题。在这一问题上，西方经济学家先后提出了基数效用和序数效用的概念，并在此基础上，形成了分析消费者行为的两种方法，它们分别是基数效用论者的边际效用分析方法和序数效用论者的无差异曲线的分析方法。

基数和序数这两个术语来自数学。基数是指 1，2，3，…基数是可以加总求和的。例如，基数 3 加 9 等于 12，且 12 是 3 的 4 倍等。序数是指第一、第二、第三……序数只表示顺序或等级，序数是不能加总求和的。例如，序数第一、第二和第三，可以是 10、20 和 50，也可以是 11、19 和 21。它所要表明的仅仅是第二大于第一，第三大于第二，至于第一、第二和第三本身各自的数量具体是多少，是没有意义的。

在 19 世纪和 20 世纪初期，西方经济学家普遍使用基数效用的概念。基数效用论者认为，效用如同长度、重量等概念一样，可以具体衡量并加总求和，具体的效用量之间的比较是有意义的。表示效用大小的计量单位被称作效用单位。例如，对某一个人来说，吃一顿丰盛的晚餐和看一场高水平的足球赛的效用分别为 5 效用单位和 10 效用单位，则可以说这两种消费的效用之和为 15 效用单位，且后者的效用是前者的效用的 2 倍。

到了 20 世纪 30 年代，序数效用的概念为大多数西方经济学家所使用。序数效用论者认为，效用是一个有点类似于香、臭、美、丑那样的概念，效用的大小是无法具体衡量的，效用之间的比较只能通过顺序或等级来表示。仍就上面的例子来说，消费者要回答的是偏好哪一种消费，即哪一种消费的效用是第一，哪一种消费的效用是第二。或者是说，要回答的是宁愿吃一顿丰盛的晚餐，还是宁愿看一场高水平的足球赛。进一步地，序数效用论者还认为，就分析消费者行为来说，基数效用的特征是多余的，以序数来度量效用的假定比以基数来度量效用的假定所受到的限制要少，它可以减少一些被认为是值得怀疑的心理假设。

第二节　基数效用论及消费者均衡

一、和基数效用有关的一般概念

基数效用论者除了提出效用可以用基数衡量的假定以外，还提出了边际效用递减规律的假定。边际效用递减规律贯穿于基数效用理论，是基数效用论者分析消费者行为，并进一步推导消费者需求曲线的基础。

（一）边际效用递减规律

基数效用论者将效用区分为总效用（total utility）和边际效用（marginal utility），它们的英文缩写分别为 TU 和 MU。总效用是指消费者在一定时间内从一定数量的商品的消费中所得到的效用量的总和。边际效用是指消费者在一定时间内增加一单位商品的消费所得到的效用量的增量。假定消费者对一种商品的消费数量为 Q，则总效用函数为：

$$TU = f(Q)$$

相应的边际效用函数为：$MU = \dfrac{\Delta TU(Q)}{\Delta Q}$

当商品的增加量趋于无穷小，即 $\Delta Q \to 0$ 时有

$$MU = \lim_{\Delta Q \to 0} \frac{\Delta TU(Q)}{\Delta Q} = \frac{\mathrm{d}TU(Q)}{\mathrm{d}Q}$$

这里要指出的是，在西方经济学中，边际分析方法是最基本的分析方法之一，"边际"概念则是很重要的一个基本概念。在此，我们有必要强调一下，边际量的一般含义是表示一单位的自变量的变化量所引起的因变量的变化量。抽象的边际量的定义公式为：

$$\text{边际量} = \frac{\text{因变量的变化量}}{\text{自变量的变化量}}$$

当然，我们也可以利用表 4－1，换一个角度来进一步说明边际效用递减规律和理解总效用和边际效用之间的关系，由表中可见，当商品的消费量由 0 增加为 1 时，总效用由 0 增加为 10 效用单位，总效用的增量即边际效用为 10(10－0)效用单位。当商品的消费量由 1 增加为 2 时，总效用由 10 效用单位上升为 18 效用单位，总效用的增量即边际效用下降为 8(18－10)效用单位。以此类推，当商品的消费量增加为 6 时，总效用达最大值为 30 效用单位，而边际效用已递减为 0(30－30)。此时，消费者对该商品的消费已达到饱和点。当商品的消费量再增加为 7 时，边际效用会进一步递减为负值即－2(28－30)效用单位，总效用便下降为 28 效用单位了。

表 4-1　　　　某商品的效用表　　　　货币的边际效用 $\lambda=2$

商品数量(1)	总效用(2)	边际效用(3)	价格(4)
0	0		
1	10	10	5
2	18	8	4
3	24	6	3
4	28	4	2
5	30	2	1
6	30	0	0
7	28	−2	

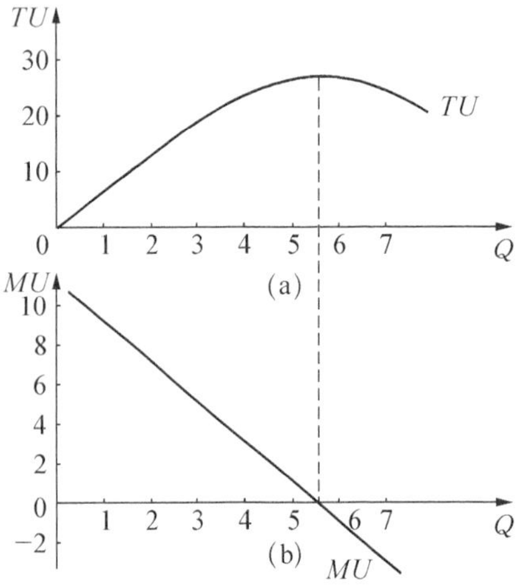

图 4-1　某商品的效用曲线

根据表 4-1 所绘制的总效用和边际效用曲线如图 4-1 所示。

图 4-1 中的横轴表示商品的数量，纵轴表示效用量，TU 曲线和 MU 曲线分别为总效用曲线和边际效用曲线。由于边际效用被定义为消费品的一单位变化量所带来的总效用的变化量，又由于图中的商品消费量是离散的，所以，MU 曲线上的每一个值都记在相应的两个消费数量的中点上。

在图中，MU 曲线是向右下方倾斜的，它反映了边际效用递减规律，相应地，TU 曲线是以递减的速率先上升后下降的。当边际效用为正值时，总效用曲线呈上升趋势；当边际效用递减为零时，总效用曲线达最高点；当边际效用继续递减为负值时，总效用曲线呈下降趋势。从数学意义上讲，如果效用曲线是连续的，则每一消费量上的边际效用值就是总效用曲线上相应的点的斜率。

为什么在消费过程中会呈现出边际效用递减规律呢？据基数效用论者解释，边际效用递减规律成立的原因，可以是由于随着相同消费品的连续增加，从人的生理和心理的角度讲，从每一单位 1 消费品中所感受到的满足程度和对重复刺激的反应程度是递减的。还可以是由于在一种商品具有几种用途时，消费者总是将第一单位的消费品用在最重要的用途上，第二单位的消费品用在次重要的用途上，如此等等。这样，消费品的边际效用便随着消费品的用途重要性的下降而递减。

边际效用递减规律(Law of Decreasing Marginal Utility)的内容是：在一定时间内，在其他商品的消费数量保持不变的条件下，随着消费者对某种商品消费量的增加，消费者从该商品连续增加的每一消费单位中所得到的效用增量即边际效用是递减的。通常被用来体现该规律的例子类似如下：在一个人饥饿的时候，吃第一个包子给他带来的效用是很大的。以后，随着这个人所吃的包子数量的连续增加，虽然总效用是不断增加的，但每一个包子给他所带来的效用增量即边际效用却是递减的。当他完全吃饱的时候，包子的总效用达到最大值，而边际效用却降为零。如果他还继续吃包子，就会感到不适，这意味着包子的边际效用进一步降为负值，总效用也开始下降。具体地，可以进一步用表 4-1 中的第(1)、(2)和(3)栏来说明。譬如，这个人吃第一个包子时，他对第一个包子所带给自己的效用的评价为 10，即第一个包子的边际效用为 10。当他吃第二个包子时，他对第二个包子的效用的评价下降为 8，即第二个包子的边际效用为 8。但这时他吃 2 个包子的总效用为 18(10＋8)。类似地，当他吃第三个包子时，他对第三个包子的效用的评价进一步下降为 6，即第三个包子的边际效用为 6，而此时吃三个包子的总效用为 24(10＋8＋6)…以此类推，直至他吃第六个包子时，边际效用递减为零，总效用达最大值 30，而到吃第七个包子时，边际效用递减为－2，总效用开始下降为 28(30－2)。

(二) 关于货币的边际效用

基数效用论者认为，货币如同商品一样，也具有效用。消费者用货币购买商品，就是用货币的效用去交换商品的效用。商品的边际效用递减规律对于货币也同样适用。对于一个消费者来说，随着货币收入量的不断增加，货币的边际效用是递减的。这就是说，随着某消费者货币收入的逐步增加，每增加 1 元钱给该消费者所带来的边际效用是越来越小的。

但是，在分析消费者行为时，基数效用论者又通常假定货币的边际效用是不变的。据基数效用论者的解释，在一般情况下，消费者的收入是给定的，而且，单位商品的价格只占消费者总货币收入量中的很小部分，所以，当消费者对某种商品的购买量发生很小的变化时，所支出的货币的边际效用的变化是非常小的。对于这种微小的货币的边际效用的变化，可以略去不计。这样，货币的边际效用便是一个不变的常数。

二、消费者均衡

消费者均衡(consumer equilibrium)是研究单个消费者如何把有限的货币收入分配在各种商品的购买中以获得最大的效用。也可以说,它是研究单个消费者在既定收入下实现效用最大化的均衡条件。这里的均衡是指消费者实现最大效用时既不想再增加、也不想再减少任何商品购买数量的一种相对静止的状态。

在基数效用论者那里,消费者实现效用最大化的均衡条件是:如果消费者的货币收入水平是固定的,市场上各种商品的价格是已知的,那么,消费者应该使自己所购买的各种商品的边际效用与价格之比相等。或者说,消费者应使自己花费在各种商品购买上的最后1元钱所带来的边际效用相等。

假定:消费者用既定的收入 I 购买 n 种商品。P_1, P_2, …, P_n 分别为 n 种商品的既定价格,λ 为不变的货币的边际效用:X_1, X_2, …, X_n 分别表示 n 商品的数量,MU_1, MU_2, MU_n 分别表示 n 种商品的边际效用,则上述的消费者效用最大化的均衡条件可以用公式表示为:

$$P_1X_1 + P_2X_2 + \cdots + P_nX_n = I \tag{4.1}$$

$$\frac{MU_1}{P_1} = \frac{MU_2}{P_2} = \cdots = \frac{MU_n}{P_n} = \lambda \tag{4.2}$$

式(4.1)是限制条件;式(4.2)是在限制条件下消费者实现效用最大化的均衡条件式,表示消费者应选择最优的商品组合,使得自己花费在各种商品上的最后1元钱所带来的边际效用相等,且等于货币的边际效用。

三、基数效用论对需求曲线的推导

基数效用论者以边际效用递减规律和建立在该规律上的消费者效用最大化的均衡条件为基础推导消费者的需求曲线。

商品的需求价格是指消费者在一定时期内对一定量的某种商品所愿意支付的最高价格。基数效用论者认为,商品的需求价格取决于商品的边际效用。具体地说,如果某一单位的某种商品的边际效用越大,则消费者为购买这一单位的该种商品所愿意支付的最高价格就越高;反之,如果某一单位的某种商品的边际效用越小,则消费者为购买这一单位的该种商品所愿意支付的最高价格就越低。由于边际效用递减规律的作用，随着消费者对某一种商品消费量的连续增加，该商品的边际效用是递减的，相应地，消费者为购买这种商品所愿意支付的最高价格即需求价格也是越来越低的，这意味着，建立在边际效用递减规律上的需求曲线是向右下方倾斜的。

进一步地，联系消费者效用最大化的均衡条件进行分析。考虑消费者购买一种商品的情况，那么，上述的消费者均衡条件可以写为：

$$\frac{MU}{P} = \lambda \tag{4.3}$$

它表示：消费者对任何一种商品的最优购买量应该是使最后 1 元钱购买该商品所带来的边际效用和所付出的这 1 元钱的货币的边际效用相等。该式还意味着：由于对于任何一种商品来说，随着需求量的不断增加，边际效用 MU 是递减的，于是，为了保证式(4.3)均衡条件的实现，在货币的边际效用不变的前提下，商品的需求价格 p 必然同比例于 MU 的递减而递减。仍以前面的表 4－1 为例来说明。假定表中的 $\lambda = 2$。为了实现 $\frac{MU}{P} = \lambda$ 的均衡条件，当商品的消费量为 1 时，边际效用为 10，则消费者为购买第 1 单位的商品所愿意支付的最高价格为 5 (10÷2)。当商品的消费量增加为 2 时，边际效用递减为 8，则消费者为购买第 2 单位的商品所愿意支付的最高价格也同比例地降为 4(8÷2)…直至商品的消费量增加为 5 时，边际效用进一步递减为 2，消费者为购买第 5 单位的商品所愿意支付的最高价格降为 1(2÷2)。显然，商品的需求价格同比例于 MU 的递减而递减。

图 4－2 中的横轴表示商品的数量，纵轴表示商品的价格，需求曲线 $Q_d = f(P)$ 是向右下方倾斜的。它表示：商品的需求量随商品的价格的上升而减少，随着商品的价格的下降而增加，即商品的需求量与商品的价格成反方向的变动。

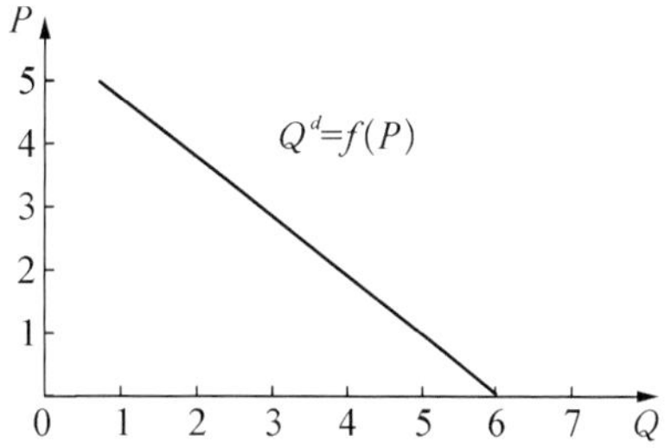

图 4－2　单个消费者的需求曲线

就这样，基数效用论者在对消费者行为的分析中，运用边际效用递减规律的假定和消费者效用最大化的均衡条件，推导出了单个消费者的需求曲线，同时，解释了需求曲线向右下方倾斜的原因，而且说明了需求曲线上的每一点都是满足消费者效用最大化均衡条件的商品的价格——需求量组合点。

四、消费者剩余

在消费者购买商品时，一方面，我们已经知道，消费者对每一单位商品所愿意支付的最高价格取决于这一单位商品的边际效用。由于商品的边际效用是递减的，所以，消费者对某种商品所愿意支付的最高价格是逐步下降的。另一方面，需要区分的是，消费者对每一单位商品所愿意支付的最高价格并不等于该商品在市场上的实际价格。事实上，消费者在购买商品时是按实际的市场价格支付的。于是，在消费者愿意支付的最高价格和实际的市场价格之间就产生了一个差额，这个差额便构成了消费者剩余的基础。例如，某种汉堡包的市场价格为 3 元，某消费者在购买第一个汉堡包时，根据这个汉堡包边际效用，他认为值得付 5 元去购买这个汉堡包，即他愿意支付的最高价格为 5 元。于是当这个消费者以市场价格 3 元购买这个汉堡包时，就创造了额外的 2 元的剩余。在以后的购买过程中，随着汉堡包的边际效用递减，他为购买第 2、第 3、第 4 个汉堡包所愿意支付的最高价格分别递减为 4.50 元、4.00 元和 3.50 元。这样，他为购买 4 个汉堡包所愿意支付的最高总金额为 17 元(5.00＋4.50＋4.00＋3.50)。但他实际按市场价格支付的总金额为 12 元(3.00 元×4)。两者的差额为 5 元(17－12)，这个差额就是消费者剩余。也正是从这种感觉上，他认为购买 4 个汉堡包是值得的，是能使自己的状况得到改善的。由此可见，消费者剩余(consumer surplus)是消费者在购买一定数量的某种商品时愿意支付的最高总价格和实际支付的总价格之间的差额。

消费者剩余可以用几何图形来表示。简单地说，消费者剩余可以用消费者需求曲线以下、市场价格线之上的面积来表示，如图 4－3 中的阴影部分面积所示。具体地看，在图 4－3 中，需求曲线以反需求函数的形式 $P_d = f(Q)$ 给出，它表示消费者对每一单位商品所愿意支付的最高价格。假定该商品的市场价格为 P_0，消费者的购买量为 Q_0。那么，根据消费者剩余的定义，我们可以推断，在产量 0 到 Q_0 区间需求曲线以下的面积表示消费者为购买 Q_0 数量的商品所愿意支付的最高总金额(即总价格)，即相当于图中的面积 $OABQ_0$；而实际支付的总金额(即总价格)等于市场价格 P_0 乘以购买量 Q_0，即相当于

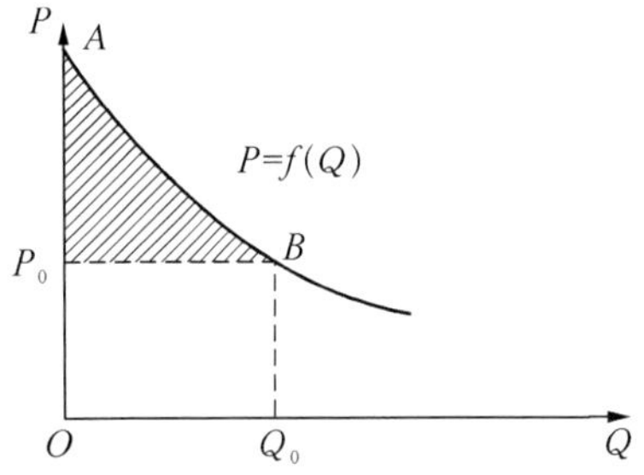

图 4－3　消费者剩余

图中的矩形面积 OP_0BQ_0。这两块面积的差额即图中的阴影部分面积 P_0AB，就是消费者剩余。

消费者剩余也可以用数学公式来表示。令反需求函数为 $P_d = f(Q)$，价格为 P_0 此时的消费者需求量为 Q_0，则消费者剩余为：

$$CS = \int_0^{Q_0} f(Q)\,\mathrm{d}Q - P_0Q_0 \tag{4.4}$$

式中：CS 为消费者剩余的英文缩写，式子右边的第一项即积分项为消费者愿意支付的最高总金额，第二项为消费者实际支付的总金额。

以上，我们利用单个消费者的需求曲线得到了单个消费者剩余，这一分析可以扩展到整个市场。类似地，我们可以由市场的需求曲线得到整个市场的消费者剩余，市场的消费者剩余可以用市场需求曲线以下、市场价格线以上的面积来表示。

最后需要指出，消费者剩余是消费者的主观心理评价，它反映消费者通过购买和消费商品所感受到状态的改善。因此，消费者剩余通常被用来度量和分析社会福利问题。

第三节　序数效用论及消费者均衡

一、关于偏好的假定

序数效用论者认为，商品给消费者带来的效用大小应用顺序或等级来表示。为此，序数效用论者提出了消费者偏好的概念。所谓偏好就是爱好或喜欢的意思。序数效用论者认为，对于各种不同的商品组合，消费者的偏好程度是有差别的，正是这种偏好程度的差别，反映了消费者对这些不同的商品组合的效用水平的评价。具体地讲，给定 A、B 两个商品组合，如果某消费者对 A 商品组合的偏好程度大于 B 商品组合，那也就是说，这个消费者认为 A 组合的效用水平大于 B 组合，或者说，A 组合给该消费者带来的满足程度大于 B 组合。

序数效用论者提出了关于消费者偏好的三个基本假定：

第一个基本假定是偏好的完全性。偏好的完全性是指消费者总是可以比较和排列所给出的不同商品组合。换言之，对于任何两个商品组合 A 和 B，消费者总是可以作出，而且也仅仅只能作出以下三种判断中的一种：对 A 的偏好大于对 B 的偏好；或者对 B 的偏好大于对 A 的偏好；或者对 A 和 B 的偏好相同（即 A 和 B 是无差异的）。偏好的完全性的假定保证消费者对于偏好的表达方式是完备的，消费者总是可以把自己的偏好评价准确地表达出来。

第二个基本假定是偏好的可传递性。可传递性指对于任何三个商品组合 A、B 和 C，如果消费者对 A 的偏好大于对 B 的偏好，对 B 的偏好大于对 C 的偏好，那么，在 A，C 这两个组合中，消费者必定是对 A 的偏好大于对 C 的偏好。偏好的可传递性假定保证了消费者偏好的一致性，因而也是理性的。

第三个基本假定是偏好的非饱和性。该假定是指如果两个商品组合的区别仅在于其中一种商品的数量不相同，那么，消费者总是偏好于含有这种商品数量较多的那个商品组合。这就是说消费者对每一种商品的消费都没有达到饱和点，或者说，对于任何一种商品，消费者总是认为数量多比数量少好。此外，这个假定还意味着，消费者认为值得拥有的商品都是“好的东西”（goods），而不是“坏的东西”（bads）。在这里，“坏的东西”指诸如空气污染、噪音等只能给消费者带来负效用的东西。在我们以后的分析中，不涉及“坏的东西”。

二、和序数效用论有关的一般概念

（一）无差异曲线及其特点

为了简化分析，假定消费者只消费两种商品。这样，我们就可以直接在两维平面图上讨论无差异曲线。

无差异曲线（indifference curve）是用来表示消费者偏好相同的两种商品的所有组合的。或者说，它是表示能够给消费者带来相同的效用水平或满足程度的两种商品的所有组合的。下面用表 4 - 2 和图 4 - 4 具体说明无差异曲线的构建。

表 4 - 2 是某消费者关于商品 1 和商品 2 的无差异表列，表中列出了关于这两种商品各种不同的组合。该表由三个子表即表 a、表 b 和表 c 组成，每一个子表中都包含六个商品组合，且假定每一个子表中六个商品组合的效用水平是相等的。以表 a 为例：表 a 中有 A、B、C、D、E 和 F 六个商品组合。在 A 组合中，商品 1 和商品 2 的数量各为 20 和 130；在 B 组合中，商品 1 和商品 2 的数量各为 30 和 60，如此等等。而且，消费者对这六个组合的偏好程度是无差异的。同样的，消费者对表 b 中的所有六个商品组合的偏好程度也都是相同的，表 c 中六个商品组合给消费者

表 4-2 某消费者的无差异表

商品组合	表 a		表 b		表 c	
	X_1	X_2	X_1	X_2	X_1	X_2
A	20	130	30	120	50	120
B	30	60	40	80	55	90
C	40	45	50	63	60	83
D	50	35	60	50	70	70
E	60	30	70	44	80	60
F	70	27	80	40	90	54

带来的满足程度也都是相同的。

但需要注意的是，表 a、表 b 和表 c 三者各自所代表的效用水平的大小是不一样的。只要对表中的商品组合进行仔细观察和分析，就可以发现，根据偏好的非饱和性假设，或者说，根据商品数量“多比少好”的原则，可以得出结论：表 a 所代表的效用水平低于表 b，表 b 又低于表 c。

根据表 4-2 绘制的无差异曲线如图 4-4 所示。图中的横轴和纵轴分别表示商品 1 的数量 X_1 和商品 2 的数量 X_2，曲线 l_1、l_2、l_3，顺次代表与表 a、表 b 和表 c 相对应的三条无差异曲线。这三条无差异曲线是这样得到的：以无差异曲线 l_1 例，先根据表 a 描绘出相应的六个商品组合点 A、B、C、D、E 和 F，然后用曲线把这六个点连接起来(在假定商品数量可以无限细分的假定下)，便形成了光滑的无差异曲线 l_1。用相同的方法，可以根据表 b 和表 c，分别绘制出无差异曲线 l_2 和 l_3。

需要指出，在表 4-2 我们只列出了三个子表，相应地，在图 4-4 中我们只得到了三条无差异曲线。实际上，我们可以假定消费者的偏好程度可以无限多，也就是说，我们可以有无穷个无差异子表，从而得到无数条无差异曲线。表 4-2 和图 4-4只不过是一种分析的简化而已。

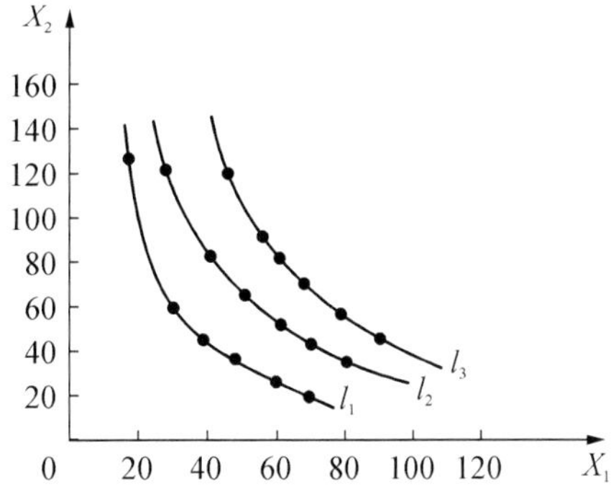

图 4-4 无差异曲线

在此，我们再进一步引入效用函数的

概念。效用函数表示某一商品组合给消费者所带来的效用水平。假定消费者只消费两种商品，则效用函数为：

$$U = f(X_1, X_2) \tag{4.5}$$

式中：X_1 和 X_2 分别为两种商品的数量；U 为效用水平。在此基础上，与无差异曲线相对应的效用函数为：

$$U = f(X_1, X_2) = U_0 \tag{4.6}$$

式中：U_0 为一个常数，表示一个不变的效用水平。该效用函数有时也被称为等效用函数。

无差异曲线具有以下三个基本特征：

第一个基本特征，由于通常假定效用函数是连续的，所以，在同一坐标平面上的任何两条无差异曲线之间，可以有无数条无差异曲线。可以这样想象：我们可以画出无数条无差异曲线，以至覆盖整个平面坐标图。所有这些无差异曲线之间的相互关系是：离原点越远的无差异曲线代表的效用水平越高，离原点越近的无差异曲线代表的效用水平越低。

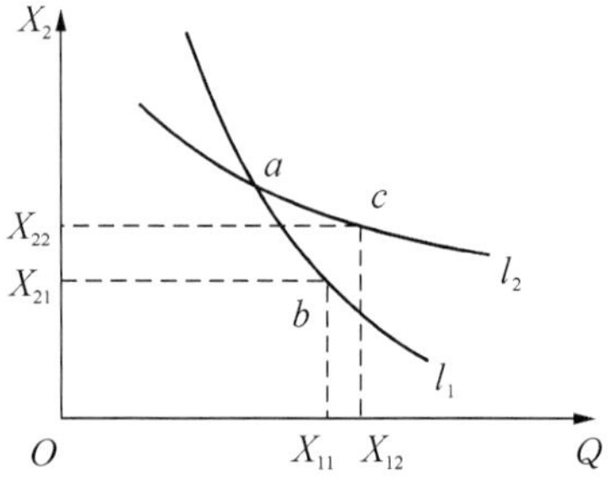

图 4－5　违反偏好假定的无差异曲线

第二个基本特征，在同一坐标平面图上的任何两条无差异曲线不会相交。这可以用图 4－5 来说明。

图 4－5 中两条无差异曲线相交于 a 点，这种画法是错误的。其理由在于：根据无差异曲线的定义，由无差异曲线 l_1 可得 a、b 两点的效用水平是相等的，由无差异曲线 l_2 可得 a、c 两点的效用水平是相等的。于是，根据偏好可传递性的假定，必定有 b 和 c 这两点的效用水平是相等的。但是，观察和比较图中 b 和 c 这两点的商品组合，可以发现 c 组合中的每一种商品的数量都多于 b 组合，于是，根据偏好的非饱和性假定，必定有 c 点的效用水平大于 b 点的效用水平。这样一来，矛盾产生了：该消费者在认为 b 点和 c 点无差异的同时，又认为 c 点要优于 b 点，这就违背了偏好的完全性假定。由此证明：对于任何一个消费者来说，两条无差异曲线相交的 画法是错误的。

第三个基本特征，无差异曲线是凸向原点的。这就是说，无差异曲线不仅向右下方倾斜，即无差异曲线的斜率为负值，而且，无差异曲线是以凸向原点的形状向右下方倾斜的，即无差异曲线的斜率的绝对值是递减的。为什么无差异曲线具有凸向原点的特征呢？这取决于商品的边际替代率递减规律。关于这一点，将在下一个问题中得到详细的说明。

（二）商品的边际替代率

1. 商品的边际替代率

可以想象一下，当一个消费者沿着一条既定的无差异曲线上下滑动的时候，两种商品的数量组合会不断地发生变化，而效用水平却保持不变。这就说明，在维持效用水平不变的前提条件下，消费者在增加一种商品的消费数量的同时，必然会放弃一部分另一种商品的消费数量，即两商品的消费数量之间存在着替代关系。由此，经济学家建立了商品的边际替代率(marginal rate of substitution，MRS)的概念。在维持效用水平不变的前提下，消费者增加一单位某种商品的消费数量时所需要的放弃的另一种商品的消费数量，被称为商品的边际替代率。商品 1 对商品 2 的边际替代率的定义公式为：

$$MRS_{12} = -\frac{\Delta X_2}{\Delta X_1} \tag{4.7}$$

式中：ΔX_1 和 ΔX_2 分别为商品 1 和商品 2 的变化量。由于 ΔX_1 是增加量，ΔX_2 是减少量，两者的符号肯定是相反的，所以，为了使 MRS_{12} 的计算结果是正值，以便于比较，就在公式中加了一个负号。

当商品数量的变化趋于无穷小时，则商品的边际替代率公式为：

$$MRS_{12} = \lim_{\Delta X_1 \to 0} -\frac{\Delta X_2}{\Delta X_1} = -\frac{dX_2}{dX_1} \tag{4.8}$$

显然，无差异曲线上某一点的边际替代率就是无差异曲线在该点的斜率的绝对值。

2. 商品的边际替代率递减规律

西方经济学家指出，在两商品的替代过程中，普遍存在这么一种现象，这种现象被称为商品的边际替代率递减规律(Law of Decreasing Marginal Rate of Substitution of Commodities)。具体来说，商品的边际替代率递减规律是指，在维持效用水平不变的前提下，随着一种商品的消费数量的连续增加，消费者为得到每一单位的这种商品所需要放弃的另一种商品的消费数量是递减的。之所以会普遍发生商品的边际替代率递减的现象，其原因在于：随着一种商品的消费数量的逐步增加，消费者想要获得更多的这种商品的愿望就会递减，从而，其为了多获得一单位的这种商品而愿意放弃的另一种商品的数量就会越来越少。从几何意义上讲，由于商品的边际替代率就是无差异曲线的斜率的绝对值，所以，边际替代率递减规律决定了无差异曲线的斜率的绝对值是递减的，即无差异曲线是凸向原点的。

（三）无差异曲线的特殊形状

无差异曲线的形状表明在维持效用水平不变的前提下一种商品对另一种商品的替代程度。由边际替代率递减规律决定的无差异曲线的形状是凸向原点的，这是无差异曲线的一般形状。下面，考虑两种极端的情况，相应的无差异曲线有着特殊的形状。

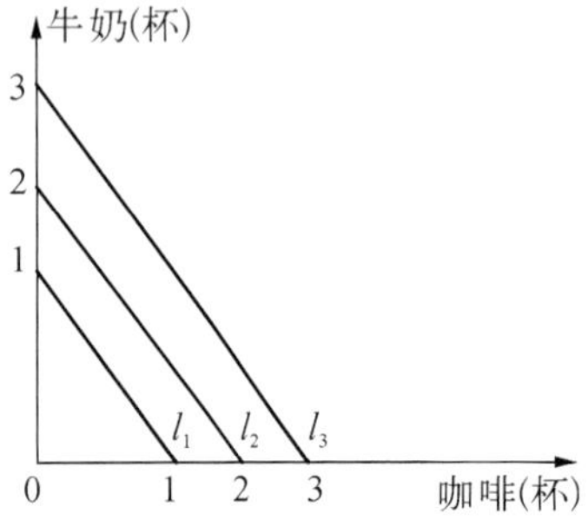

图 4－6　完全替代品的无差异曲线

完全替代品的情况。完全替代品指两种商品之间的替代比例是固定不变的情况。因此，在完全替代的情况下，两商品之间的边际替代率 MRS_{12} 就是一个常数，相应的无差异曲线是一条斜率不变的直线。例如，在某消费者看来，一杯牛奶和一杯咖啡之间是无差异的，两者总是可以以 1∶1的比例相互替代，相应的无差异曲线如图 4－6 所示。

假定某消费者只消费两种商品，而且这两种商品之间是完全替代的关系，则相应的效用函数的通常形式为：

$$U(x_1,\ x_2) = ax_1 + bx_2 \tag{4.9}$$

式中：x_1、x_2 分别为两种商品的数量，常数 $a > 0$、$b > 0$。该效用函数也被称为线性效用函数，与其相对应的无差异曲线是一条直线。而且，在任何一条无差异曲线上，两商品的边际替代率保持不变，即均有 $MRS_{12} = a/b$。

完全互补品的情况。完全互补品指两种商品必须按固定不变的比例同时被使用的情况。因此，在完全互补的情况下，相应的无差异曲线为直角形状。例如，一副眼镜架必须和两片眼镜片同时配合，才能构成一副可供使用的眼镜，则相应的无差异曲线如图 4－7

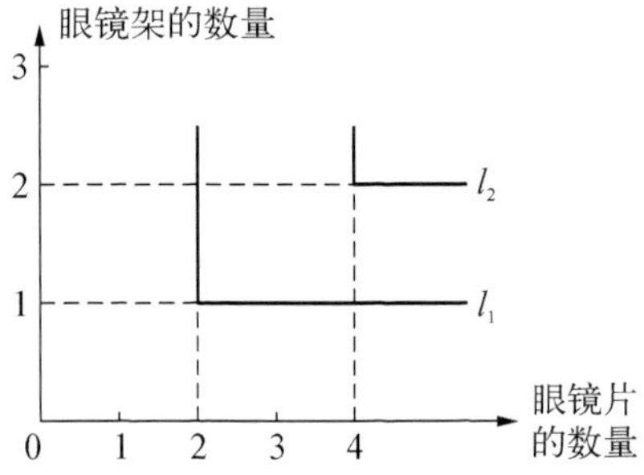

图 4－7　完全互补品的无差异曲线

所示。图中水平部分的无差异曲线部分表示，对于一副眼镜架而言，只需要两片眼镜片即可，任何超量的眼镜片都是多余的。换言之，消费者不会放弃任何一副眼镜架去换取额外的眼镜片，所以，相应的 $MRS_{12}=0$。图中垂直部分的无差异曲线表示，对于两片眼镜片而言，只需要一副眼镜架即可，任何超量的眼镜架都是多余的。换言之，消费者会放弃所有超量的眼镜架，只保留一副眼镜架与两片眼镜片相匹配，所以，相应的 $MRS_{12}=\infty$。

假定某消费者只消费两种商品，而且这两种商品之间是完全互补的关系，则相应的效用函数的通常形式为：

$$U(x_1,\ x_2)=\min\{ax_1,\ bx_2\} \tag{4.10}$$

式中：x_1、x_2 分别为两种商品的数量，常数 $a>0$、$b>0$，符号 min 表示效用水平由括号中最小的一项决定。只有在无差异曲线的直角点上，两种互补商品恰好按固定比例被消费，所以，在任何一条关于完全互补品的无差异曲线的直角点上，都有 $U=ax_1=bx_2$，且直角点上两商品的边际替代率为常数，即均有 $MRS_{12}=a/b$。

（四）预算线

无差异曲线描述了消费者对不同的商品组合的偏好，它仅仅表示了消费者的消费愿望。这种愿望构成分析消费者行为的一个方面。另一方面，消费者在购买商品时，必然会受到自己的收入水平和市场上商品价格的限制，这就是预算约束。预算约束可以用预算线来说明。

1. 预算线的含义

预算线(budget line)又称为预算约束线、消费可能线和价格线。预算线表示在消费者的收入和商品的价格给定的条件下，消费者的全部收入所能购买到的两种商品的各种组合。假定某消费者的一笔收入为 120 元，全部用来购买商品 1 和商品 2，其中，商品 1 的价格 $P_1=4$ 元，商品 2 的价格 $P_2=3$ 元。那么，全部收入都用来购买商品 1 可得 30 单位，全部收入用来购买商品 2 可得 40 单位。由此作出的预算线为图 4－8 中的线段 AB。

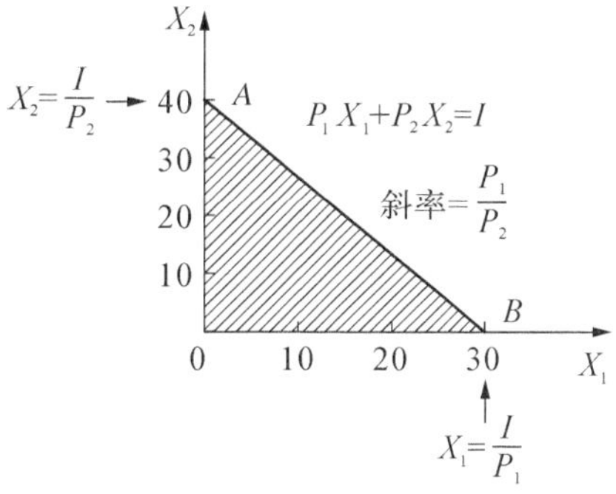

图 4－8　预算线

图 4－8 中预算线的横截距 OB 和纵截距 OA 分别表示全部收入用来购买商品 1 和商品 2 的数量。预算线的斜率是两商品的价格之比的相反数即 $-\frac{P_1}{P_2}$，因为，预算线的斜率可以写为：

$$-\frac{OA}{OB}=-\frac{\frac{120}{P_2}}{\frac{120}{P_1}}=-\frac{P_1}{P_2}$$

下面，我们由以上的具体例子转向对预算线的一般分析。

假定以 I 表示消费者的既定收入，以 P_1 和 P_2 分别表示商品 1 和商品 2 的价格，以 X_1 和 X_2 分别表示商品 1 和商品 2 的数量，那么，相应的预算等式为：

$$P_1X_1+P_2X_2=I \tag{4.11}$$

式(4.11)表示：消费者的全部收入等于他购买商品 1 和商品 2 的总支出。而且，可以用 $\frac{I}{P_1}$ 和 $\frac{I}{P_2}$ 来分别表示全部收入仅购买商品 1 或商品 2 的数量，它们分别表示预算线的横截距和纵截距。此外，式(4.11)可以改写成如下形式：

$$X_2=-\frac{P_1}{P_2}X_1+\frac{I}{P_2} \tag{4.12}$$

式(4.12)的预算线方程告诉我们，预算线的斜率为 $-\frac{P_1}{P_2}$，纵截距为 $\frac{I}{P_2}$。

除此之外，从图 4－8 中还可以看到，预算线 AB 把平面坐标图划分为三个区域：预算线 AB 以外的区域中的任何一点，如 a 点，是消费者利用全部收入都不可能实现的商品购买的组合点。预算线 AB 以内的区域中的任何一点，如 b 点，表示消费者的全部收入在购买该点的商品组合以后还有剩余。唯有预算线 AB 上的任何一点，才是消费者的全部收入刚好花完所能购买到的商品组合点。图中的阴影部分的区域(包括直角三角形的三条边)，被称为消费者的预算可行集或预算空间。

2. 预算线的变动

预算线的变动可以归纳为以下四种情况。

第一种情况：当消费者的收入 I 不变，商品 2 的价格 P_2 发生变化而商品 1 的价格 P_1 保持不变。这时，预算线的斜率 $-\frac{P_1}{P_2}$ 会发生变化，预算线的纵截 $\frac{I}{P_2}$ 距也会发生变化，但是，预算线的横截距$\frac{I}{P_1}$保持不变。如图 4－9(a)所示。

第二种情况：当消费者的收入 I 不变，商品 1 的价格 P_1 发生变化而商品 2 的价格 P_2 保持不变。这时，预算线的斜率$-\frac{P_1}{P_2}$会发生变化，预算线的横截$\frac{I}{P_1}$也会发生变化，但是，预算线的纵截距$\frac{I}{P_2}$保持不变。如图 4－9(b)所示。

第三种情况：消费者的收入 I 不变，两种商品的价格 P_1 和 P_2 同比例同方向发生变化。这时，相应的预算线的位置也会发生平移。其理由是，P_1 和 P_2 同比例同方向的变化，并不影响预算线的斜率$-\frac{P_1}{P_2}$，而只能使预算线的横、纵截距发生变化。如图 4－9(c)所示。

第四种情况：两商品的价格 P_1 和 P_2 不变，消费者的收入 I 发生变化。这时，相应的预算线的位置会发生平移。其理由是，P_1 和 P_2 不变，意味着预算线的斜率$-\frac{P_1}{P_2}$保持不变。于是，I 的变化只能使得预算线的横、纵截距发生变化。见图 4－9(c)所示。

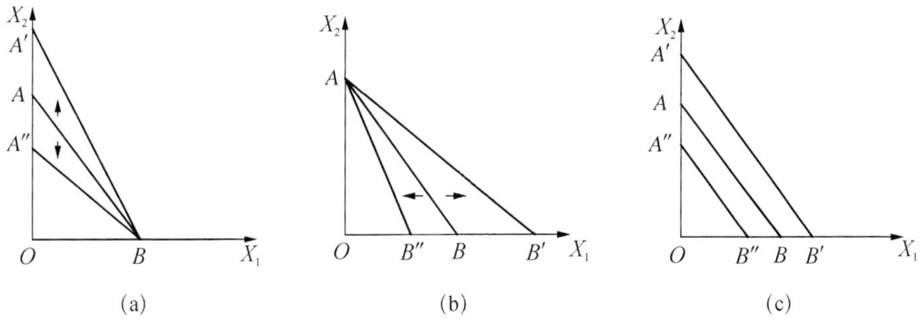

图 4－9　预算线的变动

三、消费者均衡及变动

(一) 消费者均衡

在已知消费者的偏好和预算线约束的前提下，就可以分析消费者对最优商品组合的选择。具体的做法是，把前面考察过的消费者的无差异曲线和预算线结合在一起,来分析消费者追求效用最大化的购买选择行为。

消费者的最优购买行为必须满足两个条件:第一,最优的商品购买组合必须是消费者最偏好的商品组合。也就是说,最优的商品购买组合必须是能够给消费者带来最大效用的商品组合。第二,最优的商品购买组合必须位于给定的预算线上。

关于第二点,只要再看一下图 4-10 中被预算线划分的三个区域,马上就可以明白。这就是:预算线左边的区域中的任何一个商品组合都是不可取的,因为,消费者的收入未花完,消费者应该将其全部收入都用于实现效用最大化的目标上。而预算线右边的区域中的任何一个商品组合对于消费者来说都是不现实的,或者说,都是无力购买的。所以,最优的购买组合只能出现在预算线上。

下面,利用图 4-10 来具体说明消费者的最优购买行为。

首先,把要分析的问题准确表述如下:假定消费者的偏好给定,再假定消费者的收入和两种商品的价格给定,那么,消费者应该如何选择最优的商品组合,以获得最大的效用呢?认真考虑一下这个问题,可以得到以下两点:第一,消费者偏好给定的假定,意味着给定了一个由该消费者的无数条无差异曲线所构成的无差异曲线簇。为了简化分析,我们从中取出三条,这便是图 4-10 中三条无差异曲线 U_1、U_2 和 U_3 的由来。第二,消费者的收入和两商品的价格给定的假定,意味着给定了该消费者的一条预算线,这便是图 4-10 中唯一的一条预算线 AB 的由来。

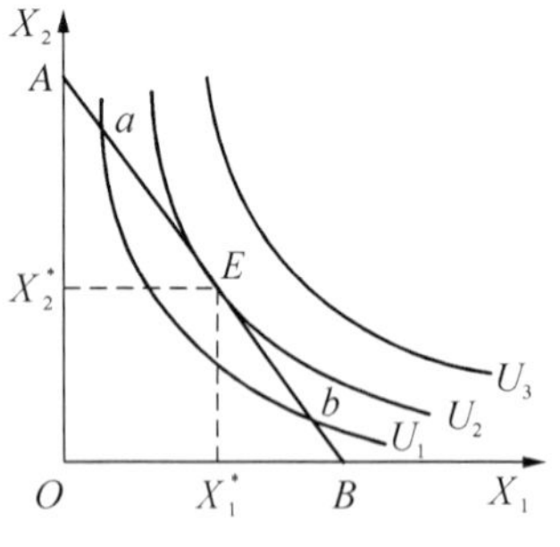

图 4-10 消费者均衡

其次,在图 4-10 中找出该消费者实现效用最大化的最优商品组合。面对图4-10 中的一条预算线和三条无差异曲线,我们说,只有预算线 AB 和无差异曲线 U_2 的相切点 E,才是消费者在给定的预算约束下能够获得最大效用的均衡点。在均衡点正处,相应的最优购买组合为(X_1^* , X_2^*)。

为什么唯有 E 点才是消费者效用最大化的均衡点呢?这是因为,就无差异曲线 U_3 来说,虽然它代表的效用水平高于无差异曲线 U_2,但它与既定的预算线 AB 既无交点又无切点。这说明消费者在既定的收入水平下无法实现无差异曲线 U_3 上的任何一点的商品组合的购买。就无差异曲线 U_1 来说,虽然它与既定的预算线 AB 相交于 a、b 两点,这表明消费者利用现有收入可以购买 a、b 两点的商品组合。但是,这两点的效用水平低于无差异曲线 U_2,因此,理性的消费者不会用全部收入去购买无差异曲线 U_1 上 a、b 两点的商品组合。事实上，就 a 点和 b 点来说，若消费者能改变购买组合，选择 AB 线段上位于 a 点右边或 b 点左边的任何一点的商品组合，则都可以达到比 U_1 更高的无差异曲线，以获得比 a 点和 b 点更大的效用水平。这种沿着 AB 线段由 a 点往右和由 b 点往左的运动，最后必定在 E 点达到均衡。显然，只有当既定的预算线 AB 和无差异曲线 U_2 相切于 E 点时，消费者才在既定的预算约束条件下获得最大的满足。故 E 点就是消费者实现效用最大化的均衡点。

最后，找出消费者效用最大化的均衡条件。在切点 E，无差异曲线和预算线两者的斜率是相等的。我们已经知道，无差异曲线的斜率的绝对值就是商品的边际替代率 MRS_{12}，预算线的斜率的绝对值可以用两商品的价格之比 $\frac{P_1}{P_2}$ 来表示。

由此，在均衡点 E 有：

$$MRS_{12} = \frac{P_1}{P_2} \tag{4.13}$$

这就是消费者效用最大化的均衡条件。它表示：在一定的预算约束下，为了实现最大的效用，消费者应该选择最优的商品组合，使得两商品的边际替代率等于两商品的价格之比。也可以这样理解：在消费者的均衡点上，消费者愿意用一单位的某种商品去交换的另一种商品的数量（即 MRS_{12}），应该等于该消费者能够在市场上用一单位的这种商品去交换得到的另一种商品的数量$\left(\text{即}\frac{P_1}{P_2}\right)$。

（二）消费者均衡的变动

本部分将先后考察商品价格变化和消费者收入变化对消费者均衡的影响，并在此基础上分别推导出消费者的需求曲线和恩格尔曲线。

1. 价格变化与需求曲线

在其他条件均保持不变时，一种商品价格的变化会使消费者效用最大化的均衡点的位置发生移动，并由此可以得到价格—消费曲线。价格—消费曲线（price-consumption curve）是在消费者的偏好、收入以及其他商品价格不变的条件下，与某一种商品的不同价格水平相联系的消费者效用最大化的均衡点的轨迹。具体以图 4－11 来说明价格—消费曲线的形成。

在图 4－11 中，假定商品 1 的初始价格为 P_1^1，相应的预算线为 AB，它与无差异曲线 U_1 相切于效用最大化的均衡点 E_1。如果商品 1 的价格由 P_1^1 下降为 P_1^2，

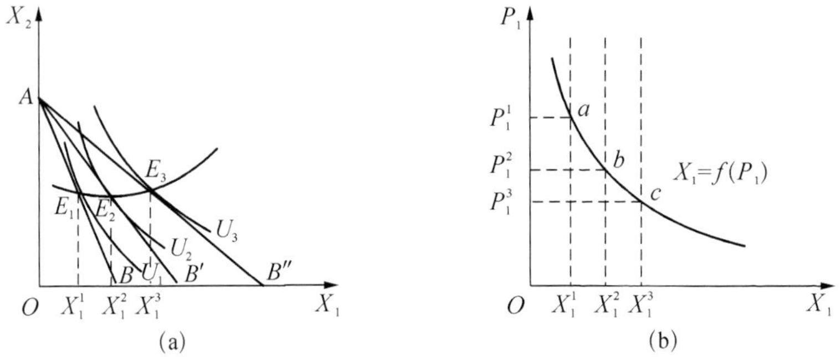

图 4－11　价格消费线和消费者的需求曲线

相应的预算线由 AB 移至 AB'，于是，AB' 与另一种较高无差异曲线 U_2 相切于均衡点 E_2。如果商品 1 的价格再由 P_1^2 继续下降为 P_1^3，相应的预算线由 AB' 移至 AB''，于是，AB'' 与另一条更高的无差异曲线 U_3 相切于均衡点 E_3…不难发现，随着商品 1 的价格的不断变化，可以找到无数个诸如且 E_1、E_2 和 E_3 那样的均衡点，它们的轨迹就是价格—消费曲线。

由消费者的价格—消费曲线可以推导出消费者的需求曲线。

分析图 4－11(a)中价格—消费曲线上的三个均衡点 E_1、E_2 和 E_3，可以看出，在每一个均衡点上，都存在着商品 1 的价格与商品 1 的需求量之间一一对应的关系。根据商品 1 的价格和需求量之间的这种对应关系，把每一个 P_1 数值和相应的均衡点上的 X_1 数值绘制在商品的价格—数量坐标图上，便可以得到单个消费者的需求曲线。这便是图 4－11(b)中的需求曲线 $X_1 = f(P_1)$。在图(b)中，横轴表示商品 1 的数量 X_1，纵轴表示商品 1 的价格 P_1。图 4－11(b)中需求曲线 $X_1 = f(P_1)$ 上的 a、b、c 点分别和图 4－11(a)中的价格—消费曲线上的均衡点 E_1、E_2、E_3 相对应。

至此，我们介绍了序数效用论者如何从对消费者经济行为的分析中推导出了对消费者的需求曲线。由图 4－11 可见，序数效用论者所推导的需求曲线一般是向右下方倾斜的，它表示商品的价格和需求量呈反方向变化。尤其是，需求曲线上与每一价格水平相对应的商品需求量都是可以给消费者带来最大效用的均衡数量。

2. 收入变化与恩格尔曲线

在其他条件不变而仅有消费者的收入水平发生变化时，也会改变消费者效用最大化的均衡量的位置，并由此可以得到收入—消费曲线。收入—消费曲线(income-consumption curve)是在消费者的偏好和商品的价格不变的条件下，与消费者的不同收入水平相联系的消费者效用最大化的均衡点的轨迹。

以图 4 - 12 来具体说明收入—消费曲线的形成。

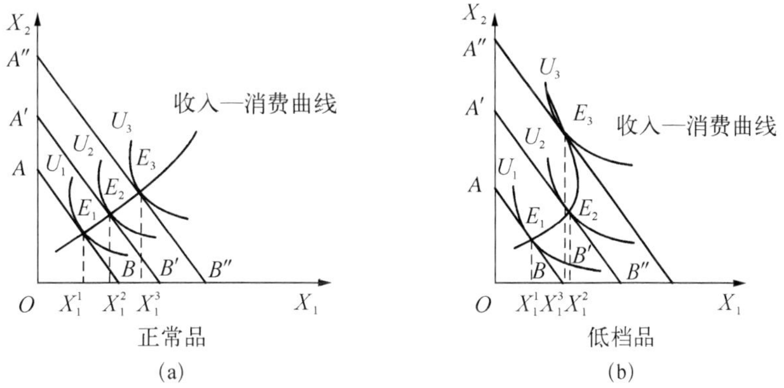

图 4 - 12　收入—消费曲线

在图 4 - 12(a)中，随着收入水平的不断增加，预算线由 AB 移至 $A'B'$，再移至 $A''B''$，于是，形成了三个不同收入水平下的消费者效用最大化的均衡点 E_1、E_2 和 E_3。如果收入水平的变化是连续的，则可以得到无数个这样的均衡点的轨迹，这便是图 4 - 12(a)中的收入—消费曲线。图 4 - 12(a)中的收入—消费曲线是向右上方倾斜的，它表示：随着收入水平的增加，消费者对商品 1 和商品 2 的需求量都是上升的，所以，图 4 - 12(a)中的两种商品都是正常品。

在图 4 - 12(b)中，采用与图 4 - 12(a)中相类似的方法，随着收入水平的连续增加，描绘出了另一条收入—消费曲线。但是图 4 - 12(b)中的收入—消费曲线是向后弯曲的，它表示：随着收入水平的增加，消费者对商品 1 的需求量开始是增加的，但当收入上升到一定水平之后，消费者对商品 1 的需求量反而减少了。这说明，在一定的收入水平上，商品 1 由正常品变成了低档品。我们可以在日常经济生活中找到这样的例子。譬如，对某些消费者来说，在收入水平较低时，土豆是正常品；而在收入水平较高时，土豆就有可能成为低档品。因为，在他们变得较富裕的时候，他们可能会减少对土豆的消费量，而增加对其他肉类与食物的消费量。

由消费者的收入—消费曲线可以推导出消费者的恩格尔曲线。

恩格尔曲线表示消费者在每一收入水平对某商品的需求量。与恩格尔曲线相

对应的函数关系为 $X = f(I)$，其中，I 为收入水平；X 为某种商品的需求量。图 4－12 中的收入—消费曲线反映了消费者的收入水平和商品的需求量之间存在着一一对应的关系：以商品 1 为例，当收入水平为 I_1 时，商品 1 的需求量为 X_1^1；当收入水平增加为 I_2 时，商品 1 的需求量增加为 X_1^2；当收入水平再增加为 I_3 时，商品 1 的需求量变动为 X_1^3…把这种一一对应的收入和需求量的组合描绘在相应的平面坐标图中，便可以得到相应的恩格尔曲线，如图 4－13 所示。

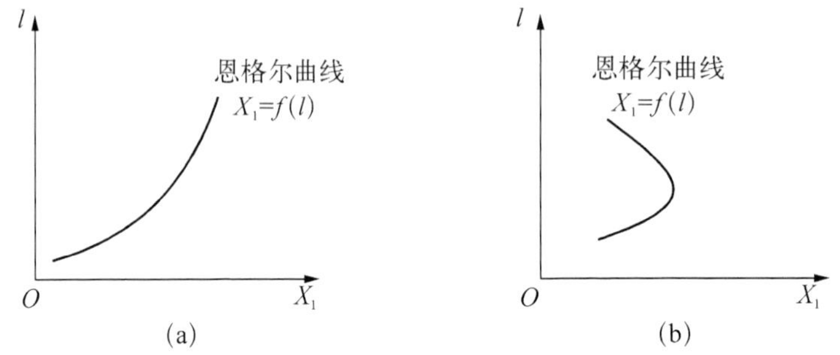

图 4－13　恩格尔曲线

图 4－13(a)和图 4－12(b)是相对应的，图中的商品 1 是正常品，商品 1 的需求量 X_1 随着收入水平 I 的上升而增加。图 4－13(b)和图 4－12(b)是相对应的，在一定的收入水平上，图中的商品 1 由正常品转变为低档品。或者说，在较低的收入水平范围，商品 1 的需求量与收入水平呈同方向的变动；在较高的收入水平范围，商品 1 的需求量与收入水平成反方向的变动。

四、价格效应

一种商品价格的变化会引起该商品的需求量的变化即价格效应，这一价格效应可以被分解为替代效应(substitution effect)和收入效应(income effect)两个部分。下面将分别讨论正常物品和低档物品的替代效应和收入效应，并以此进一步说明这两类物品的需求曲线的形状特征。

(一) 替代效应和收入效应的含义

当一种商品的价格发生变化时，会对消费者产生两种影响：一是使消费者的实际收入水平发生变化。在这里，实际收入水平的变化被定义为效用水平的变化。二是使商品的相对价格发生变化。这两种变化都会改变消费者对该种商品的需求量。

例如，在消费者购买商品1和商品2两种商品的情况下，当商品1的价格下降时，一方面，对于消费者来说，虽然货币收入不变，但是现有的货币收入的购买力增强了，也就是说实际收入水平提高了。实际收入水平的提高，会使消费者改变对这两种商品的购买量，从而达到更高的效用水平，这就是收入效应。另一方面，商品1价格的下降，使得商品1相对于价格不变的商品2来说，较以前便宜了。商品相对价格的这种变化，会使消费者增加对商品1的购买而减少对商品2的购买，这就是替代效应。显然，替代效应不考虑实际收入水平变动的影响，所以，替代效应不改变消费者的效用水平。当然，也可以同样地分析商品1的价格提高时的替代效应和收入效应，只是情况刚好相反罢了。

综上所述，一种商品价格变动所引起的该商品需求量变动的总效应可以被分解为替代效应和收入效应两个部分，即总效应＝替代效应＋收入效应。其中，由商品的价格变动所引起的实际收入水平变动，进而由实际收入水平变动所引起的商品需求量的变动，称为收入效应。由商品的价格变动所引起的商品相对价格的变动，进而由商品的相对价格变动所引起的商品需求量的变动，称为替代效应。收入效应表示消费者的效用水平发生变化，替代效应则不改变消费者的效用水平。

（二）正常物品的价格效应

以图4－14为例分析正常物品价格下降时的替代效应和收入效应。

图4－14中的横轴 OX_1 和纵轴 OX_2 分别表示商品1和商品2的数量，其中，商品1是正常物品。在商品价格变化之前，消费者的预算线为 AB，该预算线与无差异曲线 U_1 相切于 a 点，a 点是消费者效用最大化的一个均衡点。在 a 均衡点上，相应的商品1的需求量为 OX_1'。现假定商品1的价格 P_1 下降使预算线的位置由 AB 移至 AB'。新的预算线 AB'，与另一条代表更高效用水平的无差异曲线 U_2 相切于 b 点，b 点是商品1的价格下降以后的消费者的效用最大化的均衡点。在 b 均衡点上，相应的商品1的需求量为 OX_1'''。比较 a、b 两个均衡点，商品1的需求量的增加量为 $X'X'''$，这便是

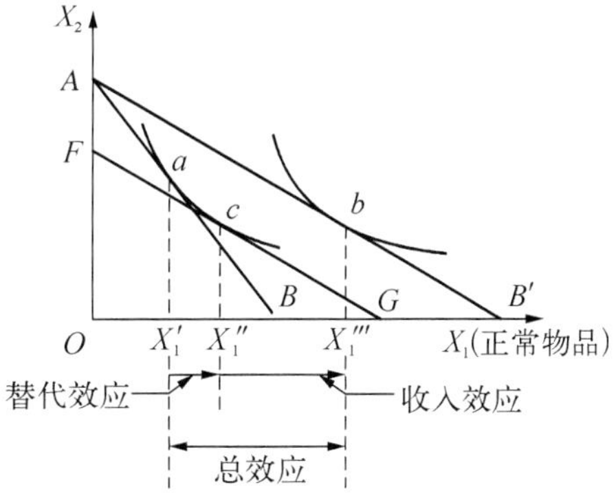

图4－14　正常物品的收入效应和替代效应

商品 1 的价格 P_1 下降所引起的总效应。这个总效应可以被分解为替代效应和收入效应两个部分。

先分析替代效应。

在图中，由于商品 1 的价格 P_1 下降，消费者的效用水平提高了，消费者的新的均衡点 b 不是在原来的无差异曲线 U_1 上而是在更高的无差异曲线 U_2 上。为了得到替代效应，必须剔除实际收入水平变化的影响，使消费者回到原来的无差异曲线 U_1 上去。要做到这一点，需要利用补偿预算线这一分析工具。

什么是补偿预算线？当商品的价格发生变化引起消费者的实际收入水平发生变化时，补偿预算线是用来表示以假设的货币收入的增减来维持消费者的实际收入水平不变的一种分析工具。具体地说，在商品价格下降引起消费者的实际收入水平提高时，假设可以取走消费者的一部分货币收入，以使消费者的实际收入维持原有的水平，则补偿预算线在此就可以用来表示使消费者的货币收入下降到只能维持原有的无差异曲线的效用水平（即原有的实际收入水平）这一情况。相反，在商品价格上升引起消费者的实际收入水平下降时，假设可以对消费者的损失给予一定的货币收入补偿，以使消费者的实际收入维持原有的水平，则补偿预算线在此就可以用来表示使消费者的货币收入提高到得以维持原有的无差异曲线的效用水平（即原有的实际收入水平）这一情况。

再回到图 4－14。为了剔除实际收入水平变化的影响，使消费者能够回到原有的无差异曲线 U_1 上去，其具体的做法是：作一条平行于预算线 AB'，且与无差异曲线 U_1 相切的补偿预算线 FG。这种做法的含义是：补偿预算线 FG 与无差异曲线 U_1 相切，表示假设的货币收入的减少（用预算线的位置由 AB'，向左平移到 FG 表示）刚好能使消费者回到原有的效用水平。补偿预算线 FG 与预算线 AB' 平行，则以这两条预算线的相同斜率，表示商品 1 价格和商品 2 价格的一个相同的比值 $\frac{P_1}{P_2}$，而且，这个商品的相对价格 $\frac{P_1}{P_2}$ 是商品 1 的价格 P_1 变化以后的相对价格。补偿预算线 FG 与无差异曲线 U_1 相切于均衡点 c，与原来的均衡点 a 相比，需求量的增加量为 $X_1'X_1''$，这个增加量就是在剔除了实际收入水平变化影响以后的替代效应。

进一步地，就预算线 AB 和补偿预算线 FG 而言，它们分别与无差异曲线 U_1 相切于 a、c 两点，但斜率却是不相等的。预算线 AB 的斜率绝对值大于补偿预算

线 FG，由此可以推知，预算线 AB 所表示的商品的相对价格 $\frac{P_1}{P_2}$ 大于补偿预算线 FG 所表示的，显然，这是由于 P_1 下降而 P_2 不变所引起的。在这种情况下，当预算线由 AB 移至 FG 时，随着商品的相对价格 $\frac{P_1}{P_2}$ 的变小，消费者为了维持原有的效用水平，其消费必然会沿着既定的无差异曲线 U_1 由 a 点下滑到 c 点，增加对商品 1 的购买而减少对商品 2 的购买，即用商品 1 去替代商品 2。于是，由 a 点到 c 点的商品 1 的需求量的增加量 $X_1'X_1''$，便是 P_1 下降的替代效应。它显然归因于商品相对价格的变化，它不改变消费者的效用水平。在这里，P_1 下降所引起的需求量的增加量 $X_1'X_1''$，是一个正值，即替代效应的符号为正。也就是说，正常物品的替代效应与价格呈反方向的变动。

再分析收入效应。

收入效应是总效应的另一个组成部分。设想一下，把补偿预算线 FG 再推回到 AB' 的位置上去，于是，消费者的效用最大化的均衡点就会由无差异曲线 U_1 上的 c 点回复到无差异曲线 U_2 上的 b 点，相应的需求量的变化量 $X_1''X_1'''$ 就是收入效应。这是因为，在上面分析替代效应时，是为了剔除实际收入水平的影响，才将预算线 AB' 移到补偿预算线 FG 的位置。所以，当预算线由 FG 的位置再回复到 AB 的位置时，相应的需求量的增加量 $X_1''X_1'''$ 必然就是收入效应。收入效应显然归因于商品 1 的价格变化所引起的实际收入水平的变化，它改变消费者的效用水平。

在这里，收入效应 $X_1''X_1'''$ 是一个正值。这是因为，当 P_1 下降使得消费者的实际收入水平提高时，消费者必定会增加对正常物品商品 1 的购买。也就是说，正常物品的收入效应与价格呈反方向的变动。

综上所述，对于正常物品来说，替代效应与价格成反方向的变动，收入效应也与价格成反方向的变动，在它们的共同作用下，总效应必定与价格呈反方向的变动。正因为如此，正常物品的需求曲线是向右下方倾斜的。

（三）正常物品和低档物品的区别与收入效应

在分析低档物品的替代效应和收入效应之前，我们有必要先看一下正常物品和低档物品的区别，以及由此带来的这两类商品的各自收入效应的特点。

商品可以分为正常物品和低档物品两大类。正常物品和低档物品的区别在于：正常物品的需求量与消费者的收入水平呈同方向的变动，即正常物品的需求量随着消费者收入水平的提高而增加，随着消费者收入水平的下降而减少。低档物品的需求量与消费者的收入水平呈反方向的变动,即低档物品的需求量随着消费者收入水平的提高而减少,随着消费者收入水平的下降而增加。

相应地,可以推知:当某正常物品的价格下降(或上升)导致消费者实际收入水平提高(或下降)时,消费者会增加(或减少)对该正常物品的需求量。也就是说,正常物品的收入效应与价格呈反方向的变动。这就是上面的结论,也是在图 4-14 中,c 点必定落在 a、b 两点之间的原因。而对于低档物品来说,当某低档物品的价格下降(或上升)导致消费者的实际收入水平提高(或下降)时,消费者会减少(或增加)对该低档物品的需求量。也就是说,低档物品的收入效应与价格呈同方向变动。这意味着,在类似于图 4-14 的分析中,c 点的位置会发生变化。

由于正常物品和低档物品的区别不对它们各自的替代效应产生影响,所以,对于所有的商品来说,替代效应与价格都是呈反方向的变动的。

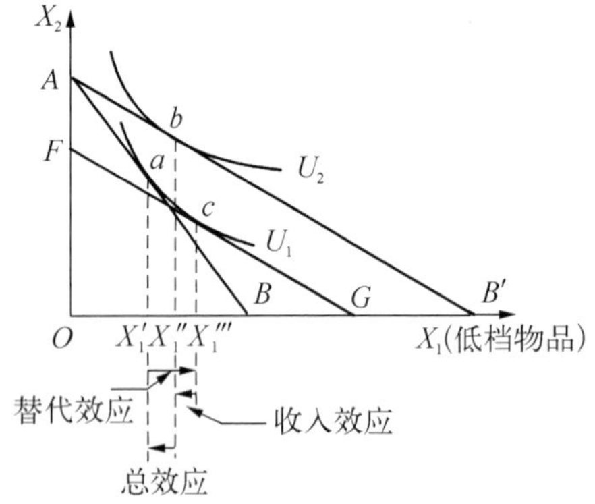

图 4-15 低档物品的收入效应和替代效应

(四) 低档物品的价格效应

对于低档物品来说,替代效应与价格呈反方向的变动,收入效应与价格呈同方向的变动,而且,在大多数的场合,收入效应的作用小于替代效应的作用,所以,总效应与价格呈反方向的变动,相应的需求曲线是向右下方倾斜的。图 4-15 表示低档物品的收入效应和替代效应。

但是,在少数的场合,某些低档物品的收入效应的作用会大于替代效应的作用,于是,就会出现违反需求曲线向右下方倾斜的现象。这类物品就是吉芬物品。

(五) 吉芬物品的价格效应

英国人吉芬于 19 世纪发现,1845 年爱尔兰发生灾荒,土豆价格上升,但是土豆需求量却反而增加了。这一现象在当时被称为“吉芬难题”。这类需求量与价格成同方向变动的特殊商品以后也因此被称作吉芬物品。

很清楚,吉芬物品是一种特殊的低档物品。作为低档物品,吉芬物品的替代效应与价格成反方向的变动,收入效应则与价格成同方向的变动。吉芬物品的特殊性就在于:它的收入效应的作用很大,以至于超过了替代效应的作用,从而使得总效应与价格成同方向的变动。这也就是吉芬物品的需求曲线呈现出向右上方倾斜的特殊形状的原因。

运用以上分析的结论就可以解释"吉芬难题"了。在 19 世纪中叶的爱尔兰，购买土豆的消费支出在大多数的贫困家庭的收入中占一个较大的比例，于是，土豆价格的上升导致贫困家庭实际收入水平大幅度下降。在这种情况下，变得更穷的人们不得不大量地增加对劣等物品土豆的购买，这样形成的收入效应是很大的，它超过了替代效应，造成了土豆的需求量随着土豆价格的上升而增加的特殊现象。图 4－16 表示吉芬物品的收入效应和替代效应。

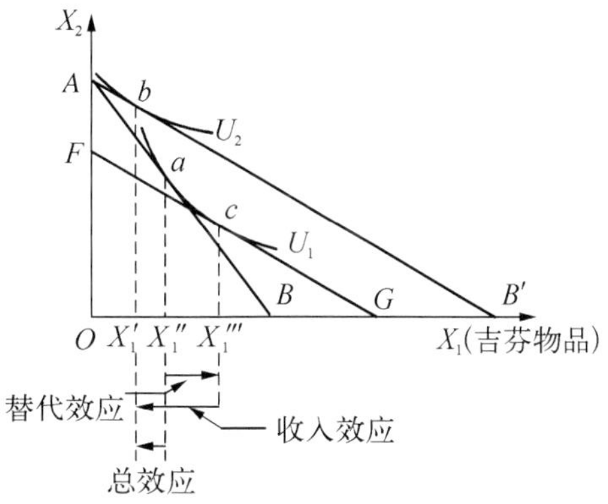

图 4－16　吉芬物品的收入效应和替代效应

现将本部分分析正常物品、低档物品和吉芬物品的价格效应所得到的结论综合于表 4－3。

表 4－3　**商品价格变化所引起的替代效应和收入效应**

商品类别	替代效应与价格的关系	收入效应与价格的关系	总效应与价格的关系	需求曲线的形状
正常物品	反方向变化	反方向变化	反方向变化	向右下方倾斜
低档物品	反方向变化	同方向变化	反方向变化	向右下方倾斜
吉芬物品	反方向变化	同方向变化	同方向变化	向右上方倾斜

主要名词与术语

效用　边际效用　边际效用递减规律　消费者剩余　消费者均衡　无差异曲线　边际替代率　边际替代率递减规律　预算约束线　价格—消费线　收入—消费线　替代效应　收入效应

复习思考题

1. 人们从经验中总结出对消费品需求的“需求规律”即商品的销售价格与其销售量呈反方向变化。请思考为什么会存在这种规律性现象。

2. 假设货币的边际效用递减，将收入从富人手里转移到穷人手里，能否增加全社会的总效用？用图形说明。

3. 免费发给消费者一定量实物（如食物）与发给消费者按市场价格计算的这些实物折算的现金，哪种方法给消费者带来更高的效用？并说明你得出结论所隐含的条件。

4. 为什么低档品的需求价格弹性可能是负的、零或正的？

第五章 生产者行为理论

本章教学目的与要求

在上一章消费者行为理论中，我们从需求方面研究了隐藏在需求函数背后的消费者行为，由于消费者这种行为才会导致需求曲线是向右下方倾斜的。而生产者行为理论或称为厂商理论是从供给方面研究生产者行为的，也就是说是从供给方面研究隐藏在生产函数背后的厂商行为——供给曲线向右上方倾斜。

生产者行为理论的中心问题是厂商也是个理性经济人，它实现自身利益最大化目标具体来说就是以利润最大化为目标。投入的生产要素与产量之间的物质技术关系，如何增加生产要素以便产量达到最大。成本与收益问题，即对各种成本与收益的经济分析。研究生产者是怎样实现利润最大化的。本章生产者行为理论就是从这两个角度来对厂商进行研究。

研究生产者行为就要从厂商的目标开始，厂商的目标是实现利润最大化。而厂商利润最大化的实现涉及三个问题：

第一，从实物角度分析投入的生产要素与产出之间的物质技术关系，即生产理论。

第二，从货币角度分析投入的成本与其带来的收益之间的经济价值关系，即成本—收益理论。

第三，市场问题，即研究厂商在各种不同的市场条件下是如何实现利润的最大化。

本章主要解决的是前两个问题以及后一个问题的一部分(完全竞争市场条件)。

第一节　生 产 理 论

生产理论在微观经济学中起两个作用。一个是为分析成本与产量之间的关系提供基础。成本影响供给,供给和需求一起决定价格。另一个是当作厂商对生产要素的需求理论基础。

生产的意义就是将投入品(inputs)——厂商所购买的东西,转化为产品(product)——它所销售的东西。生产这个词在经济学中不仅是指物质的有形变化,还包括诸如提供运输、仓储、批发和零售等各种劳务在内,也就是说生产的产品可以是有形的也可以是无形的。

一、生产的性质

(一)生产与生产要素

生产(production)是对各种生产要素进行组合,以制成产品的行为。即生产是人类通过劳动变更物质的性能,创造或增加能直接、间接满足人类欲望的效用。生产中要投入各种生产要素并产出产品,所以生产也就是把投入变为产出(output)的过程。

从事生产活动所必须投入的各种人力、财力、物力都叫生产要素(element of production)。换言之,生产要素是指生产中所使用的各种资源。

而生产理论中所研究的属于经济品的生产要素,传统经济学认为有四种:

土地(land),一般是指自然资源,不仅仅指陆地,而且包括地面森林河流、地下矿产石油、海洋中的一切能利用的物质等;

资本(capital),就整个国家来讲,资本是指用于生产的一切资本物品(capital goods),如设备、厂房等,而不是指货币,但对个别厂商来说有了货币就可以购买资本。由于物品资本品是通过投资而形成的,所以又称为投资品(investment goods);

劳动(labour),也称劳动技术,是指生产中一切体力和智力的消耗,包括体力劳动和智力劳动、熟练劳动和非熟练劳动;

企业家才能(enterpriser talent),是指一种特殊的劳动,是企业家经营企业的组织能力、管理能力和创新能力等。

（二）产业类型

1. 第一产业

凡是直接从事利用自然资源创造或增加效用的生产叫初级生产，其产品如粮食、木材、煤炭、石油等叫初级产品。生产初级产品的产业就是第一产业（primary industries），如农、林、矿业。

2. 第二产业

凡是对初级产品进行加工，创造或增加形态效用的生产叫次级生产，其产品叫次级产品，其生产叫次级产业或第二产业（secondary industries）。如化学工业，纺织工业等。

3. 第三产业

凡是提供各种劳务的生产就叫三级生产，属于第三产业（tertiary industries）。例如增加所有权效用的商业、增加空间效用的交通运输业、增加时间效用的储藏业等。

劳务的特点是：① 劳务的产品是无形的；② 劳务只是在提供时才存在，提供劳务的时间一般也就是消费劳务的时间；③ 劳务与提供劳务的人分不开，服务的对象也是人本身。

（三）技术系数

为生产某一单位产品所需要的各种生产要素的配合比例叫技术系数（technological coefficient）。技术系数可以分为固定（fixed）技术系数和可变（variable）技术系数。如果技术系数是固定技术系数，那么生产要素彼此之间不能替代；如果是可变技术系数，则各种生产要素的配合比例是可变的，即生产要素可以相互替代。

（四）经济学意义的短期与长期

生产不仅需要劳动和土地，还需要时间。一条汽车生产线不可能一夜之间建造成，一旦建成，在短时期内又很难改变，考虑到时间在生产和成本中的作用，我们将时间分为两个时期——短期（short-run）和长期（long-run）。这里一定要注意经济学所说的短期和长期与生活中理解的时间长短不太一样，在经济学中它们有特定的含义。

如果在某一特定的时间内，企业无法改变所有生产要素（除劳动、原材料）的投入的数量，这个时期就是短期；如果在某一特定的时间内，所有的生产要素的投入数量都能改变，这个时期就是长期。

长期和短期在微观经济学中是一个非常重要的概念。在短期分析时，通常是指一种或多种的生产要素在数量上固定不变。这种固定不变的要素又多指企业的资本物品及技术水平。为此，厂商在短期内不能调整自身的生产规模，而只能在一定规模之下确定合理的产出量。而在长期则不然，企业可以改变一切生产要素的投入量，包括可建新厂、购买设备、计划新的产品组合及采用新的技术。

从短期和长期含义来看，它们并不是以时间的长短而划分的，而是看生产要素的变动情况而定。

某一段时间究竟是长期还是短期？这要看生产要素在多长时间内发生变化，对于一个飞机制造企业哪怕是三五年或更长的一段时间会有某种生产要素无法得到调整，因此是个短期；而对一个面包作坊哪怕是在一二个月甚至几天内生产规模就会全部得到调整，因此是一个长期。

二、生产函数与规模报酬

（一）生产函数

生产函数(production function)是经济学中研究供给的一块基石，它所强调的是投入与产出的关系。生产函数可能指的是某企业的生产函数，亦可能指的是某行业的生产函数。由于讨论的对象不同，所指的生产函数也不同，在本章中讨论的生产函数多是针对企业而言。

生产函数是表示在一定的技术水平之下，生产要素的数量与某种组合与它所能生产出来的最大产量之间依存关系，它表明投入一定数量的生产要素组合可能产出的最大产量，或表明生产出一定量的产品至少要投入多少生产要素。

如果有 N 种投入生产要素，一种产品的生产函数就可以写成：

$$Q = f(X_1, X_2, X_3, \cdots, X_n)$$

式中：Q 为最大产量；X_i 为第 i 种生产要素的投入数量($i=1, 2, 3, \cdots, n$)。

生产函数这个概念总是假设企业的生产效率很高，投入总能达到最大产量。

一般说来，企业在生产中要投入许多种生产要素，但在不影响问题分析的基础上，通常简化生产要素为两大类：即，资本(K)、劳动(L)。因此可把生产函数写为：$Q = f(L, K)$

为了分析方便，一般假定每个劳动或资本物品的品质皆相同，这样产出量的多少就完全取决于投入数量的多少。

在经济理论的研究中，一般是注意生产函数中(投入与产出之间)的两种关系，一种是在某些投入量固定不变，而另一些投入量变动的情况下与产量之间的关系(短期生产函数)；另一种则是所有投入量都是变动的情况下与产量之间的关系(长期生产函数)。

对生产函数的研究必须注意：① 对于某个特定的投入要素组合，可得到唯一的最大产量。但一定数量的产出水平不一定能唯一的决定投入要素的组合。② 生产函数可以用不同的方式来表示(语言文字、表格、几何图形和数学方程)。

(二) 可变投入与不变投入

由于在经济分析中我们将生产作了短期与长期的划分，从而投入的生产要素也被划分为带有人为因素的两大类，即可变投入和不变投入。

在短期内，厂商只能变动一部分生产要素的投入，可以调整和变动的那部分投入被称为可变投入(variable input)。可变投入包括大多数原材料、辅助材料、动力、劳动(直接生产工人、运输服务和生产服务)等。这部分投入的数量比较容易发生变化，厂商能够在一个非常短的时间内改变其投入的数量。

所谓不变投入(fixed input)，是指厂商在某一时期无法改变数量的生产要素。即在短期内投入数量不会随产出的数量变化而变化。不变投入通常是指厂房、设备、关键的技术及其起主导作用的管理技术等。一般而言，不变投入构成厂商生产的关键要素。

(三) 短期生产函数与长期生产函数

从经济学的角度将生产时期划分为短期和长期，将生产要素划分为可变投入与不变投入，生产函数亦可划分为短期生产函数和长期生产函数。

如果一个厂商在目前的一段时间内不改变他的关键生产要素，则该厂商面临的是短期生产函数。在短期内某厂商在一定的技术条件下，只生产一种产品(其产量为 Q)，只有一种投入是可变的(如劳动 L)，其他投入均为固定的(如资本 K 和技术 T)，则短期生产函数为：

$$Q = f(L, \overline{K})$$

或简写为：$Q = f(L)$

如果一个厂商准备改变某些关键的生产要素，以改变它的生产方式或提高生产效率、产量等，则该厂商面临的是长期生产函数。从长期看，厂商是可以改变所有的生产要素的，包括技术水平和资本投入，因而生产要素就没有固定的，其生产函数为：

$$Q = f(L, K)$$

（四）生产函数的规模报酬

在生产函数的研究中有两类重要的投入产出关系：一种是产出和所有投入要素的总变化之间的关系，这类生产关系称为生产体系的规模报酬性；另一种是产出和一种投入要素使用数量之间的关系，这种关系称为生产要素收益。

规模报酬(returns to scale)是指投入的各种生产要素(我们一般就假定为资本和劳动两种要素)以相同的比例变化时，产出量的变化特征。规模报酬在管理决策中起着重要的作用，它影响一个厂商的最佳规模和生产设备的使用情况，是决定一个企业、一个经济部门中投资盈利性的重要因素。生产函数的规模报酬变化有以下三种情形。

1. 规模报酬不变

如果把所有投入的生产要素都增加 $\lambda(\lambda>0)$ 倍，那么产出量也增加 λ 倍，则称该生产函数为规模报酬不变(constant returns to scale)，或称常数规模报酬。

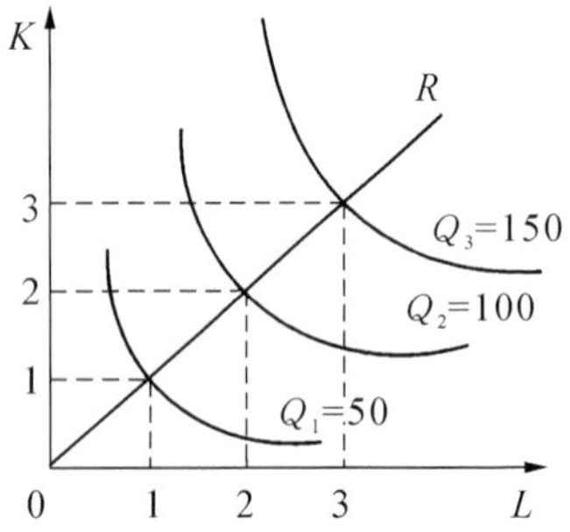

图 5－1　规模报酬不变

设生产函数为：$Q = f(L, K)$，则上述定义等价于：

$$Q' = f(\lambda L, \lambda K) = \lambda Q \quad (\lambda > 0)$$

对于规模报酬不变的生产函数来讲，投入扩大某一倍数，产出也扩大某一倍数。例如，某厂商原投入劳动和资本分别为 1 个单位，产出 50 单位。现该厂商将投入增加 1 倍、2 倍，与此对应产出也分别增加 1 倍和 2 倍，其关系如图 5－1。

2. 规模报酬递增

如果把所有投入的生产要素都增加 λ 倍，那么产出量的增加大于 λ 倍，则称该生产函数为规模报酬递增(increasing returns to scale)。

设生产函数为：$Q = f(L, K)$，则上述定义等价于：

$$Q' = f(\lambda L, \lambda K) = \alpha Q \quad (\alpha > \lambda)$$

对于规模报酬递增的生产函数来讲，投入扩大某一倍数，产出的扩大超过投入的倍数。例如，某厂商原投入劳动和资本分别为 1 个单位，产出 50 单位。现该厂商将投入增加1倍、2倍，而产出却增加了2倍和4倍，其关系如图5-2。

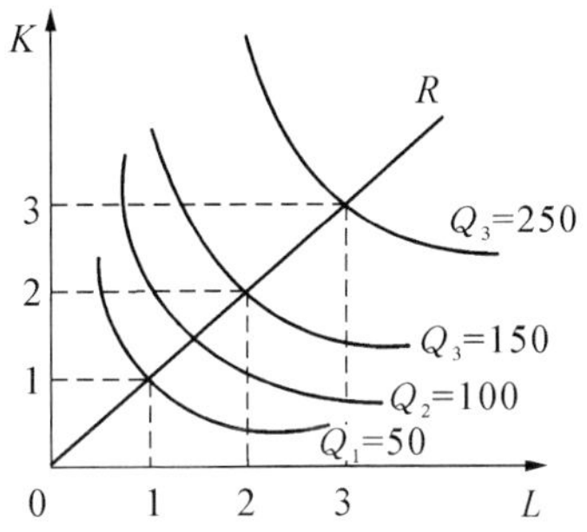

图5-2　规模报酬递增

3. 规模报酬递减

如果把所有投入的生产要素都增加λ倍，那么产出量的增加小于λ倍，则称该生产函数为规模报酬递减(decreasing returns to scale)。

设生产函数为：$Q=f(L, K)$，则上述定义等价于：

$$Q'=f(\lambda L, \lambda K)=\beta Q \quad (\beta<\lambda)$$

对于规模报酬递减的生产函数来讲，投入扩大某一倍数，产出的扩大倍数小于投入的扩大倍数。例如，某厂商原投入劳动和资本分别为1个单位，产出50单位。现该厂商将投入增加1倍、2倍，而此时产出却仅仅增加1/2倍和1倍，其关系如图5-3。

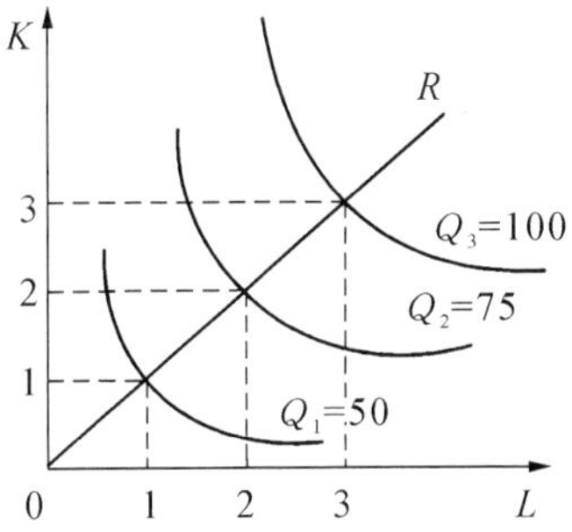

图5-3　规模报酬递减

对于行业的规模报酬的确定可以用计量经济学的办法来确定。但就一个具体企业来讲，根据技术状况，在扩展规模的过程中，一般可能经过下述三个阶段：① 规模报酬递增阶段；② 规模报酬不变阶段；③ 规模报酬递减阶段。

(五) 几种常见的生产函数

1. 齐次生产函数

如果一个生产函数的每一种投入生产要素都增加到原来投入量的$\lambda(\lambda>1)$倍，产出量增加到原来的λ^n倍，则称此生产函数为齐次生产函数。其中n称为该生产函数的齐次数。当$n=1$时，称为一阶齐次生产函数。

设具有两种投入生产要素的生产函数为：$Q=f(K, L)$，如果它是齐次生产函数，则：

$$f(\lambda K, \lambda L)=\lambda^n f(K, L) \quad (\lambda>1)$$

根据生产函数的规模报酬的定义，对于齐次生产函数来说，当齐次数大于1时，生产函数为规模报酬递增；当齐次数等于1时，生产函数为规模报酬固定；当齐次数小于1时，生产函数为规模报酬递减。

2. 古典生产函数

古典生产函数也称经验生产函数，它是最带有普遍性的生产函数。因为这个生产函数充分反映出规模报酬先是递增而是不变，最后是递减的变化。

设某企业生产投入要素为劳动 L 和资本 K，则：

$$f(L,\ K)=\beta_1 LK+\beta_2 L^2 K+\beta_3 LK^2-\beta_4 L^3 K-\beta_5 LK^3$$

式中：β_i为非负常数($i=1,\ 2,\ 3,\ \cdots,\ n$)。

$$MP_L=\frac{\partial(L,\ K)}{\partial L}=\beta_1 K+2\beta_2 LK+\beta_3 K^2-3\beta_4 L^2 K-\beta_5 K^3$$

当资本 K 的投入数量固定不变时，MP_L是关于 L 的二次代数式。根据二次函数的性质可知，随着 L 的增加，MP_L先是递增，然后是递减。同理可知当劳动 L 的投入数量固定时，随着资本 K 的增加，MP_L也先是递增，然后是递减。这种生产函数的图形如图 5-4 所示，图 5-4(a)表示的是在三维空间生产函数，图 5-4(b)表示的是在二维空间的生产函数。

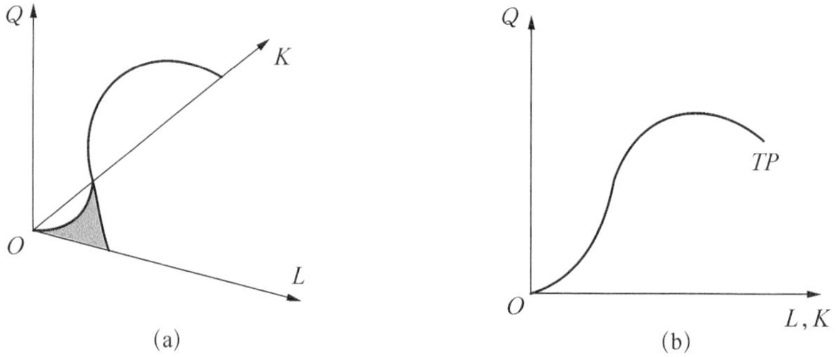

图 5-4 经验生产函数的一般图形

3. 柯布-道格拉斯生产函数

美国数学家柯布(C. W. Cobb)和经济学家道格拉斯(P. H. Dougles)对美国 1899—1922 年期间的制造业中的资本和劳动对生产的影响进行了研究，发现资本 K、劳动 L 与产出 Q 的关系可以用下述生产函数进行描述：

$$Q=AL^{\alpha}K^{1-\alpha}$$

式中：A 和 α 均为常数，且 $0<\alpha<1$，经研究发现 α 为 0.75。这说明，在这一期间的总产量中，劳动所占的相对份额为 75%，资本所占的相对份额为 25%。

柯布-道格拉斯生产函数的一般表达式为：

$$Q = f(L, K) = AL^{\alpha}K^{\beta} \quad (0 < \alpha < 1、0 < \beta < 1)$$

这就是著名的柯布-道格拉斯生产函数，简称 C-D 函数。

如果将资本和劳动均增加 λ 倍，则：$f(\lambda L, \lambda K) = A(\lambda L)^{\alpha}(\lambda K)^{\beta} = \lambda^{\alpha+\beta}f(L, K)$

经分析可知柯布-道格拉斯生产函数可以是规模报酬递增、规模报酬递减和规模报酬不变的生产函数。究竟是属于哪一类生产函数这取决于 $\alpha+\beta$ 的值。

当 $\alpha+\beta > 1$ 时，为规模报酬递增；

当 $\alpha+\beta = 1$ 时，为规模报酬固定；

当 $\alpha+\beta < 1$ 时，为规模报酬递减。

例如：设某企业的生产函数 $Q = f(L, K) = 10L^{0.3}K^{0.7}$，试证明此生产函数为规模报酬不变。

解：根据规模报酬不变的定义，将所有的投入要素都增加到 λ 倍，则：

$$f(\lambda L, \lambda K) = 10(\lambda L)^{0.3}(\lambda K)^{0.7} = 10\lambda^{0.3}L^{0.3}\lambda^{0.7}K^{0.7} = 10\lambda L^{0.3}K^{0.7} = \lambda f(L, K)$$

这说明产出量也增加到原来的 λ 倍。由规模报酬不变的定义可知，$f(L, K) = 10L^{0.3}K^{0.7}$ 为规模报酬不变。特别的，柯布-道格拉斯生产函数是齐次生产函数。

三、短期生产函数分析：一种要素可变的投入

研究企业短期的生产函数是十分必要的，这是因为任何企业在其经营过程中都是长期计划、短期运行的。如果我们了解了短期生产函数的特征，就可以找出在短期内总产量、平均产量和边际产量之间的关系，从而为企业获得最大的利润，为企业安排生产提供参考。这就是说，研究短期生产函数的主要意义在于可变投入的不同数量与不变投入的有效结合，在技术可行的条件下能够达到的最大产出量。

短期生产函数是表示以不同数量的可变投入与一定数量的不变投入的结合，可以得到的最大产出量。短期生产函数可以表述为：

$$Q = f(X_1, X_2, X_3, \cdots, X_n \mid Y_1, Y_2, Y_3, \cdots, Y_n)$$

式中：X_i 为第 i 种可变要素的投入数量（$i=1, 2, 3, \cdots, n$）；Y_j 为第 j 种不变要素的投入数量（$j=1, 2, 3, \cdots, n$），在函数中表示资本物品 Y_j 的投入不变。

为了研究上的方便，在此我们假定厂商的生产要素是由资本、劳动两类构成，并且假定在短期内资本固定不变。这样，短期生产函数就可视为只是劳动的函数，即：

$$Q = f(L \mid \overline{K})$$

上式通常写成 $Q = f(L)$，表示厂商的产出是劳动的函数，即，劳动是可变的投入，资本是不变的投入，厂商的产出量仅仅与可变投入劳动 L 有关。而构成产品实体原材料、动力等可以看成是随着劳动投入的增减而正常地增减。

（一）总产量、平均产量及边际产量

由生产函数的性质可知，生产要素投入的组合不同，产出水平就可能不同。为了说明一种生产要素变动对产出量的影响，必须了解三个基本的概念，即总产量、平均产量和边际产量。

1. 总产量

在一定技术条件下，可变投入（L）与一定量的不变投入（$\overline{K}$）相结合所能生产的最大产量，也叫总实物产量，即在生产要素既定的条件下所生产出来的全部产量。总产量是用来表明一个生产体系的产出总量，它同生产函数中的 Q 具有相同的意义，通常用 TP（total product）表示。

2. 平均产量

在一定的技术下，平均每单位的生产要素所生产出来的产量，也称平均实物产量，通常用 AP（average product）表示。如以劳动为可变投入，则表示为 AP_L，即为：

$$AP_L = \frac{TP}{L} = \frac{Q}{L}$$

同理，如果以资本为可变投入，则资本的平均产量为：

$$AP_K = \frac{TP}{K} = \frac{Q}{K}$$

3. 边际产量

在一定的技术条件下，可变投入的微小变动所引起的总产量的变动，称为该可变投入的边际产量。换句话说，边际产量就是产量对可变投入无限小变化的变动部分，通常记为 MP（marginal product）。

如果以劳动为可变投入，则：

$$MP_L = \frac{\Delta TP}{\Delta L} = \frac{\Delta Q}{\Delta L}$$

特别地当劳动 L 发生微小变动，而其变动的数量趋于零时：

$$MP_L = \lim_{\Delta L \to 0} \frac{\Delta TP}{\Delta L} = \frac{\mathrm{d}TP}{\mathrm{d}L} = \frac{\mathrm{d}Q}{\mathrm{d}L}$$

下面我们将以古典生产函数为例来讨论产出是如何随着可变投入劳动的变化而发生变化的，以及各种产量之间的关系。$f(L, \overline{K}) = f(L \mid \overline{K}) = aL + bL^2 - cL^3$

式中：a、b、c 均为非负常数。

古典生产函数的总产量曲线、平均产量曲线和边际产量曲线如图 5－5 所示。

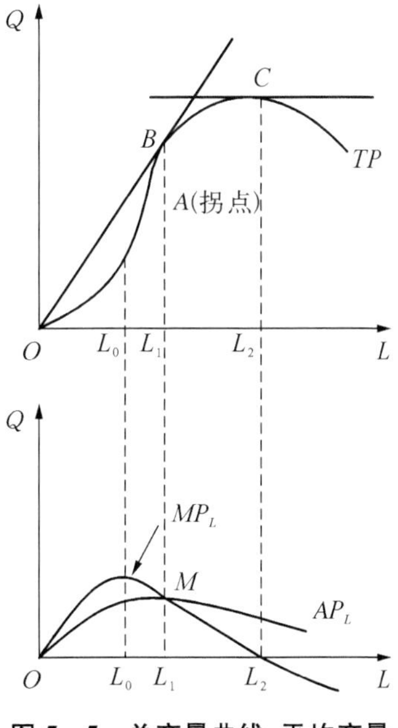

图 5－5　总产量曲线、平均产量曲线和边际产量曲线

下面我们来看总产量曲线、平均产量曲线和边际产量曲线之间的关系。

从总产量曲线 TP 上可以看出，总产量自 O 点到 A 点之间，随投入量的增加以递增的速度上升；过 A 点后随投入量的增加以递减的速度上升，直到 C 点；自 C 点以后总产量开始下降。

总产量曲线与平均产量曲线的关系。从几何意义上看，任何一点的平均产量，即为在总产量曲线上过该点与原点相连的射线的斜率。据此，可以绘制出平均产量曲线。开始时，这条射线的斜率随总产量的增加而增大，平均产量递增。当这条射线与总产量曲线切于点 B 时，其斜率最大，平均产量最大。过 B 点后，其斜率逐渐减少，即平均产量递减。

总产量曲线与边际产量曲线的关系。任意一点的边际产量，根据几何意义可知即为总产量曲线上过该点的切线的斜率。在拐点 A 以前，切线的斜率为正且递增，即边际产量递增。到 A 点时切线的斜率达到最大，即边际产量达到最大值。过 A 点后其斜率逐渐减小，边际产量递减，达到 C 点时切线的斜率为零，这时总产量达到最大。过点 C 后，切线的斜率由正变为负，边际产量为负数，总产量开始递减。

边际产量曲线与平均产量曲线的关系。从图 5-5 中还可以看出，当边际产量大于平均产量时，平均产量递增，当边际产量小于平均产量时，平均产量递减；当边际产量等于平均产量时，平均产量达到最大值，也就是边际产量曲线通过平均产量曲线的最高点 M。这一关系也可以通过数学方法进行证明。

根据数学知识可知，当平均产量达到最大点时，平均产量函数对可变投入的一阶导数值应为零，应为：

因为：$AP_L = \dfrac{TP}{L} = \dfrac{Q}{L}$

所以：$\dfrac{d}{dL}(AP_L) = \dfrac{d}{dL}\left(\dfrac{Q}{L}\right) = \dfrac{\dfrac{dQ}{dL}L - \dfrac{dL}{dL}Q}{L^2} = \dfrac{\dfrac{dQ}{dL}L - Q}{L^2} = \dfrac{1}{L}\left(\dfrac{dQ}{dL} - \dfrac{Q}{L}\right) = 0$

式中：$\dfrac{dQ}{dL}$为边际产量 MP_L；$\dfrac{Q}{L}$为平均产量 AP_L；$L > 0$。

为此：若：$\dfrac{dQ}{dL} > \dfrac{Q}{L}$

则：$\dfrac{d}{dL}(AP_L) > 0$

AP_L处于递增阶段；若：$\dfrac{dQ}{dL} < \dfrac{Q}{L}$ 则：$\dfrac{d}{dL}(AP_L) < 0$，AP_L 处于递减阶段；

若：$\dfrac{dQ}{dL} = \dfrac{Q}{L}$

则：$\dfrac{d}{dL}(AP_L) = 0$，AP_L 达到最大。

（二）边际报酬递减规律

如上所述，总产量、平均产量和边际产量曲线的变化特征实际上反映了一定的技术关系，表明了一条规律的存在，这就是边际报酬递减规律（law of diminishing returns），也称边际收益递减法则。

最早提出边际报酬递减规律的是 18 世纪法国重农学派的经济学家安・罗伯特・雅克・杜尔哥（Anne Robert Jacques Turgot）。最初这一规律只是用来概括土地报酬递减的现象，后来发现这个规律在生产领域中是普遍存在的。所谓边际报酬递减规律就是，在技术不变、在其他生产要素的投入数量不变的条件下，随着某一种生产要素数量的不断增加，在达到某一点之后，所得的产量的增量是递减的，即总产量的增加越来越小。而且，在一定条件下，不仅其边际产量是递减的，平均产量和总产量也是递减的。这一经济现象就称为边际报酬递减规律。

在理解边际报酬递减规律时应注意：第一，边际报酬递减在达到某点之前是不适用的，只有在达到某点之后才出现收益递减现象；第二，边际报酬递减规律具有严格的限制条件，即技术水平不变、其他生产要素的投入不变以及所投入生产要素的每个单位是同质的，即任何一个投入生产要素单位具有同等的效率；第三，技术进步、其他生产要素投入数量的增加，会推迟生产要素报酬递减的出现，但不会消灭报酬递减规律；第四，边际报酬递减规律是短期生产体现的规律，对长期生产不适用。

边际报酬递减法则指出了某种产品的产量并不是随某一种生产要素的增加而无限制地增加。当某一种生产要素的数量增加到某一数量后，产出的数量的增加是递减的。边际收益递减法则并不是一条能向物理学的定律那样能够通过推理演绎可得出的规律，它是概括了人们在观察一切已知的生产体系时认为符合实情的一种经验、是生产体系中的一条普遍规律。在一些场合，如果其他生产要素的投入量不可能再增加或只能很少地增加，比如农业，那么，为了限制生产要素报酬递减，技术进步就具有更加重要的意义。

（三）生产的三个阶段：合理生产区间

为了确定一种变动生产要素的合理投入，可以把生产分为三个阶段。根据本节生产函数的类型中所述的古典（经验）生产函数的一般形式可知：

$$Q = aL + bL^2 - cL^3$$

这种生产函数可以很容易地划分为三个生产阶段，图 5－6 所示：第一阶段是可变投入从零增加到平均产量的最高点 M，图中 OB 段。在这一阶段，平均产量处于递增阶段，平均产量从零到最高点 M。这一阶段的特点是边际产量大于平均产量，平均产量持续上升，总产量以递增的速度增加（但经过边际产量最高点后，递增率减慢）。因此，生产停留在这个阶段中是不合理的，资源的效

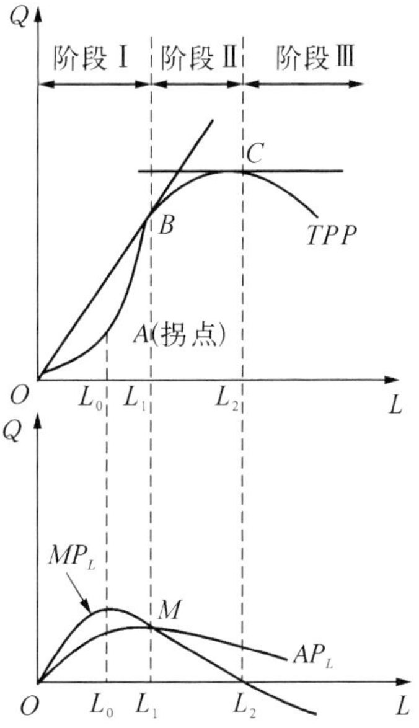

图 5－6　生产的三个阶段

用还没有达到最大的利用,因为增加投入量可以使每一单位的资源提供的产品产量增加。造成这种现象的是由于不变投入和可变投入之间的不平衡关系。在这一阶段中,不变投入的数量与使用的可变投入的数量相比,显得过多,因而不变投入没有得到充分的利用。因此,应增加可变投入的数量以缓解可变投入和不变投入的不平衡,从而提高不变投入要素的使用效率。

第二阶段,从平均产量的最高点到总产量的最高点,即从边际产量与平均产量相等点到边际产量等于零处(图 5-6 中点 BC 段)。这一阶段的特点是,边际产量小于平均产量,平均产量和边际产量均递减,但边际产量仍为正值,总产量将一直增加到最高点 C,但是这一阶段总产量的增加速度逐渐减慢。这是由于可变投入的增加提高了不变投入的使用效率,因而不变投入的平均产量在继续上升,可变投入的平均产量在下降。

第三阶段,从边际产量等于零之后的阶段,即总产量达到最高点 C 之后的阶段。这一阶段的特点是边际产量为负数,总产量递减。这是边际收益递减法则作用的结果,即可变生产要素过多地投入反而使不变投入不能有效利用。因此,对于一个有理性的生产者来说,绝不会在第三阶段从事生产活动,因为在这一阶段,追加任何可变生产要素的投入,不仅不能使总产量增加,反而会引起总产量的减少。

如果不考虑单位产品的成本(这一问题将在下一节中讨论),而希望得到最大产出量,那么可变生产要素 L 的投入量以 L_2 为最恰当。因为这时总产量最大;假定厂商考虑的是可变生产要素的使用效率,不要求得到最大的产量,那么生产要素 L 的投入量以 L_1 为最恰当,因为此时可变生产要素的平均产量最大。因此,无论如何生产停留在 L_1 以前或 L_2 以后对生产者来说都是不利的。可见生产要素的合理投入区间是生产的第二阶段,至于如何在这一阶段找出合理的生产点,即生产要素的合理投入数量,这还要对成本函数进行讨论之后才能解决。

四、长期生产函数分析:两种要素皆可变投入

对短期生产函数的分析,解决了在一定数量的不变投入之下,可变投入的数量应在怎样的一个区间之内才是合理的。然而,从长期看所有的生产要素都是可以变动的。所以,在长期中已经不存在可变投入与不变投入划分的问题,从长期看一切要素投入都是可变的。在长期生产函数的分析中,要解决的问题是,为达到一定的产出水平,各种生产要素的投入要素应以怎样的数量投入?减少一种生产要素的投入数量能否用其他的生产要素进行替代以及用多少来替代?为提高生产要素

的使用效率，各种要素的合理投入区间应是怎样的以及怎样来确定各种生产要素投入数量的最佳组合等。

在长期生产函数分析中，为了分析问题的方便，我们假定某厂商在一定的技术条件下，只生产一种产品（其产量为 Q），投入两种生产要素（资本 K 和劳动 L）。

（一）等产量曲线与边际技术替代率

1. 等产量曲线

等产量曲线（isoquant or equal-product curve），实际上就是无差异曲线在生产中的应用，它是具有同等产量的各种可能的要素投入组合曲线，如图 5－7 所示。在连续的生产函数中，资本和劳动的投入数量可以连续的变化，资本和劳动的不同组合可以得到各种产量。在图 5－7 中，当各种投入要素连续变化时，产出量构成一个曲面，这个曲面就叫做生产面。用一个平行于 KOL 的平面平行去截这个生产面，可以得到一条交线 APB。APB 线上所有的点均代表一个相等的产出量 Q_1，实际上 APB 曲线为等产量各点的运动轨迹。曲线 APB 在 KOL 平面上的投影 $A'P'B'$ 即为等产量曲线，它代表产出量为 Q_1 时，资本和劳动的各种不同数量的投入组合。

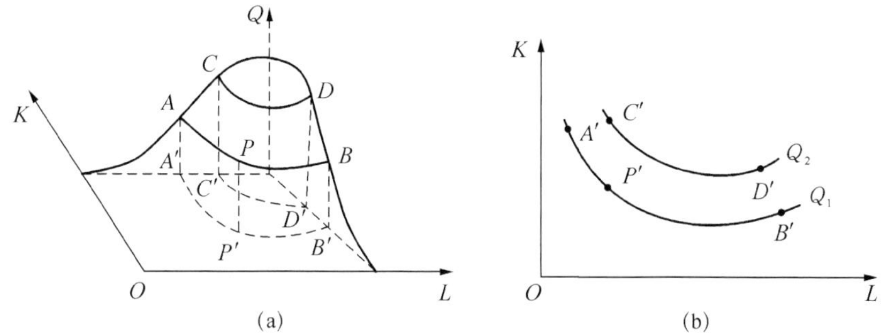

图 5－7　等产量曲线

用不同的 KOL 的平面去截生产面，会得出无数条不同的等产量曲线。因此，等产量曲线是一簇曲线。等产量曲线有如下特征（这些均可参照无差异曲线的特征）：

（1）等产量曲线的斜率为负值。

（2）任何两条等产量曲线互不相交。

（3）在 KOL 产量面中任意一点必有一条等产量曲线通过。

（4）等产量曲线的形状凸向原点。

（5）离原点越远的等产量曲线代表的产量越大。

2. 边际技术替代率

研究等产量曲线的重要目的之一就是探索生产要素之间的替代关系。假定在技术条件不变,在变动比例或许多固定比例的生产过程中,不同的投入组合能够具有同等水平的产出量。也就是说,为了维持产量水平不变,一种投入能够替代另一种投入,增加一种投入就可以减少另一种投入,因为放弃一个单位的劳动,产出量将减少 MP_L,故放弃 ΔL 的劳动,产量将减少 $MP_L \cdot \Delta L$。为了维持原来的产出数量,势必要增加资本 K 的投入数量,而每增加一个单位的资本,可增加的产出量为 MP_K,为此,增加 ΔK 的资本可增加 $MP_K \cdot \Delta K$ 的产量。因为要保持相同的产出水平,因减少劳动而导致下降的产量必须与资本增加所提高的产量相同,换句话说,由于减少劳动而减少的产量必须由增加资本所增加的产量去弥补,亦即:

$$MP_L \cdot \Delta L + MP_K \cdot \Delta K = 0$$

据此可得:

$$\frac{\Delta K}{\Delta L} = -\frac{MP_L}{MP_K}$$

在技术不变的条件下,为维持同等的产量水平,放弃一定数量的某种投入要素而必须增加的另一种投入要素的数量,被称为边际技术替代率,以 $MRTS$(rate of marginal technical substitution)表示。

即:

$$MRTS_{LK} = \frac{\mathrm{d}K}{\mathrm{d}L} = -\frac{MP_L}{MP_K}$$

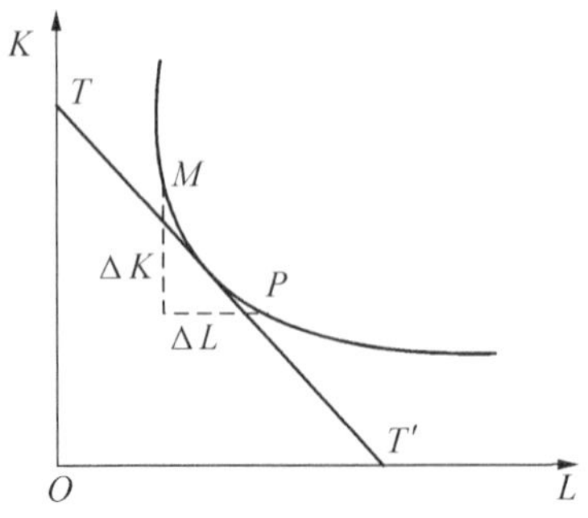

图 5-8 边际技术替代率

在本公式右方我们人为地增加了一个负号,其目的是为了使 $MRTS_{LK}$ 的值在一般情况下为正值。

从几何意义上看,在一条等产量曲线上的任意一点,投入 L 对投入 K 的边际技术替代率,等于等产量曲线上这一点的斜率。

图 5-8 中点 M 沿着等产量曲线无限接近点 P 时,曲线 MP 的斜率就接近点 P 的切线 TT' 的斜率,即:

$$MRTS_{LK} = \lim_{\Delta L \to 0} \frac{\Delta K}{\Delta L} = -\frac{\mathrm{d}K}{\mathrm{d}L}$$

边际技术替代率具有如下特点：

(1) 当等产量曲线的斜率为负值时，表明两种生产要素可以互相替代，一种生产要素增加；另一种生产要素必须减少方能使产量维持在同一个水平上。

(2) 当等产量曲线的斜率为正值时，表明两种生产要素必须同时增加才能达到与从前相同的产量水平。

(3) 等产量曲线的斜率也可以是无穷大或为零，此时表明两种生产要素不能相互替代。

两种生产要素的边际技术替代率为该两种生产要素的边际产出的比值用微分方法证明如下：

设长期生产函数为：

$$Q = f(L,\ K)$$

两边微分，可得：

$$\mathrm{d}Q = \frac{\partial Q}{\partial L}dL + \frac{\partial Q}{\partial K}dK$$

为了维持产出量保持不变，令 $\mathrm{d}Q = 0$，则：

$$\frac{\partial Q}{\partial L}dL + \frac{\partial Q}{\partial K}dK = 0$$

即：

$$\frac{\partial Q}{\partial L}\mathrm{d}L = -\frac{\partial Q}{\partial K}\mathrm{d}K$$

$$\frac{\frac{\partial Q}{\partial L}}{\frac{\partial Q}{\partial K}} = -\frac{\mathrm{d}K}{\mathrm{d}L}$$

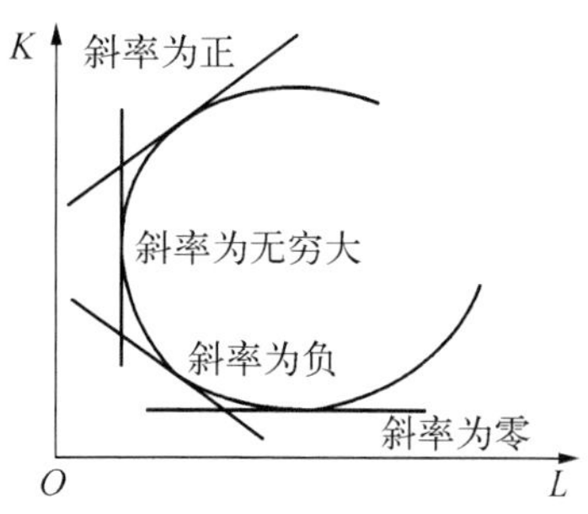

图 5-9　等产量曲线的斜率与要素可替代性

上式中 $\partial Q/\partial L$、$\partial Q/\partial K$ 分别为劳动及资本的边际产出 MP_L 和 MP_K。

根据无差异曲线分析中边际替代率递减的结论，并参见图 5-9 可见，边际技术替代率也存在递减的规律。沿着等产量曲线，以一种生产要素投入代替另一种生产要素投入的边际技术替代率不断下降，叫边际技术替代率递减法则。边际技术替代率下降的速度，反映了两种投入彼此能够替代的程度。也就是说，等产量曲线的斜率越大，边际技术替代率下降的速度越快；等产量曲线的斜率越小，边际技术替代率下降的速度越慢。如果两种投入互为完全替代的生产要素，则任何程度的替代都能维持同一的产量，边际技术替代率保持不变，此时等产量曲线为一条直线；反之，如果两种投入为完全不能替代的生产要素，则任何程度的替代都不能保持同一的产量，边际技术替代率变为不确定，等产量曲线为一条直角线。

（二）生产经济区域与欧拉氏定理

1. 生产区域的划分

由于等产量曲线是由生产函数所决定的，而生产函数又可以分为三个阶段。那么是否可由等产量曲线找出生产的三个阶段呢？回答是肯定的。根据边际技术替代率的几何性质以及等产量曲线的特点，我们知道等产量曲线上的切线值（边际技术替代率）可以小于0、等于0、大于0甚至是等于∞。为此，结合生产函数的三个阶段分析如下：

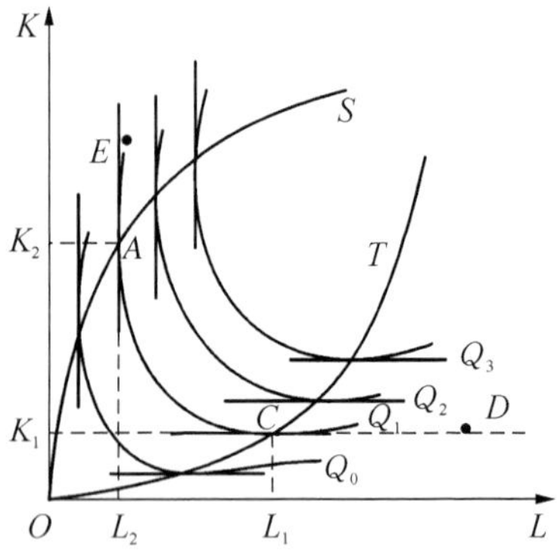

图5-10　生产经济区域

如图5-10所示，在等产量曲线Q_1上找到一点C，使其斜率为0，即：

$$MRTS_{LK}=-\frac{\mathrm{d}K}{\mathrm{d}L}=\frac{MP_L}{MP_K}=0$$

所以必有$MP_L=0$。由此可知，在点C资本的投入量为K_1，而配合资本K_1所使用的劳动L已经使产量达到了最大值。此时如果再增加劳动的投入，其总产量必将下降。在图中即沿着K_1C线由点C向右移动，即资本不变，劳动增加，移动后，如D点已经离开等产量曲线Q_1，而点D只能与Q_1线下面的等产量曲线相交，根据等产量曲线的性质可知，等产量曲线Q_1以下的任意一条等产量曲线代表的产量必小于Q_1线代表的产量。由此可见，此时$MP_L<0$。根据生产阶段的划分方法可知：由点C向右便进入了劳动生产的第三阶段。同理，我们可以在不同的等产量曲线上找出许多其斜率为零的点，在这些点上均表示$MP_L=0$。如果将这些点连接起来，即可得一条OT曲线，

此曲线称其为脊线(ridge line)。在这条脊线的右侧劳动 L 与资本 K 的组合为劳动的第三阶段,资本的第一阶段。

同理,我们还可在等产量曲线 Q_1 上找出一点 A,而在点 A 上,曲线 Q_1 的斜率为无穷大,即:

$$MRTS_{LK}=-\frac{dK}{dL}=\frac{MP_L}{MP_K}=\infty$$

或:

$$MRTS_{KL}=-\frac{dL}{dK}=\frac{MP_K}{MP_L}=0$$

此时,$MP_K=0$。由此可知,在点 A 其劳动的投入为 L_2,配合劳动 L_2 而使用的资本已经使总产量达到了最大。如果此时在劳动不变情况下再增加资本的投入量(即沿着 L_2A 线由点 A 向上移动),总产量将下降,$MP_K<0$。由此可知,由点 A 向上移动便进入了资本生产的第三阶段。同样我们可以在不同的等产量曲线上找出许多其斜率为无穷大的点,将这些点连接起来可得一条脊线 OS,凡属于 OS 线左上方的 L 与 K 的组合,皆为资本生产的第三阶段,劳动的第一阶段。

由上述分析得出,由 OT,OS 两条脊线围成的区域属于生产的第二阶段。在这个区域内,MP_L 和 MP_K 都大于零,表明两种生产要素有效的替代范围是生产的合理区间,即长期生产的经济区域(economic region of production)。

2. 欧拉氏定理

欧拉氏定理(Eulers Theory)主要是用来说明,在规模报酬不变情况下的总产量与各投入要素之间关系的。所谓欧拉氏定理,即在规模报酬不变之下,总产量为各种投入生产要素的产量之和。即使用劳动的全部产量加上使用资本的全部产量等于总产量。

欧拉氏定理的数学含义是,若 $Q=f(L, K)$ 是规模报酬固定的生产函数,则:

$$\frac{\partial Q}{\partial L}L+\frac{\partial Q}{\partial K}K=f(L, K)$$

即:$MP_L \cdot L+MP_K \cdot K=Q$

(三) 生产弹性

在供求理论中我们曾讨论了各种供求弹性。在此问题中我们将用同样的方法来研究有关生产弹性。生产弹性分为产出弹性、替代弹性和生产力弹性。

1. 产出弹性

生产函数的规模报酬指出了当所有生产要素的投入按同一个比例增加时,产出量增加多少。如果只有某一种生产要素增加投入,那么产出量的增加如何? 由此就产生了产出弹性的问题。

产出弹性(output elasticity)又称生产弹性是指在技术水平和投入要素的价格不变的条件下,如果其他投入固定不变,单独变动一种投入的数量时,这种投入的相对变动所引起的产出量的相对变动,即某一种生产要素投入量的相对变动对产出量的相对变动的比值。通常用 ε_X 表示生产要素 X 的产出弹性系数,即:

$$\varepsilon_X=\frac{\frac{\mathrm{d}Q}{Q}}{\frac{\mathrm{d}X}{X}}=\frac{X}{Q}\cdot\frac{\mathrm{d}Q}{\mathrm{d}X}=\frac{\mathrm{d}\ln Q}{\mathrm{d}\ln X}=\frac{MP_X}{AP_X}$$

生产弹性的经济意义是,当某一种生产要素增加百分之一时,产出量增加百分之多少。

2. 替代弹性

投入要素的变动会引起产出量的变动,而产出量的变动又会引起两种投入要素之间边际技术替代率的变动。由等产量曲线的概念可知,当资本与劳动之比 K/L 变动时,边际技术替代率(取绝对值) $MRTS_{LK}=MP_L/MP_K$ 也会随之变动且两者之间是朝同一方向变动的。这是因为 K/L 增大时,如 K 增加(L 减少),则在一般要素为边际生产力递减的情况下,MP_K 会下降(MP_L 会上升),故 MP_L/MP_K 也会增加,因此在生产理论中将 K/L 与边际技术替代率之间变化的敏感程度称之为替代弹性(elasticity of substitution)。

替代弹性可以定义为:在技术水平和投入要素的价格不变的情况下,边际技术替代率的相对变动所引起的生产要素投入的比例的相对变动,即投入要素比例的变动的百分比与边际技术替代率的变动百分比的比值。用 $\varepsilon\sigma$ 表示替代弹性系数,即:

$$\varepsilon\sigma=\frac{\mathrm{d}\left(\frac{K}{L}\right)\Big/\frac{K}{L}}{\mathrm{d}MRTS_{LK}/MRTS_{LK}}=\frac{\mathrm{d}\left(\frac{K}{L}\right)}{\mathrm{d}\left(\frac{MP_L}{MP_K}\right)}\cdot\frac{\left(\frac{MP_L}{MP_K}\right)}{\left(\frac{K}{L}\right)}=\frac{\mathrm{d}\ln\left(\frac{K}{L}\right)}{\mathrm{d}\ln\left(\frac{MP_L}{MP_K}\right)}$$

由于在投入要素组合最优时,有:$MRTS_{LK}=\dfrac{MP_L}{MP_K}=\dfrac{w}{r}$

所以:

$$\varepsilon\sigma=\frac{\mathrm{d}\left(\frac{K}{L}\right)}{\mathrm{d}\left(\frac{w}{r}\right)}\cdot\frac{\left(\frac{w}{r}\right)}{\left(\frac{K}{L}\right)}$$

在一般情况下，其替代弹性为正值。即当 $MRTS_{LK}$ 变动时，投入比例也会同向变动，$\varepsilon\sigma > 0$，但其值不一定是常数。当 $\varepsilon\sigma$ 为常数时，若 $\varepsilon\sigma > 1$，等产量曲线将与两轴相交；若 $\varepsilon\sigma < 1$，等产量曲线将渐近两轴。

此外，当替代弹性的系数为无穷大时，表明为完全替代弹性，其等产量曲线为一直线；当替代弹性系数为零时，表明为完全无替代弹性，其等产量曲线为直角线；当替代弹性系数为一时，则为单一弹性，其等产量曲线为双曲线。

3. 生产力弹性

生产力弹性（elasticity of productivity）又称生产函数弹性（elasticity of production function）。它是指在技术水平和投入要素的价格不变的条件下，所有生产要素都按同一比例变动时产出的相对变动。通常用 ε_ε 表示。如果所有生产要素都按同一比例变动，这些投入要素变动所引起的产出量的相对变动，是各个投入要素的比例变动所引起的产出变动之和。即：

$$\varepsilon_\varepsilon = \varepsilon_L + \varepsilon_K + \varepsilon_T + \cdots + \varepsilon_N$$

上述公式的证明略，读者可自行去证明。

五、投入要素的最佳组合

前面我们已经讨论了各种生产要素的合理投入区间问题，在本问题中将讨论分析对于成本既定或产量既定时各种生产要素应以怎样的比例投入生产才能达到最佳的问题。

（一）通过图形推导

1. 等成本线

等成本线的概念可以比照消费者行为理论中所给出的预算线的概念去理解。所谓等成本线是指在总成本相同的条件下，其生产要素使用量的各种组合。假定在一定的技术条件下，厂商的总成本固定不变，他必须选择适当的投入组合，才能使产量最大。

如图 5－11 所示，若以 w、r 分别表示生产要素劳动 L 和资本 K 的单位价格，而以 L 和 K 分别表示使用劳动 L 和资本 K 的数量，TC 表示总成本，则在要素价格不变的情况下，等成本曲线函数可以写成：

$$wL + rK = TC$$

等成本线为一条直线，其斜率等于生产要素价格之比，其值为负值，其性质与

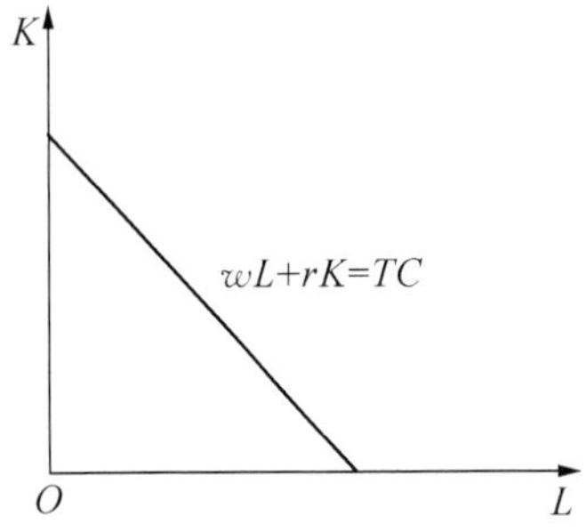

图 5-11　等成本线

消费者预算线非常的类似，见图 5-11。

2. 生产要素的最佳组合（生产者均衡）

在厂商追求最大利润目标下，经常遇到两种情况，即其一是在既定的产量目标下，如何使其成本最小；其二是在成本固定的情况下，如何使其产量达到最大。不论是哪一种情况，其所需要的条件是相同的，即使用劳动和资本所得的等产量曲线与使用这两种生产要素花费的等成本曲线相切的那一点。如图 5-12 所示。

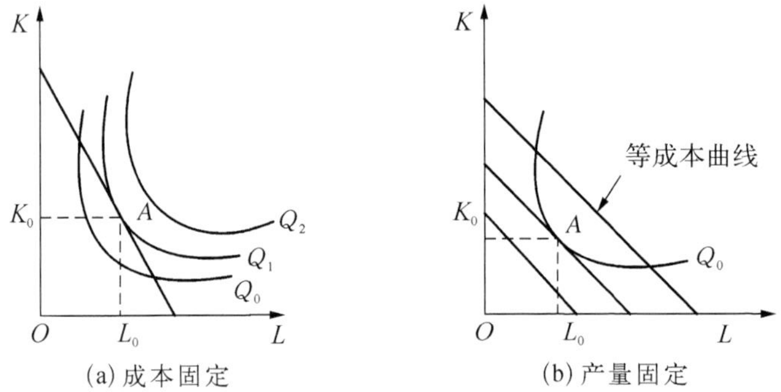

图 5-12　生产要素的最佳组合

图 5-12(a)表示在成本一定的情况下，寻找哪一条等产量线与等成本线相切。其切点即为劳动 L 和资本 K 在成本一定的情况下使产量达到最大点的最佳组合点。同理，图 5-12(b)表示在产量一定的情况下，切点 A 表示这一点是达到既定的产量而成本最小的劳动 L 和资本 K 的最佳组合点。由于等产量曲线的斜率为：

$$MRTS_{LK}=-\frac{dK}{dL}=\frac{MP_L}{MP_K}$$

而等成本曲线的斜率为$-(w/r)$，因此，在切点 A 处应满足：

$$\frac{w}{r}=-\frac{MP_L}{MP_K}\quad 或：\frac{MP_L}{w}=-\frac{MP_K}{r}$$

上述公式表明在劳动和资本上所花费的最后一单位货币所增加的产出量均相等。如果投入的生产要素为 $X_i(i=1,\ 2,\ \cdots,\ n)$，生产要素的价格分别为 P_i，则生产者的均衡点为：

$$\frac{MP_{X_1}}{P_{X_1}} =- \frac{MP_{X_2}}{P_{X_2}} = \frac{MP_{X_3}}{P_{X_3}} = \cdots = \frac{MP_{X_n}}{P_{X_n}}$$

（二）通过数学证明推导

如何确定生产者的均衡点，即如何确定最佳投入的组合比例，可以看成是在一定的成本约束条件下，求其产出量最大；也可以看成是在一定的产量约束条件下求其成本最小的问题。这实际上是一个约束极值问题。

1. 既定成本下产量最大的投入组合

既定成本下产量最大的投入组合，可以用数学表达式表述如下：

$$\begin{aligned} \max \quad & Q = f(X_1, X_2, \cdots, X_n) \\ \text{s.t.} \quad & TC = P_{X_1} \cdot X_1 + P_{X_2} \cdot X_2 + \cdots + P_{X_n} \cdot X_n \\ & \quad = \sum P_{X_i} X_i \end{aligned}$$

式中：P_{X_i} 为第 i 种生产投入要素的单位价格；X_i 为第 i 种生产投入要素的数量；TC 为生产总成本。

上述表达式的意义是，在成本为约束条件下求产量的最大值。这属于约束极大化问题，可用拉格郎日乘数法求解：

构造拉格郎日模型如下：

$$\begin{aligned} L &= f(X_1, X_2, \cdots, X_n) + \lambda(TC - P_{X_1} X_1 + P_{X_2} X_2 + \cdots + P_{X_n} X_n) \\ &= f(X_1, X_2, \cdots, X_n) + \lambda\left(TC - \sum_{i=1}^{N} P_{x_i} X_i\right)\lambda \end{aligned} \tag{5.1}$$

式(5.1)中：λ 为拉格郎日乘数。

令：

$$\frac{\partial L}{\partial X_i} = \frac{\partial f}{\partial X_i} - \lambda P_{X_i} = 0 \tag{5.2}$$

$(i = 1, 2, 3, \cdots)$

$$\frac{\partial L}{\partial \lambda} = TC - \sum_{i=1}^{N} P_{X_i} X_i = 0 \tag{5.3}$$

$$\frac{\partial f}{\partial X_i} = MP_{X_i} \tag{5.4}$$

$(i = 1, 2, 3, \cdots)$

于是有：

$$MP_{X_i} = \lambda P_{X_i} \quad (i = 1, 2, 3, \cdots) \tag{5.5}$$

即：

$$\frac{MP_{X_i}}{P_{X_i}} = \lambda \quad (i = 1, 2, 3, \cdots) \tag{5.6}$$

因此有：

$$\frac{MP_{X_1}}{P_{X_1}} =- \frac{MP_{X_2}}{P_{X_2}} = \frac{MP_{X_3}}{P_{X_3}} = \cdots = \frac{MP_{X_n}}{P_{X_n}} = \lambda \tag{5.7}$$

上式说明：如果各种生产要素的投入组合比例是最佳的，即生产者达到其均衡点，则：

(1) 所有投入要素的边际产量与其单位价格之比都相等。

(2) 所有投入要素的边际产量之比等于它们的单位价格之比。

如果生产者满足上述两个条件之一，那么投入要素的组合比例一定是最佳的。

式(5.6)中的 λ 代表总产量对总成本的导数 dQ/dC。设总成本 TC 为变数，则：

$$TC = P_{X_1} \cdot X_1 + P_{X_2} \cdot X_2 + \cdots + P_{X_n} \cdot X_n$$

TC 的微分为：

$$\mathrm{d}TC = P_{X_1} \cdot \mathrm{d}X_1 + P_{X_2} \cdot \mathrm{d}X_2 + \cdots + P_{X_n} \cdot \mathrm{d}X_n$$

根据式(5.5)的结论可得：

$$\mathrm{d}TC = \frac{1}{\lambda}\left(\frac{\partial Q}{\partial X_1}\mathrm{d}X_1 + \frac{\partial Q}{\partial X_2}\mathrm{d}X_2 + \cdots + \frac{\partial Q}{\partial X_n}\mathrm{d}X_n\right)$$

根据产出函数：$Q = f(X_1, X_2, \cdots, X_n)$，可得产出的微分为：

$$\mathrm{d}Q = \left(\frac{\partial Q}{\partial X_1}\mathrm{d}X_1 + \frac{\partial Q}{\partial X_2}\mathrm{d}X_2 + \cdots + \frac{\partial Q}{\partial X_n}\mathrm{d}X_n\right)$$

因此，总产量对总成本的导数 $\mathrm{d}Q/\mathrm{d}C$ 为：

$$\frac{\mathrm{d}Q}{\mathrm{d}C}=\lambda\,\frac{\dfrac{\partial Q}{\partial X_1}\mathrm{d}X+\dfrac{\partial Q}{\partial X_2}\mathrm{d}X_2+\cdots+\dfrac{\partial Q}{\partial X_n}\mathrm{d}X_n}{\dfrac{\partial Q}{\partial X_1}\mathrm{d}X_1+\dfrac{\partial Q}{\partial X_2}\mathrm{d}X_2+\cdots+\dfrac{\partial Q}{\partial X_n}\mathrm{d}X_n}=\lambda$$

上式中的 λ 表示每增加 1 元成本所增加的总产量，说明只有用于各种投入的生产要素的最后 1 元的产量彼此相等，且等于最后 1 元成本的产量时，才能达到生产者均衡。可见这实际是消费理论中边际效用均等法则在生产理论中的应用。

2. 既定产量下成本最小的投入组合

既定产量下成本最小的投入组合，也可以用数学表达式表述如下：

$$\min TC=P_{X_1}\cdot X_1+P_{X_2}\cdot X_2+\cdots+P_{X_n}\cdot X_n=\sum P_{X_i}X_i$$
$$\text{s. t. } Q=f(X_1,\ X_2,\ \cdots,\ X_n)$$

这实际上是一个约束最小化问题，根据拉格朗日乘数法可求得：

$$\frac{MP_{X_i}}{P_{X_i}}=\frac{1}{\lambda}\quad(i=1,\ 2,\ 3,\ \cdots,\ n)$$

不难证明$(1/\lambda')=\lambda$，λ'为总成本对总产量的导数，即边际成本。

事实上，一定产量下成本最小的投入组合的必要条件式，与一定成本下的产量最大的条件式是完全一样的，即：

$$\frac{MP_{X_1}}{P_{X_1}}=-\frac{MP_{X_2}}{P_{X_2}}=\cdots=\frac{MP_{X_n}}{P_{X_n}}=\lambda$$

六、生产扩张线

在其他条件不变时，当生产的产量或成本发生变化时，厂商就会重新选择最优的生产要素组合。在变化了的产量条件下实现最小的成本，或在变化了的成本条件下实现最大的产量。通常在生产技术水平、生产要素价格等保持不变的条件下，生产者追加生产资金，就会扩大生产规模。从几何意义上讲，生产规模的扩大表现为新的等成本线与较高的等产量曲线相切，达到较高的产出水平。这一过程不断地重复，从而生产者均衡点也会不断地变化，通常情况下是自原点开始向右上方移动。如果每一次规模的扩大可以无限地细分和无穷发展，等成本线与等产量曲线的切点就会连接成一条圆滑的曲线，而这条曲线表明了厂商生产规模扩大的路线，所以被称为生产扩张线(expansion path)，如图 5 - 13 所示。它表示在技术水平、生产要素价格不变的情况下，产出量或总成本增加后，生产要素最优组合的变动趋势，即生产规模的扩大路径。

等斜线是指在一组等产量线中边际技术替代率相同点的连线轨迹。如此，生产扩张线是一条特殊的等斜线。

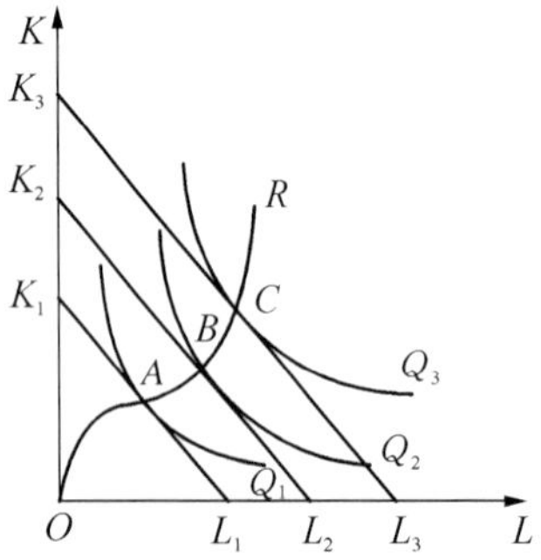

图 5－13　一般生产函数扩张线

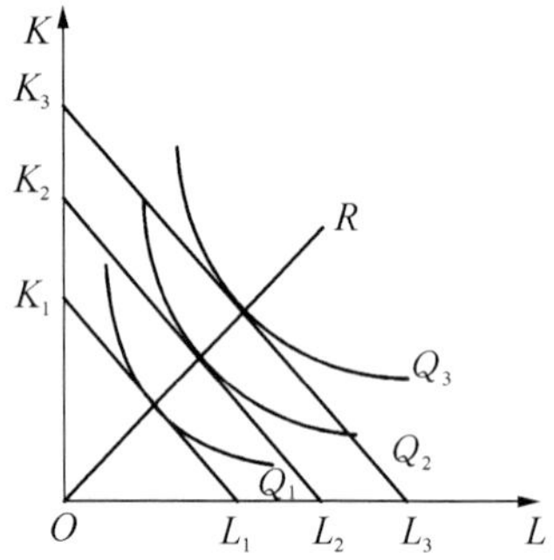

图 5－14　一次齐次性生产函数扩展线

另外，图 5－14 表示的是一次齐次性生产函数的扩展线。由于假定生产要素的价格不变，等成本线的斜率是相同的，而与等成本线相切的切点上等产量曲线在该点的边际技术替代率也是相同的，所以其扩展线是一条特殊的等斜连线，有关这一点我们可以证明如下。

若生产函数为一次齐次性生产函数，那么它的平均产量与边际产量均是所投入的要素比率的函数，即 $AP_K = f(K/L)$，$AP_L = f(K/L)$，$MP_K = f(K/L)$，$MP_L = f(K/L)$。由于边际技术替代率是劳动与资本两种生产要素的边际产量之比，因此，边际技术替代率也只是所投入的要素比率的函数，即 $MRTS_{LK} = f(K/L)$，而从原点出发的任何一条射线表示 K/L 为一常数。因此，这一射线所经过的等产量曲线上的点的边际技术替代率也是一常数。

例如，如果 C－D 函数采取以下形式：

$$Q = AK^{\alpha}L^{1-\alpha} \quad (0 < \alpha < 1)$$

则该函数为一次齐次性函数。对于该函数而言，资本的边际产量与劳动的边际产量分别为：

$$MP_K = \frac{\partial Q}{\partial K} = A\alpha K^{\alpha-1}L^{1-\alpha} = \alpha A\left(\frac{K}{L}\right)^{\alpha-1}$$

$$MP_L = \frac{\partial Q}{\partial L} = A(1-\alpha)K^{\alpha}L^{-\alpha} = (1-\alpha)A\left(\frac{K}{L}\right)^{\alpha}$$

边际技术替代率为：

$$MRTS_{LK} = \frac{MP_L}{MP_K} = \frac{(1-\alpha)A(K/L)^{\alpha}}{\alpha A(K/L)^{\alpha-1}} = \frac{(1-\alpha)}{\alpha}(K/L)$$

因此，边际技术替代率是 K/L 的函数。由等斜连线上边际技术替代率相等可知 K/L 是一常数。而从原点出发的任一条射线都表示 K/L 是一常数。因此，我们验证了一次齐次性生产函数的等斜连线是从原点出发的一条射线，而这条等斜连线就是一次齐次性生产函数的生产扩张线。

第二节　成本理论

上一节我们讨论了投入生产要素变动与产出量之间的一般关系，厂商对投入组合的选择一方面取决于各种生产要素的投入量与产出量之间的物质关系；另一方面也依赖于成本或各种生产要素投入的价格水平。所以，成本理论是厂商理论的重要组成部分，生产者只有对成本进行了全面详细的分析之后，才有可能为实现最大利润的目标做出正确的选择。本节就是从成本与收益的角度研究厂商的选择。

一、成本的概念

进行生产总是要付出代价的，生产的代价就是厂商和社会为此付出的成本。在经济分析中，厂商的成本包括显性成本和隐含成本两部分。经济学家认为，对于各种成本的定义来说，都有一条共同的准绳，即无论何种成本都可以概括为一种“牺牲”或者说是一种代价。也就是说，某种成本就需要某种类型的牺牲，所以，成本可以是有形的，也可以是无形的；可以是客观的，也可以是主观的；可以是用货币来计量的，也可以不是用货币来计量的。由于这些原因，不一定总能把成本简单地化为货币的形式，也不可能找到一种单一的、毫不含糊的和能广为接受的成本计算方法。

（一）显性成本与隐性成本

显性成本(explicit cost)也称直接成本，是指厂商为购买生产要素或投入的花费。显性成本一般是可以从会计账簿上查到的成本。如厂商建厂房、购买设备和材料、支付雇员工资、贷款利息等都是显性成本，显性成本即所谓的会计成本。

隐性成本(implicit cost)是与厂商所使用的自有资源(包括企业家才能、自己拥有的资本等)相联系的成本，它反映着这些资源同样能在别处使用这一事实。换句话说，隐性成本是指进行某项经济活动时无形的代价或主观上的损失。它一般是无法从会计账面中体现的成本，比如自己的房产用于生产而没有付房租，自有的资金用于生产而没有付利息等。

在经济学家看来，一定的资源或投入用于某种特殊生产的成本，就是这些投入可能生产的其他产品的价值。用这种方式定义的成本就是机会成本。机会成本并不是生产活动中的实际货币支出，但是它对经营决策是十分重要的，机会成本是最常见的隐性成本。

所谓机会成本(opportunity cost)是指对进行某项经济活动的投入要素用于其他方面进行最佳利用的所得，即将其生产要素投入其他领域可能带来的最大的收益。换句话说，机会成本就是选择一种方案而放弃另一种方案的损失。例如，某人有两种投资机会，进行甲投资可获利 10 000 元，进行乙投资可获利 9 000 元，于是投资者选择了甲项投资，从而放弃了乙项投资的机会。因此，投资者进行甲项投资的机会成本就是 9 000 元。机会成本强调的是，一种资源可以用于生产许多种物品，即这里存在着多种投资的可能性。但是，当一定的资源用于生产一种物品时，它就不能用于其他物品的生产。在竞争性市场中，厂商的成本，即显性成本和隐性成本之和，将趋向于和它所使用的资源的机会成本相等。所以，在计算厂商的总成本时如果忽略了隐性成本，将会使决策严重失误。

(二) 经济成本与会计成本

厂商的成本还可以划分为会计成本和经济成本。会计成本(accounting cost)是显性成本，它是指从事某项经济活动的实际花费，它包括购买变动生产要素的货币支出和购买固定生产要素的货币支出。变动生产要素按其实际投入的货币支出计入成本，固定要素的货币支出按其折旧计入产品成本，如生产过程中耗费的原材料价值、资本折旧以及工资、利息和地租等。而经济成本(economic cost)则是指从事某项经济活动的显性成本和隐性成本之和。

此外，作为一个企业家当他打算自己办厂经营之前，一般都希望至少有一笔最低限度的利润。如果他不能得到这笔最低限度的利润，他会觉得不如去做其他的生意。因此，成本中还应包括另一部分，即所谓的正常利润。正常利润是指值得营业的起码利润，或者说是阻止现有生产要素的用途向其他用途转变的最低利润，是管理才能的应有报酬；正常利润是厂商在支付了所有其他生产要素的机会成本后，将一个企业家留在一个特定行业中的最起码的报酬。按西方经济学家的观点认为，正常利润构成企业成本的一部分。如果不将正常利润计入企业成本，即如果这部分成本得不到补偿，对于一个特定的行业来说，其企业家才能的供给将枯竭。

人们通常所说的成本实际仅仅是指会计成本，也就是生产中的花费(expense)，这个概念着重强调的是生产中各项耗费的支出，即作为成本项目计入账簿中的费用总和。经济成本实际上是与机会成本相联系的一个经济学概念，它较会计成本的含义更为广泛。如果用公式表示，则：

$$\begin{aligned}\text{经济成本} &= \text{占用生产要素的费用} = \text{显性成本} + \text{隐性成本}\\ &= \text{列入会计账簿的成本} + \text{正常利润}\\ \text{会计成本} &= \text{生产中实际消耗的费用}\end{aligned}$$

（三）私人成本与社会成本

私人成本，即生产者成本，是指企业或个人从事某项经济活动的花费或代价。也就是会计成本和隐性成本之和，即：

$$\begin{aligned}\text{私人成本} &= \text{会计成本} + \text{隐性成本} = \text{显性成本} + \text{隐性成本}\\ &= \text{经济成本}\end{aligned}$$

厂商进行生产的全部代价为社会成本。社会成本中由厂商承担的部分是私人成本，其余部分没有被厂商承担，而是由社会(别人)承担，被称为外在成本。生产中除了生产者花费的代价以外，社会还会或说还要支付一定的费用。如企业在生产的过程中排除的废物(如污水、废气)等会给社会环境造成一定的污染。而社会必须支付一定的费用对其进行治理，这笔费用就构成企业生产的外在的成本。因此，从社会的角度来说生产某种物品的成本既包括厂商支付的私人成本，也包括社会支付的外在成本。

$$\text{社会成本} = \text{私人成本} + \text{外在成本}$$

社会成本是一个非常重要的概念，随着经济的不断发展，社会成本越来越被广泛接受和重视。一般在进行某项经济活动分析之前必须考虑其社会成本。由于某厂商在生产中排除的废物需要社会支付一定的费用进行治理，而对另一厂商来说当他进行生产时就可能需要额外地支付一定的费用。在这种情况下全体厂商的机会成本就是社会成本。

（四）成本函数

成本函数是表示生产各种水平的产出量所需要的最小成本，在成本函数中包括显性成本和隐性成本两部分，它表示产出量与最小成本之间的关系。成本函数可以表示为：

$$TC = f(Q)$$

在经济分析中，分析成本的要意在于研究每期生产成本与产出量之间存在的一种基本关系，即经济学对成本的研究是为了研究厂商行为，并进而揭示市场供给的一般规律，而不是为单纯计算购买生产要素的货币支出。所以，经济学中研究的成本是经济成本，而不是会计成本。

二、短期成本分析

微观经济学中对成本的分析分为短期成本分析和长期成本分析。不论是短期成本分析还是长期成本分析都是基于将生产分为长期和短期的基础之上的。由于对生产期限的划分，我们了解到在短期内厂商不能改变某些生产要素的投入数量。因此，产出只是根据可变投入的使用量的增减来变化。但在长期中，厂商有足够的时间来改变其所有的投入，因此可以从最有利的经营角度调整生产（调整各种生产要素的投入数量），以达到最适的生产规模。为此，短期成本分析是基于以下几点假设之上进行的，其一，短期内某些生产要素的投入数量固定不变；其二，固定生产要素需要一定数量的变动投入配合，才能有效产出；其三，短期内生产技术、生产要素价格已知且保持不变。

（一）短期成本的划分

根据生产函数的性质，在短期内不变投入为常数，可变投入不断变化，从而引起产出的变化。这样我们就可将短期成本划分为固定成本和变动成本两部分，其中变动成本随产出量的变化而变动，这是短期成本最显著的特点。

1. 短期总成本

短期总成本简称总成本 TC(total cost)，为了与长期成本相区分也可记作 STC。总成本是总固定成本和总变动成本之和，为方便起见以下简称总成本、固定成本和变动成本。

总变动成本 TVC(total variable cost)，它是指在某个生产时期内对可变投入的总花费。变动成本主要包括构成产品实体的直接材料、直接人工和生产过程中消耗的燃料、动力等的花费。变动成本随产出量的增加而增加，所以它是产出量的函数，即：$TVC = f(Q)$。变动成本的曲线如图 5－15 所示。

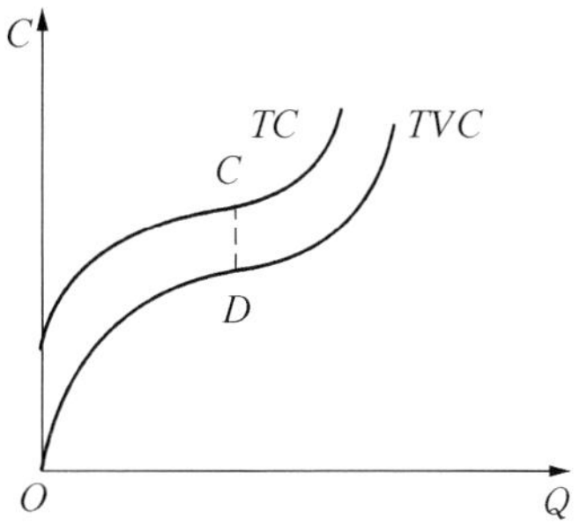

图 5－15 总成本与总变动成本曲线

在初期，由于不变投入与可变投入的数量相比显得过大，可变投入与不变投入之间存在一种不平衡关系，这时如果增加可变生产要素的投入就会使产出水平以递增的速度增加，因而总的变动成本以递减的速度上升。随着可变投入的不断增加，边际收益递减则从某一时刻起便开始发挥作用，即产出量增长的速度开始减慢，于是图中的变动成本便以递增的速度上升。

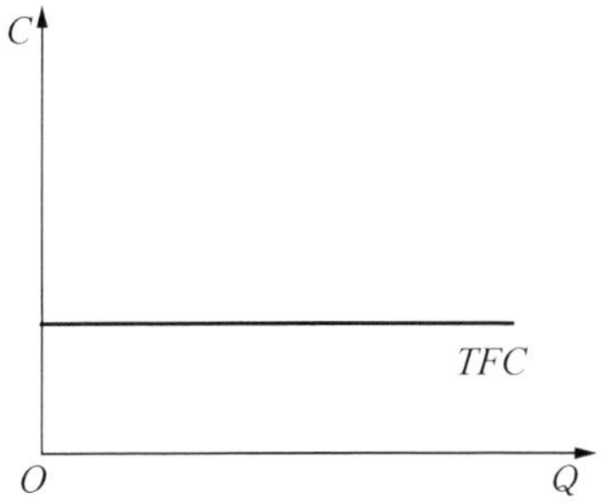

图 5－16 总固定成本曲线

总固定成本 TFC(total fixed cost)，它是指在某个生产时期内，对不变投入的总花费。由于在生产中不变投入是一个不变的量，所以总固定成本是一个常数，即在短期内固定成本与产出数量的变化没有关系，固定成本曲线是一条水平线，如图 5－16 所示。

由于总成本是总固定成本与总变动成本之和，所以总成本曲线是总固定成本曲线之上的，并与变动成本曲线有其同样形状的曲线，如图 5－15 中的 TC 曲线。

2. 短期平均成本与边际成本

在短期内存在着三种平均成本函数，即平均固定成本、平均变动成本和平均总成本。

(1) 平均固定成本 AFC(average fixed cost)，是指每单位产出量的固定成本，即总固定成本与产出量的比值。在短期内全部固定成本是一个常数，所以平均固定成本将随产出量的增加而下降，当产出量很小时 AFC 较大；而当产出量随可变投入的增加变得越来越多时，每一单位产出量分摊的固定成本就越来越小。因此，平均固定成本曲线为一渐近与横轴的双曲线。平均固定成本的计算公式如下式，其图如 5－17 所示。

$$AFC = \frac{TFC}{Q}$$

(2) 平均变动成本 AVC(average variable cost)也称平均单位变动成本，是指每单位产出量所摊付的可变成本，即总可变成本与总产出的比值，即：

$$AVC = \frac{TVC}{Q} = P\frac{X}{Q} = \frac{P}{AP_X}$$

式中：X 为可变投入的数量；AP_X 为可变投入的平均产出；P 为可变生产要素的价格；Q 为产出量。

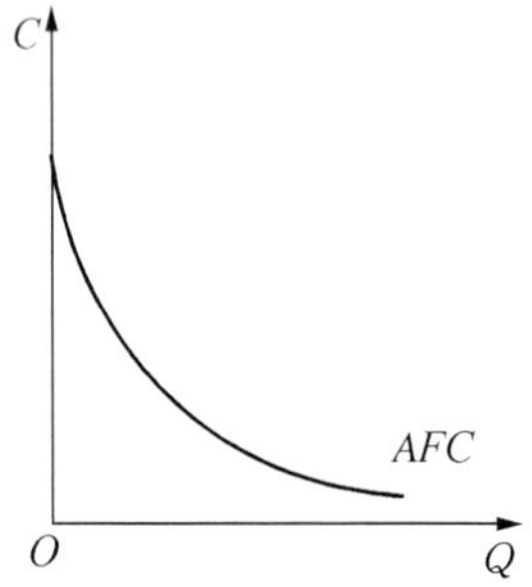

图 5-17　平均固定成本

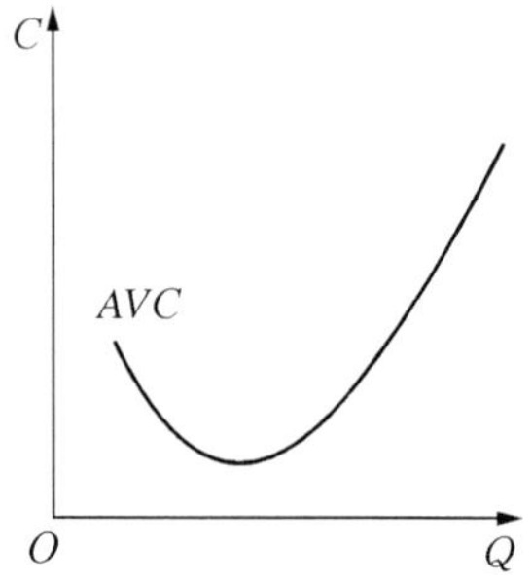

图 5-18　平均可变成本

由于可变投入的平均产出量通常是随着可变投入的数量的增加先是上升，而后下降。另外，假定可变投入的价格 P 固定不变，所以如图 5-18 中的 AVC 曲线它先是下降，而后是上升。换句话说，平均可变成本与平均产出呈反向变动。

(3) 平均总成本 ATC(average total cost)是总成本除以总产量，由于总成本是总可变成本与总固定成本之和，所以平均总成本也是平均固定成本加上平均可变成本。即：

$$ATC = \frac{TC}{Q} = \frac{TVC + TFC}{Q} = AVC + AFC$$

平均成本曲线是平均固定成本曲线与平均可变成本曲线的叠加。由于 AVC 曲线是"U"形的，所以 ATC 曲线也是"U"形的。短期平均成本呈这一变动的规律的原因是边际报酬递减规律决定的。即 AFC 随着产量的增加不断减少，而 AVC 起初也随产量的增加而递减。因此，短期平均总成本先是随产出量的增加而减少。当 AVC 转向递增时，若 AVC 的递增额小于 AFC 的减少额时，则 ATC 将继续递减；当 AVC 的递增额等于 AFC 的减少额时，则 ATC 达到极小值；当 AVC 的递增额大于 AFC 的减少额时，则 ATC 将转向递增。如图 5－19 所示。

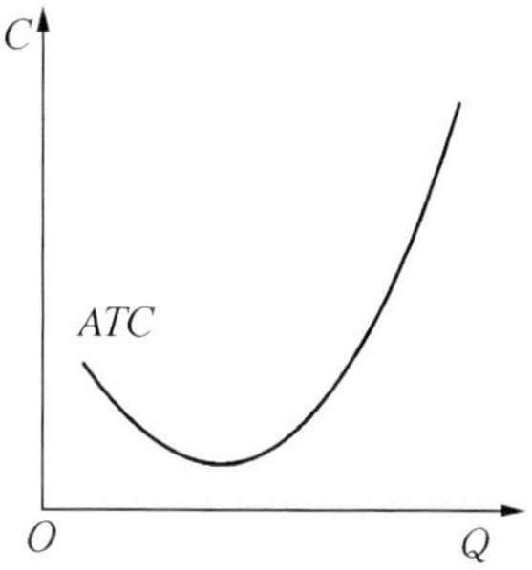

图 5－19　平均总成本

（4）边际成本 MC（marginal cost）是每增加或减少一个单位的产出量所引起的总成本的改变量，即总成本的增量与总产出量的增量的比值。即：

$$MC=\frac{\Delta TC}{\Delta Q}$$

在短期内总的固定成本是固定不变的，因此总成本的变化是由总的可变成本的变化所引起的。所以，短期的边际成本 SMC 也可以说是增加或减少一个单位产出量所引起的总的可变成本的增量。

按经济学中的基本假定，产出量是可以无限分割的，当产出量的变化无限小时，总成本的变化也无限小。因此，边际成本可以定义为总成本函数的一阶导数，即：

$$MC=\lim_{\Delta Q\to 0}\frac{\Delta TC}{\Delta Q}=\frac{\mathrm{d}TC}{\mathrm{d}Q}=\frac{\mathrm{d}TVC}{\mathrm{d}Q}$$

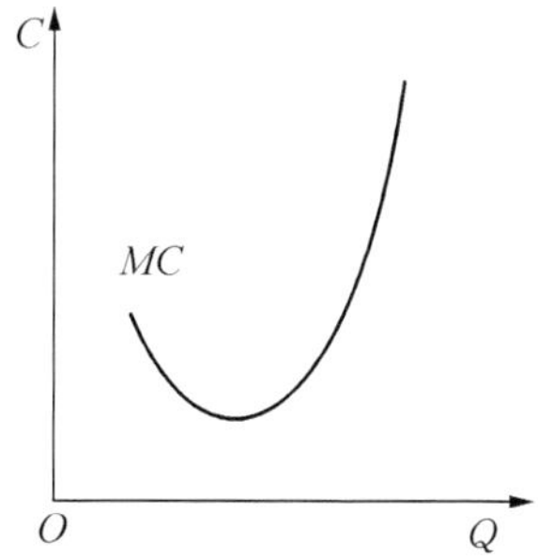

图 5－20　边际成本

从几何意义上看，某点上的边际成本就是在该点上的总成本曲线的斜率。由总成本曲线的性质可知边际成本曲线变化的特点。如图 5－20 所示，在产量水平较低的阶段上边际成本随产量的增加而减少，但达到一个最低点后，则随着产量的进一步增加而增加。之所以如此，这是因为报酬递减规律所决定的。

（二）短期成本之间的关系

1. 总成本之间的关系

总固定成本与平均固定成本之间的关系，从几何意义上说平均固定成本是，在总成本曲线上取一系列点，从原点向这些点引射线，而这些射线的斜率就是平均固定成本。如图 5－21 所示。

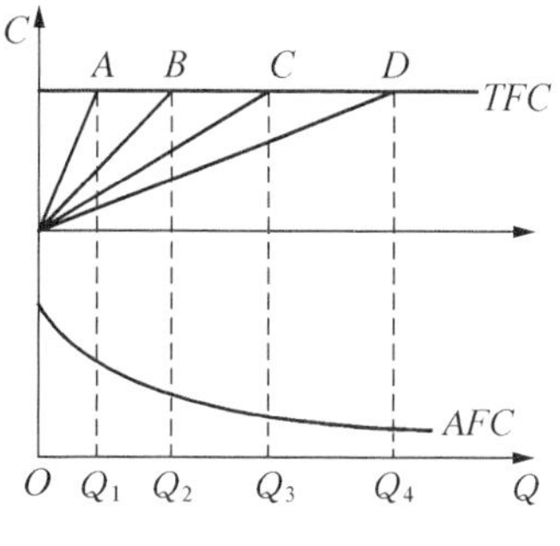

图 5－21　TFC 与 AFC 的关系

例如，图 5－21 中的点 C 的射线为 OC，其斜率为 CQ_3/OQ_3，表示产出量为 Q_3 时的平均固定成本。当产出量非常小时，其射线的斜率较大，于是平均固定成本曲线的位置较高，渐近与纵轴；反之当产出量较大时，其斜率较小平均固定成本曲线渐近与横轴。根据对 AFC 与 TFC 的分析的原理，可以知道 AVC 与 TVC 之间的关系，这里不再赘述。

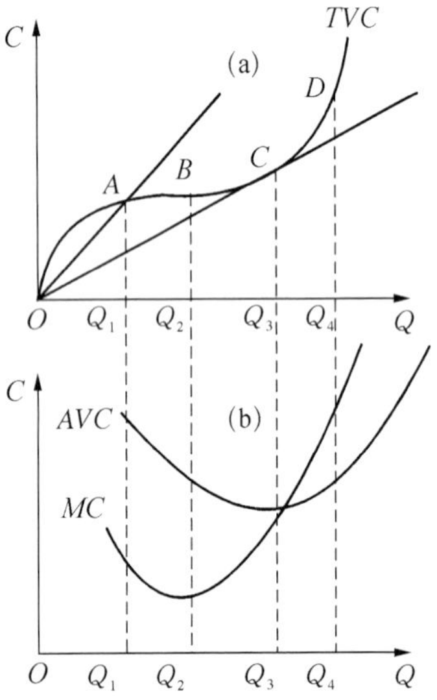

图 5-22　MC 与 AVC 的关系

2. 边际成本与平均成本的关系

任意一点的边际成本，是在总可变成本（TVC）曲线上同一产出量点上的切线的斜率值。如图 5-22(a)中 TVC 曲线上 Q_4 对应的点 D 的切线的斜率表示，增加 1 单位产出量的生产，成本的增加为 6 元，所以在图 5-22(b)中的 Q_4 产出量上每单位的边际成本为 6 元。当沿着 TVC 曲线向上移动到 B 点时，TVC 曲线变得越来越平坦，这表明 MC 曲线在下降；而过 B 点以后，TVC 曲线开始变得越来越陡峭，这说明 MC 曲线在上升。在 B 点 TVC 曲线的斜率最小，所以在此点对应的 MC 为极小点。在 TVC 曲线点 C 上射线斜率最小，所以可知此点对应的 AVC 最小。我们注意到，在此点射线与切线恰好重叠，所以在此点所对应的平均成本与边际成本相等。

总结上述分析可知，边际成本与平均成本之间的关系为：第一，当边际成本位于平均成本以下时，平均成本是下降的。可见平均成本处于下降的时刻，边际成本一定位于平均成本的下方。第二，当边际成本位于平均成本之上时，平均成本上升。也就是，当平均成本正在上升时刻，边际成本一定是位于平均成本之上。第三，当平均成本等于边际成本时，平均成本位于它的最低处，即平均成本最小。由于总平均成本是总可变成本向上平移（TFC 个单位）而得，故此边际成本曲线分别通过 AVC 及 ATC 曲线的最低点。

（三）成本函数与生产函数的对偶性

在上一节中我们讨论了短期生产函数的性质，从而得出了各种产量之间的关系。在此我们将成本及生产函数结合在一起来进一步分析，以确定成本与产出量之间的关系。

短期成本函数实际上反映了在技术、规模以及生产要素价格既定的条件下，最低成本随着产出量变动而变动的一般规律。技术水平是通过生产函数来描述的。因此,成本函数和生产函数之间存在着非常密切的关系。如果给定生产函数和要素价格,则可从生产函数推导出成本函数。

设生产函数:

$$TP = Q = f(L, K)$$

并假设 K 为固定投入,L 为可变投入。则成本函数:

$$TC = P_L \cdot L + P_K \cdot K = C(Q) + TFC$$

可见,随着投入数量的增加,总产量先以递增的速度递增,然后就以递减的速度递增。与此对应,随着产出量的增加,总成本将以递减的速度增加,而后将以递增的速度增加。从几何意义上看,当总产量曲线 TP_L 凸向横轴时,总成本曲线则是凹向横轴的,如图 5－23 所示。

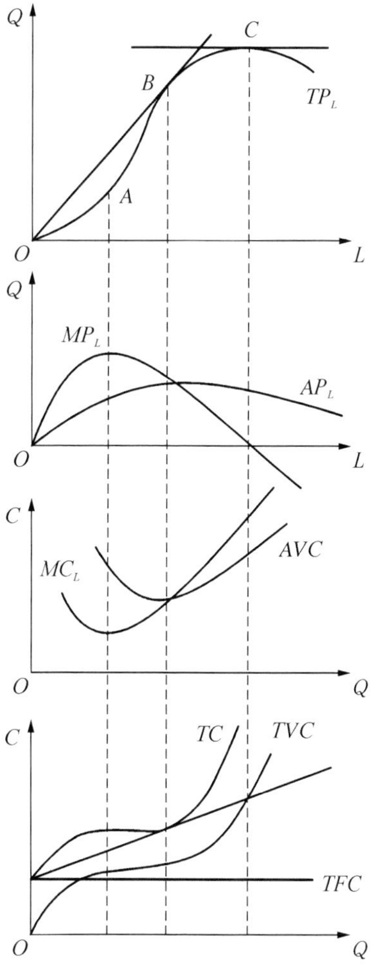

图 5－23　成本函数与生产函数的对偶性

综上所述,可得如下结论:

总产量曲线凸向横轴时说明 MP_L 呈递增,于是可知边际成本 MC_L 曲线必呈递减;反之,若 TP_L 凹向横轴时,MP_L 呈递减,MC 则呈递增。这说明了边际产量曲线与边际成本曲线具有某种对偶性。同理可知,平均产量曲线与平均成本曲线也具有这种对偶性。此外,由此可知 TP_L 曲线的拐点也对应着 TC 曲线的拐点。

第一,平均产量曲线的最高点对应平均可变成本曲线的最低点。这是因为:

$$AVC = \frac{TVC}{Q} = \frac{P_L \cdot L}{Q} = P_L \frac{1}{\frac{Q}{L}} = \frac{P_L}{AP_L}$$

可见在要素价格既定的情况下,AP_L 最大即为 AVC 最小。

第二，边际产量曲线的最高点对应着边际成本曲线的最低点。这是因为：

$$MC=\frac{\mathrm{d}TC}{\mathrm{d}Q}=\frac{\mathrm{d}}{\mathrm{d}Q}(TFC+TVC)$$
$$=\frac{\mathrm{d}TVC}{\mathrm{d}Q}=\frac{\mathrm{d}}{\mathrm{d}Q}(P_L\cdot L)=P_L\cdot\frac{\mathrm{d}L}{\mathrm{d}Q}$$
$$=P_L\frac{1}{\frac{\mathrm{d}Q}{\mathrm{d}L}}=P_L\frac{1}{MP_L}$$

这说明当生产要素的价格既定不变时，当边际产量 MP_L 最大时，边际成本 MC 最小。

通过上述分析不难了解到短期成本函数实际上反映了在技术、规模、生产要素价格既定的条件下，最低成本随着产出量的变动而变化的一般规律。由于成本函数和生产函数之间存在着密切的关系，所以如果给定生产函数和生产要素价格，我们就可以推导出成本函数。

例如：设某厂商生产函数为：

$$Q=f(X,Y)=4X^{0.7}Y^{0.3}$$

其要素 X 的价格为 10 元，要素 Y 的价格为 12 元，则该厂商的成本函数为：

首先，求要素边际产量：

$$MP_X=2.8X^{0.7-1}Y^{0.3}=\frac{0.7}{X}(4X^{0.7}Y^{0.3})=\frac{0.7}{X}\cdot Q$$
$$MP_Y=1.2X^{0.7}Y^{0.3-1}=\frac{0.3}{X}(4X^{0.7}Y^{0.3})=\frac{0.3}{X}\cdot Q$$

其次，根据厂商均衡的条件求要素投入的最佳比例：

由：$\frac{MP_X}{P_X}=\frac{MP_Y}{P_Y}$

得：$X=2.8Y$

$Y=(1\div 2.8)X$

将最佳投入比例代入生产函数可得：

$$Y^*=(1\div 8.22)Q$$
$$X^*=(1\div 2.937)Q$$

将 X^*、Y^* 及要素的价格代入成本约束函数：

$$TC = P_X X + P_Y Y = 10(1 \div 2.937)Q + 12(1 \div 8.22)Q = 4.865Q$$

（四）短期成本与生产要素价格之间的关系

当我们讨论各种成本的关系时，一般是假定技术水平、固定投入的数量以及生产要素的价格不变。但是，在实际生活中生产要素的价格是经常变化的。如果生产要素的价格发生变化，平均可变成本、平均总成本以及边际成本将会如何变动，这是我们要了解的问题。

首先，让我们假定固定投入（比如资本 K）的价格发生变动。当固定投入资本 K 的价格发生变动后，总固定成本将增加，即：

$$TFC^* = TFC + \Delta TFC$$

则总成本为：

$$TC^* = TVC + TFC^* = TVC + TFC + \Delta TFC = TC + \Delta TFC$$

因此，在固定投入价格变动后的边际成本及平均总成本分别为：

$$MC^* = \frac{\mathrm{d}TC^*}{\mathrm{d}Q} = \frac{\mathrm{d}(TVC + TFC)^*}{\mathrm{d}Q} = \frac{\mathrm{d}TVC}{\mathrm{d}Q} + \frac{\mathrm{d}TFC^*}{\mathrm{d}Q} = MC$$

$$ATC^* = \frac{TC^*}{Q} = \frac{TC}{Q} + \frac{\Delta TFC}{Q} = ATC + \frac{\Delta TFC^*}{Q}$$

上述结果表明，在固定投入价格发生变动后，边际成本、平均可变成本不受总固定成本变化的影响。但是平均总成本会随固定投入价格的变化而发生同方向的变化。如图 5－24 所示。

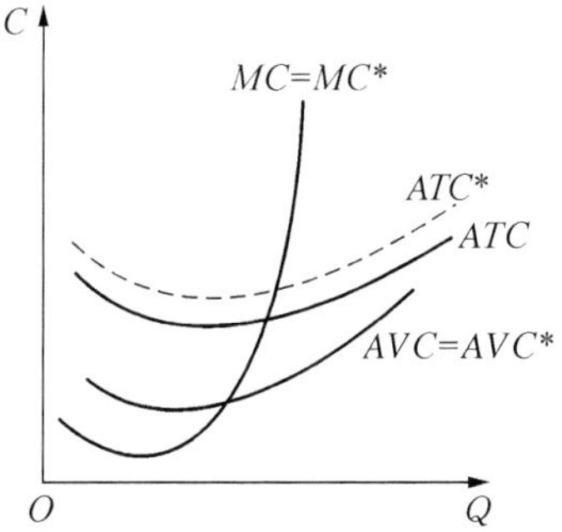

图 5－24　固定投入价格变化对成本的影响

其次，我们再假定可变投入（如劳动 L）的价格发生变动。当可变投入劳动 L 的价格发生变动后，总可变成本将增加，即：

$$TVC^* = TVC + \Delta TVC = TVC + \Delta P_L \cdot L$$

所以总成本为：

$$TC^* = TVC^* + TFC = TVC + \Delta TVC + TFC = TC + \Delta P_L \cdot L$$

因此，在可变投入价格变动后的边际成本、平均可变成本及平均总成本分别为：

$$ATC^* = \frac{TC^*}{Q} = \frac{TC}{Q} + \Delta P_L \frac{L}{Q} = ATC + \Delta P_L \frac{1}{AP_L} > ATC$$

$$MC^* = \frac{\mathrm{d}TC^*}{\mathrm{d}Q} = \frac{\mathrm{d}(TVC + TFC)^*}{\mathrm{d}Q} = \frac{\mathrm{d}TVC^*}{\mathrm{d}Q} + \frac{\mathrm{d}TFC}{\mathrm{d}Q}$$

$$= \frac{\mathrm{d}TVC^*}{\mathrm{d}Q} + \frac{\mathrm{d}(\Delta P_L \cdot L)}{\mathrm{d}Q} + \frac{\mathrm{d}TFC}{\mathrm{d}Q}$$

$$= MC + \Delta P_L \cdot \frac{1}{MP_L}$$

（因为 $\mathrm{d}Q/\mathrm{d}L$ 为 MP_L）

$$AVC^* = \frac{TVC^*}{Q} = \frac{TVC}{Q} + \frac{\Delta TVC}{Q} = AVC + \frac{\Delta P_L \cdot L}{Q}$$

$$= AVC + \Delta P_L \cdot \frac{1}{AP_L} > AVC$$

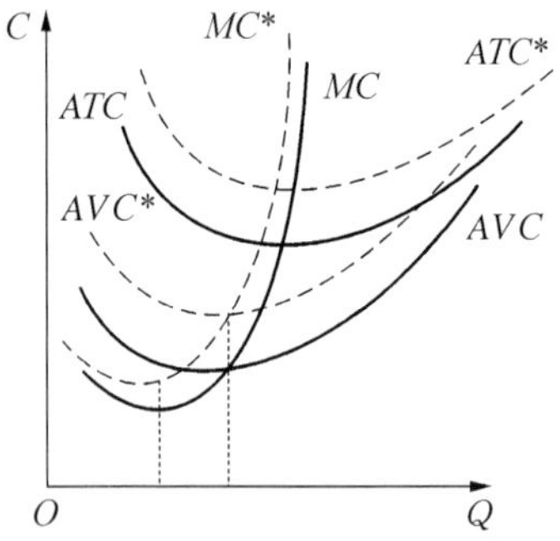

图 5-25　可变投入价格变化对成本的影响

上述结果表明，在可变投入价格发生变动后，边际成本、平均可变成本以及总成本均会因为可变投入价格的变化而发生变化，但是，由于平均可变成本的最低点对应着平均产量的最高点，所以当 AVC 为最低点时，AVC^* 也为最低点。其原因为此时 AP_L 最大，故 $1/AP_L$ 最小。如图 5-25 所示。

要素价格变动对成本的影响，对于厂商进行产量决策是非常重要的。厂商可以根据生产要素价格的变动对成本的不同影响合理地确定生产中可变投入的数量及比例。

通过上述分析不难了解到短期成本函数实际上反映了在技术、规模、生产要素价格既定的条件下，最低成本随着产出量的变动而变化的一般规律。由于成本函数和生产函数之间存在着密切的关系，所以如果给定生产函数和生产要素价格，我们就可以推导出成本函数。

三、长期成本分析

由于在长期中各种生产要素都是可变投入，所以在长期中不存在不变投入与可变投入之分。相应的固定成本与可变成本的区别也随之消失。为什么要对长期成本进行分析呢？其原因在于，当厂商发现某种产品有利可图，厂商在短期内仅仅依靠增加可变要素的投入并不能达到利润的最大化，这是因为固定投入（一般为设备、厂房等），即厂商的生产规模既定，随着产量的增加其成本将会以更大的比率增加，从而限制了厂商进一步扩大生产。此时如果厂商扩大生产规模就可以降低成本，从而刺激厂商在生产规模扩大的基础上扩大产量。在生产规模不断扩大的条件下，随着产量的增加成本将会如何变化，这就是长期成本分析所要解决的问题。此外，对长期成本分析的原因还在于长期成本函数的特点决定了短期成本函数的特点。

厂商决定改变其生产的规模，这就意味着它处于一个长期的状态。此时该厂商面临着多种选择，诸如使用何种技术、哪种设备、投入多少人力、物力以及工厂的规模多大等。但是当厂商一旦决定或扩大了生产的规模，厂商的情况就立刻转化为短期了。这一点即长期与短期的联系。

（一）长期总成本函数

长期总成本表示在生产规模变动的情况下，也就是所有生产要素的投入数量均可以变动的情况下，随着厂商产量的变化投入的生产要素的最低花费的变化规律。

长期成本的特征是：在产量为零时，长期总成本也为零，随着产量的不断增加，长期总成本随之增加。在生产的初期，由于要投入大量的生产要素，而此时的产量较少，就使得这些生产要素不能得到充分利用。因为此时成本增加的比率大于产量增加的比率。当产量增加到一定程度后，生产要素的利用率逐渐加大，就使得成本增加的比率小于产量的增加比率，其原因是规模经济的作用。如果此时厂商再继续增加产量，由于规模收益递减规律的存在，致使成本的增加比率再一次大于产量增加的比率。由于长期成本的变化特点，就使得长期成本曲线呈现为三次曲线，这就是长期总成本变化的规律，具体情况如图 5-26 所示。

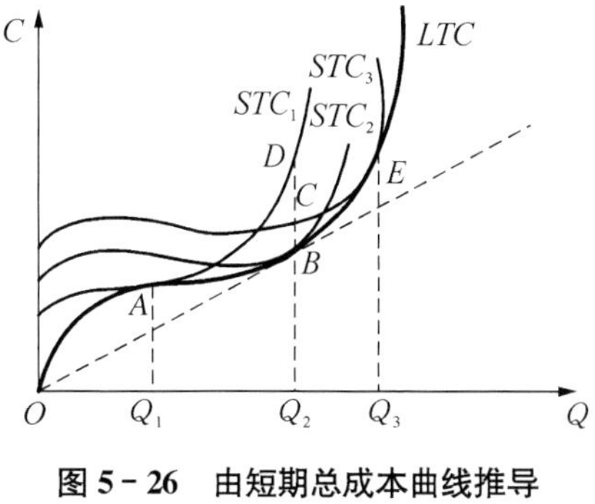

图 5-26　由短期总成本曲线推导长期总成本曲线

根据对总成本函数的定义，可以由短期成本曲线推导出长期总成本曲线。我们假设某厂商面临三种生产规模，即小规模、中规模和大规模。与此对应，相应地有三条短

期总成本曲线 STC_1、STC_2和 STC_3，见图 5－26。从图中不难看出三种生产规模对应的三种短期成本中总固定成本，STC_1曲线最小，STC_2曲线居中，STC_3曲线最大。固定成本的大小代表短期规模的大小。

当该厂商的生产量为 Q_1时，他将选择小规模生产，因为此时的短期总成本在三种生产规模下最小（A 点）。如果厂商的生产量为 Q_2，那么厂商应该如何调整生产要素的投入量以降低成本呢？此时厂商可能面临 STC_1曲线所代表的过小的生产规模或 STC_3曲线所代表的过大的生产规模。于是厂商可能选择较高的成本来组织生产 Q_2的产量，即在 STC_1曲线上的 D 点。这是因为在短期内厂商无法及时调整不变生产要素的投入量。但是在长期，情况就会发生变化。

由于厂商可以变动全部的生产要素的投入量，选择最优的生产规模。于是厂商必然会增加不变生产要素的投入量而扩大生产规模进行生产，即厂商必然会选择 STC_2曲线所代表的生产规模进行生产，从而他的最佳选择点为 B 点。类似地，当厂商的生产量为 Q_3时，会进一步扩大生产，选择 STC_3曲线所代表的生产规模，从而选择 E 点组织生产 Q_3的产量。

从长期而言，厂商可以选择的生产规模就不只三种，其短期成本线也就不只三条而可能是无限多条。这样一来，厂商可以在任何一个产量水平上都找到相应的一个最优的生产规模，都可以把总成本降到最低水平。也就是说，可以找到无数个类似于 A、B、E 的点，这些点的轨迹就形成了图 5－26 中的长期总成本曲线。显然，长期总成本曲线是无数条短期总成本曲线的包络线。在这条包络线上，在连续变化的每一个产量水平上，都存在着 LTC 曲线与一条 STC 曲线的切点，该 STC 曲线所代表的生产规模就是生产该产量的最优生产规模，该切点所对应的总成本就是生产该产量的最低总成本。所以，LTC 曲线表示长期内厂商在每一产量水平上由最优生产规模所带来的最小生产总成本。

图 5－26 中长期总成本曲线，从原点开始比较陡峭地向右方倾斜，表示长期总成本随产量的增加而增加。产量在 O—Q_1之间的这种变化正说明了成本的增加的比率大于产量的增加比率；在这之后成本曲线的走向开始变得平缓（Q_1—Q_2），说明了成本的增加比率小于产量的增加比率；在这之后长期总成本曲线又变得陡峭（Q_2—Q_3），这表明成本的增加比率又大于产量的增加比率。

图 5－26 中的长期总成本曲线实际上也是根据等产量曲线及等成本曲线的切点（各个产量的最低成本要素投入点），即生产扩展线而得到的，见图 5－27。图 5－27 中 E_1、E_2和 E_3点是三个长期生产的均衡点，每一个均衡点都表示厂商通过最优

选择而得到的在既定产量水平下的生产要素组合所实现的最小成本。例如，在 E_1 点上，生产 100 单位的产量的最小总成本由等成本线 K_1L_1 所代表，它与 Q_1 曲线的切点即为最小成本，即 $wL_1+rK_1=STC_1=C_1\rightarrow \min$。同理，在 E_2 点和 E_3 点有 $wL_2+rK_2=STC_2=C_2\rightarrow \min$ 和 $wL_3+rK_3=STC_3=C_3\rightarrow \min$。如果厂商的生产量可以无限分割，那么，在每一个产量点上的最小成本（STC_n）的组合描绘在成本图中就可以得到一条圆滑的曲线，即长期总成本曲线[图 5 - 27(b)]。

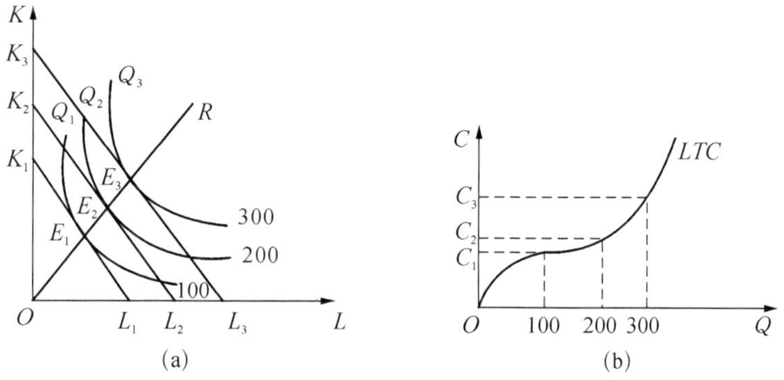

图 5 - 27　由扩展线推导长期总成本曲线

设生产上投入三种生产要素，劳动（L）、资本（K）和技术（T），其价格分别为 P_L、P_K、P_T，使总成本最低的各种要素投入量分别为 L^*、K^*、T^*，由于 L^*、K^*、T^* 分别是产量的函数，则长期总成本（LTC）函数为：

由于：$Q=f(K,\ L,\ T)$

所以：$LTC=P_L\cdot L^*+P_K\cdot K^*+P_T\cdot T^*$

$$=P_L\cdot l(Q)+P_K\cdot k(Q)+P_T\cdot t(Q)$$

$$=\Phi(Q)$$

（二）长期平均成本函数

在长期成本分析中，最重要的要属长期平均成本函数。一般在未指明的情况下所说的长期成本均是指长期平均成本。长期平均成本函数（LAC）表示在所有的投入都变化的情况下，各个产出水平的单位最小成本。

$$LAC=\frac{LTC}{Q}$$

在长期中厂商可以根据短期成本来调整长期成本，这是因为，一个企业的长期

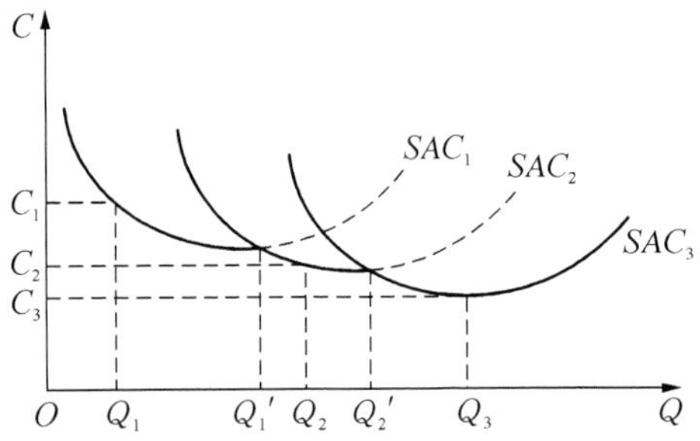

图 5-28　最优生产规模的选择

成本目标是以尽可能低的成本生产所要生产的产品数量的。现我们假设某厂商面临着几种生产规模可以选择，如小规模生产、中等规模生产和大规模生产，而这些规模生产的平均成本曲线(图 5-28)分别为 SAC_1、SAC_2、SAC_3。对于任何一个厂商来说，不论它现在面临的是哪一种生产规模，在长期生产中，厂商均可以选择其中的任何一种生产的规模。显而易见，厂商对工厂规模选择的基本条件是，为满足它的产品需求而对它所需要的生产能力所作的估计。当该厂商的生产量为 Q_1 时，厂商会选择 SAC_1 曲线所代表的生产规模，其单位成本 OC_1 较其他两种生产规模在同样产量点的平均成本低。当厂商的生产量为 Q_2 时，则厂商将选择 SAC_2 曲线所代表的生产规模进行生产，这是因为此规模下的成本 OC_2 较其他两种生产规模生产同样数量的产品的平均成本低。如果厂商的产出量为 Q_1'，则较小的生产规模和中等的生产规模的平均成本相同，厂商既可选择 SAC_1 曲线所代表的生产规模，也可以选择 SAC_2 曲线所代表的生产规模。通常情况下，此时厂商会选择 SAC_1 曲线所代表的生产规模。因为，该生产规模相对较小，厂商的投资可以小一些。但是我们注意到，如果厂商继续扩大生产至 Q_2 反而会使单位成本来得比 Q_1' 时为小。这是因为，对小规模生产而言，变动生产要素的投入量在此点以后显得过多(较固定生产要素而言)，致使平均成本大于 SAC_2。对于中等规模而言，在 Q_1' 产量点以后的一段区间变动投入量增加使变动投入与固定投入的比例趋于合理，从而使平均成本降低。所以，如果厂商从长远发展的角度考虑，他可能选择 SAC_2 曲线所代表的生产规模组织生产。

在长期生产中，厂商总是可以在每一产量水平上找到相应的最优的生产规模进行生产。而在短期内，厂商是做不到这一点的。图 5-29 中的实线部分表明每个产出水平上的平均单位成本较其他生产规模低，而虚线部分上对每

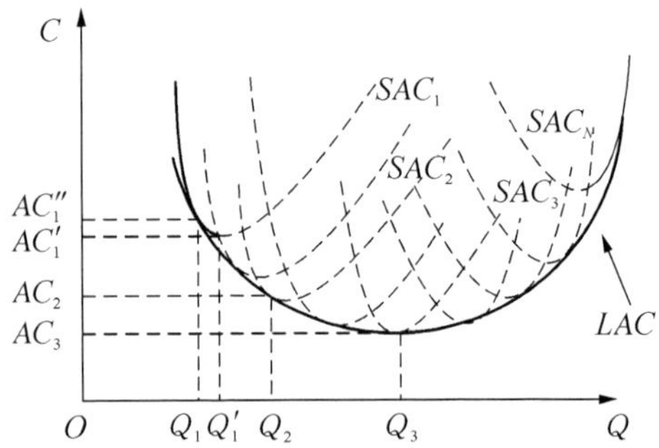

图 5-29　生产规模与长期平均成本曲线

个产出水平的单位成本均高于实线部分的单位成本。如果厂商所面对的生产规模可以无限地多，那么图中的实线部分将连成一个扇形线，这就是长期成本曲线，如图 5－29 所示。

一般说来，对于任何一个厂商而言，他们可以选择的生产规模几乎是无穷的。如果当生产的规模选择趋于无穷时，其实线部分恰好是各种短期成本曲线上最佳的生产点切线(图 5－29)，即各短期成本曲线的包络线，此包络线就是长期平均成本曲线。可见长期平均成本曲线是当厂商有时间和能力改变任何一种投入要素的使用量时，由一定的产出水平得到的最低单位成本。

从图 5－30 中不难看出，长期平均成本曲线只有在其最低处恰好与此生产点所对应的生产规模下的短期平均生产成本的最低点相切，而在长期平均成本曲线最低点的左侧均与各短期平均成本曲线的左侧相切，而在长期平均成本曲线最低点的右侧均与各短期平均成本曲线的右侧相切。

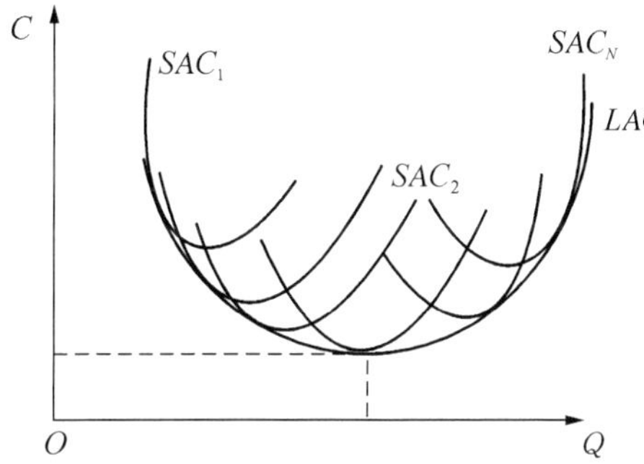

图 5－30　长期平均成本曲线

此外，从图 5－30 中还可以看出长期平均成本曲线 LAC 与短期成本曲线具有相同的形状呈“U”形。这说明，长期平均成本变动的规律也是随着产出量的增加先是减少而后增加。这种变化的原因是由于规模经济与规模不经济的作用决定的。所谓规模经济(economies of scale)即指企业在生产扩张阶段，厂商由于扩大生产规模从而使经济效益得到提高，或者说厂商生产的产量增加从而导致收益增加的倍数大于成本增加的倍数。此时长期平均成本曲线表现为下降趋势。所谓规模不经济(diseconomies of scale)是指当生产扩张到一定规模后，厂商继续扩大生产规模导致经济效益下降，或者说厂商生产的产量增加从而导致收益增加的倍数小于成本增加的倍数。此时长期平均成本曲线表现为上升趋势。规模经济与规模不经济都是由于厂商改变自身生产规模引起的，因此，也称为内在经济(internal economies)与内在不经济(internal diseconomies)。

与内在经济和内在不经济相对应的一对概念是外在经济(external economics)和外在不经济(external diseconomics)。外在经济和外在不经济是由于企业自身生产规模不改变情况下，由于行业发展、企业生产的外部环境等因素发生改变而引起的企业经济效益的变化。企业外在经济是由于厂商的生产活动所依赖的外界环境得到改善而产生的。相反,如果厂商的生产活动所依赖的外界环境恶化了,企业则产生了外在不经济。外在经济的具体表现是,行业规模扩大,给个别厂商带来产量与收益的增加。引起外在经济的主要原因主要分为技术性外在经济和金融性外在经济。其中,技术性外在经济指的是由于行业的发展,个别厂商得到的维修、服务、运输、人才供给、技术、信息等方面的非货币因素的便利条件;金融性外在经济指的是随着行业的发展,个别厂商在融资,汇率结算等货币方面受到影响而发生的外在规模经济。外在不经济的具体表现是,指整个行业生产规模扩大以后使个别厂商的单位产量减少和成本增加。如果厂商数量变化引起整个行业变化,或者厂商生产活动所依赖的外界环境恶化使得单个厂商的成本增加,则称存在着外在不经济。引起外在不经济的主要原因是:整个行业的生产规模过大,加剧了同行业各厂商之间的激烈竞争,各厂商往往要在扩大市场销售份额、争夺生产要素市场等方面付出更高的代价。此外,整个行业的扩大,也会使环境污染问题严重,造成交通紧张,因此个别厂商为此也需承担更高代价。

外在经济与外在不经济影响长期平均成本曲线的位置高低。

(三) 长期边际成本

长期边际成本(LMC)是指每单位产出变化引起的长期总成本的变化。换句话说,长期边际成本是长期中增加一单位产品所增加的成本。在理论上讲,假定产品是可以无限分割的,那么长期边际成本就是,当产量的变化极小时,长期总成本的变化部分。也就是长期边际成本是长期总成本的一阶导数,也就是:

$$LMC = \lim_{\Delta Q \to 0} \frac{\Delta LTC}{\Delta Q} = \frac{\mathrm{d}LTC}{\mathrm{d}Q}$$

长期边际成本 LMC 曲线可以由长期总成本 LTC 曲线得到。因为 $LMC = \mathrm{d}LTC/\mathrm{d}Q$, 所以,只要把每一个产量上的 LTC 曲线的斜率值描绘在产量和成本的平面坐标图中,便可得到长期边际成本 LMC 曲线。

长期边际成本 LMC 曲线也可以由短期边际成本 SMC 曲线得到。从推导长期总成本、长期平均成本曲线中可见,长期总成本曲线、长期平均成本曲线分别是短期总成本曲线和短期平均成本曲线的包络线。在长期内的每一个产量上,LTC(或 LAC)曲线都与一条代表最优生产规模的 STC(或 SAC)曲线相切,这说明这两条曲线的斜率是相等的。由于 LTC 曲线的斜率是相应的 LMC 值(因为

$LMC=\mathrm{d}STC/\mathrm{d}Q$)，$STC$ 曲线的斜率是相应的 SMC 值(因为 $SMC=\mathrm{d}STC/\mathrm{d}Q$)，由此可以推知，在长期内的每一个产量上，$LMC$ 值都与代表最优生产规模的 SMC 值相等。根据这种关系，便可以由 SMC 曲线推导 LMC 曲线。但是，与长期总成本曲线和长期平均成本曲线的推导不同，长期边际成本曲线不是短期边际成本曲线的包络线。

图 5－31 中的每一个产量上的代表最优生产规模的 SAC 曲线都有一条相应的 SMC 曲线，每一条 SMC 曲线都过相应的 SAC 曲线最低点。在 Q_1 的产量上，生产该产量的最优生产规模由 SAC 曲线和 SMC_1 曲线所代表，相应的短期边际成本由 P 点给出，PQ_1 既是短期边际成本，又是长期边际成本，即有 $LMC=SMC_1=PQ_1$。

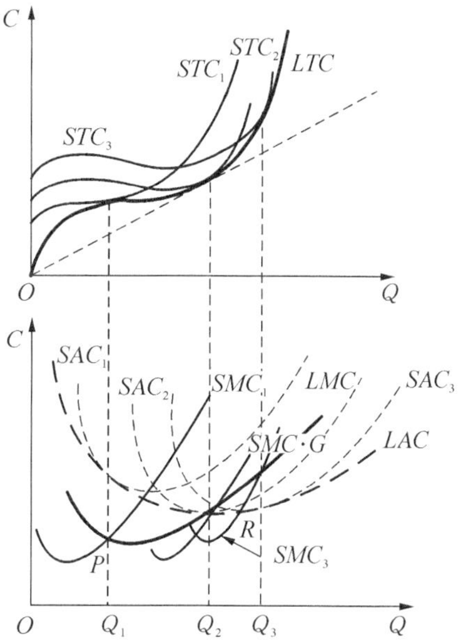

图 5－31 长期边际成本曲线的推导

同理，在 Q_2 的产量上，有 $LMC=SMC_2=RQ_2$。在 Q_3 的产量上，有 $LMC=SMC_3=GQ_3$。在生产规模可以无限细分的条件下，可以得到无数个类似与 P、R 和 G 的点，将这些点连接起来便得到一条圆滑的长期边际成本 LMC 曲线。

如图 5－31 所示，长期边际成本曲线呈 U 形，它与长期平均成本曲线相交于长期平均成本曲线的最低点。其原因在于：根据边际量和平均量之间的关系，当 LAC 曲线处于下降段时，LMC 曲线一定处于 LAC 曲线的下方，也就是说，此时 $LMC<LAC$，LMC 将 LAC 拉下；相反，当 LAC 曲线处于上升段时，LMC 曲线一定位于 LAC 曲线的上方，也就是说，此时 $LMC>LAC$，LMC 将 LAC 拉上。因为 LAC 曲线在规模经济和规模不经济的作用下呈先下降后上升的 U 形，这就使得 LMC 曲线也必然呈先降后升的 U 形，并且，两条曲线相交于 LAC 曲线的最低点。

根据 LMC 曲线的形状特征，可以进一步解释 LTC 曲线的形状特征。因为 LMC 曲线呈先降后升的 U 形，而 LMC 值又是 LTC 曲线上相应的点的斜率，所以，LTC 曲线的斜率必定随着产量的增加表现出先递减后递增的特征。

当长期总成本以递减的比率上升时，长期边际成本下降；当长期总成本以递增的比率上升时，长期边际成本上升；当长期总成本由递减的比率上升转化为以递增的比率上升时，长期边际成本到达最低点。与短期分析类似，当长期边际成本小于长期平均成本时，长期平均成本下降；而当长期边际成本大于长期平均成本时，长期平均成本上升；长期边际成本与长期平均成本曲线在长期平均成本的最低处相交。

关于 LAC 曲线与 LMC 曲线的关系的论述我们可以用数学的方法加以论证：

$$\frac{\mathrm{d}LAC}{\mathrm{d}Q}=\frac{\mathrm{d}}{\mathrm{d}Q}\left(\frac{LTC}{Q}\right)=\frac{LTC'\cdot Q-LTC}{Q^2}$$

$$=\frac{1}{Q}\left(LTC'-\frac{LTC}{Q}\right)=\frac{1}{Q}(LMC-LAC)=\begin{cases}<0 & LMC<LAC \quad LAC\downarrow\\ =0 & LMC=LAC \quad LAC\text{极小}\\ >0 & LMC>LAC \quad LAC\uparrow\end{cases}$$

第三节 收 益 理 论

厂商是否能获得最大的利润还取决于厂商的收益。这是因为任何一个生产者的利润(π)都可以看成是收益(TR)扣除成本(TC)后的余额，即：

$$\pi=TR-TC$$

可见，收益的大小是决定厂商利润的一个非常重要的因素。所以，本节将从分析生产者的收益入手，进而分析生产者的利润最大化问题。

一、收益和收益函数

（一）收益的基本概念

收益(revenue)是指厂商出卖产品得到的全部收入，即价格与销售量的乘积。收益可以分为总收益 TR(total revenue)、平均收益 AR(average revenue)和边际收益 MR(marginal revenue)。

总收益是指生产者出售自己的产品所得到的全部货币收入；平均收益是指生产者出售一定量的商品时，平均每单位商品的货币收入；边际收益是指每增加或减少一单位的产品，使总收益变化的数值，或者说边际收益是当产量无限小变化所引起的收益的变化部分。它们之间的关系为：

$$TR = PQ = AR \cdot Q \tag{5.8}$$

$$AR = \frac{TR}{Q} \tag{5.9}$$

$$MR = \frac{\Delta TR}{\Delta Q} = \lim_{\Delta Q \to 0} \frac{\Delta TR}{\Delta Q} = \frac{\mathrm{d}TR}{\mathrm{d}Q} \tag{5.10}$$

式中：P 为商品的单位价格；Q 为商品的产量或销售量。

总收益可以分为价格不变下的总收益和价格变化下的总收益，式(5.8)表示的是在价格不变的情况下生产者的总收益，在价格变化下由于价格 P 是 Q 的函数，所以式(5.8)可表述为：

$$TR = P(Q)Q \tag{5.11}$$

与边际成本一样，边际收益的概念是非常重要的。这是因为厂商多生产和销售一个单位的产品，总成本会增加多少？总收益会增加多少？如果增加的收益多于成本，生产是有利的；反之，增加的成本大于收益，生产就不合算。可见，在一定的产出水平之下，企业是否增加产出量与边际收益有着密切的关系。

在理解收益时必须注意的问题是：第一，收益并不等于利润。也就是说，收益并不是出售产品所赚的钱，它是生产者销售产品所得到的钱。在这所得的钱中，既有用于购买各种生产要素所支出的成本费用，也有扣除成本费用后所剩余的利润。第二，由于收益是价格与产量的乘积。所以，如果不考虑价格(在价格不变时)的因素，收益就是产量。为此，我们不难从总产量、平均产量和边际产量的变动规律与曲线的形状推出总收益、平均收益和边际收益的变动规律和曲线的形状。第三，在不同的市场结构中，收益的变动规律并不完全相同，边际收益曲线与平均收益曲线的形状也并不相同。有关第三点我们将在本书的第六章、第七章中详加论述。

（二）收益函数

为了研究和确定生产者的利润最大化，对收益函数的研究是非常必要和重要的。由于生产者的收益与消费需求关系紧密相联，所以，对收益的研究要比对生产函数和对成本函数的研究来得困难得多。

如上所述，总收益是价格与产量或销售量的乘积，如果我们假定某产品的需求函数是已知的，如：

$$P = a - bQ \quad (a > 0,\ b > 0 \text{ 是常数})$$

根据式(5.8),收益函数为:

$$TR = PQ = (a - bQ)Q = aQ - bQ^2 \tag{5.12}$$

从式(5.12)可以看出,收益函数就是总收益与产出量之间的关系。

1. 价格不变下的总收益

在价格不变的情况下,即价格是一大于零的常数,此时:

$$TR = PQ$$

$$AR = \frac{TR}{Q} = P$$

$$MR = \frac{\mathrm{d}TR}{\mathrm{d}Q} = P$$

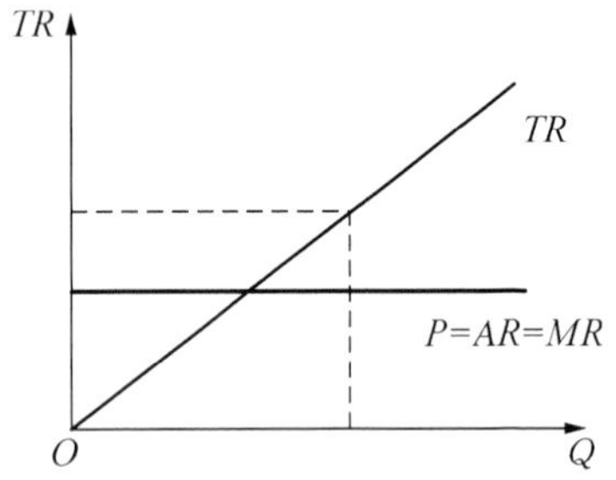

图 5-32 价格不变条件下的收益曲线

可见,在价格不变的条件下,平均收益与边际收益均为商品的价格。这说明平均收益曲线、边际收益曲线和价格曲线是重叠的,且是一条平行于横轴的直线,如图 5-32 所示。

在价格不变的条件下为什么平均收益曲线、边际收益曲线和价格曲线重叠并平行于横轴呢?这是因为,此时市场上的消费者接受既定的价格,他们在既定的价格下购买商品。生产者也在按既定的价格出售商品。不论是消费者还是生产者,其个别的行为都无法影响价格。也就是说,生产者多销售一个单位的商品,既不会使卖价上升,也不会使卖价下跌。因此,对生产者而言平均收益曲线与边际收益曲线重叠。

应注意的是,图 5-32 中的 P 曲线也是需求曲线。这是因为,在既定的价格下,市场对个别厂商的产品的需求是无限的。因此,市场对个别厂商产品的需求曲线是一条由既定市场价格出发的平行线。

2. 价格变化下的总收益

由于市场的作用,生产者要增加产出或销售必须降低价格。在本书第二章中我们曾经讨论过需求量与价格之间的关系,得出了需求法则。根据需求法则,降低价格会使需求量上升。因此,随着销售量的逐渐增加,边际收益和平均收益都是递减的。

根据公式(5.12)，在价格变化时，总收益函数为：

$$TR = PQ = (a - bQ)Q = aQ - bQ^2$$

此时：

$$AR = \frac{TR}{Q} = a - bQ$$

$$MR = \frac{dTR}{dQ} = a - 2bQ$$

由此可知，在价格变化且需求函数为线性时：第一，平均收益函数与需求函数($P = a - bQ$)相同，即平均收益曲线与需求曲线重叠；第二，边际收益函数为线性函数，其斜率的绝对值是平均收益函数斜率绝对值的2倍，如图5-33。

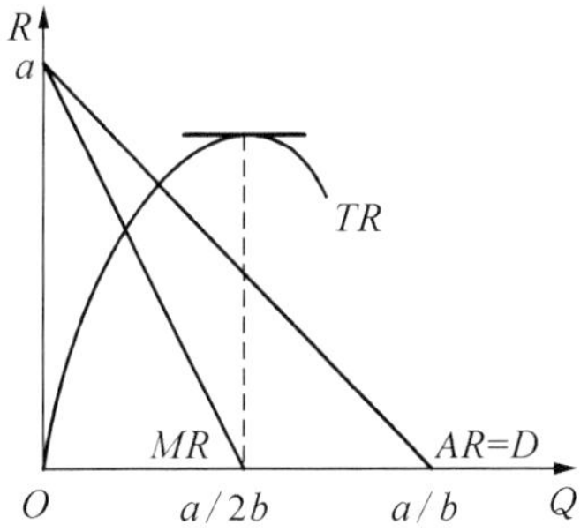

图5-33　线性需求下的收益曲线

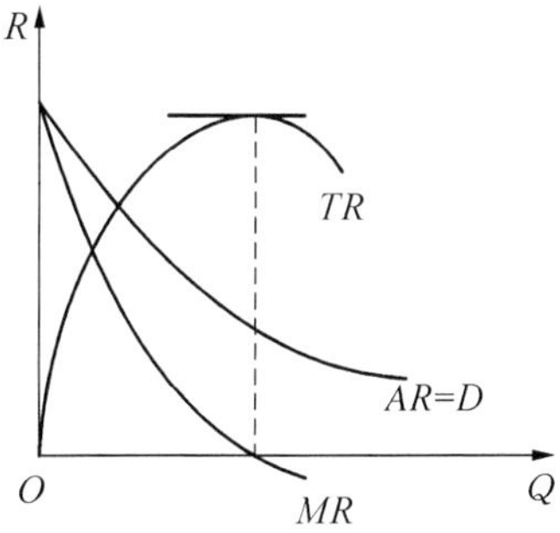

图5-34　非线性需求下的收益曲线

图5-33显示，需求曲线向下方倾斜，商品的价格随销售量的增加而下降。平均收益与边际收益随销售量的增加而下降。由于边际收益递减，因此总收益曲线是以递减的速度增加的，它表现为一凹向横轴的曲线。从图中不难看出，总收益与边际收益的关系是，当边际收益等于零时总收益取得最大值，从这一点开始总收益随销售量的增加而下降。

对于非线性的需求曲线来说，由于价格与需求量的变化方向相反，需求曲线是一条自左上方向右下方倾斜的曲线(这一点我们已经在第二章中详细论述过)。所以，平均收益曲线和边际收益曲线也是向右下方倾斜的曲线，其关系如图5-34所示。

二、收益与弹性

在第三章第四节中我们曾经简单地讨论过弹性与厂商收益之间的关系，这里我们将再次论述这个问题。根据弹性理论可知，当商品的价格变化时，厂商的收益是否增加(或减少)，这完全取决于产品的弹性。一般而言，边际收益曲线在价格弹性区内为正值，在非弹性区内为负值，在单一弹性点为零。

在边际收益大于零的弹性区内，由于价格的降低将促使需求量的增加，增加的收益抵消由于价格降低而减少的收益后仍有余额，因而总收益随价格的降低而增加。在边际收益等于零的单一弹性点，由于价格降低的幅度与由此而引起的需求量的增加幅度相同，因此总收益不会因价格的变动而发生变化。在边际收益小于零的非弹性区，总收益将随着价格的降低而减少。其原因是，虽然随着价格的降低需求量会不断增加，但是由于销售量增加而增加的收益不足以弥补由于价格下降带来的损失，因此将使得总收益减少。

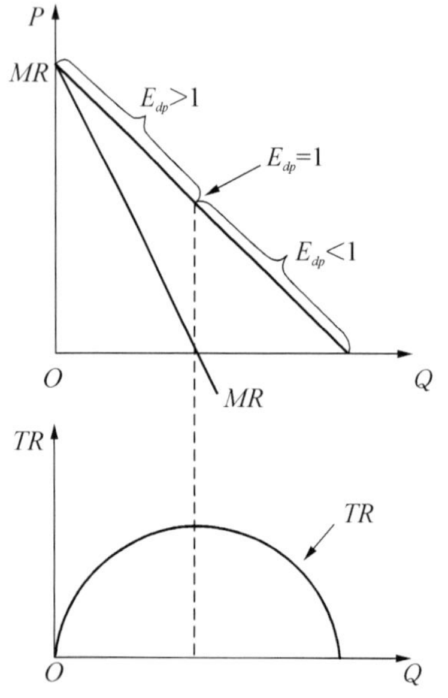

图 5－35　弹性与收益的关系

由于弹性与总收益有着密切的联系，而总收益又受边际收益的影响，那么弹性与边际收益的关系如何呢？边际收益与弹性的数量关系表现如下所述(几何关系如图 5－35)。

由于总收益是价格与产量的乘积，而价格 P 又是产量 Q 的函数，如果对总收益函数 TR 求 Q 的全导数，则：

$$TR = P(Q)Q$$

$$MR = \frac{\mathrm{d}TR}{\mathrm{d}Q} = \frac{\partial TR}{\partial Q}\cdot\frac{\mathrm{d}Q}{\mathrm{d}Q} + \frac{\partial TR}{\partial P}\cdot\frac{\mathrm{d}P}{\mathrm{d}Q}$$

$$= P + Q\frac{\mathrm{d}P}{\mathrm{d}Q} = P\left(1 + \frac{Q}{P}\cdot\frac{\mathrm{d}P}{\mathrm{d}Q}\right)$$

$$= P\left(1 - \frac{1}{|E_{dp}|}\right)$$

由此可知：

当 $|E_{dp}| > 1$ 时，$MR = P(1 - 1/E_{dp}) > 0$，此时厂商增加销售量可使总收益增加。

当 $|E_{dp}| = 1$ 时，$MR = P(1 - 1/E_{dp}) = 0$，此时厂商的总收益达到最大。

当 $|E_{dp}| < 1$ 时，$MR = P(1 - 1/E_{dp}) < 0$，此时厂商增加销售量会使总收益减少。

通过上述分析不难得出，如果厂商面临的需求曲线是一条向右下方倾斜的曲

线时，厂商的最优产出水平一定是在需求价格弹性系数 $|E_{dp}| \geqslant 1$ 的区域内。

三、利润最大化

（一）会计利润和经济利润

利润(profit)是厂商总收益与总成本的差额。由于成本具有不同的定义，为此，在任何特定的产出水平下将产生不同的利润水平。在本章第二节我们给出了会计成本和经济成本的定义，在这两种成本的定义之下可将会计利润和经济利润定义为：

$$\text{会计利润} = \text{总收益} - \text{会计成本}$$
$$\text{经济利润} = \text{总收益} - \text{经济成本}$$

由于经济成本较会计成本来得大，所以在任何产出水平下，厂商的经济利润一般不会超过会计利润。厂商在经营活动中经常遇到的利润有三种：

第一，正的经济利润。当厂商获得的经济利润为正值时，说明厂商获得的总收益弥补经济成本后仍有剩余。通常在经济学中将这种利润称为超额利润。

第二，经济利润为零。当厂商获得的总收益恰好弥补经济成本时，这时厂商未获得任何经济利润。此时厂商获得的利润经济学中称之为正常利润。正常利润是企业家才能的报酬，包含在成本中。

第三，负的经济利润。负的经济利润表示厂商的总收益不足以弥补其经济成本。

（二）生产者利润最大化的确定

在经济分析中，利润最大化的原则是边际成本等于边际收益。有关这一原则可用数学微分法证明如下：

厂商的利润 π 是总收益 TR 与总成本 TC 的差额，而总收益和总成本均是产量 Q 的函数，所以利润也是 Q 的函数，即：

$$\pi = f(Q) = R(Q) - C(Q) = TR - TC$$

利用函数达到极大值的条件可得：

$$\begin{cases} \dfrac{\mathrm{d}\pi}{\mathrm{d}Q} = 0 \\ \dfrac{\mathrm{d}^2\pi}{\mathrm{d}Q^2} < 0 \end{cases}$$

所以：$\frac{d\pi}{dQ}=\frac{dTR}{dQ}-\frac{dTC}{dQ}=MR-MC$

令：$\frac{d\pi}{dQ}=0$ 就得到：

$$MR=MC$$

于是可得出生产者达到最大利润的必要条件是：

$$MR=MC$$

生产者达到最大利润的充分条件是：

$$\frac{d^2\pi}{dQ^2}<0$$

为什么在边际收益与边际成本相等时厂商可以获得最大利润呢？如果边际收益大于或小于边际成本又会如何呢？

如果厂商的边际收益大于边际成本，说明厂商每增加一个单位产品的生产所增加的收益大于生产一个单位产品所增加的成本。这时，对该厂商来说增加生产有利可图，该厂商就会继续增加生产（说明利润未达到最大化）。

如果厂商的边际收益小于边际成本，说明厂商每多增加生产一个单位产品而增加的收益将小于生产这一单位产品所增加的成本。

这样对于生产这一单位的产品来说，厂商就发生了亏损，显然当出现这种情况时厂商的利润是不会达到最大化的，此时厂商就会减少产品的生产。

无论上述哪一种情况出现，厂商都会调整生产。只有在边际收益与边际成本相等时，厂商就没有必要再调整其产量了。说明厂商已经将该赚的钱赚到了，即实现了利润的最大化。

从几何意义讲（图 5－36），厂商的利润是总收益曲线 TR 与总成本曲线 TC 之间的距离，利润达到最大时两曲线之间的距离最大。而我们知道只有当总收益曲线与总成本曲线在某一产出水平时的切线相互平行时，这两条曲线之间的距离才能达到最大。而总收益曲线在某产出水平的切线正是在该产出水平时的边际收益 MR，总成本曲线在某产出水平时的切线也正是在该产出水平时的边际成本 MC。

从图 5－36 中可以看出，有两个产出水平（Q_1、Q^*）使边际收益 MR 与边际成本 MC 相等。在点 Q_1 处，利润函数的切线斜率由负变为正值，可见利润函数在此点取得极小值；在点 Q^* 处，利润函数的切线斜率由正变为负值，可见利润函数在此点取得极大值。因此，点 Q^* 是利润的极大值产量点。同时从图 5-36 中我们还可以求出厂商利润最大化时的价格为 P。

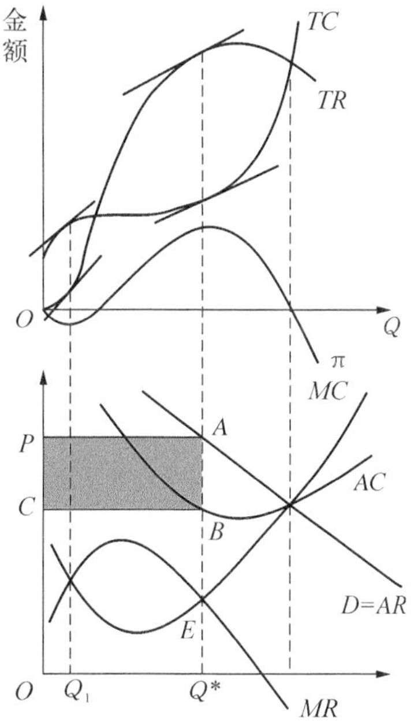

图 5-36　厂商最大利润的确定

例如，设某厂商生产的产品的需求函数及该厂商的总成本函数分别为：

$$\text{需求函数：}Q = 1\,000 - 20P$$
$$\text{成本函数：}TC = 30Q + 1\,000$$

求：① 使厂商达到利润最大时的产出水平；② 使利润达到最大时的价格；③ 厂商的最大利润。

解：由需求函数可得：

$$P = 50 - 0.05Q$$

故总收益函数为：

$$TR = QP = Q(50 - 0.05Q) = 50Q - 0.05Q^2$$

于是得利润函数为：

$$\pi = TR - TC = 50Q - 0.05Q^2 - (30Q + 1\,000) = 20Q - 0.05Q^2 - 1\,000$$

根据成本函数及总收益函数可得：

$$MC = 30$$
$$MR = 50 - 0.1Q$$

令：$MR = MC$

得：$50 - 0.1Q = 30$

解得：$Q = 200$(单位)

将 $Q = 200$ 代入需求函数得：

$$P = 50 - 0.05 \times 200 = 40\text{(元)}$$

代入利润函数得：

$$\pi = 40 \times 200 - (30 \times 200 + 1\,000) = 1\,000\text{(元)}$$

(该厂商的利润函数的二阶导数在 $Q=200$ 时为 $-0.1<0$)

主要名词与术语

边际产量　等产量线　边际技术替代率　等成本线　规模报酬　边际报酬递减规律　内在经济　生产扩张线　机会成本　隐性成本　显性成本　经济利润　正常利润　边际成本　生产要素最优组合

复习思考题

1. 一个企业主在考虑雇佣一个工人时在劳动的边际产量和平均产量中他更关注哪一个?

2. 为什么说扩展线上的任何一点都是生产者均衡点?

3. 短期平均成本曲线和长期平均成本曲线都是U形曲线,它们产生的原因有什么区别?

4. 厂商的短期成本函数是如何得到的? 其中平均成本和边际成本与可变要素的平均产量和边际产量有何联系?

第六章 市场结构理论(一)

本章教学目的与要求

本章主要阐述在完全竞争市场条件和完全垄断条件下，厂商为实现利润最大化，所进行的产量和价格的决策。首先，需要了解市场的划分标准、类别和特点，掌握完全竞争市场和完全垄断市场的形成条件和特点，以及厂商所面临的需求曲线和收益曲线；其次，能分析说明完全竞争厂商和完全垄断厂商在不同条件下的均衡状况，理解厂商的最优决策，推导出完全竞争市场条件下短期和长期的厂商及行业的供给曲线。

第一节 完全竞争市场

一、完全竞争市场的特点

完全竞争市场(perfectly competitive market)，有时也称作竞争市场(competitive market)，是指有许多交易相同产品的消费者与生产者，每一个消费者和生产者都是价格接受者的市场。完全竞争市场有四个基本特点。

1. 市场上有许多的消费者和生产者

市场上有许多生产者与消费者，并且每个生产者和消费者的规模都很小，即任何一个市场主体所占的市场份额都极小，都无法通过自己的行为影响市场价格和市场的供求关系，因而每个主体都是既定市场价格的接受者(price taker)，而不是决定者。

2. 市场上的产品是同质的，即不存在产品差别

产品差别是指同种产品在质量、包装、牌号或销售条件等方面的差别，不是指

不同产品之间的差别。例如，创维彩电与长虹彩电是同种产品之间的差别，而不是彩电与空调不同产品之间的差别。因此，厂商不能凭借产品差别对市场实行垄断。

3. 厂商可以自由地进入或退出市场

各种资源都可以完全自由流动而不受任何限制。任何一个厂商可以按照自己的意愿自由地扩大或缩小生产规模，进入或退出某一完全竞争的行业。

4. 市场信息是完全的

生产者和消费者都可以获得完备的市场供求信息。他们完全了解市场行情，市场信息畅通，得到信息不需付出代价。

完全竞争市场明显是一种理想的市场状态，属于理论抽象。现实中的市场都不具备这些特点，因而都不是完全竞争市场，充其量接近完全竞争（比如可以认为股票市场是接近完全竞争的）。尽管如此，完全竞争市场仍然是经济学家分析市场的起点。只有从具体事物中进行抽象，才能了解事物变化的一般规律。过于具体，则不利于揭示复杂现象的内在本质。由于完全竞争的理论价值，完全竞争理论迄今仍是经济理论的重要组成部分，是进行经济分析的基础。

二、完全竞争市场厂商的需求和收益曲线

（一）完全竞争市场厂商的需求曲线

在完全竞争市场的条件下，对整个行业来说，需求曲线是一条向右下方倾斜的曲线，供给曲线是一条向右上方倾斜的曲线。整个行业产品价格就由这种需求与供给决定，如图 6－1(a)所示。但对个别厂商来说情况就不一样了，当市场价格确定之后，对个别厂商而言，由于它们都是价格接受者，所以这一价格就是既定的，无论它如何增加产量都不能影响市场价格。因此，市场对个别厂商产品的需求曲线就表现为一条与横轴平行的水平线，如图 6－1(b)所示。

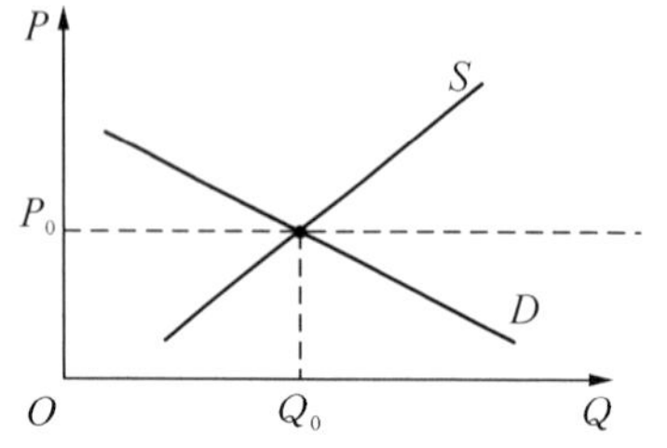

图 6－1(a)　完全竞争市场下的行业所面临的供求曲线 *D*

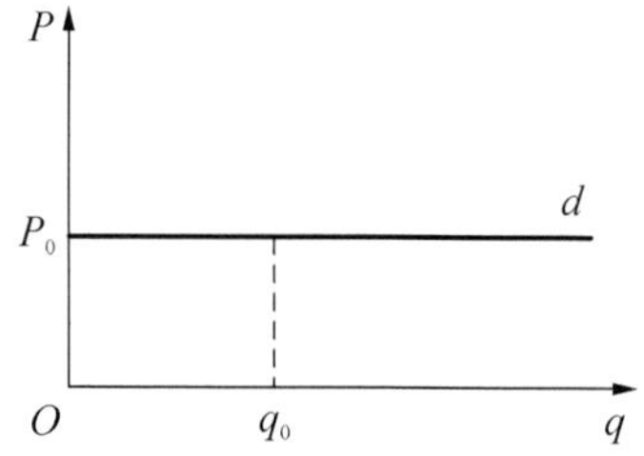

图 6－1(b)　完全竞争市场下的厂商所面临的需求曲线 *d*

这条需求曲线的需求价格弹性系数为无限大，即在市场价格为既定时，对个别厂商产品的需求是无限的。

（二）完全竞争市场厂商的收益曲线

完全竞争市场厂商的收益有三种类型：即总收益 TR（total revenue）、平均收益 AR（average revenue）和边际收益 MR（marginal revenue）。

第一，总收益（TR）等于产量乘以价格。$TR = P \times Q$。

第二，平均收益（AR）等于总收益除以产量。$AR = TR/Q = (P \times Q)/Q = P$，对所有市场上的厂商而言，平均收益都等于物品的价格，即 $P \equiv AR$。

第三，边际收益（MR）等于增加一单位销售量所引起的总收益的增加。$MR = \Delta TR / \Delta Q = (P \times \Delta Q)/\Delta Q = P$。对于完全竞争市场的厂商而言，因为价格是由市场给定的，因此边际收益等于物品的价格，即 $P = MR$。

综上所述，我们可以看出完全竞争市场的厂商收益曲线具有两个特征：

第一，完全竞争市场的厂商总收益曲线 TR 是一条由原点出发的呈上升趋势的直线。其斜率之所以不变是因为总收益曲线的斜率是与每一销售量上的边际收益相对应的，而完全竞争市场厂商的边际收益是不变的，它始终等于既定的市场价格，如图 6－2(a)所示。

第二，完全竞争市场厂商的平均收益曲线 AR、边际收益曲线 MR 和需求曲线 d 这三条线是重叠的，即三线合一。用公式可以表达为 $AR = MR = P$。如图6－2(b)所示。

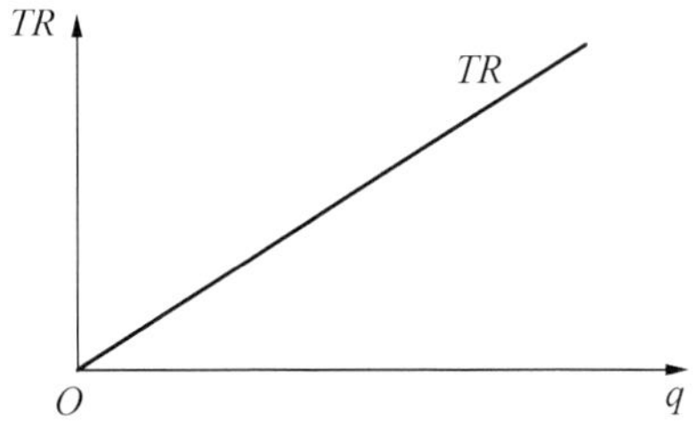

图 6－2(a)　完全竞争市场厂商的总收益曲线

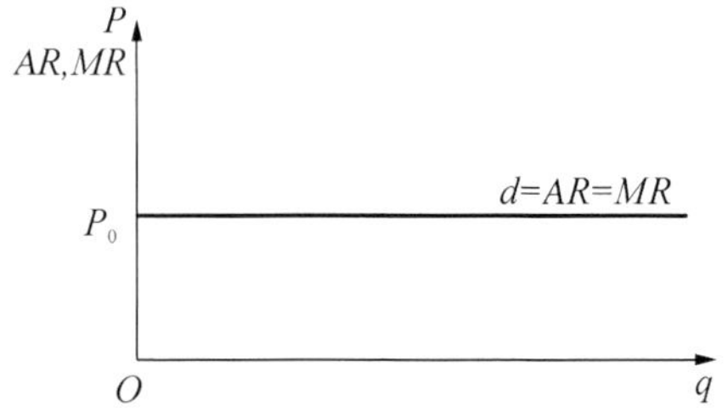

图 6－2(b)　完全竞争市场厂商的平均收益和边际收益曲线

三、完全竞争市场厂商的短期均衡

在短期内，完全竞争市场上厂商的生产规模是确定的。旧的厂商不能退出市场，新的厂商也不能进入市场。在技术水平不变的情况下，某个厂商相应的生产成

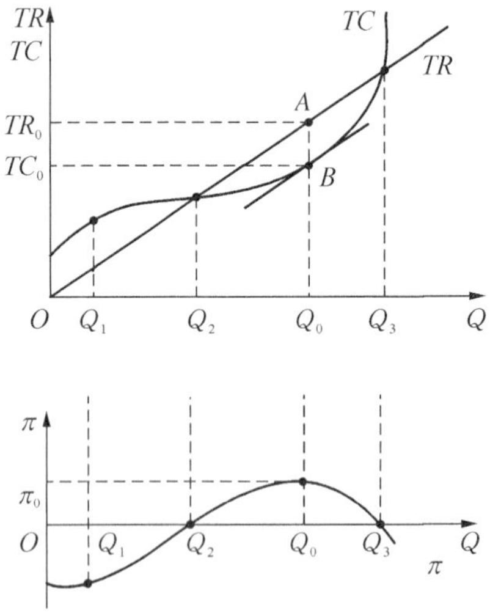

图 6-3　厂商短期均衡的总量分析

本曲线就是确定的。当整个市场的价格处于不同水平时，厂商为了实现利润最大化或者亏损最小化，应该生产多少呢？

下面分别从总量分析和边际分析的角度来考察厂商短期均衡条件下的价格和产量。

（一）厂商短期均衡的总量分析

图 6-3 说明如何用总收益和总成本曲线来确定使利润最大化的产量水平。在图 6-3 中，为实现利润最大化，厂商选择的产量水平应该使总收益在最大限度上超过总成本，这一产量水平就是 Q_0。Q_0相对应的总收益为 TR_0，总成本为 TC_0，两者之间的垂直距离 AB 就是总利润。显然，无论是在较高的产量水平上还是在较低的产量水平上，总利润都小于 AB。

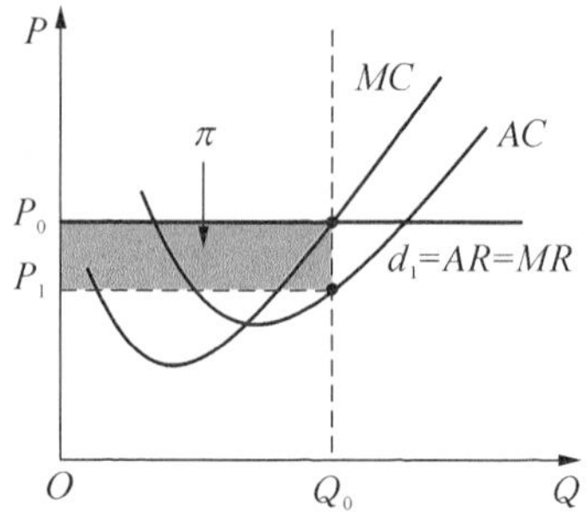

图 6-4(a)　厂商盈利

（二）厂商短期均衡的边际分析

1. 厂商盈利

当厂商的边际收益曲线与边际成本曲线交于平均成本曲线之上时，或者说，当厂商面对的需求曲线位于平均成本曲线的最低点以上，该厂商就会盈利，即获得经济利润。如图 6-4(a)所示，根据 $MR = MC$ 的原则，均衡产量为 Q_0，厂商获得了最大利润 π。

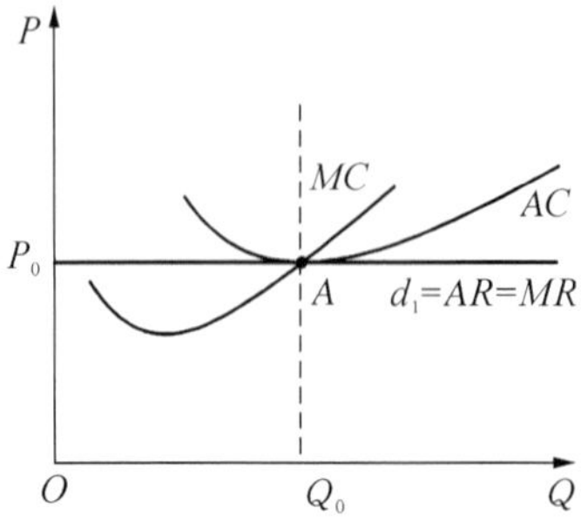

图 6-4(b)　厂商盈亏平衡

2. 厂商盈亏平衡

当厂商的边际收益曲线与边际成本曲线交于平均成本曲线最低点时，该厂商不盈利也不亏损，即收支相抵。平均成本曲线与边际成本曲线的交点即平均成本曲线的最低点被称为收支相抵点。如图 6-4(b)所示，根据 $MR = MC$ 的原则，厂商将生产 Q_0单位产量，厂商既没有亏损也没有经济利润,均衡点 A 就是收支相抵点。

3. 厂商亏损

厂商的边际收益曲线与边际成本曲线交于平均成本曲线之下时,该厂商就会亏损。如果需求曲线高于平均可变成本曲线最低点,厂商应继续营业。这样其平均收益就不仅能补偿平均可变成本,而且还能补偿部分平均固定成本。如图 6-4(c)所示。如果需求曲线低于平均可变成本曲线最低点,厂商应停止营业,这样至少能避免可变成本的部分损失,如图 6-4(d)所示。

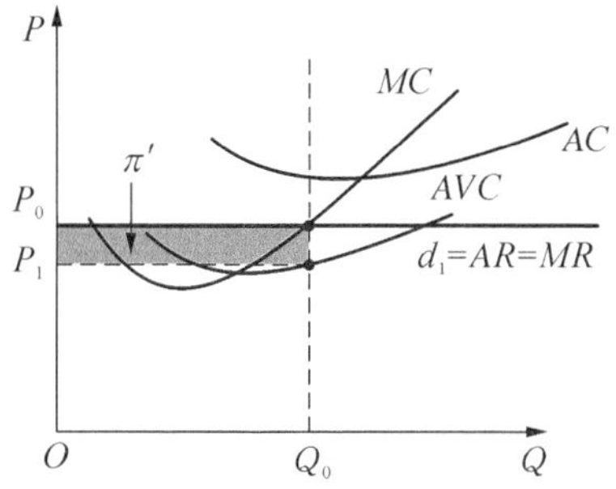

图 6-4(c)　厂商亏损但收益可弥补可变成本

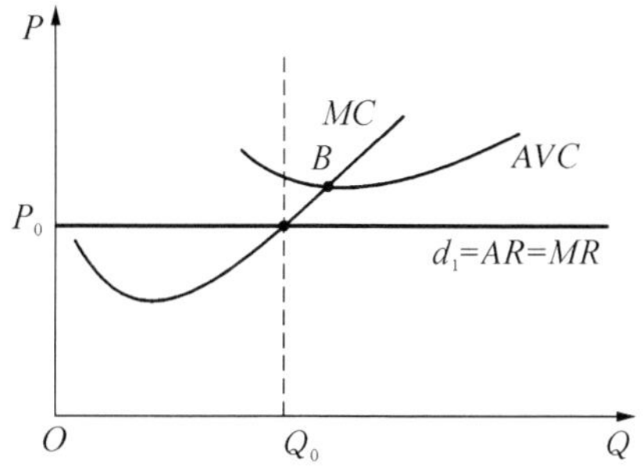

图 6-4(d)　厂商亏损且收益无法弥补可变成本

因此我们可以得出如下结论:

如果 $TR < VC$,即 $TR/Q < VC/Q$,即 $P < AVC$,厂商停止营业。

如果 $TR > VC$,即 $TR/Q > VC/Q$,即 $P > AVC$,厂商继续生产。

如果 $TR = VC$,即 $TR/Q = VC/Q$,即 $P = AVC$,厂商的停止营业点。

即当市场的价格与短期可变成本线相交或相切时,厂商进行生产;当市场的价格与短期可变成本线相离时,厂商停止生产。因此市场的价格与短期可变成本线相切点称为停止营业点(shutdown)。

从以上分析可知,以利润最大化为目标的厂商将根据边际收益等于边际成本的原则确定其均衡产量,对于完全竞争的厂商来说,短期利润最大化的原则可具体表述为: $P = MC$。

在完全竞争市场上,厂商短期均衡的条件是: $P = MR = SMC$。

四、完全竞争市场厂商的长期均衡

在长期中,完全竞争市场上厂商的生产规模是不确定的。旧的厂商可以退出市场或者调整自己的生产规模，新的厂商也可以进入市场。在技术水平不变的情况下，某个厂商相应的长期生产成本曲线是确定的。当整个市场的价格处于不同水平时，厂商为了实现利润最大化，应该如何调整自己的生产呢？

如果市场价格偏高，厂商按照 $MR=SMC$ 点进行生产，可以实现利润最大化，最大利润为阴影部分的面积。但由于有超额利润存在，新的厂商会进来。这样导致整个市场的供给增加，市场价格下降。如图 6－5(a)所示。

如果市场价格偏低，厂商无论按照哪一点进行生产，都会出现亏损。由于亏损，旧的厂商会退出该市场。这样导致整个市场的供给减少，市场价格上升。如图 6－5(b)所示。

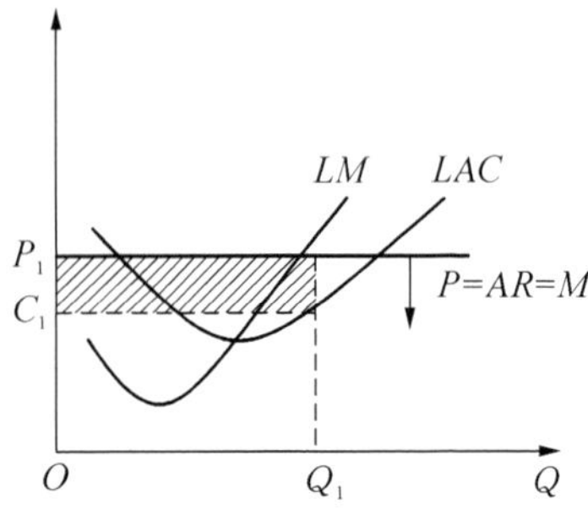

图 6－5(a)　完全竞争厂商在均衡时的盈利情况

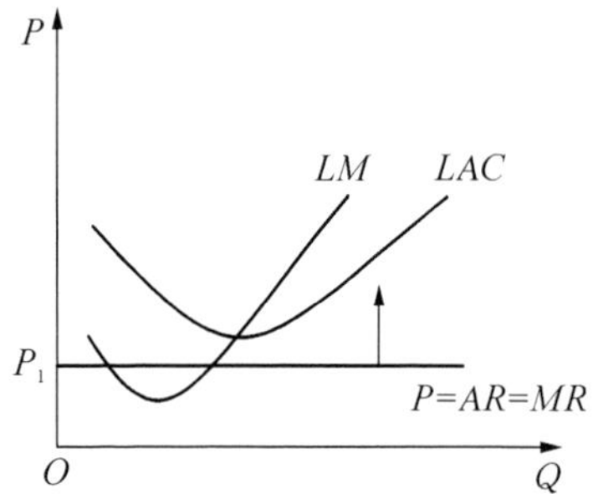

图 6－5(b)　完全竞争厂商在均衡时的亏损情况

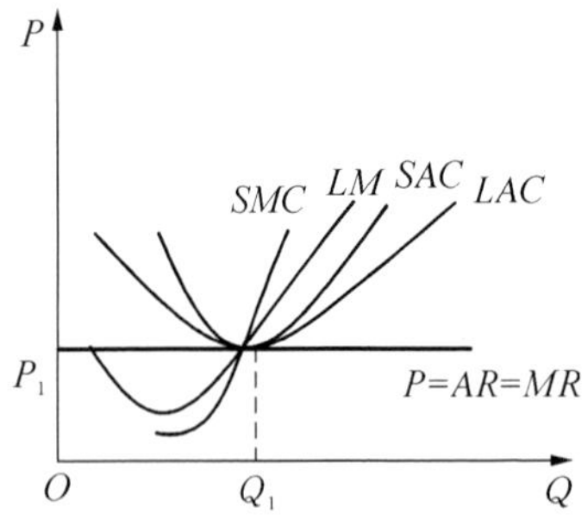

图 6－5(c)　完全竞争市场厂商长期均衡变化情况

如果市场价格适中，厂商按照进行 $LMC=MR$ 点进行生产，既无亏损也无超额利润。因此，没有新的厂商进入，也没有旧的厂商退出，这时就达到了一种相对稳定的状态，厂商实现了长期均衡。如图 6－5(c)所示。

在长期平均成本的最低点，短期平均成本与其相切于最低点，而短期平均成本的最低点就是短期边际成本的通过点。因此，在完全竞争市场上，厂商的长期均衡条件是：$MR=LMC=SMC=AR=LAC=SAC$。

五、完全竞争市场的效率分析

完全竞争市场被认为是经济效率最高的市场。在这种市场结构中，各种资源或生产要素的配置可以达到最有效率的状态。经济学中对市场效率的描述分两个方面：其一是生产效率（product efficiency）；其二是分配效率（allocative efficiency）。无论从哪种效率来考察，完全竞争市场都表现出最高的效率水平。

生产效率要求厂商保持在长期平均成本曲线的最低点生产。完全竞争市场中厂商可以自由地调整生产规模和自由地进出行业，确保了每一家厂商都能以最低的长期平均成本从事生产。由于此时厂商仅仅只能获得正常利润，所以任何不能达到这一标准的厂商都将因亏损而被迫撤出该行业。可见，从长期来看，完全竞争市场的产出是按最低成本供应的产出。

当一个市场具有生产效率时，并不代表它同时具有分配效率，因为按最低成本的资源组合生产并供应的产品不一定正好与消费者的需求相吻合。只有当生产者提供的产品恰恰与消费者需求的产品相匹配时，分配效率才得以体现。产品的市场价格作为消费者愿意为购入商品而接受的支付，反映了消费者心中对所购商品的效用评价，即消费者从最后一单位商品消费中获得的边际价值(marginal value)，因此需求曲线是一条“从最后一单位商品中获得的边际效用”的点的集合。在完全竞争市场上，厂商的短期供给曲线上的每一点都是边际成本与市场价格的交点，说明厂商按最低平均成本提供的产品价格恰好与消费者从商品中获得的边际效用相等，整个社会的供给与需求达到完美的一致。无论短期还是长期均如此。

概括地说，在效率方面，完全竞争市场具有下列特征：

第一，生产资源达到最优配置。在完全竞争市场上，当边际成本等于价格($P=MC$)时，生产者是以不亏损状态下的最低价格向消费者提供产品的，供给的产品最能满足消费者的需求。所以说厂商将生产进行到边际成本等于价格时，资源配置正好达到最优状态。

第二，从消费者方面说，消费者能以最低价格获得最大的满足。价格是消费者对于这种产品的边际单位所支付的货币量，代表了消费者从商品中获得的边际收益。在厂商不亏损的状况下，消费者已经不可能获得价格更低的产品了，消费者从消费边际单位获得的效用正好等于为此支付货币所失去的效用。这样，边际成本等于价格，意味着消费者获得最大满足的状态。

第三，可以节约管理成本，完全竞争市场的高经济效率是由于各个厂商都追求自身的利润所带来的，是“看不见的手”的作用。从这一角度说，完全竞争市场有利于达到个体目标与社会目标的统一。对市场的反应速度和技术传播速度均较快。

第二节　完全垄断市场

一、完全垄断市场的特点

完全垄断(perfect monopoly)又称为单独垄断、独家垄断或独占，是少数厂商垄断的特殊情况。它是与完全竞争市场结构相对应的另一个极端性市场结构。完全垄断是指在某一个市场区域内，只有一家厂商供应整个市场的全部产品，生产某种产品的单独垄断厂商就是生产那种产品的行业。

形成垄断的原因在于：

第一，厂商控制了生产某种产品的全部供给来源。如南非的钻石公司德比尔斯控制了世界钻石生产的80%左右。虽然这家厂商的市场份额并不是100%，但它也达到足以对世界钻石价格产生重大影响的程度。

第二，厂商在产品或生产方法上享有专利权。通过实施专利法，对专利权人的产权进行保护，防止他人在保护期内模仿这一发明，以保证在这一时期内，发明者足以获得自己应得的收益。

第三，政府政策或法律造成垄断。政府以特许经营的方式规定某些业务由一家厂商经营，别的厂商不能进入；此外，政府本身还会借助于政权对某一行业进行完全垄断。例如，许多国家政府对铁路、邮政、供电、供水等公用事业实行完全垄断。上述法律限制的结果是创造出合法的垄断者。

第四，自然垄断(natural monopoly)，当一个企业能以低于两个或更多企业的成本为整个市场供给一种物品或劳务时，这个行业是自然垄断的。当相关产量范围存在规模经济时，自然垄断就产生了。在这种情况下，一个企业能以最低的成本生产任何数量的产品。这就是说，在任何一种既定的产量时，企业数量越多，每个企业的产量越少，平均总成本越高。

二、完全垄断厂商的需求和收益曲线

在完全垄断市场上，一家厂商就构成了一个市场，因此厂商的需求曲线和行业的需求曲线是同一条曲线。完全垄断市场中厂商是市场价格的决定者，它可以通过改变市场价格来改变自己商品的销售量(即人们的需求量)，所以厂商的需求曲线是一条向右下方倾斜的曲线。

如图 6－6 描述了一个垄断厂商的需求曲线、边际收益曲线和总收益曲线之间的关系,图中假定垄断厂商面对的需求曲线是线性的。

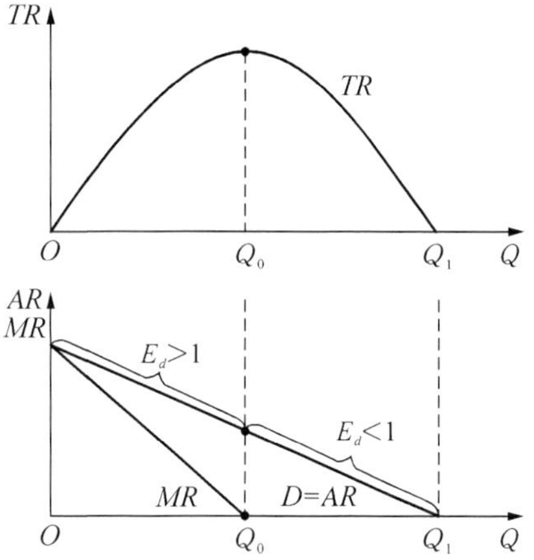

图 6－6　完全垄断厂商的需求与收益曲线

垄断厂商控制了市场的全部供给,垄断厂商的需求曲线就是市场的需求曲线,垄断厂商是市场价格的决定者。它按照自己规定的价格出售产品,并通过改变销售量来控制市场价格:以销售量的减少提高市场价格,或以销售量的增加压低市场价格。厂商(或行业)需求曲线由左上方向右下方倾斜。垄断厂商的卖价即平均收益等于消费者的买价,所以平均收益曲线和需求曲线完全重合。平均收益曲线向右下方倾斜,表示垄断厂商的平均收益随销售量的增加而下降。垄断厂商的平均收益和边际收益都随销售量的变化而变化,垄断厂商的边际收益下降时,平均收益必定下降,而且边际收益比平均收益下降得更快,所以边际收益曲线的斜率大于平均收益曲线的斜率。

垄断厂商的边际收益之所以会小于平均收益,是由于单位产品价格随销售量的增加而下降,每增加 1 单位产品的销售给厂商带来的收益,即边际收益,就会低于按销售量平均计算的全部收益,即平均收益。

从图 6－6 中可知,厂商的总收益 TR 曲线先上升,在 $MR=0$ 时,即增加一单位产品销售已无利可图时,将达到最大,而后因边际收益变为负值而逐渐下降。需要注意的是,利润极大与总收益极大是两回事,令垄断厂商获得最大利润的产出仍由边际成本等于边际收益决定。

三、完全垄断厂商的短期均衡

由于垄断市场的价格是有垄断厂商决定的,所以垄断市场的价格决定过程与其他市场不同,垄断厂商根据获取最大利润的条件——边际成本(MC)等于边际收益(MR),先确定可获得最大利润的产量,而后再根据市场需求状况确定价格。可见垄断厂商具有控制价格与产量的双重优势。当然,这并不表示垄断厂商在任何时候都可以获得利润。短期内，垄断厂商的经营状况可能有三种情况：可获得经济利润、只能获得正常利润（经济利润为零）和蒙受亏损。以下将分别对这三种情况作详细描述。如图 6－7(a)所示。

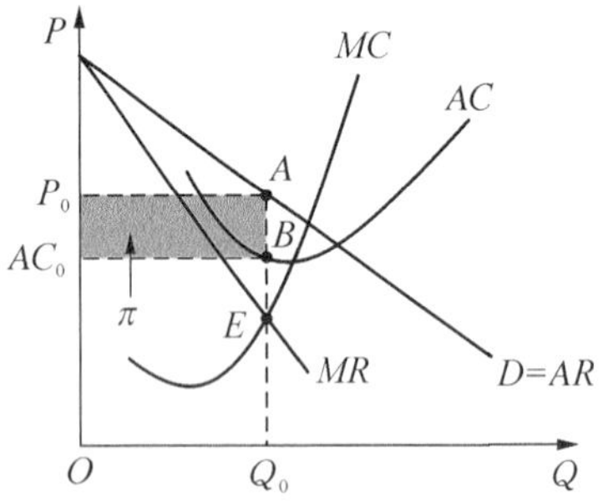

图 6－7(a)　垄断厂商有经济利润时的短期均衡

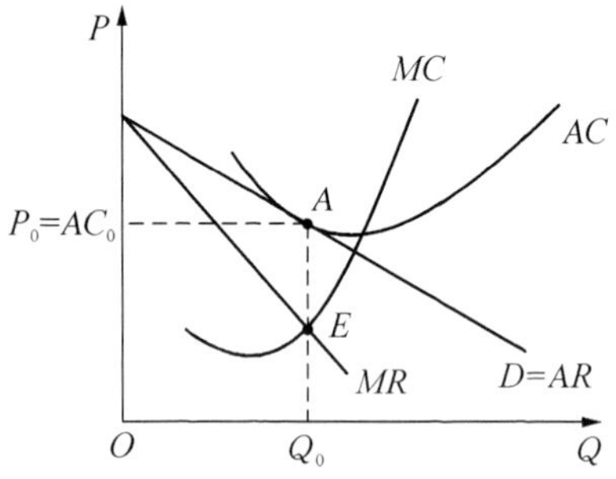

图 6－7(b)　垄断厂商收支相抵时的短期均衡

（一）垄断厂商有经济利润时的短期均衡

市场价格偏高，厂商按照 $MR = SMC$ 点进行生产，可以实现利润最大化，最大利润为阴影部分的面积。

（二）垄断厂商收支相抵时的短期均衡

市场价格适中，厂商按照 $MR = SMC$ 点进行生产，既无亏损也无超额利润，实现了最大的正常利润，该点为最佳生产点。

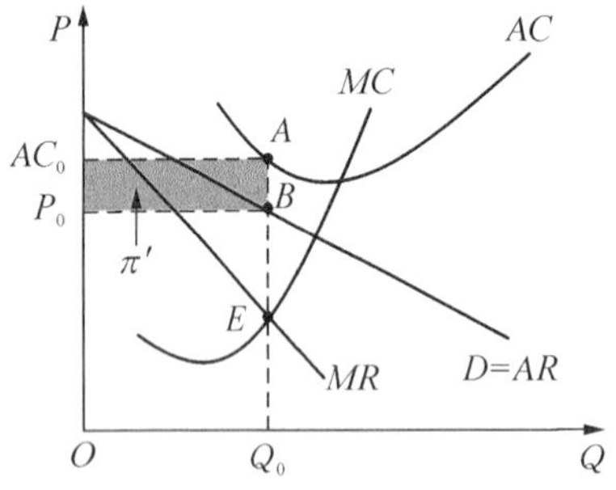

图 6－7(c)　垄断厂商亏损时的短期均衡

（三）垄断厂商亏损时的短期均衡

市场价格偏低，厂商按照 $MR = SMC$ 点进行生产，可以实现亏损最小化，最小亏损为阴影部分的面积。

从以上分析可知，在完全垄断市场上，厂商短期均衡的条件是：$MR = SMC$。

四、完全垄断厂商的长期均衡

在长期内，完全垄断厂商可以调整全部的生产要素，改变生产规模。厂商会通过不断的调整，取得规模经济，从而使得自己获得超额利润或者最大的正常利润。同时由于其他厂商无法进入该行业进行生产，来分享其超额利润，该厂商的超额利润是可以长期保持的。因此，完全垄断行业的长期均衡往往是以拥有超额利润为特征的。

如图 6-8 所示，在 $LMC = MR$ 时，厂商实现了长期均衡。同时，厂商在实现长期均衡时，也实现了短期均衡。其均衡条件为 $LMC = SMC = MR$。

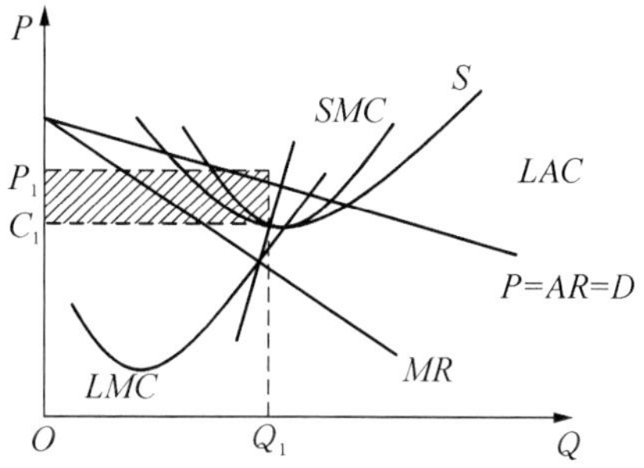

图 6-8　完全垄断厂商的长期均衡

五、完全垄断厂商的价格歧视

(一) 价格歧视的定义

价格歧视(price discrimination)，又称为价格差别，是指一家厂商在同一时间对同一种产品向不同的购买者索取两种或两种以上的价格，或者对销售给不同购买者的同一种产品在成本不同时索取相同的价格。

(二) 实行价格歧视的条件

垄断者之所以实行差别价格，是因为这种办法比单一价格能获得更多利润。当然，垄断厂商并不是在任何时候都可通过价格歧视来获利，实行差别性定价须满足一些条件。首先，市场需求曲线必须是向右下方倾斜的，这样垄断厂商才可能对价格有控制权。其次，市场上的消费者至少可划分为两类，且这两类消费者对价格的承受力不同，也就是说，两类消费者具有不同的需求弹性。例如，牛肉的市场价格上涨了，其影响对于低收入家庭和高收入家庭、爱消费牛肉的家庭和不爱消费牛肉的家庭是不一样的。再次，垄断厂商必须能识别不同消费群体，对不同消费者实行价格歧视的成本应小于采取这一策略带来的收益。最后，垄断厂商必须确保市场是不完全的，市场之间存在着分割现象，任何套利行为都会导致价格歧视策略的失败。

(三) 价格歧视的分类

1. 一级价格歧视

一级价格歧视，又称完全价格歧视，是指垄断厂商根据每个消费者愿意为每个单位产品付出的最高价格而对每个单位产品索取不同的价格。垄断厂商将获得全部消费者剩余。如图 6-9 所示。

实际上，实行一级价格歧视的垄断厂商把消费者的需求曲线当成自己边际收益曲线，仍然按照边际成本等于边际收益的原则进行生产决策。如图 6-10 所示，垄断厂商把市场需求曲线看成自己的边际收益曲线。

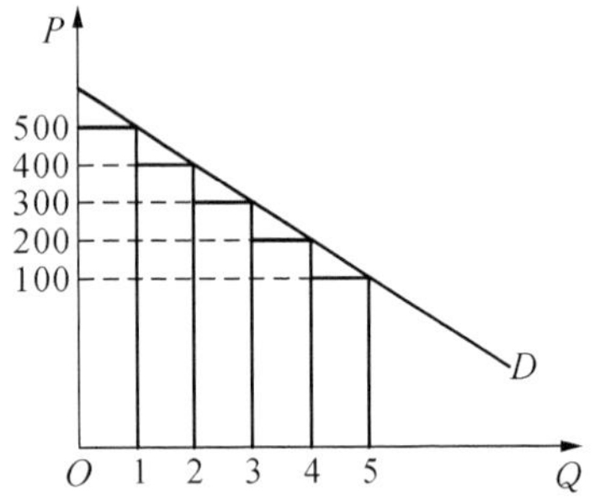

图 6-9 垄断厂商的一级价格歧视

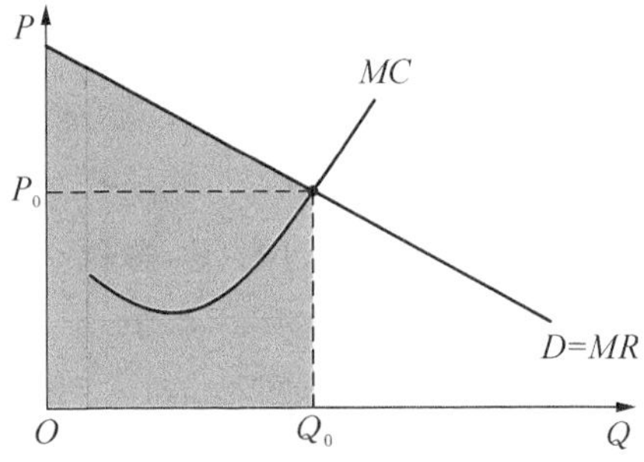

图 6-10 存在一级价格歧视时的厂商收益

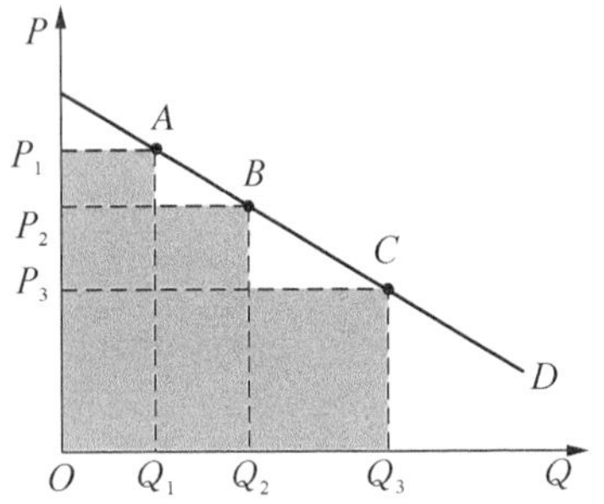

图 6-11 存在二级价格歧视的厂商收益

2. 二级价格歧视

二级价格歧视是指生产者通过消费者对不同的消费组合的自我选择来进行价格歧视。二级价格歧视主要有三种形式：区时定价；优惠券；非线性定价。两部分收费：一部分是固定收费 F，它是每个消费者无论购买多少数量都必须支付的部分；另一部分是变动费用 P，它随购买数量成比例地变动。垄断者的最优两部收费由一部分正的固定收费和另一部分低于垄断价格的可变收费组成，此时的总剩余大于统一定价时的总剩余。如图 6-11 所示。

3. 三级价格歧视

三级价格歧视是指生产者观察到某些与消费者偏好相关的信号，如年龄、职业、所在地等，并利用这些信号进行价格歧视。

二级和三级价格歧视的一个重要区别在于：三级价格歧视利用了关于需求的直接信号，而二级价格歧视通过消费者对不同的消费组合的选择间接在消费者之间进行挑选。

垄断厂商根据消费者偏好将市场分割成不同的分市场，并对不同的分市场实行不同的价格，以求得利润极大化。具体做法是：

假设垄断者将其市场分为 A、B 两个分市场，他将把整个产销量(OQ)分配于两个市场之间，并使每个市场所销售的产量的最后一个单位取得的收益，即边际收益是相等的，都等于整个产量的边际成本，配合垄断厂商获取利润极大化的原则，可得

$MR_A = MR_B = MR = MC$。假如两个市场销售的产量的边际收益不相等，如 $MR_A = 5$ 元，$MR_B = 4$ 元，垄断者将会减少在 B 市场的销售量，相应增加在 A 市场的销售量，将使利润总量增加；反之，假如两个市场的 MR 相等，如 $MR_A = MR_B = 4.5$ 元，重新调整在各个市场的销售量，比如在 A 市场的销售量减少一个单位，而相应地在 B 市场增加销售一个单位，利润总量反而会减少。垄断者最适度的选择，是使每个市场销售量之最后一个单位的收益(即边际收益)相等。首先要有两个以上的市场，两个市场可以有效分割，且需求弹性不同。要实现利润最大化的条件应该是在两个市场上出售产品的边际收益都等于边际成本：$MR_1 = MR_2 = MC$。

六、完全垄断的效率评价

（一）资源利用的低效率

在需求和成本条件都相同的情况下，与完全竞争行业相比，垄断行业的价格要高些，而产量则要低些。如图 6－12 所示。

（二）垄断与收入分配

垄断厂商所得到的经济利润超过了不存在垄断力量时所能获得的收益，从而代表了垄断者收入的增加；而消费者因为较高的价格降低了自己的实际购买力或实际收入。

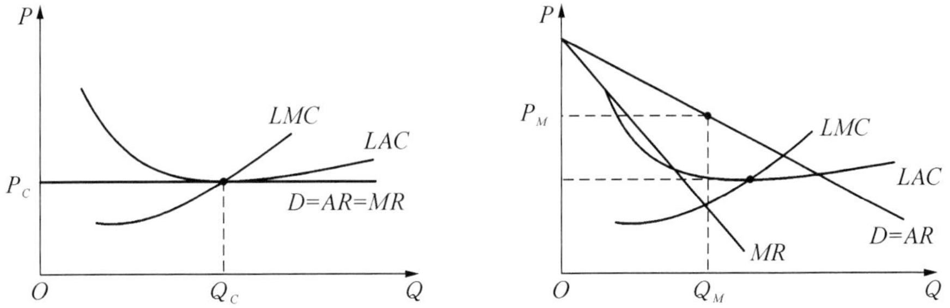

图 6－12(a)　完全竞争市场的长期均衡价格与产量　　**图 6－12(b)　完全垄断市场的长期均衡价格与产量**

图 6－12　完全垄断市场的资源利用的低效率

垄断者可能是有钱的大公司的所有者，也可能是某些穷苦农民或渔民的销售代理人；反过来说，消费者可能是一些穷人，也可能是一些富人。所以，垄断所造成的收入再分配，可能是将穷人的收入转给富人，也可能是将富人的收入转给穷人。

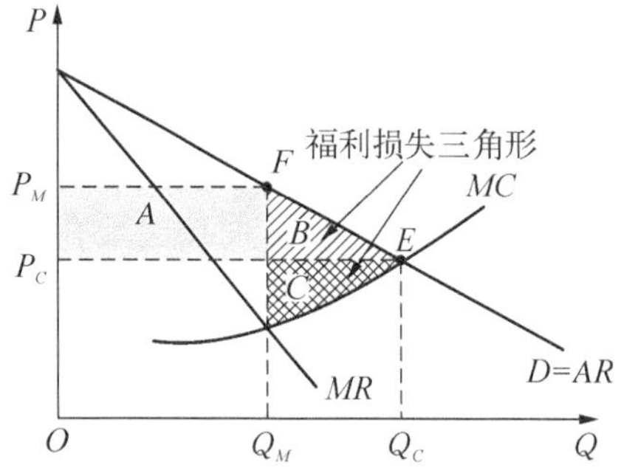

图 6－13　垄断造成的社会福利净损失

在不同的场合，大多数人会对垄断的影响作出不同的价值判断。

（三）社会福利净损失

与完全竞争相比，垄断造成了社会福利的损失。图 6－13 中的斜纹阴影部分面积 B 与网状阴影部分面积 C，就是由垄断所造成的社会福利净损失，经济学上称之为无谓损失，也叫做福利损失三角形。

七、对垄断的管制

（一）用反托拉斯法增加竞争

反托拉斯法的目的在于遏制垄断权力的法律集成，在于维护作为贸易规则的自由和不受干预的竞争。反托拉斯法给予政府促进竞争的各种方法。这些法律允许政府阻止合并，如假设的可口可乐公司和百事可乐公司之间的合并。它们也允许政府分解公司。例如，美国政府在 1984 年把大型通讯公司美国电话电报公司(AT&T)分为 8 个较小的公司。最后，反托拉斯法禁止公司以使市场竞争减弱的方法协调它们的活动。

（二）管制

政府解决垄断问题的另一种方法是管制垄断者的行为。在自然垄断的情况下，如自来水和电力公司中，这种解决方式是常见的。不允许这些公司收取它们想收取的任何价格。相反，政府机构管制它们的价格。价格应该等于垄断者的边际成本。如果价格等于边际成本，消费者就可购买使总剩余最大化的垄断者产量，而且，资源配置将是有效率的。

但是，边际成本定价作为一种管制制度有两个现实问题。第一，根据定义，自然垄断是平均总成本递减。当平均总成本递减时，边际成本小于平均总成本。如果管制者要确定等于边际成本的价格，价格就将低于企业的平均总成本，而且，企业将亏损。在收取如此之低的价格时，企业就会离开该行业。第二，边际成本定价不能激励垄断者降低成本。竞争市场上的每个企业由于低成本意味着能获得高利润，都努力降低其成本。但如果一个受管制的垄断者知道只要成本减少，管制者就将降低价格，垄断者就不会从降低成本中受益。

（三）公有制

政府用来解决垄断问题的第三种政策是：政府管制的不是由私人企业经营的自然垄断，而是政府自己经营自然垄断。这种解决方法在欧洲国家是常见的，在这些国家政府拥有并经营公用事业，如电话、供水和电力公司。在美国，政府经营邮政服务。普通邮件投递常常被认为是自然垄断。

经济学家对自然垄断私有的偏爱通常大于公有。关键问题是企业的所有权将如何影响生产成本。只有私人所有者能以高利润的形式得到部分利益，他们才会有成本最小化的动机。如果企业管理者在压低成本上不成功，企业所有者就会解雇他们。与此相比，如果经营垄断的政府官僚做不好工作，损失者是顾客和纳税人，他们只有求助于政治制度。官僚有可能成为一个特殊的利益集团，并企图阻止降低成本的改革。简而言之，作为一种保证企业良好经营的方法，投票机制不如利润动机可靠。

主要名词与术语

(完全)竞争市场　平均收益　边际收益　垄断　自然垄断　价格歧视　停止营业点

复习思考题

1. 简述完全竞争厂商和完全垄断厂商的含义。

2. 画出一个完全竞争厂商的成本曲线。解释厂商在某一既定价格时，应如何选择利润最大化的产量水平。

3. 在什么条件下完全竞争厂商将暂时停止营业？解释其原因。

4. 在什么条件下完全竞争厂商将退出市场？解释其原因。

5. 画出垄断者的需求、边际收益和边际成本曲线。表示出利润最大化的产量水平和利润最大化的价格，并说明总剩余最大化的产量水平。说明垄断的无谓损失。

6. “虽然很高的固定成本是厂商亏损的原因，但永远不会是厂商停业的原因。”你同意这种说法吗？

第七章 市场结构理论(二)

本章教学目的与要求

本章主要阐述不完全竞争市场条件(寡头垄断和垄断竞争)下,厂商为实现利润最大化所进行的产量和价格的决策,在此基础上分析比较不同市场的资源配置效率。学习本章,首先,应明确理解寡头垄断的基础——博弈理论,然后掌握不同市场的形成条件,知道不同市场厂商所面临的需求曲线和收益曲线;其次,熟练掌握不同市场情况下厂商均衡的条件和厂商的最优市场决策;最后,能分析不同市场厂商的资源配置效率。

第一节 博弈论介绍

一、博弈论的定义

博弈论(game theory)是应用数学的一个分支学科,在经济学领域被广泛运用。它研究参与人之间行为的相互影响。在博弈中,给定其他参与人的策略,本参与人选择策略以实现自身收益最大化。博弈论的最大特点是它提供了一种分析方法,用于分析行为人之间相互影响情况下的均衡问题。博弈论在很大程度上扩展了新古典经济学的简单最优化理论。

在每个博弈里,至少得有两个参与者(players)。每个参与者都有几种不同的策略(strategies)。所谓策略是指参与者在该博弈中的一套完整的行动计划。博弈参与者的所有可能策略称作为他的策略空间(strategy space)。

博弈双方一旦选定各自的策略,博弈的演变便被确定,其结果也就可以预料。

每个参与者的收益是所有参与者所采用的策略的函数，这个函数叫做收益函数(payoff function)。

一般情况下，我们可以将博弈的标准式做如下表述。假设有 n 个参与者的博弈，其中参与者从 1 到 n 排序，设其中任一参与者的序号为 i，令 S_i 代表参与者 i 可以选择的策略集合(即参与者 i 的策略空间)，其中任意一个特定的策略用 s_i 表示(也可以表述为 $s_i \in S_i$，表示策略 s_i 是策略集 S_i 中的要素)。令$(s_1, \cdots, s_n)$表示每个参与者特定的策略组合，u_i 表示第 i 个参与者的收益函数，$u_i(s_1, \cdots, s_n)$即为所有参与者选择策略$(s_1, \cdots, s_n)$时第 i 个参与者的收益。

（一）博弈标准式定义

在这个 n 人博弈中，参与者的策略空间为 $S_1, \cdots, S_n$，收益函数为 $u_1, \cdots, u_n$，我们可以用 $G = \{S_1, \cdots, S_n; u_1, \cdots, u_n\}$ 表示此博弈。

博弈论假设博弈的参与者都是理性的，即在对手策略给定的条件下，每个参与者都会选择适当的策略以最大化自己的收益。问题是，博弈的一方并不能控制另一方的决策。比如，当甲以最优策略对付乙的某个策略时，乙将会发现原先的策略不是对付甲的策略的最优策略，因而会改变其策略。要是乙改变了策略，甲也会改变其策略。博弈的每个参与者都是理性的，他们会为得到较高的报酬而调节各自的策略。那么，我们怎么来预测博弈的结果呢？在博弈的许多可能的结果里，哪个结果实现的可能性比较大，或者说，比较稳定呢？我们把博弈的稳定结果称为均衡(equilibrium)。所谓均衡是指所有的参与者都不想改换策略的状态。博弈的均衡又称为博弈的解。对所谓“参与者都不想改换策略”可以有不同的描绘或解释，所以博弈论里有许多不同解的概念。在本章中，我们将陆续对一些博弈解的概念下确切的定义。

一般来说，由于每个参与人的收益是博弈中所有参与人策略的函数，因此每个参与人的最优策略选择依赖于所有其他参与人的策略选择。但在一些特殊的博弈中，一个参与人的最优策略可能可以不依赖于其他参与人的策略选择，就是说，不论其他参与人选择什么策略，他的最优策略是唯一的，这样的最优策略被称为“占优策略”(dominate strategy)。如果一个博弈中，某个参与人有占优策略，那么该参与人的其他可选择策略就被称为“劣策略”(dominated strategy)。在一个博弈中，如果所有参与人都有占优策略存在，那么占优策略均衡是可以预测到的唯一的均衡，因为没有一个理性的参与人会选择劣策略。这些博弈可以通过重复剔除严格劣策略来获得占优策略均衡。下面我们首先给出严格劣策略的标准表述，然后以一个经典而有趣的博弈"囚徒困境"(prisoner's dilemma)来说明这个问题。

(二) 严格劣策略定义

在 n 个参与者的博弈 $G=\{S_1, \cdots, S_n; u_1, \cdots, u_n\}$ 中，令 s_i' 和 s_i'' 代表参与者 i 的两个可行策略。如果对其他参与者的每一个可行的策略组合，i 选择 s_i' 的收益都小于其选择 s_i'' 的收益，则称策略 s_i' 对于 s_i'' 是严格劣策略，即 $u_i(s_1, \cdots, s_{i-1}, s_i', s_{i+1}, \cdots, s_n) < u_i(s_1, \cdots, s_{i-1}, s_i'', s_{i+1}, \cdots, s_n)$ 对其他参与者在其策略空间 $S_1, \cdots, S_{i-1}, S_{i+1}, \cdots, S_n$ 中每一组可能的策略 $(s_1, \cdots, s_{i-1}, s_{i+1}, \cdots, s_n)$ 都成立。

例如，有一天，一位富翁在家中被杀，警方抓到甲、乙两个犯罪嫌疑人，但是，他们矢口否认曾杀过人。于是警方将两人分别关在不同的房间进行审讯。检察官说："由于你们的偷盗罪已有确凿的证据，所以可以判你们 2 年刑期。但是，我可以和你做个交易。如果你单独坦白杀人的罪行，我只判你 1 年刑，但你的同伙要被判 12 年刑。如果你拒不坦白，而被同伙检举，那么你就将被判 12 年刑，他只判 1 年刑。如果你们两人都坦白交代，那么，你们都要被判 10 年刑。"甲、乙该怎么办呢？他们面临着两难的选择——坦白或抵赖。显然最好的策略是双方都抵赖，结果是大家都只被判 1 年。但是由于两人处于隔离的情况下无法串供。

		乙	
		不坦白	坦白
甲	不坦白	(−2, −2)	(−12, −1)
	坦白	(−1, −12)	(−10, −10)

图 7－1　囚徒困境

这两个犯人面临的博弈可以用图 7－1 所示的双变量矩阵表来描述。在此博弈中，每个犯人有两个策略可供选择：坦白、不坦白，在一组特定的策略组合被选定后，两人的收益由图 7－1 双变量矩阵中相应单元的数据所表示。习惯上，我们将横行所代表的参与者(此例中为甲)的收益放在前面，列所代表的参与者(此例中为乙)的收益则置于其后。这样，如果甲选择不坦白，乙选择坦白，甲的收益就是－12(代表被判 12 年徒刑)，乙的收益为－1(代表被判 1 年徒刑)，以此类推。

不难看出，"不坦白"是甲的严格劣策略。同样，"不坦白"也是乙的严格劣策略，根据重复剔除严格劣策略的原则，将"不坦白"从甲和乙的策略空间中剔除后，于是，"坦白"就成为他们的占优策略，如此一来，(坦白，坦白)或(－10, －10)便成为囚徒困境的唯一占优策略均衡①。有趣的是,甲乙两人都寻求最好的结局,而得到的却是较糟的结局。事实上,从集体的角度来看,他们得到了最惨的下场。这个例子说明,在多人决策的环境里,个人理性与集体理性并不一定并行。

那么,这两个犯人能不能暗自订立攻守同盟,拒绝坦白,从而得到较轻的惩罚呢?问题是,两人尽可赌天咒地保证不坦白,但每个人都是理性的,如果缺乏强制执行契约的手段,为私利所驱,背后还是会出卖同伙。由于缺乏强制执行契约的手段,任何合同都是无效的。假设甲和乙两个犯人属于某黑社会组织。在这个组织里,为了杜绝招供,获得集体理性,有他们自己的制裁手段:如果共同作案时被警察逮住,谁招供了,谁就会被谋害。这一制裁手段完全改变了两个犯人所面临的博弈,被谋害比无期徒刑更糟,不妨用负无穷大记其收益。这样,这两个犯人将面临如图 7-2 的博弈,此时,“不坦白”成了两个犯人的占优策略。

		乙 不坦白	乙 坦白
甲	不坦白	(−2,−2)	(−12,−∞)
甲	坦白	(−∞,−12)	(−∞,−∞)

图 7-2　黑社会制裁下的囚徒困境

前面讨论的囚徒困境的例子是一次性博弈,双方较量一次,博弈就结束了。在没有第三者(法律或黑社会)干涉的条件下,合作是不可能的。因为守约一方无法对违约一方进行报复,违约一方得了一次好处后,博弈就结束了。但如果同一博弈将反复不断地重演,违约者将在以后的博弈中得到惩罚。这时,每个参与者须权衡暂时利益和长远利益,他们的决策行为就会有所不同。在无限期重复博弈(repeated game)中,囚徒困境博弈可达到帕累托最优均衡,即(−2, −2)。我们将下文中讨论重复博弈。

二、纳什均衡

在上一节的博弈里,参与者都有占优策略,因而不难找到均衡。这一节我们考察的博弈中没有一个参与者享有占优策略。

例如,假定某地区有 A、B 两家彩电生产厂商,这两家厂商都看好生产冰箱的

① 在囚徒困境中,因为甲、乙两个犯人的策略都只有两个,所以经过一次剔除严格劣策略,我们就可以得到该博弈唯一的占优策略均衡。但是,如果博弈中任何一方的策略超过两个,那么就需要多次剔除严格劣策略即重复剔除严格劣策略,才能得到唯一的占优策略均衡。

市场前景，它们各自面临着两种经营策略：继续生产彩电，或放弃生产彩电转而生产冰箱。两厂商如图 7－3 所示的博弈，其中收益为各厂商的年利润。

		B：生产彩电	B：生产冰箱
A	生产彩电	(6,5)	(8,9)
A	生产冰箱	(7,8)	(5,7)

图 7－3　彩电生产厂商之间的博弈

在这个博弈中，我们无法再运用第一部分的重复剔除严格劣策略的方法找到每个厂商的占优策略。如果厂商 B 选择继续生产彩电，那么厂商 A 的对应策略应该是生产冰箱，因为当厂商 B 选择继续生产彩电时，厂商 A 选择生产冰箱的收益大于继续生产彩电的收益(7＞6)；但如果厂商 B 选择生产冰箱，厂商 A 的对应策略是继续生产彩电，因为此时厂商 A 选择继续生产彩电的收益大于生产冰箱的收益(8＞5)所以，厂商 A 没有占优策略。同样，厂商 B 也没有占优策略。这样的博弈自然没有占优策略均衡。那么，有没有其他均衡解呢？更确切地说，什么是适当的均衡解的概念呢？

我们看到，在(生产冰箱，生产彩电)这一对策略下(前者为厂商 A 的策略，后者为厂商 B 的策略)，厂商 A 不会改变其策略，只要其对手不改变策略。因为在厂商 B 采取继续生产彩电的策略时，厂商 A 的最优对策是选择生产冰箱；同样，厂商 B 也不会改变其策略，只要其对手不改变策略。而另一对策略(生产彩电，生产彩电)的情况却不同。在(生产彩电，生产彩电)这对策略下，如果厂商 A 不改变策略，厂商 B 就要改变策略，反之亦然。所以(生产冰箱，生产彩电)在某种意义上是一种稳定状态，我们把这一状态称为纳什均衡(Nash Equilibrium)①。在纳什均衡里，任何一个参与者都不会改换其策略，如果其他参与者都不改变策略的话。纳什均衡在现代经济学理论中无所不在，因此，给这一概念以严格定义是十分必要的。

在 n 个参与者的博弈 $G=\{S_1, \cdots, S_n; u_1, \cdots, u_n\}$ 中，如果策略组合 $(s_1^*, \cdots, s_n^*)$ 满足对每一个参与者 $i(i=1, \cdots, n)$，s_i^* 是(或至少不劣于)他针对其他$n-1$个参与者所选战略 $(s_1^*, \cdots, s_{i-1}^*, s_{i+1}^*, \cdots, s_n^*)$ 的占优策略，则称策略组合 $(s_1^*, \cdots, s_n^*)$ 是该博弈的纳什均衡。即：$u_i(s_1^*, \cdots, s_{i-1}^*, s_i^*, s_{i+1}^*, \cdots, s_n^*) \geqslant u_i(s_1^*, \cdots, s_{i-1}^*, s_i, s_{i+1}^*, \cdots, s_n^*)$ 对所有 S_i 中的 s_i 都成立，亦即 s_i^* 是以下最优化

① 约翰·纳什(John Nash)，美国普林斯顿大学数学教授，1994 年诺贝尔经济学奖获奖者之一。在其完成于 1950 年的博士论文中，纳什首次全面阐述了非合作博弈及非合作博弈均衡的概念，并用其名命名为纳什均衡。

问题的解：$\max\limits_{s_i \in S_i} u_i(s_1^*, \cdots, s_{i-1}^*, s_i^*, s_{i+1}^*, \cdots, s_n^*)$。

根据纳什均衡的定义，我们可以很容易看出，任何占优策略均衡也必定是纳什均衡。在占优策略均衡中，具有占优策略的参与者总是采取其占优策略，不管其他参与者改变或不改变他们的策略，这当然符合纳什均衡的定义。但是，纳什均衡不一定是占优策略均衡，后者是比较强的均衡概念。为了加深对纳什均衡的理解，设想一博弈 $G=\{S_1, \cdots, S_n; u_1, \cdots, u_n\}$ 的解为策略组合$(s'_1, \cdots, s'_n)$。如果$(s'_1, \cdots, s'_n)$不是该博弈的纳什均衡，就意味着存在一些参与人 i，s'_i不是其针对其他 $n-1$ 个参与者所选战略$(s'_1, \cdots, s'_{i-1}, s'_{i+1}, \cdots, s'_n)$的占优策略，即在 S_i 中存在s''_i使得：$u_i(s'_1, \cdots, s'_{i-1}, s'_i, s'_{i+1}, \cdots, s'_n) < u_i(s'_1, \cdots, s'_{i-1}, s''_i, s'_{i+1}, \cdots, s'_n)$。关于纳什均衡有一个推论，对于给定的博弈，如果参与者之间要商定一个合约来预先确定博弈的结果，那么一个有效合约中的策略组合必须是纳什均衡的策略组合，否则，至少有一个参与人会选择违背该合约。

根据这一定义，我们发现，在图 7－3 所表示的彩电生产厂商之间的博弈中，(生产冰箱，生产彩电)和(生产彩电，生产冰箱)这两对策略都是纳什均衡，而(生产彩电，生产彩电)和(生产冰箱，生产冰箱)则不是。为简便起见，我们也可以用双方所得的收益来表示参与者各自相应的策略。这样，(7，8)和(8，9)是纳什均衡，而(6，5)和(5，7)则不是。

三、重复博弈

重复博弈(repeated game)是动态博弈的一种特殊情况。在重复博弈里，完全相同的环境一次次重复出现，参与人在重复出现的相同环境中做出决策。我们先来看重复博弈的一个典型例子——连锁店悖论(chain-store paradox)。某家电连锁销售厂商"美乐"在 20 个城市里都设有分店。现有一家外国家电连锁厂商"益家"也计划在这 20 个城市陆续开设分店。显然，在某个特定的城市，如果"美乐"默许"益家"的进入，则会降低"美乐"分店的利润。但是，根据我们对市场进入博弈的分析，如果"益家"进入后，"美乐"实施掠夺性削价以反击，"美乐"将会遭受比"益家"更大的亏损。那么，面对"益家"的进入，"美乐"应该怎么办？是默许还是反击(掠夺性削价)？

现在我们来求解这一博弈。在采取第一个行动的时候，参与人必然要预先估计他现在所采取的行动对将来各期的影响，所以我们使用求解动态博弈的方法——逆推法来求解重复博弈，也就是从多期重复博弈的最后一期开始求解。我们现在假设进入者已经进入了第 19 个城市。在最后一个城市的市场上，两个参与人发现他们所在的子博弈和一个一次性的市场进入博弈没有区别，因此无论博弈过去的历史怎样，进入者都会选择进入，而在位者都会选择默许。接下来我们考虑倒数第二个市场，也就是第 19 个城市的市场，在这个市场上，双方都知道"在位者将在最后一个市场上选择合谋"，因此在位者在这个市场上也没有必要选择反击。依次类推，在位者在包括第 1 个市场的所有市场上都将选择合谋。这个结论称为连锁店悖论。

通过对连锁店悖论的分析，我们得出一个有意思的结论：有限次重复博弈的均衡解和一次博弈没有区别。把这个结论推广到囚徒困境博弈中，就是说，尽管两个人都选择不坦白是集体最优的，但如果同样的博弈重复有限次，这个重复博弈的均衡仍然是(坦白，坦白)。那么，如果同样的博弈重复无限次，结果会怎样呢?

		B：合谋	B：背叛
A	合谋	(1 152，1 152)	(864，1 296)
A	背叛	(1 296，864)	(1 024，1 024)

图 7－4　卡特尔博弈

例如，某地区有 A、B 两家生产同一产品的厂商，这两家厂商的成本状况完全相同。如果这两个厂商合谋结成卡特尔，就可以通过限制产量来获得垄断利润。假设这两家厂商不断重复如图 7－4 所示的卡特尔博弈。

在此一次卡特尔博弈中，如果 A、B 两家都选择背叛，增加产量，那么它们的收益均为 1 024。但它们若能互相合谋，压缩产量，报酬就可以达到 1 152。显然，两个公司都想要合作，但又怕被背叛。在一次性博弈里，被欺骗之后便无法报复了。想要合谋的厂商希望对方能相信自己的诚意，但在一次性博弈里，厂商也不可能令人信服地表白诚意。但在无限次重复博弈里，情况就不一样了。因为两家厂商还要一直打交道，所以想要表达诚意的厂商就有可能通过实际行动来建立良好的声誉。

在无限次重复博弈里，参与者每期都得到一定的收益。为了比较不同策略下收益的大小，我们必须把各期的报酬加总起来。但今年的报酬不等于明年的报酬。假设银行 1 年期定期存款利率为 10%，就意味着，今年的 1 元钱存在银行里，明年可得本利 1.10 元。同样道理，明年的 1 元钱只相当于今年的 0.91 元。所以，只有用贴现率把未来的收入折算成现在的等价收入，才可以把各期的收入加在一起。用 δ 表示贴现率，$1>\delta>0$。以现在为第 0 期，那么第 1 期的收益 π_1 折算到现在便

是 $\delta\pi_1$，第 2 期的收益折算到现在是 $\delta^2\pi_1$，第 n 期($n\to+\infty$)的收益折算到现在是 $\delta^n\pi_1$。

从现在开始，如果 A、B 两公司自始至终地合作，每家厂商每期的收益为1 152，那么每家厂商 n 期($n\to+\infty$)的总收益为：

$$(1+\delta+\delta^2+\cdots+\delta^n)\times 1\,152=\frac{1}{1-\delta}\times 1\,152$$

如果两家厂商从第 1 期就选择背叛，那么每家厂商 n 期的总收益为 $\frac{1}{1-\delta}\times$ 1 024。

现在我们来考虑这样一种策略，某家厂商从一开始就选择合谋，并持续合谋，直到对方背叛，只要对方背叛一次，该厂商从此以后再也不合谋了①。如果两家厂商都采用这一策略，那么，这对策略便是纳什均衡策略。在这一纳什均衡里，两家厂商将选择始终合谋。

在什么条件下厂商不会背叛。在上述的策略里，选择背叛的厂商只能占一次便宜，即得到 1 296，比合谋的收益 1 152 多了 144。但这一背叛却带来了长期损失，即从此以后，背叛者再也得不到 1 152，而只能得到 1 024。背叛带来的总损失是：

$$\frac{1}{1-\delta}\times 1\,152-\frac{1}{1-\delta}\times 1\,024=\frac{1}{1-\delta}\times 128$$

只要背叛带来的一次性收益小于其带来的总损失，厂商就不会背叛。也就是说，只要 $144<\frac{\delta}{1-\delta}\times 128$，即 $\delta>0.53$，厂商就不会背叛，该卡特尔就是稳定的。

上面我们证明了只要贴现率足够高，如果一家厂商选择合谋，另一家厂商也会始终合谋。还需要证明如果一方背叛，另一方也会背叛。如果一方选择背叛，而另一方若仍旧选择合谋，那么合谋方的收益为 864，小于背叛的报酬 1 024，所以不针锋相对不合算。当然，在这个博弈里，欺骗不会发生，报复也不会动用。报复对双方都是痛苦的，正是这样的后果迫使双方避免不合谋的

---

① 这一策略又称针锋相对策略或以牙还牙、以眼还眼策略。

结局。

我们同样可以把这一结论推广到囚徒困境博弈中，如果同样的囚徒困境博弈重复无限次，这个重复博弈的均衡会是集体最优的，即（不坦白，不坦白）。

与有限次重复博弈不同，在无限次重复博弈中，由于建立声誉和实施报复的可行性，会达到个体理性和集体理性相一致的均衡。这个结论似乎有点极端。因为任何交易关系都是有限的，上述结论似乎排除了厂商间默契合作的可能。但厂商间长期合作的事实并不是不存在。如何来解释这一现象呢？这是因为，在上述连锁店悖论里，双方都知道哪一期是末期。而在现实的长期关系里，双方并不能确定什么时候是最后一次打交道。在任何一个时期的博弈里，双方总认为下一期还有打交道的可能性。这种无终止期的特性跟无限重复博弈是一样的。所以在不确定终止期的有限次囚犯困境博弈里，我们仍然可以得到与无限重复博弈相同的纳什均衡。

到目前为止，我们所讨论的博弈都是完全信息博弈。在完全信息博弈里，博弈的参与者掌握该博弈的全部信息。象棋、围棋都是完全信息博弈。棋手每走一子，目前的棋局提供了决策所需的所有信息。在不完全信息博弈里，参与者并不完全清楚有关博弈的一些信息。大多数纸牌游戏是不完全信息博弈。在桥牌里，你并不知道你伙伴手中的牌，也并不知道坐在左右两位对手手里的牌。你在作决策时必须对其他三位手中的牌作一个估计，而没有确切的信息。不完全信息博弈的分析较为复杂，这里不做介绍。

第二节　垄断竞争市场

垄断竞争（monopolistic competition）理论是由美国的经济学家张伯伦和英国的经济学家琼·罗宾逊在 1933 年同时但却是各自独立创立的，前者的著作为《垄断竞争理论》，后者的著作为《不完全竞争经济学》。

一、垄断竞争市场的内涵和条件

（一）垄断竞争市场的内涵

垄断竞争厂商生产的是有差别的产品，具有一定程度的垄断力，这一点与完全垄断相似;与完全垄断有所不同的是,垄断竞争厂商的产品存在差别但彼此相似,在某种程度上又可以替代,因而各个厂商之间存在竞争。因此说,垄断竞争的市场结构是包含着垄断和竞争双重因素的市场组织形式。

（二）垄断竞争的成因

产品差异是指在消费者或购买者心目中同类产品之间的差异。垄断竞争市场形成的一个主要原因就是产品差异。

（三）垄断竞争的假定条件

在张伯伦的理论中,垄断竞争模型是以下列条件为假定前提的:

(1) 行业包括大量的规模很小的厂商。垄断性竞争的市场依然是一个厂商众多的市场。厂商众多,以至没有一个厂商具备供应整个市场产品的主要份额的能力。无论从绝对的规模来看,或者从相对的规模来看,厂商都是“小型的”。

(2) 不同厂商生产的产品有差别。这种差别产生于产品本身和其客观用途。产品本身的差别是由于附属于产品的物质属性而引起,例如,相同产品的商标或包装不同;销售条件的不同,如服务态度的好坏会影响顾客的偏好,使相同产品在不同商店销售给顾客带来的偏好有差异。客观用途是由于产品在功能上的细微差别造成的,产品差别(product differentiation)是垄断形成和存在的原因。产品差别这一点使每个厂商对于自己的产品享有一定的排斥其竞争者的垄断权力;但这些有差别的产品之间具有很高的(但不是完全的)替代性,从而使垄断竞争行业不同于独家垄断行业,而更接近完全竞争行业。

(3) 没有行业壁垒,新厂商可以自由进入或退出。由于厂商很多,新厂商进入比较容易,产品之间虽有些细微的差别,但还是非常接近的,可以相互代替,因而存在着竞争。每一厂商都是在同其他厂商的竞争中销售它的产品,众多生产厂商中没有一个厂商能够控制整个市场。行业中的厂商很多,且各个厂商的势力都很小,每一个厂商可以忽视其他厂商的行为对自己的利益所产生的影响。

(4) 市场竞争以非价格竞争为主。垄断性竞争厂商虽然有某种程度的定价自由,但由于存在着大量的竞争者和替代品,这实际上是对各厂商在某一特定的产量上所能制订的价格,规定了一个上限。厂商之间的竞争部分是基于价格,而更主要的是基于产品质量、服务、推销和其他条件。总而言之,厂商会尽量寻找并制造与他厂商产品的“差别”。

零售商业作为具有诸多垄断竞争特点的行业经常被引证,加油站、服装店和药店是相当接近于张伯伦模型的。

二、垄断竞争市场的短期均衡

如图 7－5 所示，垄断竞争厂商根据自己产品的差异程度和其他厂商对自己产品的替代，估算出自己的需求曲线 d，并相应地得到产品的边际收益曲线，在短期可能获得经济利润，也可能只获得正常利润，或者是处于亏损状态。

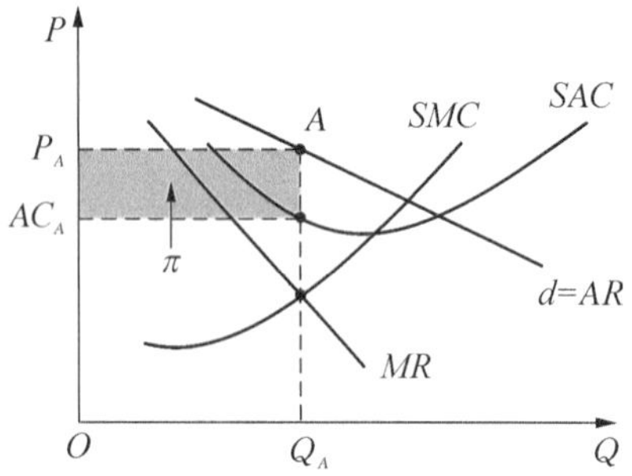

图 7－5　垄断竞争厂商的短期均衡

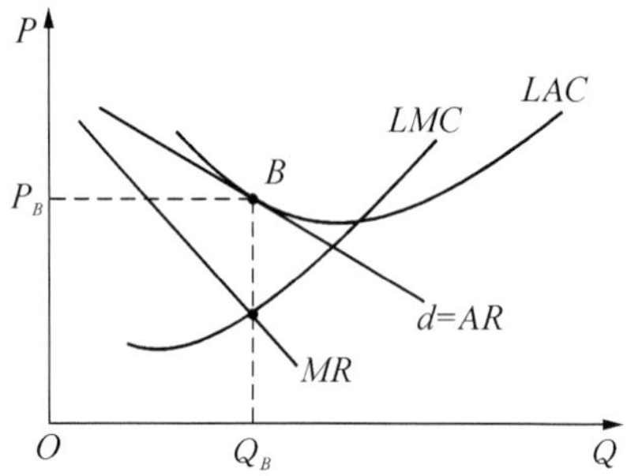

图 7－6　垄断竞争厂商的长期均衡

三、垄断竞争市场的长期均衡

如图 7－6 所示，垄断竞争市场的长期均衡在垄断竞争厂商实现长期均衡的时候，不仅边际收益和长期边际成本相等，而且存在长期平均成本和平均收益相等，只能获得正常利润。于是，得到垄断竞争厂商长期均衡的条件：$MR = LMC$；$AR = LAC$。

四、垄断竞争市场的非价格竞争

垄断竞争厂商除了进行上述以价格为基础的竞争外，还可以通过改变产品的特征和广告宣传来调整其产量，这种竞争通常被称为非价格竞争。

（一）产品差别化

产品的差别化包括：产品本身品质上的改变，如技术性能、式样、型号、颜色的改变等；包装和装潢改进；服务质量的改进，如提高服务速度、改进服务态度、改变经营方式和销售地点以及销售单位等。产品差别化是性质的变动而不是数量的变动。

例如，在手机市场上，手机生产商除了在通话质量方面开展竞争，以争取更多的消费者外，还在功能、外形等方面展开了激烈的差异化竞争。如在竞争中，手机的功能日趋多样化，可玩游戏、拍照、可记事、计算等，甚至已越来越具有掌上电脑的特点。手机的式样也日趋时装化，丰富、别致的式样不断地激发消费者的购买欲望，从而为消费者提供了更多的消费选择空间，较好地满足了消费者的消费心理需求。许多消费者弃用旧手机、改买新手机并非冲着新手机的通话功能，而是冲着它的其他功能甚至主要是手机的式样、颜色。

（二）广告宣传

厂商期望通过做广告使其所面对的需求曲线向上移动，从而使消费者在每一价格水平下都比以前购买更多的数量。对经济学家来说，评价广告的关键不在于它是否增加厂商的利润，而在于它是否使市场的运行更有效率。那么，广告是否会提高消费者所支付的价格呢？即使是的话，如果它所传递给消费者的信息与价格的增长具有同等的价值，这种广告也还是受欢迎的。

五、垄断性竞争市场的效率

垄断性竞争市场的效率虽然低于完全竞争市场，但高于后面将要介绍的寡头垄断市场和独占市场。首先，从分配效率来看，一方面，垄断性竞争市场对消费者的好处较大，它可以提供较多的产出和价格较低的产品。但与完全竞争相比，垄断性竞争使厂商只能生产并销售较少的产量，较少的产量平均成本也较高，所以对消费者来说，需要制服较高的价格。另一方面，为谋求“垄断优势”垄断性竞争厂商会在产品差别化上下工夫。厂商要使生产符合消费者的要求，必须不断创新。厂商产品的差别化使得消费者的各种各样需求得到满足，这非常适应现今越来越具有个性化需求特征的市场要求，但生产成本也会因此而增加。其次，从生产效率来看，垄断竞争市场的生产效率也低于完全竞争市场，垄断竞争厂商不能将生产进行到平均成本曲线的最低点，因而不能充分利用资源。且垄断竞争厂商过度进行非价格竞争也造成了资源浪费。

垄断性竞争市场还存在以下缺陷：

第一，厂商过小，不能获得规模经济的好处。厂商规模过小，意味着不可能采用昂贵的、先进的、大规模生产的技术，结果反映为工业生产水平的落后，厂商生产在不太高的产出率上进行，不能享受到规模收益递增的好处。

第二，厂商经受风险的能力较差。许多厂商以赚取短期利润为目的，常常出现工业中的大进、大出现象，工业厂商数目大进大出极易造成社会资源的浪费。

第三，厂商面临竞争的压力太大，而规模又很小，厂商很少有能力从事有利于长期发展的投资计划、产品革新和人员培训计划等。这样，从社会效率来说，也会影响到社会生产力的发展和技术进步,最终会对人民生活的改善带来一些不利的影响。

第三节 寡头垄断市场

一、寡头垄断市场的内涵和假设前提

(一)寡头垄断市场的内涵

寡头垄断(oligopoly)是指这样的一种市场结构,在这个行业之中只存在少数几个厂商生产市场上的全部产品,其生产的产品可能稍有差别或者就是同质。当某行业最大的四家厂商控制了40%或更多的市场份额时,该行业就具有寡头垄断的特点。

(二)寡头垄断市场的条件

寡头又称为寡头垄断或寡占。它是一种既包含垄断因素又包含竞争因素但是更加接近于完全垄断的一种市场结构。寡头垄断市场具有如下特征。

1. 任何一家厂商的经营决策也将会影响到竞争对手,寡头垄断市场的厂商之间存在着一种相互依存的关系

与其他市场结构不同,寡头垄断市场上的任何一家厂商对本厂商产品价格和产量的决策,都是在充分考虑了与其他厂商相互影响的条件后才做出的。在完全竞争行业中,进行着势均力敌竞争的厂商人数是如此之多,以至单个厂商销量的变化对于每个竞争者的影响是微不足道的,每个厂商将各自独立地作出自己的决策,而无须考虑到它的竞争者对它的决策会作出的反应。而在完全垄断行业中垄断者作出价格、产量的决策时,也无须考虑其他生产者会作出的反应,而寡占行业的绝大部分产量是由几家寡头垄断者生产出来的。任何一家厂商的经营决策都会影响到竞争对手,厂商之间存在着一种相互依存的关系。

2. 寡占者的行为会产生什么结果具有不确定性,这使寡头垄断理论在许多情况下是不可决定的

到目前为止,西方经济学中的寡占理论对于寡占者和寡占行业在达到均衡状态时会有什么价格和产量,还无法作出确切的答案。在寡占市场上,由于任一厂商的某种行为产生的结果取决于竞争对手对此作出的反应,所以除非能够对竞争者的反应作出某种假设,否则对于寡占市场的运行机制要得出有确切结论的价格理

论和产量理论,是一件十分困难的事情。

3. 厂商规模大,新厂商进入行业困难

从理论上说,任何厂商都可以进入寡头市场,因为寡头市场并不存在自然的或法律上的进入限制。但是所有的寡头市场有一个共同的特点即规模普遍巨大。大规模生产一方面决定了进入行业的初始投资十分巨大,而巨大的成本又必须通过大规模生产才能降低;另一方面又导致下列结果,即由于行业中每个厂商的产量都十分大,以至行业中只需要为数不多的几家厂商就能够满足市场的需要。所以,要进入寡头市场实际上是相当困难的。

(三) 寡头垄断的分类

(1) 从产品性质的角度可分:纯粹寡头和差异寡头。在纯粹寡头行业中,厂商之间生产的产品没有差别。例如,可以将钢铁、石油、水泥等行业看成是纯粹寡头行业。在差别寡头行业中,厂商之间生产的产品是有差别的。

(2) 从构成行业的厂商数目可分:双头垄断、三头垄断和多头垄断。

(3) 从厂商是否勾结可分:非勾结性寡头垄断和勾结性寡头垄断。

二、寡头垄断模型

由于寡头垄断市场的情况非常复杂,厂商的各种决策和行为所产生的结果具有很大的不确定性。因此,对于寡头垄断厂商的均衡产量和均衡价格的决定,多种理论模型从不同角度给予了分析和解释。

(一) 非勾结性寡头垄断模型

所谓非勾结性寡头垄断,是指寡头厂商在考虑到竞争对手的决策和反应的情况下,对自己的经济活动自行作出决策。任一寡头在决策时不仅要考虑自己的决策对市场的影响,也要考虑竞争对手对自己决策的反应,并根据这种反应来进行自己的决策。

1. 古诺模型

古诺模型(Cournot Model)是早期的寡头垄断模型。它是法国经济学家古诺于1838年提出的。古诺模型是一个只有两个寡头厂商的简单模型,该模型也被称为"双寡头模型"。古诺模型的结论可以很容易地推广到三个或三个以上的寡头垄断厂商的情况中去。

古诺模型分析的是两个出售矿泉水的生产成本为零的寡头垄断厂商的情况。古诺模型的假定是:市场上有A、B两个厂商生产和销售相同的产品,它们的生产成本为零；它们共同面临的市场的需求曲线是线性的，A、B 两个厂商都准确地了解市场的需求曲线；A、B 两个厂商都是在已知对方产量的情况下，各自确定能够给自己带来最大利润的产量，即每一个厂商都是消极地以自己的产量去适应对方已确定的产量。

古诺模型可以用建立寡头垄断厂商的反应函数的方法来说明。

在古诺模型的假设条件下，设市场的线性反需求函数为：

$$P = 1\,800 - Q = 1\,800 - (Q_A + Q_B)$$

式中：P 为商品的价格，Q 为市场总需求量，Q_A 和 Q_B 分别为市场对 A、B 两个寡头垄断厂商的产品的需求量，即 $Q = Q_A + Q_B$。

对 A 寡头垄断厂商而言，其利润等式为：

$$\begin{aligned}\pi_A &= TR_A - TC_A = PQ_A（已假定\ TC_A = 0）\\ &= [1\,800 - (Q_A + Q_B)]Q_A = 1\,800Q_A - Q_A^2 - Q_AQ_B\end{aligned}$$

A 寡头垄断厂商利润最大化的一阶条件为：

$$\frac{\partial \pi_A}{\partial Q_A} = 1\,800 - 2Q_A - Q_B$$

$$Q_A = 900 - \frac{Q_B}{2}$$

这是 A 寡头垄断厂商的反应函数，它表示 A 厂商的最优产量是 B 厂商的产量的函数。也就是说，对于 B 厂商的每一个产量 Q_B，A 厂商都会作出反应，确定能给自己带来最大利润的产量 Q_A。

类似地，对于 B 寡头垄断厂商来说，有

$$\pi_B = 1\,800Q_B - Q_B^2 - Q_AQ_B$$

$$\frac{\partial \pi}{\partial Q_B} = 1\,800 - 2Q_B - Q_A = 0$$

$$Q_B = 900 - \frac{Q_A}{2}$$

这是 B 寡头垄断厂商的反应函数，它表示 B 厂商的最优产量是 A 厂商的产量的函数。

联立 A、B 两寡头垄断厂商的反应函数，便得到如下方程组：

$$Q_A = 900 - \frac{Q_B}{2}$$

$$Q_B = 900 - \frac{Q_A}{2}$$

解方程组得：$Q_A = 600$，$Q_B = 600$。此即 A、B 两厂商的均衡产量。可见，每个寡头垄断厂商的均衡产量是市场总容量的 1/3，即有 $Q_A = Q_B = \frac{1\,800}{3} = 600$。行业的均衡总产量是市场总容量的 2/3，即有：$Q_A + Q_B = 2 \times \frac{1\,800}{3} = 1\,200$。

将 $Q_A = Q_B = 600$ 代入市场及需求函数式，可求得市场均衡价格：$P = 600$。

2. 伯川德模型

伯川德模型(Bertrand Model)是双寡头垄断模型中两个厂商相互竞争的另一个模型，它由伯川德在 1883 年提出。在该模型中，厂商在竞争时选择的是产品价格，而不像古诺模型那样选择产量。

伯川德模型的假定是：市场上有 A、B 两个厂商生产和销售相同的产品；它们的生产成本状况相同且 $AC = MC = C_0$；它们的生产能力没有限制；它们共同面临的市场的需求曲线是线性的；A、B 两个厂商都是在已知对方产品价格的情况下，各自确定能够给自己带来最大利润的产品价格。

因为这两家厂商生产的产品完全相同，所以在伯川德模型中，谁的价格低谁就将赢得整个市场，而谁的价格高谁就将失去整个市场，寡头之间会相互削价，直至价格等于各自的边际成本为止，即均衡解为：$P_A = P_B = MC = C_0$。

根据伯川德均衡可以得到两个结论：其一，寡头市场的均衡价格为：$P = MC$；其二，寡头的长期经济利润为 0。这个结论表明只要市场中厂商数目不小于 2 个，无论实际数目多大都会出现完全竞争的结果，这个结论显然与实际经验不符，因此被称为伯川德悖论。

之所以会出现伯川德悖论，其原因在于伯川德模型的如下三个假设：厂商没有生产能力的限制、厂商的产品同质以及厂商的成本函数完全相同。如果放松上述假设，那么伯川德悖论就不复存在。差别产品价格模型通过取消第二个假设(即通过引入产品差异假设)解决了伯川德悖论；埃奇渥斯模型通过取消第一个假设(即引入生产能力约束假设)解决了伯川德悖论。限于篇幅，我们这里不作详细介绍。

（二）勾结性寡头垄断模型

勾结(collusion)是指在寡头垄断市场中，两个或更多的厂商共同确定它们的价格或产量，在它们之间瓜分市场，或者共同制定其他生产经营决策的情况。

当一个市场中仅有为数极少的几个厂商，在相互竞争时，由于彼此之间的实力相差无几，弄不好会引起竞争对手的报复，结果两败俱伤，为了避免这种结局的出现，厂商之间往往会相互合作，形成勾结以争取最大的利益，其具体的方式通常采取公开勾结和暗中勾结两种。最主要的形式包括卡特尔定价模型、价格领导模型以及准协议模型。

1. 卡特尔定价模型

卡特尔(Cartel)是一种独立厂商之间有关价格、产量以及瓜分销售区域等事项的协议联盟。这是一种正式的、公开的勾结行为。

假如一个卡特尔能够根据该行业产品的需求状况和各厂商的成本状况，按照行业利润极大化原则确立产品的销售价格和全行业的供销数量，这样的寡占行业就和独家垄断完全一样了。

卡特尔形成后，为了扩大其整体利润而在内部订立一系列协议，以确定整个卡特尔的价格、产量等。在价格确定下来之后，就要考虑销售额将如何在成员厂商之间分配。如前所述，卡特尔的目标是实现整体最大利益。为此，卡特尔在各厂商之间分配销售量时，必须遵循边际成本相等的原则。但在此基础上，各厂商实际上分享的利润，并不一定是其可获得的最大利润，而是取决于建立卡特尔时达成的协议。

卡特尔是一种不稳定的垄断联盟，它至少面临三方面问题：

第一，合法性问题。许多国家法律上禁止任何公开的或秘密的垄断联盟，卡特尔在这些国家是非法的。

第二，卡特尔模型的建立需要详尽了解成员在生产、销售方面的资料。由于寡头垄断市场竞争的残酷性，其成员往往拒绝提供全面资料，使统一市场价格难以确定。

第三，暗地里单方面降价能得到更大的利润，因此每个成员都有背离的动机。如果卡特尔组织不能有效地对个别成员“越轨”行为制裁，或者多数成员都行为模仿，则整个卡特尔就会破裂。

例如，石油输出国组织(OPEC)是一个由主要石油生产国组成的国际卡特尔，成员国包括沙特阿拉伯、科威特、阿拉伯联合酋长国、伊拉克、伊朗、卡塔尔、阿尔及利亚、加蓬、利比亚、尼日利亚、委内瑞拉和厄瓜多尔 12 个国家。OPEC(欧佩克)最初于 1960 年由 5 大石油生产国创建。根据 OPEC 1968 年文件制定的长期目标，成员国政府应该：① 决定石油价格；② 拥有和控制本国的石油资源。第二个目标在大多数 OPEC 国家中都已经实现，其办法是通过接管石油公司的经营权和使其国有化。关于第一个目标，1973 年年底到 1974 年，OPEC 将石油价格提高了 4 倍，从每桶 3 美元提高到 12 美元。1979 年伊朗革命发生时，OPEC 将石油价格提高到每桶 30 美元以上。过高的油价大致从 1982 年开始下跌，原因在于石油消费国的石油储备增加、北海这样的石油产地产量增加等。石油价格一般在 OPEC 成员国石油部长的定期会议上决定。沙特阿拉伯是最有影响的成员国，因为它的生产规模大，几乎占 OPEC 总产量的一半，它经常通过调整产量来影响价格。1975 年 OPEC 生产了全世界石油供应量的 55%，占有世界市场中石油贸易量的 80%以上。但到了 20 世纪 80 年代，它在世界市场总产量中所占份额下降为不到 1/3，所以公开和隐蔽的降价都发生了。OPEC 在控制石油价格和产量方面都取得过很大成功。但后来成员国破坏定价和产量配额的现象也经常发生。

2. 价格领导模型——寡头之间达成默契

我们知道，寡头垄断行业的厂商，为了减少相互之间的竞争和各自独立决策时面对的不确定性，以保护各自的利润或阻止局外人的进入，从而保持已有的垄断权力，通常采取相互勾结、协调行动的行为方式，如卡特尔。但由于卡特尔的非法性，促使寡头们寻求一种在没有明示协议的条件下进行暗中默契的勾结方式，即价格领导制。价格领导制意味着一个行业中的价格通常由一个寡头厂商率先制定，其余寡头厂商追随其后确定自己的价格。充当价格领导者的厂商一般都是行业内具有很大影响力的厂商，或者具有较大的市场份额，或者拥有较大的成本优势。价格领导制可以分为三种形式：

第一，支配型厂商的价格领导模型。这种模型假设市场上存在着一个居于支配地位的大厂商和若干相对规模较小的厂商，凭借经济实力，大寡头厂商可以通过价格战来排挤掉相对较小的寡头厂商。但为了保证经济的有效性，各国政府均制定反垄断的相关法律或规定在此限制下，大厂商不能排挤已有的其他寡头，而只能确定一个价格，使自己的利润最大。同时行业中其他规模较小的厂商(以下称为从属型厂商)，像完全竞争厂商那样，根据已确定的价格，按照边际成本等于边际价格(此时边际价格即为由大厂商决定的市场价格)的原则决定自己的价格和产销量。

第二，低成本型厂商领导模型。价格领导者一般在行业内进行生产的成本相对较低，可以凭借自己的成本优势率先制定符合自己利润最大化的价格。

第三，晴雨表型厂商领导模型。在晴雨表型厂商领导者模型中，会存在这样的一家厂商，该厂商可以准确及时地预测市场行情，能够反映整个行业基本的成本和需求状况的变化情况。虽然它未必就是该行业内成本最低、规模最大的厂商，但是行业内的所有厂商都以之为参考、共同响应这一厂商对市场的反应，使之成为行业的晴雨表，因此成为晴雨表型的价格领导者。

三、寡头垄断市场的效率

寡头垄断市场的效率表现在：

第一，寡头垄断市场上的厂商由于具有相当的规模，所有可以获得规模经济的好处。厂商不仅可以充分利用投资昂贵、但能使可变成本较低的先进技术，而且能利用和发展现有的生产要素潜力，经营多种相关的产品，消费者则能得到较低的产品价格，而且能得到较为丰富的产品品种。

第二，厂商有能力从事技术革新和产品革新。多数厂商竞争的环境里，厂商的决策常常只着眼于短期利润，而大型厂商往往有条件花费较大的资金用于技术革新研究和新产品的开发。从客观上说，这对提高社会生产力、改善社会生产素质具有积极作用。

第三，大型厂商具有较强的抵御风险的能力。通过向后、向前兼并，厂商能将产销问题内部化，以节约交易成本，更贴近市场，获取准确信息，对厂商经营有利。大型厂商具有先进的管理技术。许多大型厂商具备对付复杂生产过程的先进管理技术和经验。使厂商内部生产和外部经营都建立在科学管理的基础之上，以保证社会稀缺资源合理而节省地使用，从而增强抵御风险的能力。

但寡头垄断市场也存在缺陷，如寡头垄断市场被认为是经济效率仅仅高于垄断的一种市场结构。就生产效率而言，在寡头垄断市场中，由于价格高于边际成本，资源不能得到最有效的利用；厂商间的合谋又会使竞争力度不够，而且寡头垄断市场的进入困难，导致了该市场具有保护落后的作用，对于技术革新和新产品开发是不利的。从分配效率来看，价格高于边际成本使得消费者得不到最大的满足，社会福利受到损失；过度制造产品差别和广告的非价格竞争，也造成了资源浪费。

第四节　不同市场结构比较

前面我们研究了四种不同的市场结构：完全竞争、垄断竞争、寡头垄断、垄断。这四种市场结构具有不同的特点，不同市场结构中的厂商的价格决策、产量决策都不相同,其竞争策略和竞争程度也不一样,因而经济效率也就不同。

不同市场结构的厂商特征比较如表 7-1 所示。

表 7-1　**不同市场结构的厂商特征比较**

<table>
<tr><th colspan="2">市场结构</th><th>完全竞争</th><th>垄断竞争</th><th>寡头垄断</th><th>完全垄断</th></tr>
<tr><td rowspan="3">市场特征</td><td>厂商数目</td><td>很多</td><td>较多</td><td>很少</td><td>一个</td></tr>
<tr><td>进入难度</td><td>非常容易</td><td>很容易</td><td>很难</td><td>非常难</td></tr>
<tr><td>产品同质</td><td>同质</td><td>有差异</td><td>同质或有差异</td><td>—</td></tr>
<tr><td rowspan="2">供求曲线</td><td>需求曲线</td><td>水平线,完全弹性</td><td>向右下方倾斜,但平坦</td><td>向右下方倾斜,较陡峭</td><td>向右下方倾斜,陡峭</td></tr>
<tr><td>供给曲线</td><td>向右上方倾斜</td><td>无</td><td>无</td><td>无</td></tr>
<tr><td rowspan="6">均衡状态</td><td>短期</td><td>$SMC = P = MR$</td><td>$SMC = MR$</td><td>—</td><td>$SMC = MR$</td></tr>
<tr><td>长期</td><td>$LAC = LMC = P$</td><td>$LMC = MR$
$LAC = AR$</td><td>—</td><td>$LMC = SMC = MR$</td></tr>
<tr><td>均衡价格</td><td>最低</td><td>较低</td><td>较高</td><td>最高</td></tr>
<tr><td>均衡数量</td><td>最大</td><td>较大</td><td>较小</td><td>最小</td></tr>
<tr><td rowspan="2">经济利润</td><td colspan="4">短期内有经济利润、收支相抵或亏损</td></tr>
<tr><td colspan="2">长期内收支相抵</td><td colspan="2">长期内有经济利润或收支相抵</td></tr>
<tr><td>经济效率</td><td></td><td>最高</td><td>较高</td><td>较低</td><td>最低</td></tr>
</table>

主要名词与术语

博弈论　囚徒困境　纳什均衡　连锁店悖论　垄断竞争　寡头垄断　古诺模型　伯川德模型　勾结　卡特尔

复习思考题

1. 比较寡头与垄断的产量与价格。

2. 比较垄断竞争与完全竞争市场的产量与价格。
3. 什么是囚徒困境？它与寡头有什么关系？
4. 价格歧视有哪几种？它们的联系和区别在哪里？
5. 古诺模型和伯川德模型的假定和结论有什么不同？

第八章　分 配 理 论

本章教学目的与要求

生产要素定价理论是分配理论的重要组成部分。本章主要从生产要素的需求和供给入手，分析生产要素的数量和价格决定问题。通过学习，必须掌握生产要素的概念和特点，厂商使用生产要素的一般原则；重点掌握完全竞争和不完全竞争厂商对要素的需求曲线及推导方法、生产要素供给的原则以及供给曲线的推导方法；掌握劳动、资本、地租以及利润的决定；掌握租金、准地租、经济租金的概念；掌握收入分配测度的洛伦茨曲线和基尼系数。

第一节　生产要素的市场价格

一、生产要素及其价格

生产要素(production factors)是生产者从事生产活动的最基本因素，它主要包括四种：劳动、资本、土地和企业家才能。根据经济学理论，凡是参加生产或流通过程的各要素都应获得相应的报酬，在实际生产生活中，工人提供劳动，资本家提供资本，所有者提供土地，企业家提供生产管理技能，他们都获得了相应的报酬，即：工资、利息、地租和利润。

生产要素的价格就是生产要素所获得的报酬，是指支付生产要素在某段时间内所提供的服务的代价。生产要素的价格水平是由市场的供求决定的。但生产要素的价格更多地表现为一种使用代价，即厂商支付了要素价格后，便拥有该种生产要素的使用权，而不是指厂商购买生产要素本身所需要支付的代价。厂商作为要素的需求者，居民户作为要素的供给者。

二、生产要素的需求

(一) 生产要素需求的特点

生产要素的需求就是指厂商在一定时期，在一定价格水平下，愿意并能购买到的生产要素的量，其主要特征为：

(1) 生产要素的需求是一种派生需求或引致需求。派生需求是指市场由于对产品的需求而引起的对生产要素的需求，要素的需求来自厂商，为满足市场消费需求而购买。如人们对住房的需求，派生出对建筑材料、装潢材料甚至家具等的需求。派生需求反映了生产要素市场与产品市场的联系，而且还说明了产品类型、产品价格和数量对生产要素的直接影响。

(2) 生产要素需求是一种联合需求。联合需求也即“共同性”，是指任何产品的生产都需要多种生产要素互相补充，联合起来共同发挥作用。生产要素之间要形成一定的比例结构才能变成生产力，转化出产品。厂商对某种生产要素的需求不仅取决于该生产要素的价格，而且也取决于其他生产要素的价格，生产要素之间是互补的，为取得最大利润，厂商必须进行合理的要素组合。

(3) 生产的技术状况决定了对某种生产要素需求的大小。如果技术是资本密集型的，则对资本需求大；如果技术是劳动密集型的，则对劳动的需求大。

(4) 生产要素需求的复杂性。生产要素的需求比产品的需求要复杂得多。首先是生产要素的市场结构。一般来说，同一价格时完全竞争市场上的生产要素需求大于非完全竞争市场上要素的需求量。其次是生产要素的需求层次。生产要素的需求层次分为各个厂商的生产要素需求、整个行业对生产要素需求和市场对生产要素的需求，三者相互联系又相互区别。

(二) 边际生产力

生产要素价格决定的主要理论基础就是边际生产力分配论。生产力(或边际生产力)是美国经济学家约翰·贝茨·克拉克于 19 世纪末在其《财富的分配》一书中首先提出来的并加以系统化。

边际生产力(marginal productivity)就是指在其他条件不变的情况下，某种生产要素追加一个单位所增加的收益。例如，在其他要素不变的条件下，连续增加资本量，最后一单位资本所增加的产量就是资本的边际生产力。

在他条件不变和边际生产力递减的情况下，某种生产要素的价格取决于边际生产力。边际生产力可用实物形态和价值形态来表示。

用实物形态指标表示某要素的边际生产力，称为该要素的边际产量 MP。

用价值形态指标表示某要素的边际生产力称为边际收益产量或边际收益产品 MRP(margined revenue product)，是指新增加一单位要素所带来的收益，它等于边际产量与边际收益的乘积，即：$MRP = MP \times MR$。

边际生产力的价值形态也可以用边际产品价值 VMP 表示，VMP 是指新增加一单位要素所带来的产值或收益。

$$VMP = MP \times P$$

在完全竞争市场条件下，因为 $MR = AR = P$，所以 $MRP = VMP$。

在非完全竞争市场条件下，由于 $MR < P$，所以 $MRP < VMP$。

（三）完全竞争市场生产要素的需求

1. 生产要素的需求原则

我们知道，厂商实现利润最大化的条件是 $MR = MC$，它不仅适用产品数量的决定，同时也适合生产要素使用量的决定，即边际收益产量等于边际要素成本。

从产量与收益方面看，由前所知：边际收益产品 MRP 和边际产品价值 VMP 都表示每增加一个单位的可变生产要素给厂商所带来的收益，在完全竞争条件下，因为 $MR = AR = P$，所以 $MRP = VMP$。

从成本方面看：边际要素成本是增加一个单位要素的使用所引起的总成本的增量，用 MFC 表示。在完全竞争市场上，要素的买者和卖者都不能影响要素的价格，所以厂商购买每一单位要素所花的成本和增加一个要素所花的全部成本的增量相等，即边际要素成本(MFC)等于平均要素成本(AFC)，并且它们都等于价格。厂商为了获得最大利润，必须使边际收益产品或边际产品价值等于边际要素成本。所以，完全竞争市场中，生产要素需求原则是：边际收益产品或边际产品价值等于边际要素成本。即：

$$MRP = VMP = MFC$$

当满足该条件时，完全竞争厂商实现了利润最大化，此时使用的要素数量为最优要素数量。

2. 厂商的生产要素需求曲线

厂商购买生产要素的目的是为了实现利润最大化，即使 $MRP = VMP = MFC$，在完全竞争市场上，对某厂商来说，价格是不变的，厂商对生产要素需求就

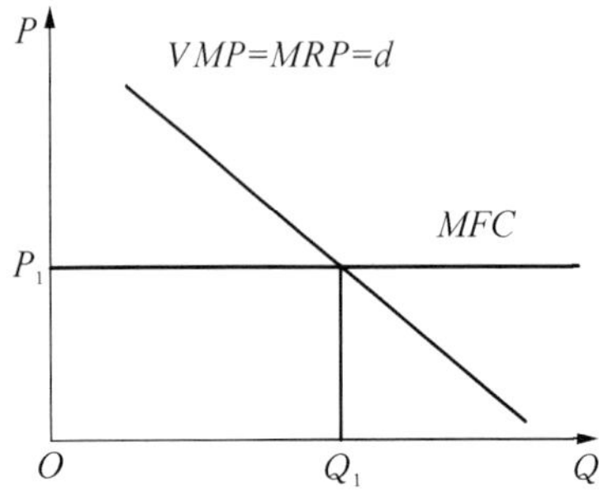

图 8-1　厂商要素需求曲线

取决于边际生产价值或边际收益产品。在使用一种可变投入或可变要素的情况下，厂商的要素需求曲线 d 就是这种要素的边际产品价值曲线 VMP 或边际收益产品曲线 MRP，如图 8-1 所示。

在图 8-1 中，$MRP = VMP = d$，表示完全重合的边际产品价值和边际收益，由于边际生产力递减，所以生产要素的需求曲线是一条向右下方倾斜的曲线，当要素价格已知时，在曲线每一对应点都意味着厂商的边际收益产或边际收益价值等于边际要素成本。

3. 市场的生产要素需求曲线

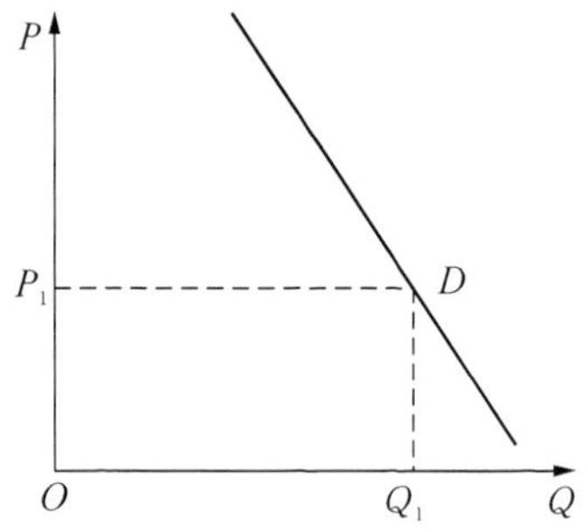

图 8-2　市场生产要素的需求曲线

在完全竞争市场，单个厂商使用某一要素价格和数量的变化不会影响产品的价格。但在市场或行业都增加使用某一要素时，从而增加产量就会引起产品的价格下降，从而使要素的边际收益产品变小，于是每个厂商对该要素的需求量就会减少一些，所以市场需求曲线比厂商的需求曲线要陡一些。如图 8-2 所示。

市场需求曲线，表示行业中所有厂商对生产要素需求量和要素价格之间数量关系，市场需求曲线向右下方倾斜，斜率为负。

4. 非完全竞争市场中的要素需求

在完全竞争市场中，价格是产销量的函数。即产销增加时，价格必然下降，由于在完全竞争市场中，产品的销售价格等于边际收益，$P = MR$。所以边际要素投入所带来的收益(MRP)就等于边际产品价值，$MRP = VMP$，也即：$MP \times MR = MP \times P$。在卖方垄断的市场条件下，由于产品价格随销售量的增加而下降，$MR \neq P$，而是 $MR < P$，因此，$MRP \neq VMP$，即：$MRP < VMP$，在需求曲线上就表示为 MRP 在 VMP 的左下方。如图 8-3 所示。

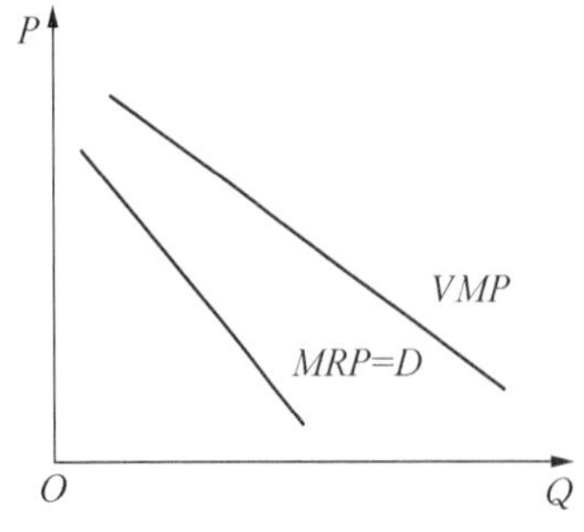

图 8-3　非完全竞争市场要素需求

图 8-3 中，只有 MRP 才代表在产品市场垄

断情况下，增加 1 个单位的生产要素而给卖方垄断厂商带来的收益增加，只有 MRP 才代表垄断厂商的需求曲线，两者的差额为：

$$VMP - MRP = (MP \times P) - (MP \times MR) = MP(P - MR)$$

三、生产要素的供给

生产要素的供给是指居民户在一定时间内，每一价格条件下愿意而且能够提供的生产要素数量。

（一）完全竞争市场生产要素的供给

1. 厂商面临的要素供给曲线

完全竞争生产要素市场，单个买者与卖者对生产要素的需求量和供给量的变化不会影响市场上生产要素的价格，所以生产要素的供给对于单个厂商来说，可以在既定价格水平上获得任意数量的要素供给，生产要素具有完全弹性，且平行于横轴的一条水平线，如图 8－4 所示。

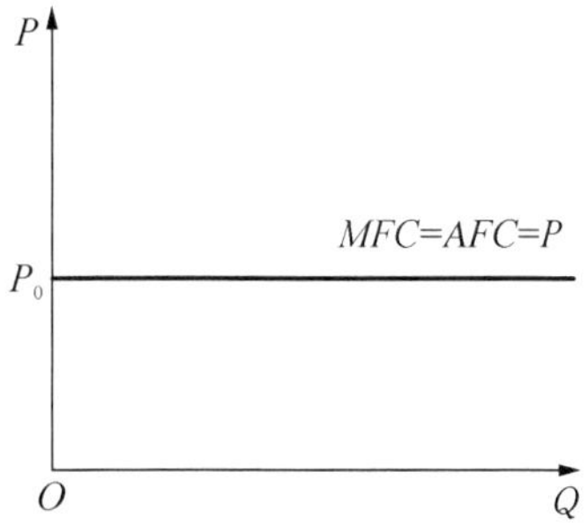

图 8－4　厂商面临的要素供给

由于单个厂商无论怎样调整需求量都不会引起整个市场生产要素价格的变化，这样单个厂商的生产要素供给曲线就是它的边际生产要素成本线，也是平均要素成本（AFC）曲线，即：$MFC = AFC \equiv P$。厂商面临的要素供给曲线表示既定的要素价格和要素供给量之间的数量关系。

2. 完全竞争市场的要素供给曲线

完全竞争市场的要素供给曲线表示要素市场上要素价格和要素供给量之间的关系。因为市场的购买量影响要素市场价格的变动，所以市场要素供给量和要素价格之间的关系比较复杂：

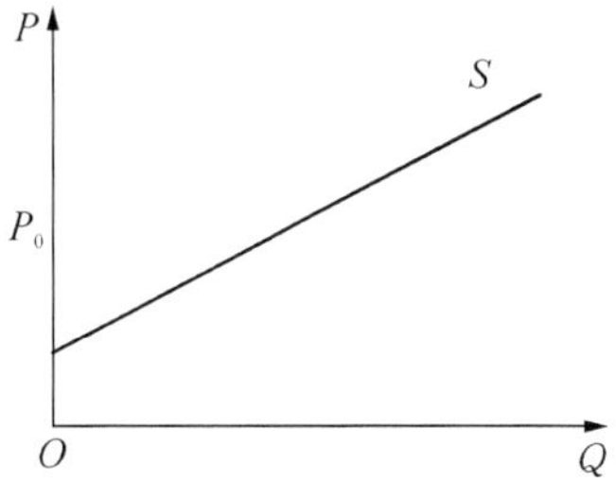

图 8－5　市场面临的要素供给

第一，要素价格提高，要素供给量增加；生产要素价格降低，则生产要素的供给减少。所以整个市场供给曲线是一条与价格同方向变化向右上方倾斜的曲线，如图 8－5 所示。

第二，要素价格提高时，要素供给量不会增加，始终保持不变，要素的供给曲线与横轴垂直，生产要素供给无弹性。

（二）不完全竞争市场生产要素的供给

不完全竞争生产要素市场又称买方垄断，是指生产要素的唯一购买者是垄断厂商，它所面临的生产要素的供给曲线就是整个生产要素市场的供给曲线。当生产要素为买方垄断时，垄断厂商增加或减少生产要素使用量都会引起要素价格的同方向变动，如表 8－1 所示。

表 8－1 **不完全竞争市场生产要素的供给**

要素的供给数量（Q）	要素的价格（P）	总要素成本（TC）	平均要素成本（AFC）	边际要素成本（MFC）
1	10	10	10	—
2	15	30	15	20
3	20	60	20	30
4	25	100	25	40
5	30	150	30	50

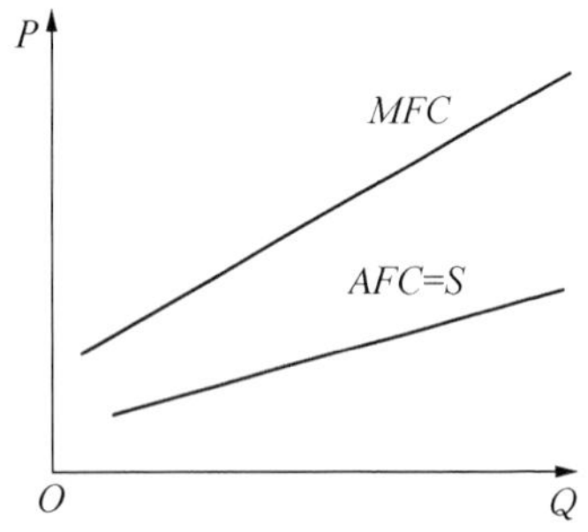

图 8－6 垄断市场的要素供给

在表 8－1 中，很显然 $MFC > AFC$，将表中数据描绘在图形中，如图 8－6 所示。

在图 8－6 中，供给曲线反映要素数量 Q 和平均要素价格 P 的关系。生产要素供给曲线 S 与生产要素平均成本 AFC 和生产要素价格 P 重合在一起，MFC 在 AFC 的上方，随着厂商购买量的增加，两者差距将不断扩大。

四、生产要素价格的决定

（一）产品市场不完全竞争而生产要素市场完全竞争（卖方垄断）下，生产要素价格的决定

由于产品市场不完全竞争，产量的增加会引起价格的下降，进而使 MR 下降很快，由于 $MR < P$，因此，$MRP < VMP$，厂商对生产要素的需要只能根据增加生产要素带来的实际收益 MRP 的变化来决定，所以 MRP 曲线与生产要素需求曲线重合，如图 8－7 所示。P 为生产要素价格，生产要素供给曲线 S 与生产要素需求曲线相交 E 点，E 点是均衡点，均衡价格为 P_0。

因为生产要素市场是完全竞争市场，所以生产要素价格 P 和边际生产要素成

本不随生产要素供给量的变动而改变。所以该种市场的均衡条件就是 $MFC(P_0)=MRP$。

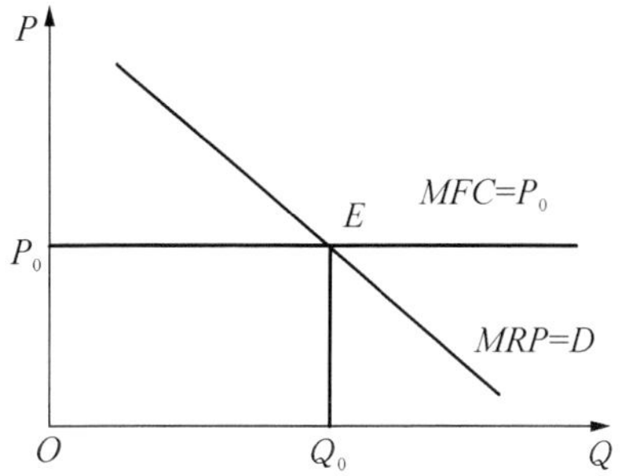

图 8-7 卖方垄断的要素价格决定

（二）产品市场完全竞争而生产要素市场不完全竞争情况下（买方垄断）下，生产要素价格均衡

在买方垄断市场下，以生产要素的需求曲线 $VMP=MRP$，即厂商的边际产品价值曲线与边际收益产品曲线重合，而要素市场不完全竞争，使生产要素的供给曲线与边际生产要素成本曲线分离，即 $AFC \neq MFC$，厂商为了实现最大利润，必须使 $VMP=MFC$，此时厂商就需要调整生产使两者相等。如图 8-8 所示。

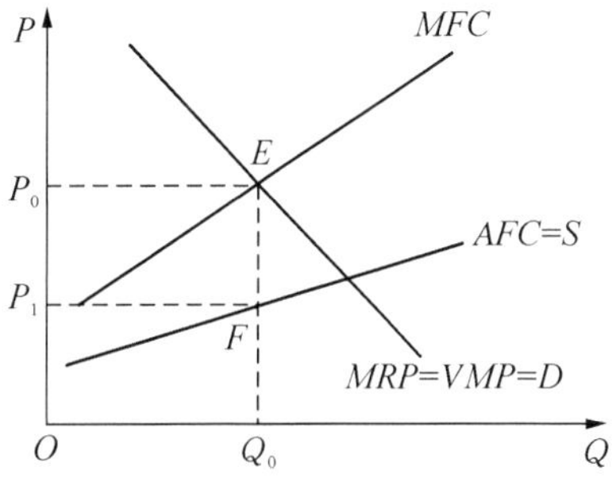

图 8-8 买方垄断下的生产要素价格决定

在图 8-8 中，E 为 VMP 曲线与 MFC 曲线交点，实现利润最大化，它确定生产要素均衡使用量，但并没有反映现在生产要素供应方愿意接受的价格。F 是生产要素数量为 Q 时，要素供给曲线上的一点，它表示按 P_1 的价格可以购买到生产要素数量，所以 F 点对应的价格就是均衡价格。

由此可知，在产品市场完全竞争而生产要素不完全竞争情况下，生产要素的均衡价格和使用量要分两步来确定：第一步，确定均衡使用量。由 VMP 和 MFC 曲线的交点确定生产要素的均衡使用量。第二步，确定均衡价格。在生产要素供给曲线上与该购买量相对应的点所指示出的生产要素的价格，即为均衡价格。所以，买方垄断情况下，厂商的均衡条件是：

$$VMP(MRP)=MFC \quad AFC=P$$

（三）产品市场和要素市场同时垄断下生产要素的价格均衡

当产品市场和生产要素市场均为不完全竞争称为完全垄断。这种情况兼有前面所述卖方垄断和买方垄断市场的特点，因为 $VMP>MRP$，边际产品价值 VMP 曲线高于边际收益产品曲线，如图 8-9 所示。

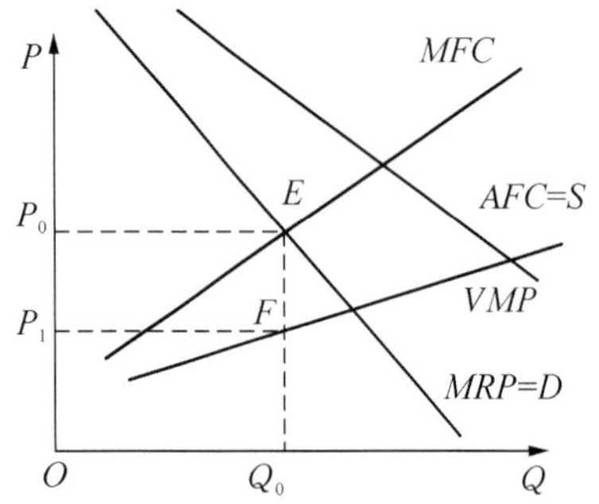

图 8－9　完全垄断下的要素市场均衡

在图 8－9 中，由于产品市场已经处于垄断状态，因此对生产要素的需求曲线应该由 MRP 曲线来表示，E 点为厂商可以取得利润最大点，即 $MRP = MFC$，F 点为对应的生产要素均衡使用量，其均衡价格为 P_1，所以产品市场和生产要素市场均为垄断情况下的厂商均衡条件为：$MRP = MFC$。

第二节　工 资 理 论

工资是劳动者所提供劳动的报酬，也就是劳动的价格。经济学的分配理论中，工资决定理论有边际生产力论、均衡价格理论、集体谈判工资论、效率工资论等，这里主要研究边际生产力和均衡价格决定的工资理论。

一、边际工资理论

克拉克的边际生产力工资理论认为，工资是由投入的最后一个单位劳动所产生的边际收益产量决定的。或者说，工资是由边际劳动生产力决定的，由于边际生产力是递减的，厂商雇佣的最后那个工人所增加的边际产品价值等于付给工人的工资。如果该工人所增加的产值小于给他的工资，厂商就不会雇佣他，如果工人增加的产值大于付给他的工资，厂商就会增加雇佣工人，只有在最后一个工人所增加的产值等于付给他的工资时，厂商才既不增加也不减少工人，即厂商雇佣的最后那个工人所增加的边际产品价值应该等于付给工人的工资。如图 8－10 所示。

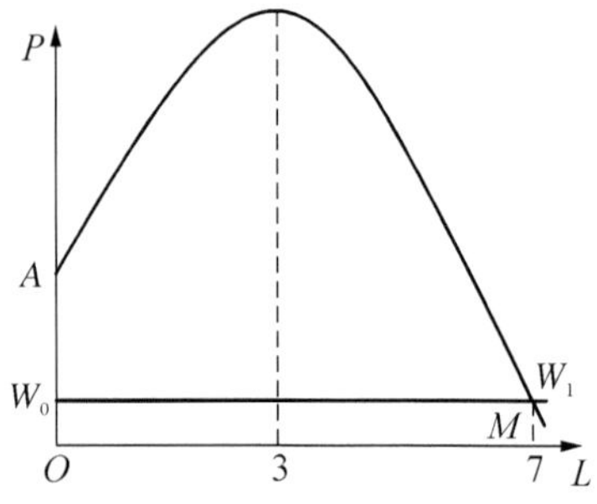

图 8－10　边际生产力的决定

在图 8－10 中，OP 表示工资水平，OL 表示工人数量，AW_1 表示劳动的边际生产力曲线。在资本投入不变的条件下，假设：厂商雇佣 3 个工人时边际产量最大，之后边际产量递减，如果社会工资水平为 1 个单位，那么当雇佣第 7 个工人时，最后增加的 1 个工人的边际产量正好等于工人工资，此时，资本家既不会增加也不会减少工人。图中 OW_0W_1M 为 7 个工人工资总额，W_0AW_1 为资本报酬全部归资本家所有。

二、均衡价格的工资决定

马歇尔的均衡价格论认为工资是由社会对劳动的需求和供给两方面因素决定的。劳动的需求取决于劳动的边际收益产量，劳动供给则有特殊性，主要取决于劳动力的生产成本和劳动者的心理成本，即以牺牲闲暇的享受为代价的心理效用。

（一）劳动的供给及供给曲线

劳动的供给除其他因素影响以外，主要涉及消费者对其时间资源的分配，即劳动和休闲时间，两者同时具有替代效应和收入效应。劳动价格可以看作是休闲的价格，当工资的提高大于休闲需求时（休闲付出的代价增大或机会成本增大），劳动的供给就会增加，但工资增加到一定程度，足以满足人们需求时（工资的边际效用递减），人们会更加珍惜闲暇（边际效用增加），此时劳动供给不但不增加反而会少。在图形上表现为一条向后弯曲的曲线。如图 8－11 所示。

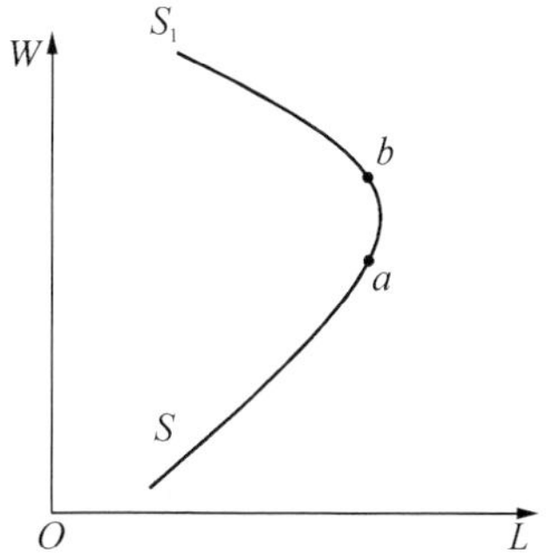

图 8－11 劳动供给曲线

在图 8－11 中，横轴 OW 为工资水平，纵轴 OL 为劳动供给量，SS_1为劳动供给曲线，它表示：第一，工资提高，劳动供给增加。图中 a 点前，劳动随工资增加而增加。一般在低收入阶段，劳动力的供给弹性较大。第二，工资提高，劳动供给不变。在 a 和 b 之间，由于工资的收入效应，当工资达到一定程度，即使工资再提高，劳动供给都不再增加。第三，工资提高，劳动供给减少。b 点之后，工资提高，劳动供给不增反降，曲线向后弯曲。

（二）均衡的工资水平决定

工资水平是由劳动供给与劳动需求共同决定的。劳动需求曲线是一条向右下倾斜的曲线，当劳动供给与劳动需求相等时，即达到了劳动市场的均衡。均衡点对应的就是均衡工资水平和均衡劳动数量。如图 8－12 所示。

在图 8－12 中，以横轴 OL 表示劳动量，纵轴 OW 表示工资率，需求曲线 D 与供给曲线 S 在 E 与 E_1两点相交，相应的有两个均衡工资率，即 OW_0和 OW_1，有两个均衡条件下的劳动量，即 OL_0和 OL_1。在这里，$OW_1>OW_0$但$OL_1<OL_0$，说明

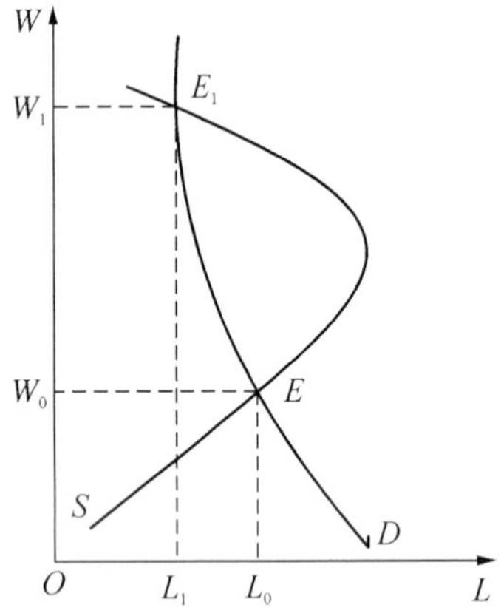

图 8-12 均衡工资水平的决定

当工资水平大大提高后，劳动的供给量不仅没有增加，反而减少。实际上有效率的工资水平只能是 OW_0，劳动力市场上的均衡数量只能是 OL_0。

（三）不完全竞争市场上工资的决定

不完全竞争是指劳动市场上存在着不同程度的垄断。在不完全竞争的市场上，工资可能高于或低于劳动的边际生产力。这里我们主要分析工会的存在（即劳动市场上卖方垄断）对工资决定的影响。在西方国家中，工会一般是按行业组织的。在社会中，工会、政府、企业被认为是三个并列的组织。在工资决定中，工资水平一般是由工会与企业协商确定的，政府在其间起一种协调作用。因为工会控制了入会的工人，而且工会的力量相当强大，所以在经济学中被作为劳动供给的垄断者，并以这种垄断来影响工资的决定。其影响方式主要有三种：

第一，增加对劳动的需求。在劳动供给不变的情况下，通过增加劳动的需求来提高工人的工资。这些措施诸如通过增加对产品的需求派生出对于劳动的需求，而且可通过鼓励出口，限制进口，实行贸易保护政策等，增加市场对于产品的需求。这些措施不但提高了工人的工资，而且增加了工人的就业。如图 8-13 所示。

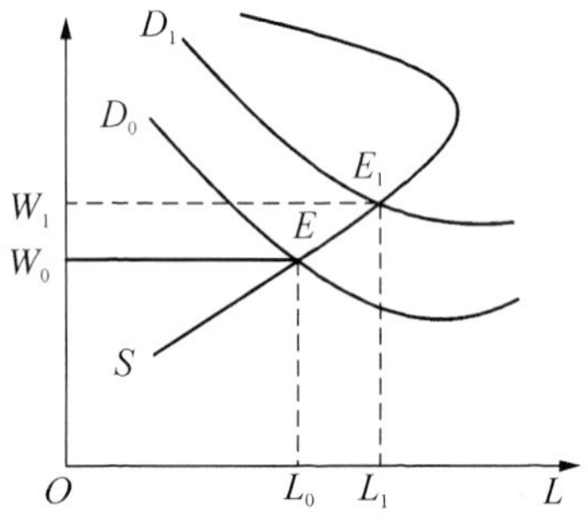

图 8-13 劳动需求对工资的影响

劳动的需求曲线原来是 D_0，D_0 与 S 相交于 E，决定的工资水平为 W_0，就业水平为 L_0。当劳动的需求增加后，比如劳动的需求曲线由 D_0 移至 D_1。这时，D_1 与 S 相交于 E_1，决定了新的工资水平为 W_1，就业水平为 L_1。由此可见，$W_1 > W_0$，$L_1 > L_0$，说明工资上升了，就业水平提高了。

第二，减少劳动的供给。在劳动需求不变的条件下，可通过减少劳动的供给来提高工资。其措施主要包括：限制非会员受雇，通过政府采取强制退休、禁止使用童工、限制移民、缩减工作时间等。这样劳动供给减少会带来工资的提高。如图 8-14 所示。

在图 8-14 中，劳动供给曲线由原来的 S_0 与 D 相交于 E，上升到 S_1 与 D 交于 E_1。工资水平由原来的 W_0 上升至 W_1，工资提高了。劳动水平由原来的 L_0 减少到 L_1，就业水平下降了。

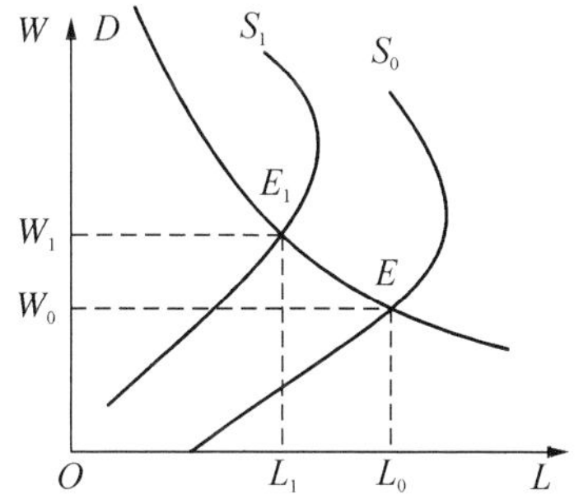

图 8-14 劳动供给对工资的影响

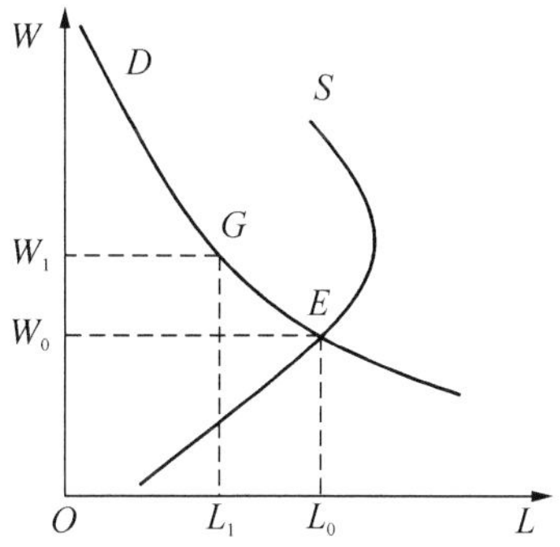

图 8-15 工资保护

第三，提高工资率。工会迫使政府通过立法规定最低工资，这样，在劳动的供给大于需求时也可以使工资维持在一定的水平上。如图 8-15 所示。

在图 8-15 中，工会人为地提高工资率，即由 OW_0 上升到 OW_1，或促使政府规定最低工资率，使工资率不得低于 W_1 线。原来劳动供给和需求的均衡点为 E，OW_0 为均衡工资率，OL_0 为均衡条件下的劳动量。现在，在工资率为 W_0 的条件下，劳动的需求曲线为 D 与 W_1 相交于 G，劳动购买量也就减少到 OL_1。当然，在劳动市场上还有厂商买方的垄断因素。当厂商的垄断程度高时，就会竭力把工资压低到劳动的边际生产力之下。应该说，尽管劳动市场上的垄断因素对工资的决定有相当大的影响，但从长期来看，还是劳动的供求状况在起决定性作用：劳动的供求是决定工资的关键因素。因为尽管许多单个消费者的劳动供给曲线可能会向后弯曲，但劳动市场的曲线一般向右上方倾斜，在较高的工资水平上现在工人也许提供较少的劳动，但高工资会吸引新的工人进来，尤其是在劳动力过剩的条件下，因而总的市场劳动供给一般还是随着工资的上升而增加，因此，均衡工资水平是劳动市场的供给曲线决定的。

第三节　利息理论

一、资本和利息

资本就是由经济制度本身生产出来并被用作投入要素以便进一步生产更多的商品和劳务的物品。利息是使用资本的报酬，是资本这一生产要素的使用价格：利息水平是用利率来表示的。利率等于资本服务的年收入（利息）与资本价值之比，用公式表示：

$$r = Z/P$$

式中：Z 为利息，P 为资本价值。如果资本在 1 年中，资本本身发生了变化（增值或减值），利息的公式则修改为：

$$R = (Z + \Delta P)/P$$

式中：ΔP 为资本的价值增量，它可大于、等于或小于零。

二、边际生产力论的利息理论

对于厂商来说，利息首先是一种成本，取决于资本的边际生产力。当劳动投入不变时，继续追加资本，最后追加一单位资本的产量（产值）称为资本的边际产量或边际生产力，资本的边际生产力是递减的，最后增加一单位资本产量决定了利息率的高低。当厂商随着资本的增加而新增产量即边际生产力高于利率时，说明资本的边际成本小于其边际收益，厂商就增大资本投入量；当资本的边际生产力低于利率时，厂商就要减少资本投入量，只有当资本边际生产力等于利息率时，厂商才会维持现有的资本投入量与利息水平不变。如图 8－16 所示。

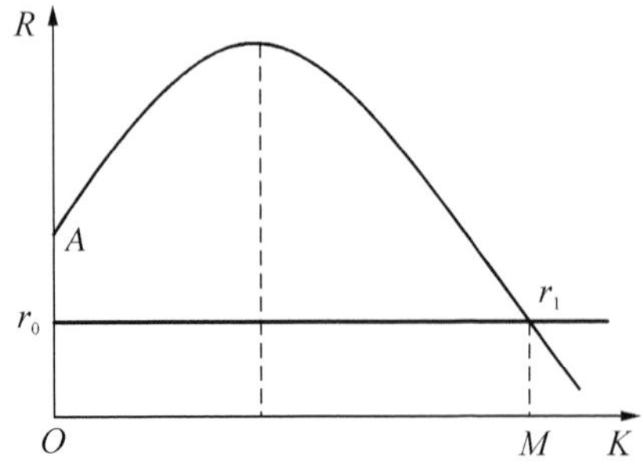

图 8－16　边际生产力利息决定

图 8－16 中，Ar_1 是资本的边际生产力曲线，随着资本投入增加，刚开始递增，当达到一定程度后开始递减，当增加最后一单位

资本创造的边际生产力为 Mr_1 等于其最后一单位资本所支付的利率 Or_0 时，厂商即不增加也不减少资本，利率水平得到确定。资本的全部产量为 OAr_1M，资本的利息金额为 Or_0r_1M，面积 r_0Ar_1 归资本家所得。

三、均衡价格理论的利息决定

均衡价格理论认为，利息是由资本的需求和供给的均衡状态决定的。资本的需求表现为企业的投资，资本的供给来自储蓄，这样投资与储蓄决定了利息水平。

从需求方面看：企业投资是为了获取利润，当利润率大于利息率，企业投资获利大于支付的利息，企业就会愿意借入资本；如果利润率小于利息率，企业就会放弃投资。资本需求量与利息率呈反方向变动，厂商对资本的需求曲线向右下方倾斜。

从供给方面看：人们储蓄是为了利息，利率越高，越愿意储蓄，资本的供给量越大；相反，储蓄减少，资本供给量也减少。在利率一定时，资本的供给是由人们对目前与未来的偏好支配的。一般利率与储蓄呈同方向变动，是一条向右上方倾斜的线。当资本供给与需求达到均衡时，就决定了利息率水平，如图 8－17 所示。

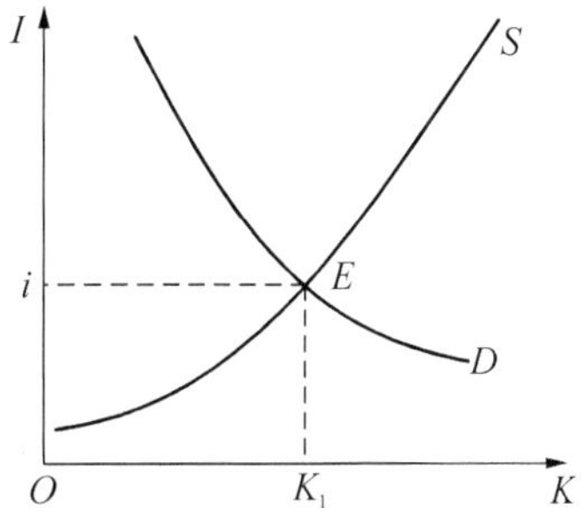

图 8－17 均衡利息率水平决定

第四节 地租理论

一、地租及地租的决定

地租是使用土地（包括地面、矿藏、水域等）而支付的报酬，是土地这种生产要素的价格。土地被看作是资本的特殊形态，地租看作是利息的特殊形态。但土地与资本是有区别的，资本的供给是无限的，土地的供给是有限的。土地作为一种自然资源具有数量有限、位置不变、不可再生的特点。同一地块，被某人占有，其他人就无法再占有。因此，土地的供给没有弹性，是一直垂直于横轴的线。所以土地需求成了决定地租的唯一因素，即由土地的边际生产力决定的。如图 8－18 所示。

在图 8－18 中，横轴 ON 为土地数量，纵轴 OR 为地租水平，S 为土地供给线，

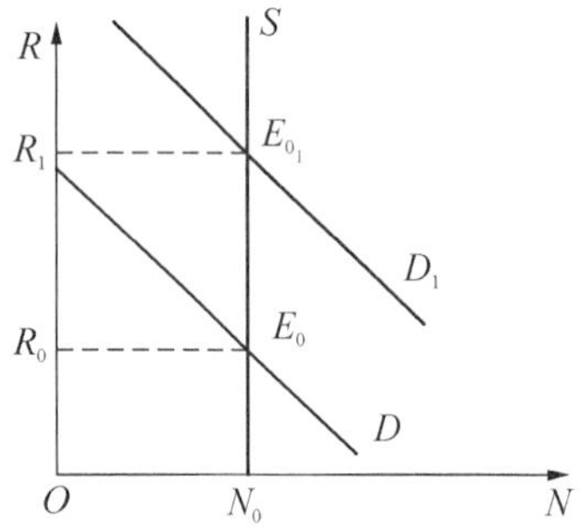

图 8－18　地租决定

没有弹性，所以与横轴垂直，D 为土地的需求曲线，E_0 为均衡点，表示使用土地 ON_0 时，其地租水平为 OR_0。随着经济的发展和人口的增长，农产品需求量增大，城市建设对土地的需求增加，土地的价格即地租不断提高。当土地需求曲线由 D 移动到 D_1 时，均衡点由 E_0 到 E_1，地租由 OR_0 提高到 OR_1。说明土地需求增加，导致地租上升。这是由土地边际生产力或需求曲线决定的，而与土地供给无关。

二、级差地租

级差地租是由于土地肥沃程度、地理位置、气候交通等方面的差别而形成的地租。土地有肥瘠之分，矿藏也有贫富之别。根据地理位置、气候等条件的差别可以将土地分为不同的等级，如优、中、劣三等。一般优等、中等土地上产品的价格不低于使用劣等地生产所费的平均成本，否则就没有人使用劣等地从事生产。由于劣等地产品的市场价格等于平均成本，生产者没有剩余，这种土地被称为"边际土地"。而那些优、中等地能获得较高的收入，其产品成本低于边际土地的平均成本，即低于边际土地产品市场价格，其差额就叫级差地租。简言之，级差地租就是由于租种较好土地所获得的超过平均成本的超额收入。

三、准地租

准地租(准租金)是指某些质量较高的生产要素，在短期内供给不变的情况下，所产生的一种超额收入。它是指固定生产要素的收入。准租金只取决于要素需求状况而与供给无关。

例如，厂商使用的厂房、机器设备等，从短期看其供给数量是不变的，不因其是否取得收入而影响其供给。在短期内只要产品价格能补偿可变成本，厂商就会利用这些厂房和设备进行生产，如果存在较大的市场需求，产品价格超过平均可变成本，其余就形成固定设备的收入。使用这些要素所获得的报酬具有地租的性质，被称为准地租(以区别地租)，是固定生产要素的收入。如图 8－19 所示。

在图 8－19 中，MC、AC、AVC 分别表示厂商的边际成本、平均成本和平均可变成本，假定产品的价格为 P_0，则厂商将生产 Q_0，这时可变成本的面积为 $OGBQ_0$，它代表厂商为生产 Q_0 产量所需可变生产要素量而必须做出的支付。而 GP_0EB 为固定要素的收入，就是准租金。从图中可知，准租金为固定总成本与经济利润之和，当经济利润为零时，准租金等于固定总成本。当企业亏损而有正常利润时，准租金小于平均成本，而等于企业所获得的正常利润。另外，在较高级的技术劳动者的工资中，也存在一种超过正常工资的额外收入，这是由这部分劳动者具有的天赋才能、边际生产力较高而产生的，它是由劳动者本身素质和需求决定的，与供给无关，也称为准租金。企业家才能也有很大一部分为准租金。

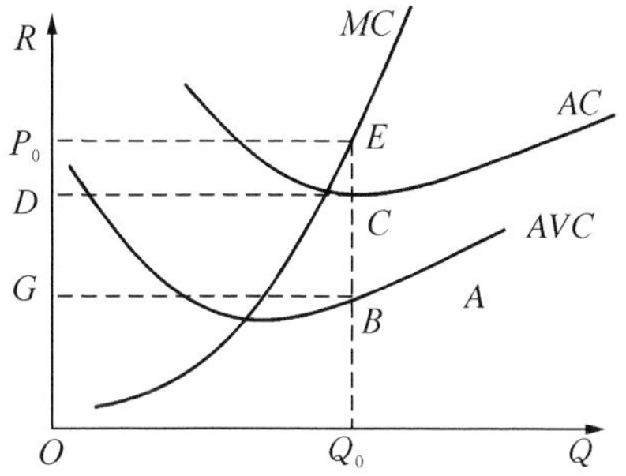

图 8-19 准地租

准租金是在短期内其要素供给不变产生的，但长期内要素的供给发生变化，其准租金也就不存在了。

四、经济租金

经济租金是指生产要素的所有者得到的实际收入高于他们期望得到的收入，超过的部分收入就称为经济地租。它说明要素收入的减少并不会影响该要素的供给。经济租金是生产要素所有者所得到的超过他预期的收入的部分，故称生产者剩余。它类似于消费者剩余，但消费者剩余是一种心理现象，可生产者剩余则是生产要素供给者得到一种额外的实在的收入。总之，经济租金是要素收入的一部分，该部分并非为获得要素于当前使用中所必须，它代表着要素收入中超过在其他场所可能得到的收入部分。即经济租金等于要素收入与其机会成本之差。

第五节 利润理论

利润是企业家才能的报酬。本节主要讲授正常利润、超额利润与垄断利润。

一、正常利润

正常利润是企业家才能的价格。它包括在成本之中,性质与工资相类似,也是由企业家才能的需求与供给所决定的。

由于企业家才能对生产和经营的成功与否有关键性作用,所以对它的需求是很大的。同时,企业家才能需要特殊的培养训练,并需花费较大的代价。只有那些有胆识、有能力,又受过良好教育的人才具有企业家才能。所以它的供给是稀少的。企业家才能的需求与供给的特点,决定了企业家才能的收入——正常利润(nomal profit)必然是很高的。正因为正常利润包括在成本之中,而且往往是作为一种隐含的成本,所以,厂商收支相抵就是获得了正常利润。在完全竞争的长期条件下,利润最大化实际上就是获得正常利润,在长期的垄断竞争中也只能获得正常利润。

二、超额利润

利润中超过正常利润的部分被称为超额利润,即总收入减去全部成本后的余额。只有在动态的社会中和在不完全竞争条件下,才会产生超额利润。动态的社会涉及创新和风险,不完全竞争就是存在垄断。由此,我们来分析超额利润的来源。

(一) 创新的报酬

创新是指企业家对生产要素的重新组合,它包括五种情况:① 引入新产品;② 引进新技术;③ 开辟新市场;④ 获得原材料的新来源;⑤ 实行新的企业组织形式。创新使企业家可以提高产品质量,降低成本,或生产出新产品。创新是社会进步的动力。因此,由创新所获得的超额利润是合理的,是社会进步必须付出的代价,也是社会对创新者的奖励。

(二) 风险的报酬

风险是从事某项事业时失败的可能性,由于事物的发展方向往往带有不确定性,加上个人预测的局限性,再加上自然灾害、社会动荡等不可抗拒的偶然事件,所以,风险是普遍存在的。但相对来说,风险有大有小,有些风险可以通过保险的方法弥补。投资者总是宁肯少冒险,投资于有把握盈利的事业中。但有些投资是需要冒风险的,甚至较大风险的。为了消除人们对风险的厌恶,就必须对此以超额利润的形式得到补偿。"高风险高收益",许多具有风险的生产或事业也是社会所需要的。社会中充满了不确定性,风险需要有人承担,因此,由承担风险而产生的超额利润也是合理的,可以作为社会保险的一种形式。

三、垄断利润

垄断包括专买和专卖。专买是指购买者在购买产品时可以规定价格，卖方只是价格的接受者。专卖是指生产者在出售产品时可以规定价格，而买方是价格的接受者。这种由垄断者规定的价格叫垄断价格。大公司可以既成为专买者，也成为专卖者。当大公司成为某种产品的大买主时，卖方不得不接受大公司规定的收购价格。垄断者通过压低价格（垄断低价），以损害生产者或生产要素供给者的利益而获得超额利润。当大公司独占市场或参加寡头联合时，它是专卖者。这时垄断者可以抬高销售价格（垄断高价）以损害消费者的利益而获得超额利润。在厂商理论中关于垄断竞争的短期均衡、完全垄断的短期与长期均衡，以及寡头垄断下的超额利润，就是这种情况。所以，垄断利润就是垄断资本家依靠自己的垄断而获得的超过平均成本以上的超额利润，是以压低价格或抬高价格损害别人利益而获得的。同时，它常受到现代西方经济家的指责，被认为是"剥削"现象，因而是不合理的。

四、利润的作用

经济学家认为，利润是社会进步的动力。利润的作用主要表现在：

（1）利润是对企业家才能的报酬。所以它既是提高企业经济效率的重要条件，也是提高企业经济效率的报酬。

（2）利润是投资的吸引力。要经济增长，就不能没有投资，从而也就不能没有利润。

（3）由创新而产生的超额利润鼓励企业家大胆创新，这种创新有利于社会进步。

（4）由风险而产生的超额利润鼓励企业家勇于承担风险，从而有利于社会经济发展的风险事业。

（5）利润使厂商按经济规律调整自己的经营，优化资源配置。

第六节　洛伦茨曲线与基尼系数

一、洛伦茨曲线

洛伦茨曲线是由美国统计学家洛伦茨提出的，是用来衡量社会收入或财产分配平均程度的曲线。洛伦茨首先将一国总人口按收入由低到高排队，分成若干等级，然后将一定的各等级人口占总人口的百分比与其占全社会总收入的百分比绘制在图纸上，这就是洛伦茨曲线。

一般习惯将整个社会人口按收入多少从低到高分为5档，每档人口均占全部人口的20%，然后再看每20%的人口收入占总收入的比例，由此来判定收入分配程度，如表8-2所示。

表8-2 **收入分组状况**

分组	占人口百分比(%)		绝对平均情况(%)		不平均情况(%)	
	百分比	累计	占收入百分比	累计	占收入百分比	累计
1	20	20	20	20	5	5
2	20	40	20	40	11	16
3	20	60	20	60	14	30
4	20	80	20	80	22	52
5	20	100	20	100	48	100

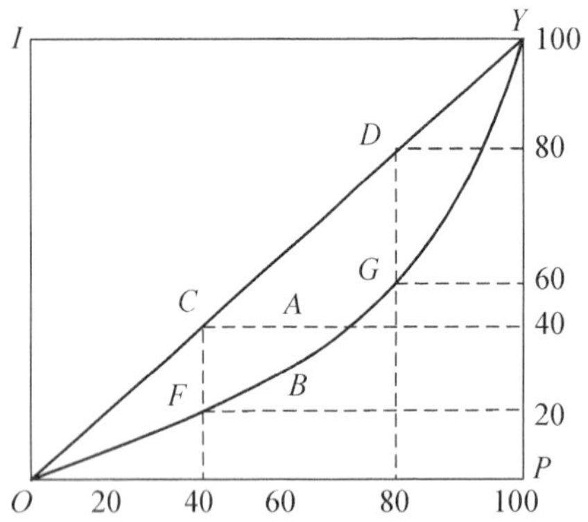

图8-20 洛伦茨曲线

将表8-2的数据作图，以横轴OP代表人口百分比，以纵轴OI代表收入百分比，便得到洛伦茨曲线。如图8-20所示。

在图8-20中OY表示收入绝对平均，称为绝对平均线。在此线上的任一点都表明，社会上某一百分比的人口，在收入分配中获得相同百分比的收入。在C点上，表示占全社会40%的人口，也获得全社会总收入的40%；在D点则表示占社会80%的人口，获得占全社会总收入80%的收入。这是绝对平均分配的情形；在图中，OPY称为绝对不平均线，表示全社会成员中，除一人外其余人的收入都为零。此时收入分配线必是OPY成直角的折线；图中$OFGY$曲线所表示收入不平均线。$OFGY$越接近OPY，说明越不平均。

曲线$OFGY$表示了实际收入分配的情况，在F点表示社会低收入阶层40%

的人口获得16%的收入,G点表示80%的人口获得52%的收入,反过来说,就是高收入阶层的20%的人口获得48%的收入。

从上面的分析可以得到一般的结论:洛伦茨曲线(实际分配线)越接近对角线OY,则收入越平均;反之,越远离对角线,则收入越不平均,所以洛伦茨曲线的位置和形状可用来反映社会收入分配的平等程度。

二、基尼系数

根据洛伦茨曲线可以计算出反映收入分配平均程度的指标,这个指标由意大利统计学家基尼提出,故称为基尼系数(Gink Coefficient)。在图8-20中,OY与$OFGY$围成的面积为A,表示实际收入分配曲线与绝对不平均线之间的面积;OPY与$OFGY$围成的面积为B,表示实际收入分配曲线与绝对不平均曲线之间的面积。则有:基尼系数$(G)=A/(A+B)$,基尼系数在0与1之间变动。

如果$A=0$,则基尼系数$=0$,表示收入绝对平均。

如果$A=\frac{1}{2}$,则基尼系数$=1$,表示收入绝对不平均。实际生活中,基尼系数总是$0<G<1$,基尼系数越小,越接近于收入平均;基尼系数越大,则收入越不平均。

一般按国际标准和惯例:基尼系数小于0.2表示绝对平均;在0.2～0.3为基本平均;在0.3～0.4,属合理状态;在0.4～0.5,收入差距过大;在0.5～0.6,收入差距悬殊;大于0.6时,暴发户和赤贫阶层同时出现。通常:0.4为警戒线。

三、洛伦茨曲线的运用

洛伦茨曲线的运用主要表现在三方面:

第一,各国收入分配比较。图8-21中,表示3条收入分配平均程度不等的洛伦茨曲线OaY、ObY、OcY。如果这3条曲线分别表示a、b、c三个国家的收入分配状况,则a图的收入分配最平均,c图最不平均,b图介于两者之间。

第二,同一国家不同时期收入分配比较。如图8-21中的3条曲线分别表示某一国家在a、b、c三个不同时期的收入分配状况,如果c是最远的时期,a是最近的时期,则可以看出这个国家的收入分配越来越趋于平均。

第三,分析收入分配政策的效应。如果a表示国家实行某项收入分配政策(如增加个人收入调节税率)以后的洛伦茨曲线,b表示在此政策之前的洛伦茨曲线,则可明显地看出,实行该项政策后,这个国家收入分配平均化程度提高了。

洛伦茨曲线和基尼系数作为一种分析工具，用作表示一定社会的收入分配状况或政策的收入效应时，有一定意义。但在运用时，还要结合各国的经济制度和经济条件进行具体分析，不可简单地认为基尼系数越小越好，也不能单从此系数小就判断社会收入分配平均化程度就高。因为洛伦茨曲线反映的收入分配不过是生产条件本身分配的结果。这种分配同实际财产分配是不同的。实际财产分配还要受到历史和制度的原因影响，根据美国、英国等资本主义国家的统计资料表明，这些国家的实际财产分配要比实际收入分配有较大的不平均程度。

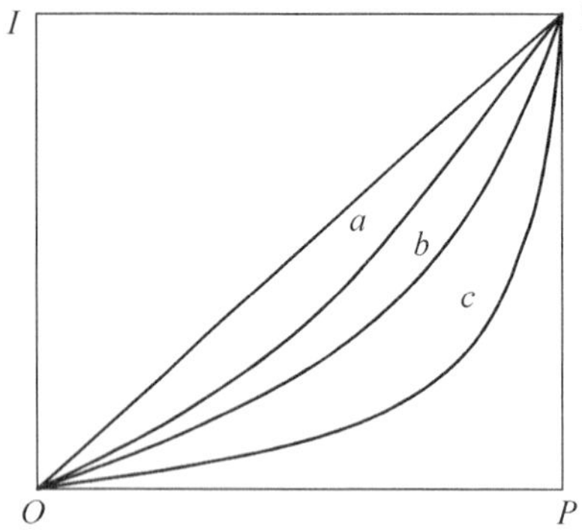

图 8-21　洛伦茨曲线的应用

主要名词与术语

边际生产力　正常利润　准地租　基尼系数　洛伦茨曲线

复习思考题

1. 完全竞争厂商的需求原则是什么？
2. 简述劳动供给的特殊规律以及工会如何影响工资？
3. 简述准地租的概念及决定。
4. 简述洛伦茨曲线和基尼系数的概念及应用。

第九章　一般均衡理论与福利经济学

本章教学目的与要求

本章区别于以前各章的实证经济学讨论，将主要关注一些规范问题的研究。目的是研究市场与市场之间的相互作用以及一般均衡问题，研究如何判断一个经济体系是否具有效率，判断效率的标准是什么，实现效率要具有哪些条件，最后研究社会福利函数以及相关的公平、效率等问题。

本章教学重点掌握局部均衡和一般均衡的概念，掌握瓦尔拉斯一般均衡理论的基本思路、主要内容及其缺陷；重点掌握判断经济效率的帕累托标准，掌握埃奇渥斯盒分析交换、生产以及交换与生产的帕累托最优的条件的方法；了解福利经济学的两个基本定理；掌握效用可能性曲线、社会福利函数、阿罗不可能定理、投票悖论等有关内容，了解经济学对社会公平问题的一般看法。

第一节　局部均衡与一般均衡

到目前为止，我们使用均衡分析方法，所分析研究的都是单个市场的均衡问题。在研究某个市场时，我们通常假定其他市场的供求是既定不变的，而我们所研究的这个市场的变动也不影响其他市场，因而该市场的产品的供给和需求仅仅是其价格的函数。结论就是在供给和需求这两个相反的力的作用下，该市场会逐渐趋于均衡，形成一个均衡价格，在这个价格下，供给量等于需求量，市场出清。这种研究方法通常称为局部均衡分析方法。但局部均衡分析显然和现实有较大的距离，现实中各个市场之间是相互联系、相互影响的，一个市场供求的变化会引起一系列相关的市场供求的连锁反应。这种各个市场之间相互的联系和影响，正是市场经济的基本特征之一。为了理解各个市场之间的相互影响的问题，我们首先来看一个例子。

首先，我们来看一个简化的经济，它包括四个市场：钢铁市场、汽车市场、汽油市场和劳动市场，如图 9-1 所示。在刚开始时，四个市场都处于均衡状态，四个市场的供给曲线在图中表示为 S_A、S_B、S_C、S_D，四个市场的需求曲线分别为 D_A、D_B、D_C、D_D，前三个市场的均衡产量分别为 Q_A、Q_B、Q_C，劳动市场的均衡劳动使用量为 L_D，四个市场的均衡价格分别为 P_A、P_B、P_C、W_D。现在假设由于某种原因，比如铁矿石的价格上涨、煤炭价格上涨或者电力价格上涨等，钢铁的供给减少，即供给曲线向左移动，如图 9-1(a)所示。供给的减少将导致钢铁市场的均衡价格上升为 P_{A1}，均衡产量将下降为 Q_{A1}。但事情远未到此完结，由于钢铁是汽车工业的原材料，钢铁价格的上涨会直接导致汽车工业的成本上升，这样汽车的供给也将减少，供给曲线向左移动，从而汽车的均衡价格将上升至 P_{B1}，均衡产量将下降至 Q_{B1}，如图 9-1(b)所示。由于汽车和汽油是互补品，汽车市场的变动将会导致汽油市场的变动，从图 9-1(c)可以看出，由于汽车的需求量下降，汽油的需求将下降，需求曲

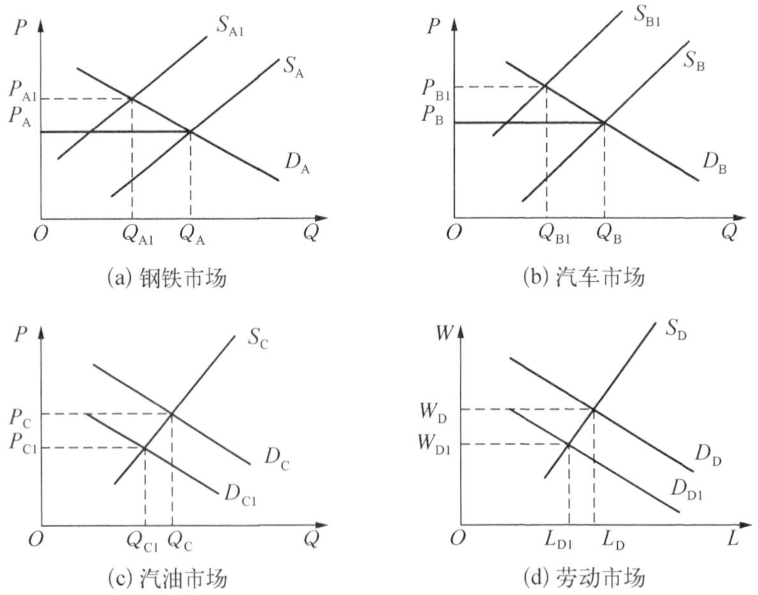

图 9-1　各个市场之间的相互联系

线向左移动，从而汽油的均衡价格下降至 P_{C1}，均衡产量将下降至 Q_{C1}。由于钢铁、汽车、汽油等行业的产量都是下降的，在技术水平和其他因素不变的前提下，这就会导致市场对劳动等要素需求的下降，从而影响到要素市场，如图 9－1(d)所示。由于市场对劳动需求的下降，需求曲线向左移动，结果均衡的工资水平就由 W_D下降到 W_{D1}，均衡的劳动供给量也由 L_D下降到 L_{D1}。可以预测，要素市场的变化还会反过来影响到产品市场。由于劳动的工资水平下降，厂商的生产成本将下降，从而钢铁、汽车、汽油等产品的供给还会有一定的上升，均衡价格还会有所下降，均衡产量还会有一定上升。可以看出，一个市场发生的变动，会引起其他市场一系列的变动，而其他市场的变动，又会反过来导致最初发生变动的市场再次发生变动。这种市场之间的相互作用，叫做反馈效应。

从上面分析的一个最简单的市场相互作用模型可以看出，要全面、准确地分析一个市场的变动，就要把所有的市场放到一起来进行研究，研究各个市场之间的相互作用和影响，从而得出所有市场的均衡价格与均衡产量的决定。这种分析方法，称为一般均衡分析方法。而所有市场都达到均衡的这种状态就称为一般均衡(general equilibrium theory)。

第二节　瓦尔拉斯一般均衡理论

由上节可知，任何一种产品的价格不仅取决于该产品本身的价格高低，而且还取决于其他产品的价格高低。所以，每一种产品的供求可以看作是所有产品的价格也就是整个价格体系的函数。现在的问题是：是否存在一组均衡价格，在该价格体系上，所有产品的供求相等呢？这就是一般均衡的存在性问题。

法国经济学家瓦尔拉斯最早认识到一般均衡问题的重要性，并提出一个数学模型试图解决这个问题。我们现在来看瓦尔拉斯一般均衡理论的基本思想。

一、模型的一般假定

首先假定市场是完全竞争的，在完全竞争的经济中，对居民户和厂商来说，产品和要素的价格都是给定的。在此条件下，进一步假定：① 每个居民户既是产品的需求者又是要素的供给者，他会根据其效用函数和产品、要素的价格来决定其产品的需求量和要素的供给量，并且每个居民户都会把其提供要素的全部收入用于消费，没有储蓄或负储蓄；② 在既定的技术水平下，厂商根据市场给定的产品价格和要素价格来决定其利润最大化的产品供给量和要素需求量。

假设经济中有 u 个居民户和 v 个厂商，每个居民户消费 m 种产品，并提供 n 种要素，每个厂商生产 m 种产品，并使用 n 种要素。各种产品的数量用 $Q_1, Q_2, Q_3, \cdots, Q_m$ 表示，各种产品的价格用 $P_1, P_2, P_3, \cdots, P_m$ 表示。各种要素的数量用 $X_1, X_2, X_3, \cdots, X_n$ 表示，各种要素的价格用 $W_1, W_2, W_3, \cdots, W_n$ 表示。

二、居民户行为模型

现在考察居民户的行为。假设一个典型的居民户 h，根据自己效用最大化的要求，消费的商品数量为 $Q_{1h}, Q_{2h}, \cdots, Q_{mh}$，提供给市场的要素为 $X_{1h}, X_{2h}, \cdots, X_{nh}$，假定其提供要素的全部收入都用于消费，则必须满足：

$$P_1 Q_{1h} + P_2 Q_{2h} + \cdots + P_m Q_{mh} = W_1 X_{1h} + W_2 X_{2h} + \cdots + W_m X_{mh} \qquad (9.1)$$

居民户 h 对要素的供给函数可以写成：

$$X_{1h} = X_{1h}(P_1, P_2, \cdots, P_m; W_1, W_2, \cdots, W_n)$$

$$\cdots$$

$$X_{nh} = X_{nh}(P_1, P_2, \cdots, P_m; W_1, W_2, \cdots, W_n) \qquad (9.2)$$

居民户 h 对产品的需求函数为：

$$Q_{1h} = Q_{1h}(P_1, P_2, \cdots, P_m; W_1, W_2, \cdots, W_n)$$

$$\cdots$$

$$Q_{mh} = Q_{mh}(P_1, P_2, \cdots, P_m; W_1, W_2, \cdots, W_n) \qquad (9.3)$$

式(9.2)和式(9.3)说明居民户对产品的需求和对要素的供给都是整个价格体系($P_1, P_2, \cdots, P_m, W_1, W_2, \cdots, W_n$)的函数。对所有的居民户的需求加总将得到每一种产品的总需求，对所有居民户的供给加总将得到每一种要素的总供给：

对第 i 种产品的市场需求为：

$$Q_i^d = \sum_{h=1}^{u} Q_{id} \quad (i = 1, 2, \cdots, m) \qquad (9.4)$$

对第 j 种要素的市场需求为：

$$X_j^s = \sum_{h=1}^{u} X_{jk} \quad (j = 1, 2, \cdots, n) \tag{9.5}$$

三、厂商行为模型

厂商作为理性的经济人，将根据其利润最大化的原则，来决定投入多少要素，生产多少产品。我们从一个典型的厂商 k 来进行分析。

厂商投入的要素将构成厂商的成本，而生产的产品将成为厂商的收益。因此厂商 k 的产量和要素投入决定于整个价格体系。厂商 k 的产量可以表示为：

$$Q_{1k} = Q_{1k}(P_1, P_2, \cdots, P_m; W_1, W_2, \cdots, W_n)$$
$$\cdots$$
$$Q_{mk} = Q_{mk}(P_1, P_2, \cdots, P_m; W_1, W_2, \cdots, W_n) \tag{9.6}$$

厂商 k 的要素需求可以表示为：

$$X_{1k} = X_{1k}(P_1, P_2, \cdots, P_m; W_1, W_2, \cdots, W_n)$$
$$\cdots$$
$$X_{nk} = X_{nk}(P_1, P_2, \cdots, P_m; W_1, W_2, \cdots, W_n) \tag{9.7}$$

对所有 u 个厂商的要素需求加总将得到市场需求，对所有厂商的产品供给加总将得到总供给。因而，厂商对第 i 种产品的市场供给为：

$$Q_i^s = \sum_{k=1}^{u} Q_{ik} \quad (i = 1, 2, \cdots, m) \tag{9.8}$$

$$X_j^d = \sum_{h=1}^{u} X_{jk} \quad (j = 1, 2, \cdots, n) \tag{9.9}$$

四、产品市场和要素市场的一般均衡

由以上讨论，我们已经得到了所有产品的市场需求[见式(9.4)]、所有要素的市场供给[见式(9.5)]、所有产品的市场供给[见式(9.8)]、所有要素的市场需求[见式(9.9)]。要使整个经济体系实现一般均衡，必须有一组均衡价格体系 $P^* = (P_1, P_2, \cdots, P_m; W_1, W_2, \cdots, W_n)$ 使得 m 种产品、n 种要素的市场供给和需求相等。即：

$$Q_i^d(P^*) = Q_i^s(P^*) \quad (i = 1, 2, \cdots, m) \tag{9.10}$$

$$X_i^d(P^*) = X_i^s(P^*) \quad (j = 1, 2, \cdots, n) \tag{9.11}$$

式(9.10)和式(9.11)共组成了 $m+n$ 个方程组，需要解出的未知数 P 和 w 也是 $m+n$ 个。但瓦尔拉斯认为，在所有 $m+n$ 个方程组中只有 $m+n-1$ 个方程组是独立的，这是由于所有居民户的总支出必定等于其总收入，所以其中一个方程组必然可由其他 $m+n-1$ 个方程组推出。

此外，瓦尔拉斯认为可以在所有产品中选取一种作为一般等价物，它可以衡量其他产品的价格，不妨假设第 1 种产品的价格 $P_1=1$，那么所有其他产品的价格都是其与第 1 种产品价格的比率。这样未知数的个数又减少了 1 个。简单的数学知识告诉我们，当联立方程组的个数与未知数的个数一致时，该方程组有唯一解。也就是说，可以找到一组价格水平使得市场所有商品的供给和需求相等。似乎是已经证明一般均衡是存在的。

但是，较高深的数学知识告诉我们，变量个数与方程组个数相等，并不能保证联立方程组的解一定存在；即便满足式(9.10)和式(9.11)的一组价格存在，仍不能证明一般均衡状态一定是存在的，因为解出的价格有可能是负数，而负价格在经济学中则是没有意义的。

尽管瓦尔拉斯的一般均衡理论具有重大的历史意义，然而其证明一般均衡存在性而解方程组的方法在数学上却是不能成立的。一般均衡存在性的严格证明是由法国经济学家德布鲁和美国经济学家阿罗给出的。他们利用集合论、拓扑学等数学方法证明：在极为严格的假定条件下，一般均衡是存在的。

第三节　资源配置与帕累托标准

一、判断经济效率的帕累托标准

福利经济学就是依不同的社会福利标准对现实不同的经济状况进行合意性判断的一种经济理论分析。经济学关心的是经济的效率问题，而经济效率又与资源的配置状况有关，因此，经济学中的效率又叫做配置效率(allocative efficiency)。在一个经济的技术和资源是既定的情况下，如果一个经济能够使消费者的福利达到最大化，我们就可以说这个经济是有效率的。

然而，要研究消费者的经济福利最大化的问题，必然涉及消费者的效用计量和比较问题，而这一点正是现代经济学所难以解决的一个问题。比如说，张三和李四都消费了一个苹果，我们无法证明张三得到的效用就比李四高，反之亦然；如果张三拿走了李四一个苹果，张三的效用降低了，李四的效用提高了，但社会的总效用是提高了还是降低了，我们仍然无法判断。既然我们无法比较各个消费者的效用水平，也就无法说明一种收入分配状况是否比另一种收入分配状况更好。

要解决这一局限性，就要采用一种大家都能接受的判断经济效率的标准，福利经济学提供给我们的这一标准就是帕累托标准(Pareto Criterion)。举例来说，张三擅长种地，他种地可获得很高的粮食产量，但他不擅长纺织；李四擅长纺织，他纺线织布技术高，产量大，但不擅长种地。如果让张三纺织，李四种地，显然这种资源配置方式不能算是有效率的。如果让张三种地，李四纺织，然后张三再用部分粮食去交换李四的布匹，显然张三满意，李四也感到满意，因为他们的状况都改善了，站在社会的角度来看，粮食的产量增加，布匹的产量也增加了，毫无疑问这是经济效率的一种改善。从这个例子，我们便可引入帕累托标准：假定资源的配置有两种状态 A 和 B，如果在一个经济社会里至少有一个人认为 A 优于 B，而没有人认为 A 劣于 B，那么就可以说，从全社会的角度来说 A 好于 B。帕累托标准实际提供给我们一个由个体的偏好推导出社会偏好的方法和手段。

按照帕累托标准，如果既定的资源配置状态的改变，能够让一部分社会成员的状况改善，而其他人的状况并没有变坏，这就可以看作是一种资源配置状况的改善，称为帕累托改进。比如我国于 20 世纪 80 年代在农村推行家庭联产承包责任制，结果是农民家庭、农村集体和国家都得到好处，各方的收入都增加了，就属于一种帕累托改进(Pareto Improvement)。经济学家通常认为，一个经济社会应当寻求能够不损害任何人的利益，而又能使一部分人的状况得到改善的途径，即在促进社会进步的同时不能以牺牲社会中一部分人的利益为代价。如果帕累托改进进行到一定程度，不再有任何改进的余地，也就是说，经济状态的任何改变都不能使此状态中的任何一个人的境况变得更好而不使别人的境况变坏，或者说如果不使别人的境况变坏，就无法使任何一个人的境况变得更好，这种经济状态就称为帕累托最优。如果资源达到帕累托最优状态就表明：在技术、消费者偏好、收入分配等条件给定时，资源配置的效率最高，从而社会福利达到最大。否则，就需要帕累托改进。可以看出，帕累托标准回避了分配问题，尽管如此，在经济学中仍然是一个十分有用的判断经济效率的工具。

二、交换的帕累托最优

从上面的例子我们可以看出,张三以自己所生产的粮食交换李四所生产的布匹,结果两个人的福利水平都有所提高,社会的总产量也提高,这是一种帕累托改进。下面我们以两个消费者的交换为例,来看交换的帕累托最优(Pareto Optimality)问题。

为了研究问题方便,假定一个经济社会只有两个消费者 A 和 B,消费者 A 拥有较多的产品 Y 和较少的产品 X,消费者 B 拥有较多的产品 X 和较少的产品 Y,两个消费者的无差异曲线分别如图 9-2(a)和(b)所示。在图中消费者 A 拥有的产品 X 的量是 X_1,拥有的 Y 的量是 Y_1,因而其 X 和 Y 组合点位于 F 点;消费者 B 拥有的产品 X 的量是 X_2,拥有的 Y 的量是 Y_2,因而其 X 与 Y 的组合点位于 H 点。

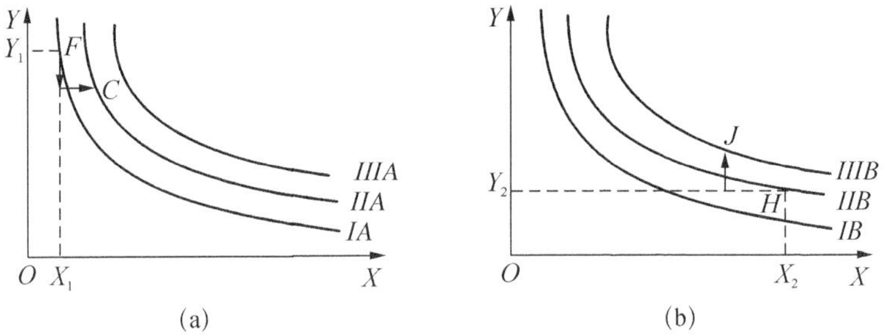

图 9-2　两个消费者的交换过程

现在两个消费者开始交换其产品。消费者 A 以一定量的 Y 去交换消费者 B 一定量的 X,交换的结果:消费者 A 所拥有的 Y 将下降,X 将上升,其产品组合点将从 F 点运动到 C 点;消费者 B 所拥有的 X 将下降,Y 将上升,其产品组合点将从 H 点运动到 J 点。可以看出,在交换之前,消费者 A 的效用水平以无差异曲线 IA 为代表,交换以后他的效用水平以无差异曲线 IIA 为代表,效用水平提高;在交换之前,消费者 B 的效用水平以无差异曲线 IIB 为代表,交换以后他的效用水平以无差异曲线 $IIIB$ 为代表,效用水平也提高。可以看出,两个人的效用都提高,这是一种帕累托改进。

只要通过交换能够使两个消费者的效用都提高,或者一个消费者的效用提高而另一个消费者的效用不变,消费者就有动力将交换不断进行下去。下面的问题是：什么时候两个消费者的交换达到均衡，就是说，什么情况下不能再实现帕累托改进了，也就是实现帕累托最优了呢？

为了研究上述问题，我们把图 9－2(b)逆时针旋转 180°，再与图 9－2(a)组合而成一个矩形盒子。该矩形的长为 $\overline{X}=X_1+X_1$，宽为 $\overline{Y}=Y_1+Y_1$，这样矩形的长宽实际就是产品 X 和 Y 的总量。因而在图中的每一点的坐标均满足：

$$\overline{X}=X_A+X_B$$

$$\overline{Y}=Y_A+Y_B \tag{9.12}$$

这个矩形盒子，我们称为埃奇渥斯盒。我们在埃奇渥斯盒中标绘出消费者 A 和消费者 B 的无差异曲线，由于两个消费者的无差异曲线都是无数条，所以对任意一条消费者 A 的无差异曲线，我们都可以找出一条消费者 B 的无差异曲线与之相切。将所有这些切点连接起来，就得到一条曲线，如图 9－3 中 O_AedcO_B 曲线，该曲线称为交换的契约线。

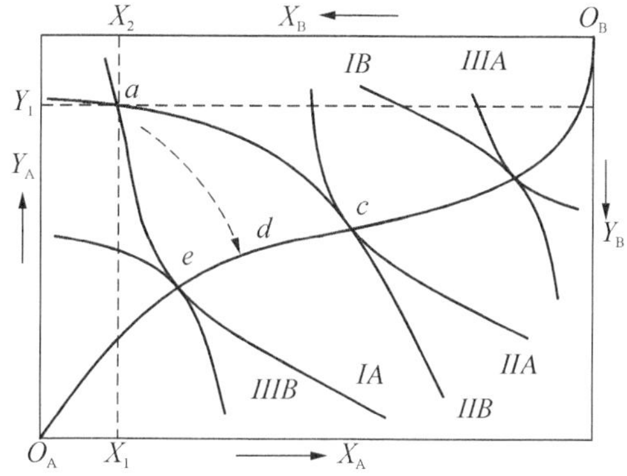

图 9－3　交换的埃奇渥斯盒

现在来研究两个消费者交换产品的过程。在交换之前，两个消费者拥有 X 和 Y 的量位于图 9－3 中的 a 点，如果他们的产品组合点由 a 沿着无差异曲线 IIB 运动到 c，可以看出消费者 A 的 X 在增加 Y 在减少，而消费者 B 的 Y 增加而 X 减少，可以知道消费者 A 是以 Y 来换取消费者 B 的 X。由于产品的组合点沿着消费者 B 的无差异曲线 IIB 运动，所以消费者 B 的效用是不变的，但消费者 A 却由无差异曲线 IA 运动到 IIA，所以消费者 A 的效用是提高的。因此从 a 到 c 的交换过程是一个帕累托改进的过程。

再来研究消费者 A 和 B 由产品组合点沿着无差异曲线 IA 运动到 e 点的交换过程。这一过程仍然是消费者 A 以产品 Y 交换消费者 B 的产品 X，同样道理可以知道，消费者 A 的效用不变，但消费者 B 的效用提高了，这也是一种帕累托改进。再来研究两个消费者的产品组合点由 a 到 d 的过程，仍然是消费者 A 以产品 Y 交换消费者 B 的产品 X，这一过程中两个消费者的效用水平都提高了，毫无疑问这一过程也是帕累托改进的过程。可以看出，两个消费者通过交换实现帕累托改进的路径并不是唯一的，交换的结果两个消费者效用的提高程度也不一样，但站在全社会的角度看，社会的总福利是增加了。可以证明当两个消费者的产品组合点不在契约线上时，我们总能找到数条路径，通过两个消费者的交换来实现帕内托改进。

再来看消费者沿着交换的契约线进行交易的情况。假设两个消费者通过交换由组合点 e 运动到 d，即消费者 B 拿出一定的 X 和 Y 给 A，那么消费者 A 的效用提高的同时消费者 B 的效用却在下降，因而不符合帕累托改进的定义。同样，我们研究消费者的组合点由 c 运动到 d 的过程，即消费者拿出一定的 X 和 Y 来给消费者 B，可以知道，消费者 B 在状况变好的同时消费者 A 的状况却在变坏，因此，这也不是帕累托改进。

综上所述，可以知道，凡是产品组合点不位于交换的契约线的情况，总是可以通过交换实现帕累托改进的，当产品的组合点运动到交换的契约线上的时候，则不存在帕累托改进的余地。因此可以得出结论，交换的契约线就是所有帕累托最优的产品组合点的集合。由于交换的契约线是由两个消费者的无差异曲线的切点连接而成，在切点处，两个消费者的边际替代率必然是相等的，因而交换的帕累托最优的条件就可以写成：

$$MRS_{XY}^{\mathrm{A}} = MRS_{XY}^{\mathrm{B}} \tag{9.13}$$

看一个例子：假设有 A、B 两地。A 地棉花丰富而小麦稀缺，1 斤小麦可换 5 斤棉花（$MRS=5$）；B 地小麦丰富而棉花稀缺，1 斤小麦可换 2 斤棉花（$MRS=2$）。A 地的人会将棉花贩到 B 地，以 2 斤棉花换 1 斤小麦；B 地的人会将小麦贩到 A 地，以 1 斤小麦换 5 斤棉花。随着两地之间的贸易，A 地的小麦越来越多，B 地的棉花也越来越多，再继续交换的话，交换比例就会发生变化，A 地的 MRS 不断降低，B 地的 MRS 不断提高。只要交换能使两地的满足程度不断提高，交换就会进行下去，当两地的 MRS 变得相等的时候，进一步的交易就会停止。

由此可见，当两个消费者的边际替代率不相等时，总能够通过交换提高双方的满足程度，而一旦双方的边际替代率相等，则进一步的交换就会使至少一方的满足程度下降。所以可以说，交换的帕累托最优的条件就是交换双方的边际替代率相等。

三、生产的帕累托最优

我们现在来讨论当经济中资源总量为既定情况下，厂商通过调整生产要素来实现经济的帕累托最优状态的过程。为研究方便，我们仍然以只有两个厂商及两种要素的简单经济为讨论对象。

假设经济中有两个厂商 C 和 D，使用两种要素资本 K 和劳动 L，分别生产两种产品 X 和 Y。如图 9－4(a)所示，厂商 C 在初始状态拥有的劳动的量是 L_1，拥有的资本的量是 K_1，所以其组合点位于 E 点，IC、IIC、$IIIC$ 是厂商 C 的等产量线；如图 9－4(b)所示，厂商 D 在初始状态使用 L_2 的劳动和 K_2 的资本，要素组合点位于 G 点，ID、IID、$IIID$ 是厂商 D 的等产量线。所以，经济中劳动的总量是 L_1+L_2，资本的总量是 K_1+K_2。

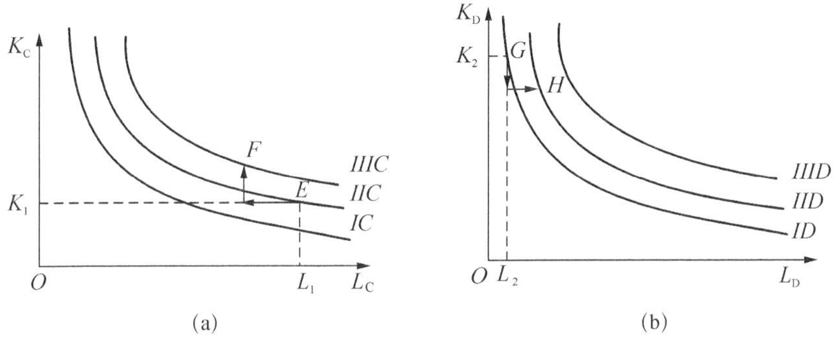

图 9－4　两个厂商对生产要素的调整

现在我们来研究两个厂商如何实现帕累托改进。从图 9－4 可以看出，厂商 C 使用了较多的劳动和过少的资本，而厂商 D 使用了较多的资本和过少的劳动。如果厂商 C 减少劳动的使用同时增加资本的使用，即从图中的 E 点运动到 F 点，那么其产量将从 IIC 增加到 $IIIC$；同样如果厂商 D 减少资本的使用同时增加劳动的使用，即从图中的 G 点运动到 H 点，其产量也会从 ID 运动到 IID。可以看到，在资源总量一定的条件下，厂商 C 和厂商 D 通过调整资本和劳动的比例，增加了产量，这毫无疑问是一种资源配置状况的改善，属于帕累托改进。为了搞清帕累托改进究竟能够进行到什么时候，

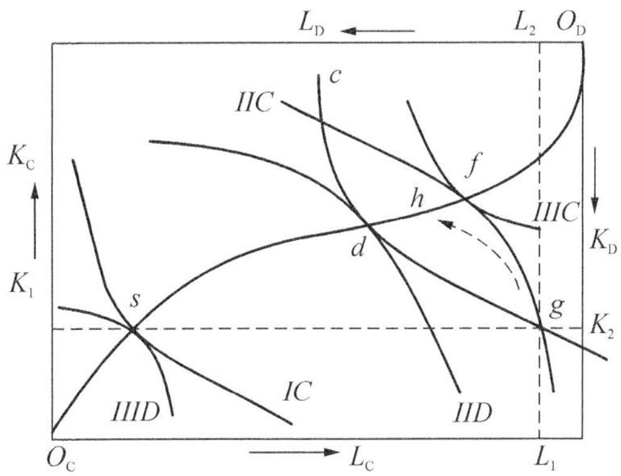

图 9－5　生产的埃奇渥斯盒

在何种条件下达到帕累托最优，我们同样引入埃奇渥斯盒这一工具。

我们把图 9－4(b)逆时针旋转 180°，然后与图 9－4(a)对接成为一个矩形，矩形的长是 $\overline{L}=L_1+L_2$，宽是 $\overline{K}=K_1+K_2$，这个矩形就是生产的埃奇渥斯盒。在埃奇渥斯盒中的每一点的坐标都满足下式：

$$L_C+L_D=\overline{L} \quad K_C+K_D=\overline{K} \tag{9.14}$$

在埃奇渥斯盒中标绘上两个厂商的等产量线，对于厂商 C 的任意一条等产量线都可以找到一条厂商 D 的等产量线与之相切，将所有切点连接起来，就得到图 9－5中的 $O_C sdhfO_D$这条曲线，这条曲线称为生产的契约线。这样在图 9－4 中的 E 和 C 两点，在埃奇渥斯盒中就是一点 g。假定两个厂商 C 和 D 将生产要素从 g 沿等产量线调整到 f，即厂商 C 增加资本减少劳动，而厂商 D 增加劳动减少资本，则厂商 C 的产量从 IIC 增加到 $IIIC$，厂商 D 的产量不变，所以这是一种帕累托改进；假定厂商 C 和 D 将生产要素从 g 沿等产量线 IIC，调整到 d，即厂商 C 增加资本减少劳动，厂商 D 增加劳动减少资本，则厂商 C 的产量不变，而厂商 D 的产量由 ID 增加到 IID，显然这也是一种帕累托改进：如果厂商 C 和厂商 D 将生产要素从 g 调整到 h，两个厂商的产量都将增加，所以，仍然是帕累托改进。可以看出对于初始的资源配置 g，帕累托改进的路径并非只有一条。和 g 点一样，对埃奇渥斯盒中的任一点，只要不在生产的契约线上，我们总可以找出帕累托改进的路径，使得至少一个厂商的产量增加，而没有厂商的产量减少。

如果厂商的初始点处于生产的契约线上一点 h，厂商沿生产的契约线调整至 d 或者调整至 f 都无法实现帕累托改进，因为一个厂商产量增加的同时；另一个厂商的产量却在下降。

综上所述，可以看出，生产的契约线就是厂商实现帕累托最优状态的点的集合。厂商将生产要素调整到生产的契约线上之后，便不再有继续调整的动力，所以契约线上的点同时也是均衡点。由于生产的契约线就是等产量线的切点，所以在生产的契约线的任一点，两个厂商的边际技术替代率必然相等。因此，生产的帕累托最优的条件也可以写成：

$$MRTS_{LK}^{C}=MRTS_{LK}^{D} \tag{9.15}$$

从生产的契约线，我们再引入生产可能性曲线。我们发现，生产的契约线表示了厂商实现帕累托最优的点，即经济的一般均衡点，在契约线上的一点实际上表示了在一个厂商的产量一定时另一个厂商所能实现的最大产量。由于在埃奇渥斯盒中已经标绘了厂商的等产量线，所以，生产的契约线上的每一点所表示的厂商C和厂商D的产量都是可以知道的。如果我们沿着生产的契约线由O_C运动到O_D的时候，可以发现，当厂商C的产量X不断增加的同时，厂商D的产量Y却在不断下降。也就是说，如果总的生产要素的量一定，技术水平一定，一个厂商实现帕累托最优时的产量增加的同时，另一个厂商实现帕累托最优时的产量一定是下降的(如果不是这样，一个厂商产量增加的时候，另一个厂商产量也增加或者不变，就可以实现帕累托改进，就不会是帕累托最优状态)。将生产的契约线上的各点所代表的产量X和Y标绘在一个图中(如图9－6所示)，我们就可以得到生产可能性曲线(production possibility curve)。

生产可能性曲线表示了在技术水平和生产要素总量一定时，一个经济所能达到的最大产出组合，在这些组合中，任何一种产品的产量都是与另一种产品的产量相对应的该产品的最大产量。在现有的技术水平下，要达到生产可能性曲线以外的一点是不可能的。只要生产是有效率的，产出的组合点就应该落在生产可能性曲线上，如果一个经济的产出只是达到曲线以内的某一点(图9－6中的H点)，则说明虽然该点的产量可以实现，但该经济是无效率的，存在帕累托改进的可能性。正因为如此，生产可能性曲线又被称为生产可能性边界。生产可能性曲线有两个特点：一是它向右下方倾斜；二是它向右上方凸出。它向右下方倾斜是因为随着X的产量的增加，Y的产量必定是减少的，即X与Y之间存在着替代关系。为了理解该曲线向右上方凸出的原因，我们引入边际转换率的概念。从生产可能性曲线，我们知道，要增加X的产量，就必须减少Y的产量，把增加1个X产量时必须减少的Y的产量，叫做边际转换率，用MRT来表示，这样写成极限的形式，就是：

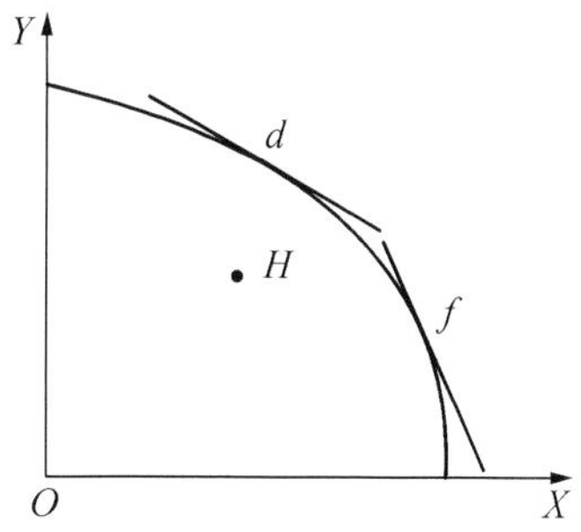

图9－6 生产可能性曲线

$$MRT = \lim_{\Delta x \to 0}\left|\frac{\Delta Y}{\Delta X}\right| = \left|\frac{\mathrm{d}Y}{\mathrm{d}X}\right| \tag{9.16}$$

从式(9.16)可以看出，边际转换率实际就是生产可能性曲线的斜率的绝对值。这样生产可能性曲线的第二个特点也就是：随着X产量的不断增加，边际转换率是递增的。

为了理解这一特性,我们将式(9.16)进行以下转换:

$$MRT=\left|\frac{\mathrm{d}Y}{\mathrm{d}X}\right|=\left|\frac{\mathrm{d}Y}{\mathrm{d}(L+K)}\cdot\frac{\mathrm{d}(L+K)}{\mathrm{d}X}\right|=\left|\frac{\mathrm{d}Y}{\mathrm{d}(L+K)}\bigg/\frac{\mathrm{d}X}{\mathrm{d}(L+K)}\right| \quad (9.17)$$

式中:$\frac{\mathrm{d}Y}{\mathrm{d}(L+K)}$、$\frac{\mathrm{d}X}{\mathrm{d}(L+K)}$为投入要素生产 Y 和 X 的边际产量。

随着 X 的产量不断递增,投入 X 的生产中去的要素也不断增加,其边际产量不断递减,与此同时,投入 Y 的生产中去的生产要素却不断递减,因而其边际产量不断递增。因此,边际转换率是不断递增的。

四、生产和交换的帕累托最优

前面讨论了生产的帕累托最优和交换的帕累托最优,但在一个生产和交换同时存在的经济中,要实现经济效率,不仅要实现不同生产要素在厂商的生产过程中的有效配置,而且还要同时实现不同产品在消费者之间的有效配置,即厂商生产的产品组合要与消费者的购买意愿相一致,符合消费者的需要。下面讨论满足生产和交换的帕累托最优要满足的条件。

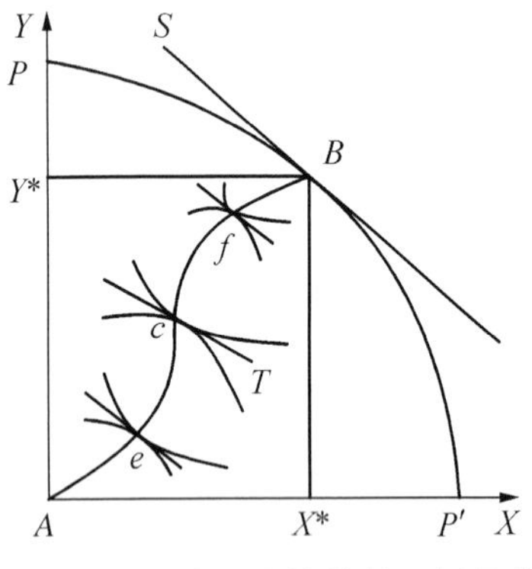

图 9-7 生产和交换的帕累托最优

假定经济中有两个厂商 C 和 D,生产两种产品 X 和 Y,有两个消费者 A 和 B,消费产品 X 和 Y。图 9-7 中 PP'是厂商的生产可能性曲线,在曲线上任取一点 B,由于生产可能性曲线上任一点都对应于生产的契约线上一点,因而,B 点满足生产的帕累托最优,这时 X 的产量是 X^*,Y 的产量是 Y^*,消费者 A 和 B 只能在既定产量 X^* 和 Y^* 之间进行选择。为研究方便,在图 9-7 中同时作出交换的埃奇渥斯盒,盒中标出交换的契约线,显然交换的契约线上任一点都满足交换的帕累托最优。图中 SB 是通过 B 点的 PP'的切线,因而其斜率的绝对值就是边际转换率。在生产的契约线上各点标出无差异曲线的切线,其斜率的绝对值等于边际替代率。可以证明当无差异曲线的切线(图 9-7 中的 T)与 SB 平行时,也即边际替代率与边际转换率相等时,满足生产和交换的帕累托最优。

$$MRS_{XY} = MRT_{XY} \tag{9.18}$$

需要说明的是，尽管以上生产的帕累托最优条件、交换的帕累托最优条件以及生产与交换的帕累托最优条件都是在两个生产者、两个消费者、两种产品、两种生产要素的极其简化的条件下推出的，但它们也适用于多个消费者、多个生产者、多种商品、多种要素的一般情况。

五、福利经济学的两个基本定理

在一般均衡理论中，我们已经证明，完全竞争在一定的假设条件下，可以实现一般均衡。那么完全竞争的一般均衡是否意味着帕累托最优状态呢？结论是：任何完全竞争的均衡都是帕累托最优状态，同时，任意的帕累托最优状态也可以由一套竞争性价格来实现。

现在来看在完全竞争经济中，帕累托最优状态是如何实现的。完全竞争的一般均衡状态下，市场中商品和要素的价格都是由市场决定，厂商和消费者都被动地接受市场价格，消费者根据自己的效用最大化原则决定要购买的商品组合，厂商根据自己的利润最大化原则决定自己的产量，最后实现供求相等。我们知道，消费者A购买商品时效用最大化的条件是任意两种商品的边际替代率等于产品的价格之比，即：

$$MRS_{XY}^{A} = P_X/P_Y \tag{9.19}$$

对消费者B来说，同样有：

$$MRS_{XY}^{B} = P_X/P_Y \tag{9.20}$$

由式(9.19)和式(9.20)可知，$MRS_{XY}^{A} = MRS_{XY}^{B}$，即两个消费者的边际替代率相等，所以完全竞争的产品价格之比满足了交换的帕累托最优的条件。

再看生产者的情况。完全竞争条件下，当厂商C实现均衡时，其边际技术替代率等于其要素价格之比，即：

$$MRTS_{LK}^{C} = w/r \tag{9.21}$$

对于厂商D，同样有：

$$MRTS_{LK}^{D} = w/r \tag{9.22}$$

对比式(9.21)和式(9.22)可知，$MRTS_{LK}^{C} = MRTS_{LK}^{D}$，即厂商的边际技术替

代率相等。因此完全竞争的要素价格之比，满足了生产的帕累托最优状态的条件。

最后再来看生产和交换的综合情况。从生产可能性曲线我们知道，如果投入的要素既定，当增加 X 的产量时必定以 Y 的产量的减少为代价，反之亦然，因而增加 X 的机会成本就是 Y 的减少，所以 ΔX 可以用 Y 的边际成本 MC_Y 来表示，ΔY 可以看成是 X 的边际成本 MC_X，因此有：

$$MRT_{XY}=\left|\frac{\mathrm{d}Y}{\mathrm{d}X}\right|=\frac{MC_X}{MC_Y} \tag{9.23}$$

完全竞争的市场达到长期均衡时，$P_X=MC_X$，$P_Y=MC_Y$，再加上消费者效用最大化的条件，可知：

$$MRS_{XY}=\frac{P_X}{P_Y}=\frac{MC_X}{MC_Y} \tag{9.24}$$

由式(9.23)和式(9.24)可知，完全竞争的市场满足了 $MRT_{XY}=MRS_{XY}$，完全竞争满足了生产和交换的帕累托最优条件。

综上所述，可以得到福利经济学第一定理：完全竞争市场经济的一般均衡是帕累托最优的。

亚当·斯密曾经指出，当经济中的人们都在追求自己的利益的时候，在“看不见的手”的引导下，其结果是促进了公众的福利。福利经济学第一定理说明通过市场竞争，消费者追求自己的效用、厂商追求利润，就可以实现经济效率。

这可以在一定程度上看作是对亚当·斯密等自由主义经济学家的信念的论证。

福利经济学第一定理指出了完全竞争的均衡是有效率的，那么反过来是否可以说，给定资源的一个帕累托最优配置，它是否一定能够通过完全竞争的市场机制来完成。福利经济学第二定理，给了我们明确的答复。福利经济学第二定理指出：在所有消费者的偏好为凸性(即无差异曲线凸向原点)和其他的一些条件下，任何一个帕累托最优配置都可以从一个适当的初始配置出发，通过完全竞争的市场均衡来达到。

福利经济学第二定理实际上说明了，市场可以实现任何一种帕累托最优配置，无须政府采取价格管制等形式对市场进行干预。

第四节　公平、效率与社会福利函数

帕累托标准成为判断一个经济是否有效率的基本依据，如果一个经济实现了帕累托最优，就说明这个经济是有效率的，或者说资源配置是有效的。但是帕累托标准无法判断一个经济社会收入分配的公平性。经济上的有效率可能对应着公平，也可能对应着收入分配上的极端不公平。事实上，有关公平问题，经济学家一直存在比较大的争议，远没有达成共识。由于效用是衡量消费者福利水平的主要方面，因此，我们的讨论从效用开始。

一、效用可能性曲线

图 9－7 中 PP'是生产可能性曲线，在生产可能性曲线上任取一点 B，该点满足生产的帕累托最优的条件。在交换的埃奇渥斯盒 AY^*BX^* 中，AB 是交换的契约线，AB 上的点都满足交换的帕累托最优。在交换的契约线上一点 c 其无差异曲线的切线与生产可能性曲线上 B 点的切线平行，因此 c 点满足了生产与交换的帕累托最优的全部三个条件，所以是经济上有效的一个点。该点处两个消费者 A 和 B 的效用水平可以由无差异曲线得到。

图 9－8 横坐标是消费者 A 的效用水平 U_A，纵坐标是消费者 B 的效用水平 U_B，将图 9－7 中 c 点的消费者效用水平 U_A、U_B在图 9－8 中投影得到一个消费者效用水平的组合点。同样的方法，如果在图 9－7 的生产可能性曲线中再取一点 G，同样可以在图 9－8 中得到一个消费者效用组合点 G。同样的方法，我们可以作一系列这样的点，所有这些点连接起来，我们就可以得到一条曲线，就叫做效用可能性曲线。在效用可能性曲线上的每一点都满足帕累托最优的三个条件，因而在经济上是有效率的。

由于效用实际是不可计量的，我们只能比较一下其相对大小，所以效用可能性曲线的形状，我们无从知晓，但在该曲线上当消费者 A 的效用增加的时候一定伴随的是消费者 B 的效用的降低。因为如果不是这样，消费者 A 的效用增加，消费者 B 的效用增加或者不变，便存在帕累托改进的可能，因而与帕累托最优点的结论相矛盾。

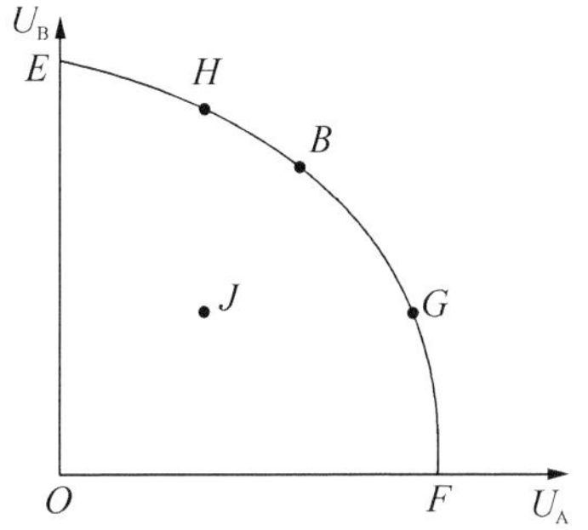

图 9－8　效用可能性曲线

效用可能性曲线上都是有效率的点，所以曲线上的点，如图 9－8 中的 H、B、G 点，都是有效率的消费者的效用组合；如果实际的效用组合点处于效用可能性曲线的内侧，如图 9－8 中的 J 点，说明它虽然可以达到，但在经济上是无效率的，存在帕累托改进的余地；如果效用的组合点位于效用可能性曲线以外，说明它代表的效用水平虽然高，但在实际上是无法达到的。效用可能性曲线也可以理解为在经济上能够达到的效用水平的区域的边界，所以又称作效用可能性边界。考察一下效用可能性曲线就可以发现，在曲线上各点所代表的公平程度是不一样的：如图9－8中的 H 点，消费者 B 的效用水平很高，但 A 的效用水平却很低，在 G 点则相反，消费者 A 的效用水平很高，而 B 的效用水平却很低，所以 H 点和 G 点都是收入分配上极不公平的点。在 B 点，消费者 A 和 B 的效用水平近似，说明两者的收入水平也是相近的，因而收入分配是较为公平的。现在我们就要研究，如何在效用可能性曲线上选择一点，使该点从全社会的角度来看能够实现社会福利的最大化。

二、社会福利函数

要研究社会福利的最大化问题，首先一个前提就是必须能够知道社会福利函数(social welfare function)，即能够知道如何由个人的福利来推导社会的福利，由个人的偏好(preference)推导出社会的偏好，遗憾的是目前经济学界尚无法就此达成共识。因此，这里只能做一些简单的讨论。

首先，社会福利 W 可以看成是个人福利的总和，以效用水平表示个人的福利，则社会福利就是个人福利的函数。假设社会中共有 n 人，社会福利函数可以记作：

$$W = f(U_1, U_2, \cdots, U_n) \tag{9.25}$$

为了使问题简单化，我们假定社会中共有两人 A 和 B，这时社会福利数可以写成：

$$W = f(U_A, U_B) \tag{9.26}$$

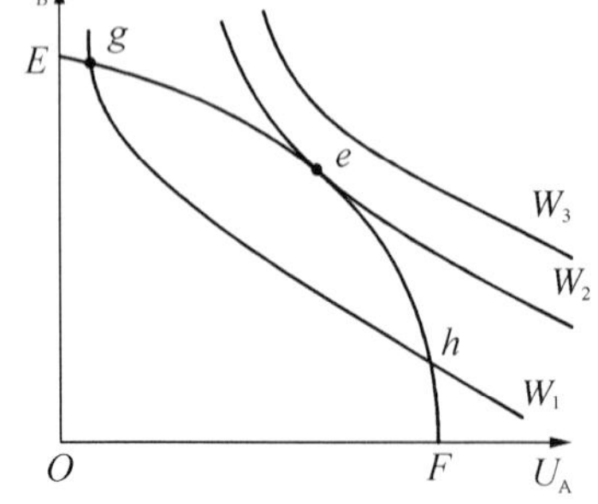

图9－9　社会福利最大化

虽然我们无从得知式(9.26)的具体的函数关系，但仍可以得出一些基本的结论：如果两个人的效用都提高了，社会福利必定是提高的；如果一个人的效用提高，另一个人的效用不变，社会福利也必定是提高的。在此基础上，我们首先假定社会福利水平是 W_1，那么当 U_A 不断升高的时候 U_B 必定是不断减少的，这样在图9－9中，我们便可以得到一条等福利线，也称作社会无差异曲线。同样，对于不同的社会福利水平 W_1，W_2，…，W_n 等，我们都可以得出一系列的等福利线。

在图 9－9 中，EF 是效用可能性曲线，由于等福利线是无数条，所以必有一条等福利线与效用可能性曲线相切，在图中是等福利线 W_2 和 EF 相切于 e 点。可以看出，等福利线 W_1 与 EF 相交于 g 和 h，因而是经济上可以实现的，但 W_1 代表的社会福利水平较低，W_3 代表的社会福利水平很高，但在既定的资源和技术条件下是无法实现的，因而在等福利线与效用可能性曲线相切的 e 点，经济实现了社会福利的最大化。由于 e 点同时位于效用可能性曲线上，即它是满足帕累托最优的点，因此 e 点既是经济上有效率的，又实现了社会福利最大化。

看上去，找到了 e 点即找到了经济上有效率而又实现社会福利最大化的点，这正是经济学家苦苦追寻的资源有效配置的最佳点，资源配置的问题似乎已经得到圆满的解决。但是，其实问题要复杂得多。要解决资源分配问题，首先要知道社会福利函数，但关于社会福利函数，有两个重要的问题需要解决：一是社会福利函数的存在性问题，也就是说，能否从个人的偏好推导出社会的偏好；二是公平问题，经济学界对于公平的理解相去甚远。下面我们主要讨论这两个方面的问题。

三、阿罗不可能定理

阿罗不可能定理（Arrow's Impossibility Theorem）是指，如果众多的社会成员具有不同的偏好，而社会又有多种备选方案，那么在民主的制度下不可能得到令所有的人都满意的结果。定理是由 1972 年度诺贝尔奖获得者美国经济学家肯尼思・J・阿罗提出的。

阿罗不可能定理的证明并不难，但是需要严格的数学逻辑思维。

阿罗不可能定理源自孔多塞的“投票悖论”，早在 18 世纪法国思想家孔多塞就提出了著名的“投票悖论”：假设甲乙丙三人，面对 abc 三个备选方案，有如下的偏好排序。

甲（$a > b > c$）

乙（$b > c > a$）

丙（$c > a > b$）

注：甲（$a > b > c$）代表——甲偏好 a 胜于 b，又偏好 b 胜于 c。

（1）若取“a”、“b”对决，那么按照偏好次序排列如下：

甲（$a > b$）

乙（$b > a$）

丙($a>b$)

社会次序偏好为($a>b$)

(2) 若取“b”、“c”对决,那么按照偏好次序排列如下:

甲($b>c$)

乙($b>c$)

丙($c>b$)

社会次序偏好为($b>c$)

(3) 若取“a”、“c”对决,那么按照偏好次序排列如下:

甲($a>c$)

乙($c>a$)

丙($c>a$)

社会次序偏好为($c>a$)

于是得到三个社会偏好次序——($a>b$)、($b>c$)、($c>a$),其投票结果显示“社会偏好”有如下事实:社会偏好 a 胜于 b、偏好 b 胜于 c、偏好 c 胜于 a。显而易见,这种所谓的“社会偏好次序”包含有内在的矛盾,即社会偏好 a 胜于 c,而又认为 a 不如 c。所以按照投票的大多数规则,不能得出合理的社会偏好次序。

阿罗不可能定理说明,依靠简单多数的投票原则,要在各种个人偏好中选择出一个共同一致的顺序,是不可能的。这样,一个合理的公共产品定只能来自一个可以胜任的公共权力机关,要想借助于投票过程来达到协调一致的集体选择结果,一般是不可能的。

阿罗的结论是对福利经济学的一个重大打击,因为福利经济学的任务是使社会福利最大化。但是现在社会福利函数都不能得到,我们无法知晓社会需要什么,也就无法决定我们应该提供什么、怎么提供的问题。

四、如何看待社会公平问题

社会福利函数面临的另一个问题是社会公平(social equity)问题。对公平的不同理解必然会导致不同的社会福利函数。而恰是在这一点上,却是经济学界分歧最大的。如果归纳一下,至少有四种主要的观点。

1. 平均主义的公平观

这种观点认为应该将社会所有的产品在社会全体成员之间作绝对平均的分配,每个社会的成员得到相同的产品。但是由于消费者并不具有相同的偏好,所以这种平均的分配并不是帕累托有效率的。

2. 罗尔斯主义的公平观

罗尔斯认为,最公平的配置是使一个社会里境况最糟的人的效用最大化。罗尔斯主义并不意味着平均主义,因为对生产力较高的人比对生产力较低的人给予更高的奖励,就能使最有生产力的人更努力地工作,从而生产出更多的产品和劳务,其中一些可以通过再分配使社会中最穷的人的境况变好。

3. 功利主义的公平观

在经济学中经常用个人效用的加权求和来反映从社会来看什么是理想的。功利主义的社会福利函数给每个人的效用以相同的权数,随之将社会成员的效用最大化。所以功利主义的社会福利函数就是:社会成员的总效用最大化。

4. 市场主导的公平观

这种观点认为市场竞争的结果总是公平的,因为它奖励那些最有能力的和工作最努力的人。按照这种观点,可能会导致产品分配的极大的不均。

以上四种观点是按照从平均主义到不平均主义的顺序排列的。多数经济学家是反对平均主义和市场主导这两种极端的观点的。市场竞争结果是有效率的,但有效率并不必然带来公平,因此,社会就必须在某种程度上依靠政府对收入进行再分配以实现公平的目标。政府可用的调节手段很多,如个人收入的累进税、遗产税、强制医疗保险、低收入子女的免费教育和培训、社会保障计划、失业救济等。遗憾的是,效率和公平经常是矛盾的,政府的收入再分配计划会给经济效率带来某种程度的损害,厂商为了避税所采取的一些措施可能导致产量的减少。因此,政府要做的常常是在公平与效率之间作出某种权衡。

主要名词与术语

一般均衡　帕累托最优　契约曲线　阿罗不可能定理

复习思考题

1. 简述局部均衡和一般均衡的关系。

2. 简述交换的帕累托最优条件、生产的帕累托最优条件、交换和生产的帕累托最优条件。

3. 为什么完全竞争的市场机制符合帕累托最优状态?

4. 什么是生产可能性曲线? 什么是边际转换率?

第十章　市场失灵理论与微观经济政策

本章教学目的与要求

市场失灵(market failure)是指单纯由市场配置资源并不能实现资源的帕累托有效配置状态。造成市场失灵的原因主要有四种：市场势力(如垄断、寡头垄断、垄断竞争以及卡特尔等)所带来的不完全竞争、外部性、公共物品和公共决策和信息不对称问题。市场势力所带来的低效率我们已在第六章和第七章作过详细论述，因此本章以外部性、公共产品和公共决策及信息不对称问题为前提，分析市场机制的失灵及其政府的作用。

学习本章需要掌握外部性、公共物品和公共决策及信息不对称的含义，并说明它们导致市场失灵的原因及解决市场失灵的政府微观政策。

第一节　外　部　性

一、外部经济的分类

外部性(externality)又称外部经济或外部效应。工厂生产时将污水排入河流，对社会其他成员造成危害，这是生产过程中的外部经济。抽烟使你同室的人感到不舒服，这是消费过程中的外部经济。一般说来，如果某人或厂商在从事经济活动时给其他个体带来危害或利益，而该个人或厂商又没有因为这一后果支付赔偿或得到报酬，那么这种危害或利益称为外部经济。这里，危害或利益指的是直接的影响——直接影响他人的生产或消费。那种间接的、经由市场价格变化而引起的"货币性"后果则不在考虑之内。例如,某厂商产量的增加必将引起价格下降因而伤害其竞争对手的利润,这种后果不在外部经济范畴之内。因此,外部经济也可以定义为经济活动所产生的、没有得到市场承认的危害或利益。

由于经济活动的某种后果没有得到市场的承认,当事者不必承担负外部经济所造成的损失,也无法从正外部经济中得到报酬。这样,该经济活动的私人成本或私人利益与社会成本或社会利益便不一致。比如,造纸厂生产纸张的私人成本包括材料、运输、资本、劳动、管理等成本。但对于整个社会来说,生产纸张的社会成本除了上述所有私人成本外,还包括生产过程中所产生的污水、废气对社会所造成的损失,即污染成本。同样道理,经营果园的社会收益除了生产的水果收入给果农带来的私人收益之外,还包括果园为养蜂人制造蜂蜜提供了原料从而给养蜂人带来收益。外部性可以分为正外部性和负外部性。如果一项经济活动的私人成本小于社会成本,就称该项经济活动存在负外部性。如果一项经济活动的私人收益小于社会收益,就称该项经济活动存在正外部性。

二、外部影响导致市场失灵

在市场经济中,经济活动的决策基于私人成本和私人收益的比较。当私人成本与社会成本不一致,或私人收益与社会收益不一致时,对于厂商或个人是最优的决策不一定是社会的最优决策。这就是为什么在有外部效应的条件下,完全竞争并不能达到有效率的资源配置。在上面的例子里,由于造纸厂不考虑污染成本,其私人成本低于社会成本,因此,造纸厂所决定的最优产量就会高于社会的最优产量。图 10-1 证明了这一结论。

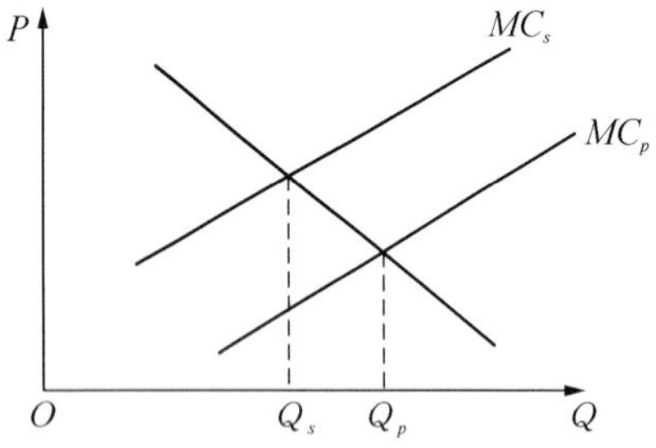

图 10-1　私人最优产量和社会最优产量

我们用 D 表示对纸张的需求曲线,MC_p 表示造纸厂私人边际成本。假设市场是完全竞争的,那么边际成本曲线就是供给曲线。这样,市场机制决定的产量 Q_p,由供给曲线和需求曲线的交点所决定。但从社会角度来看,生产纸张的成本还包括污染成本,因此,社会的边际成本应该大于厂商的私人边际成本。在图 10-1 中,社会边际成本 MC_s 处于 MC_p 之上。社会最优产量应该是 Q_s,低于 Q_p。可见,在有负外部性的条件下，完全竞争导致产量过多。

运用同样的方法，我们可以证明，在有正外部经济效应的条件下，完全竞争导致生产或消费的不足。

三、对外部影响的微观治理政策

外部效应的存在破坏了完全竞争市场配置资源的优越性。怎么来降低或消除外部经济效应所带来的效率损失，自然成为社会，特别是经济学家所关心的问题。主张政府干预的人说，在有外部经济效应的条件下，市场不再是理想的机制了。既然市场失灵了，政府应该出来干预。而推崇自由市场的人则说，市场机制本身有能力解决一些外部经济效应所产生的问题。政府不必干预市场运作，而只要创造有利于市场交易的必要条件，如明确界定财产所有权。下面我们考察经济学家建议的或政府实际采取的一些措施。

1. 税收或补贴

外部效应的存在使得厂商或消费者的私人成本(收益)与社会成本(收益)不一致，从而导致市场机制的配置不是社会最优的。有的经济学家建议通过税赋或补贴把私人成本(收益)与社会成本(收益)拉平。这样，通过市场机制就能实现资源的有效配置。

图 10－2 说明了这个问题。现在为了纠正负外部性所导致的产量过多问题，政府对造纸厂征收污染税，税率为 t。于是造纸厂的私人边际成本为 MC_p+t，用 MC_t 表示。造纸厂的私人边际成本上升，供给曲线随之左移，产量便会下降。如果税率 t 恰好等于造纸厂的边际污染成本，那么政府征税就会使造纸厂的私人边际成本等于社会边际成本，使私人最优产量等于社会最优产量。

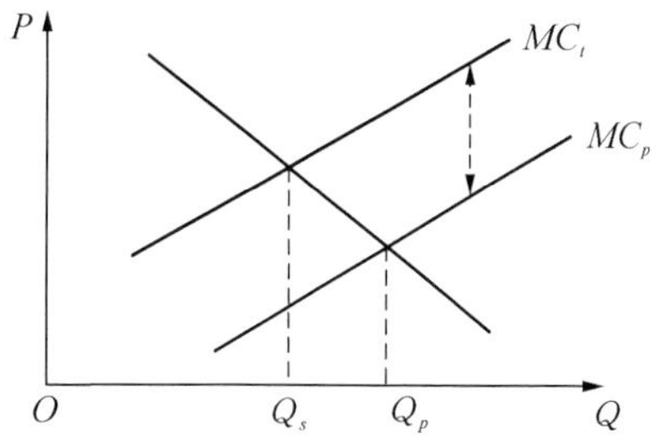

图 10－2　通过税收纠正负外部性

但是，用税收纠正负外部性问题的最大缺陷在于政府很难确定各厂商的边际污染成本，因而不能设定适当的污染税率。即便如此，污染税也可以使完全竞争厂商的产量接近于社会最优产量，因而对改善市场效率是有积极意义的。

对于产生正外部性的经济活动，政府可以给予补贴以鼓励生产或消费。教育便是一例。受教育者从教育中得到私人利益包括教育程度比较高的人能得到较理想的工作、较丰厚的报酬等。但教育所产生的利益并不局限于受教育者本人。比如说，与教育良好的人交往，可以得到不少启发、建议和指导；一般说来，在一个教育程度较高的社会里，民主气氛较好，犯罪和暴力较少。这些都是教育的外部效应。前面的分析告诉我们，在有正外部效应的情况下，市场经济导致生产或消费不足。因此，教育不能单靠市场机制。这就是为什么在几乎所有的私有制市场经济里，政府对教育都有不同程度、不同方式的干预①。公立学校和免费教育完全摆脱了市场机制。政府一般对主要依赖市场运作的私立学校给予非营利机构地位而免征公司所得税。此外，政府还通过给学生奖学金、助学金或低息、无息贷款来补助教育。这些补贴措施降低了学生求学或学校办学的边际成本，有助于将教育水平提高到社会最优水平。

2. 制定污染标准

控制污染的另一种途径是设定排污标准。政府可以通过调查确定社会所能忍受或承受的环境污染程度，然后规定各厂商所允许的排污量。对于排污量超过规定限度的厂商则给予经济或法律惩罚。制定排污标准的好处在于，排污标准一经制订，只要严格执行，政府可以对该政策下所形成的污染程度有比较确切的估计。而在税收政策下，实际排污量有待各厂商来决定，政策制定者在制订税率时对实际污染程度难以估计。

但是，由于不同生产过程排污的方式和程度不一，降低排污量的成本也各不相同，政府在规定各厂商的排污限量时，面临着这样的难题，是“一刀切”还是区别对待？若是区别对待，又如何来有效率地分配排污量？

我们举例来说明这一问题。某地区有两个造纸厂，每天各排出污物 3 吨。当地政府决定降低 1/3 的排污量。在“一刀切”的方案下，甲、乙两厂商各降低 1 吨污物。假设甲厂减少或清除第一吨污物的成本为 3 000 元，而乙厂得花 5 000 元。这样，在一刀切的安排下，消除 2 吨污物的社会成本是 8 000 元。而甲厂降低第二吨污物的边际成本是 4 000 元。如果当地政府只要求甲厂消除 2 吨污物，那么，整个

① 2007 年 3 月 5 日国务院总理温家宝在十届全国人大五次会议上作政府工作报告时说，2007 年全国财政安排农村义务教育经费 2 235 亿元，要在全国农村全部免除义务教育阶段的学杂费，使农村 1.5 亿中小学生家庭普遍减轻经济负担(http://cn.chinagate.com.cn/chinese/jy/68600.htm)。这将使我国农村真正实现九年制义务教育。这项措施将大大降低我国农村尤其是贫困地区儿童接受教育的边际成本，提高他们接受教育的水平。

社会的排污量还是降低了 1/3，但达到这一目的的总成本却降低为 7 000 元。显然，区别对待比“一刀切”效率高。社会应该动员最有效率的技术去消除、降低污染。可是，这要求政府必须掌握各厂商降低、清除污染的边际成本，而政府一般并不掌握这一信息。

有鉴于此，经济学家建议引进市场机制，建立排污许可证市场。政府给每家厂商颁发两张排污许可证，每张许可证准许持证者可以排放 1 吨污物。这样，社会的排污量总共是 4 吨，污染水平同样是降低了 1/3。不同的是，政府允许排污许可证自由买卖。假设在甲厂，消除第一吨、第二吨和第三吨污物的边际成本分别为 3 000 元、4 000 元和5 000 元，而在乙厂，这些边际成本是 5 000 元、6 000 元和 7 000 元。在排污许可证不准买卖的情况下，两个厂分别处理 1 吨的污物，成本分别为3 000 元和5 000 元。现假设市场上许可证的价格为 4 500 元，从利润最大的动机出发，乙厂一定愿意购买一张许可证。因为在没有第三张许可证的情况下，乙厂需要花 5 000 元钱处理 1 吨污物，而许可证只花 4 500 元，可以节省 500 元；同时，甲厂也愿意出售一张许可证厂，出卖许可证可以得到 4 500 元，而其处理 1 吨污物的成本仅需4 000 元，可以净赚 500 元。所以这样的交易一定可以达成。于是排污许可证市场使得社会以最低的社会成本来降低污染程度，排污量降低了 1/3，社会成本是 7 000 元。政府也可以考虑在公开市场上拍卖排污许可证，这样做一方面可以有效率的降低社会排污量，同时也可以增加政府财政收入。

排污许可证交易把市场机制引进了环境保护和控制中。市场机制是分散决策的，每个厂商根据自己的私有信息作出决定，因而避免了政府决策所面临的信息问题，提高了效率。美国的芝加哥证券交易所(Chicago Board of Trade)开始了二氧化硫排放权的交易。新通过的美国清洁空气法案允许发电厂积累没用完的排放指标并出售给其他发电厂。

排污许可证的交易虽然提高了控制污染的效率，但对污染程度的分布却失去了控制。由于厂矿厂商的分布等原因，许可证自由交换的结果也许会使一些地区的污物排放特别集中，以至污染超过最高限度，严重危害人体健康或生态环境。所以在某些情况下，直接的污染标准控制也是必不可少的。①

---

① 我国目前对于排污的管理主要由中央和地方环保局负责，由排污企业缴纳排污费，领取排污许可证，排污许可证的领取是免费的，但一般不能转让或交易。详情参阅国家环保总局网站，http：//www.zhb.gov.cn。

3. 外部效应内部化

我们知道，在有外部效应的条件下，市场经济之所以达不到有效率配置，是因为市场机制的独立，分散决策没有把外部效应考虑进去。造纸厂在决定产量时，没有考虑污染所带来的社会成本，因而低估成本，导致产量过高。受教育者不会考虑教育对其他社会成员带来的好处，低估了教育的价值，因而选择较低的受教育水平。如果能通过某种方式使市场决策者本身承担或享受外部效应，他们就会纠正决策，改善资源配置。

以造纸和养鱼为例。一条河的上游有一家造纸厂，下游有一家渔场。造纸厂排放的污水会污染河水，从提高了养鱼的成本。如果造纸厂和渔场属于同一厂商，那么造纸给养鱼所增加的成本仍然是该厂商的内部成本。合并使得外部效应内部化，厂商在决定造纸产量时，不能不顾污染成本。为了最大化总利润，厂商必须考虑外部经济效应，协调造纸和养鱼两项业务的经营决策，带来帕累托改进。

假设造纸和养鱼业都是完全竞争的。纸的市场单位价格为 6 元，鱼的单位价格为 42 元。造纸的私人成本函数为 $C_x = x^2$，其中 x 是纸的产量；养鱼的成本是 $C_y = y^2 + xy$，y 是鱼的产量。造纸污染河水，提高了养鱼的成本。纸的产量越高，污染越严重，养鱼成本也越高，成本函数中的 xy 项反映了这一事实。

在造纸厂和渔场各为独立厂商时，它们的决策基于自身的边际收益和边际成本。对于造纸厂，边际成本是 $2x$，最优产量由 $60 = 2x$ 决定，解得 $x = 30$，即造纸厂的利润最大化产量为 30 元，此时可获利润 900 元。类似地，养鱼的边际成本是 $2y + x$，而 x 等于 30 元，所以渔场的利润最大化产量由 $42 = 2y + x$ 所决定，得 $y = 6$，即鱼的产量为 6 单位，此时渔场利润为 36 元。

造纸厂和渔场属于同一厂商的时候，总利润函数为 $\pi = 60x - x^2 + 42y - y^2 - xy$。对整个厂商来说，纸的边际收益仍是 6，而边际成本却变成了 $2x + y$。除了造纸本身的成本 $2x$ 之外，造纸给养鱼增加的成本也得考虑进去。根据边际收益等于边际成本的原则，我们有：

$$60 = 2x + y$$
$$42 = 2y + x$$

解以上方程组，得 $x = 26$，$y = 8$，即社会最优的纸的产量为 26 单位，鱼的产量为 8 单位。这时厂商的总利润是 948 元，而在独立决策时，两家厂商的利润和只有 936(900+36)。两个厂商合并之后，造纸厂的污水乃是渔场的成本，外部效应内部化了，私人成本与社会成本一致化了，效率就提高了。

如果两个厂商原先是独立的，那么一个厂商可以兼并或购买另一个厂商，即所谓并购(merger and acquisition)。既然统一经营的总利润大于独立经营的利润之和，并购一定有利可图。比如，我们可以让造纸厂兼并渔场。一个厂商的价格无非是它所能产生的利润。兼并之前，渔场的利润是 36 元，所以渔场的价格是 36 元。造纸厂在兼并渔场后的总利润为 948 元，比它独立经营时的利润多出 48 元，付掉渔场的价格 36，净赚 12。同样，渔场也可以兼并造纸厂，也同样有利可图。或者，任何第三方可以同时购买造纸厂和渔场。渔场的价格为 36 元，造纸厂的价格为 900 元，购买两家厂商的成本是 936，而经营的总利润将是 948 元。这笔交易净赚 12 元。私营厂商以利润为追求目标，所以这种有利可图的厂商买卖一定有人参与。因此有些经济学家认为市场本身也可以解决一些外部效应问题，不一定要完全依靠政府干预或立法。事实上，许多厂商已经内部化了外部效应。比如，果园往往又养蜂，渔场同时也种植水生作物。

但并购本身也有局限性，在上面的例子中，如果河流的上游除造纸厂外还有化肥厂、制药厂，而下游除渔场之外还有农场、食品加工厂和大量的居民等。这样，污染出自多处，危害波及大众，要通过兼并方式来克服外部效应、改善效率，那就得搞“大兼并”，以包罗所有方面，并协调各厂商、各居民的经济活动。这样的集中决策往往是难以奏效的。以公有制为基础的社会主义计划经济可以说是把所有外部经济都内部化了。可是，历史证明，东欧国家在大约半个世纪的计划经济制度下，经济活动对环境和生态的破坏程度，远远超过了西欧私有制市场经济国家。

4. *产权的界定和科斯定理*

美国经济学家科斯(Ronald Coase)指出，外部性之所以产生效率问题，就是因为产权(property rights)界定不明确。因为产权界定不明确，无法确定究竟哪一方应该为外部性承担后果或获得报酬。比如，你的邻居养了几条狼狗，狗的叫声严重影响到了你的休息。到底是他应该因为养狗影响到你的休息而赔偿你呢？还是你该付费给他要求他不要养狗呢？或者说，是你有权享受宁静，还是他有权养狗？反过来说，有些外部性问题之所以相对比较容易解决，比如养蜂场和果园之间的外部效应①，就是因为这些外部效应的产权相对比较明确。

---

①　经济学家张五常曾深入分析过果园和养蜂场之间的外部效应关系及合作关系作过深入研究，见 Steven N. S. Cherng, 1973. “The Fable of the Bees: An Economic Investigation,” The Journal of Law and Economics, 16。

那么，什么是产权呢？产权是和所有权(ownership)相联系的一个概念。所有权是古代罗马私法中的一个极为重要的概念。在罗马法中，所有权是物权(权利人直接行使于物上的权利，与债权相对应)中最重要也最完全的一种权利，具有绝对性、排他性、永续性三个特征，具体内容包括占有、使用、收益、处置四项权利。我们可以把所有权理解为狭义的产权。

科斯认为，如果产权是明确定义的，而且当事人之间的协商是毫无成本的(即交易成本为零)，那么，在有外部效应的市场上，不管产权划归哪一方，交易双方总能通过协商达到某一帕累托最优配置。这就是著名的科斯定理(Coase Theorem)。

我们先来解释科斯定理的含义。还是以上述造纸厂和渔场为例。先假设法律规定渔场有权享用不受污染的河水。在这一产权界定之下，渔场是否会绝对禁止任何污染从而迫使造纸厂关闭呢？不会，因为关闭造纸厂并不是帕累托最优配置。在关闭造纸厂的情况下，河水清澈，养鱼的成本为 $C_y = y^2$，则渔场的利润最大化产量为 21 单位，利润为 441 元。如果让造纸厂继续经营并向它索取污染赔偿，那么渔场和造纸厂的处境都可以得到改善。假定渔场规定造纸厂生产不超过 24 单位的纸张，并向它征收 500 元的污染赔偿费。在这一安排下，造纸厂的产量将是 24 单位，毛利润为 864 元，除去 500 元的污染费，还能剩 364 元，比关闭强得多。而此时渔场的最优产量则是 9 单位，这是因为当产量为 9 单位时，边际成本为 42 元($2y+x=2\times9+24$)，恰好等于边际收益。这时，渔场的利润为 81 元($42\times9-9^2-24\times9$)，加上污染费 500 元，共得 581 元，比迫使造纸厂停产的利润 441 元更高。这一安排显然是帕累托改进，双方一定愿意接受。

事实上，造纸厂可以向渔场进一步建议允许造纸厂生产 26 单位的纸，作为补偿，造纸厂答应向渔场缴付 518 元赔偿费。这时，渔场的最优产量将是 8 单位，利润为 64 元(见前文)，加上 518 元的赔偿费，净收益为 582 元，比 581 元高，因此渔场不会拒绝这一建议。而造纸厂交付赔偿费后的净收益是 366 元($60\times26-26^2-518$)，也比原先的安排更好。我们知道，这一方案达到了帕累托最优配置。

因此，只要谈判成本为零，渔场和纸厂谈判的结果一定是帕累托最优的。因为如果不是最优的话，那么一方总可以提出帕累托较优的方案，使得双方的总收益大于原先的方案，提议者可以将所增加的利益分一部分给对方以诱导对方接受新方案。在上面的例子里，造纸厂的提议使总利润增加了 3 元，它分给渔场 1 元，自己留下了 2 元。

如果把产权划归造纸厂，即纸厂有权污染河水，还能不能达到有效率的配置呢？同样也能。我们知道，如果纸厂对污染不承担任何责任，那么其产量为 30 单位，利润为 900 元（见前文）。此时，渔场的产量为 6 单位，利润为 36 元（见前文）。渔场可以向造纸厂提议，如果造纸厂压缩纸张生产，渔场愿意赔偿减产的损失。显然，只要赔偿使得造纸厂的总利润不低于 900 元，造纸厂就不会拒绝这样的建议。同样，只要渔场在付出赔偿之后的净利润不低于 36 元，它也乐意做这笔交易。当然，每一方都想从谈判中得到更多的好处，而要做到这一点，两个厂商的总利润必须达到最大。而要实现最高总利润，纸产量必须为 26 单位，鱼产量必须为 8 单位，这样一来，使渔场的利润增加了 28 元（64－36），而造纸厂的利润减少了 16 元（900－884）。所以，渔场对造纸厂的赔偿一定在 16 元和 28 元之间。至于两个厂商在这笔交易中究竟各得多少好处，则取决于各自的讨价还价能力等因素。但只要谈判协商是无成本的，双方一定能达到帕累托最优配置。

从上述例子我们可以看出，尽管在产权明确定义和不存在交易成本条件下，不管产权划归哪一方，在有外部效应的市场上，交易双方总能通过协商达到帕累托最优配置。但是，不同的产权归属状况将导致不同的帕累托最优配置状态，也就是说将决定交易双方各自能够实现的最终的福利水平。

需要指出，科斯定理的条件是谈判成本为零。但在现实社会中，谈判、协商不会没有成本。谈判本身得花费时间，谈判中提出的证据要花精力去收集，而谈判所达成的协定还需要动员人力物力去监督执行。由于谈判不是没有成本的，产权的明确界定并不能保证达到帕累托效率配置。很多时候，本来可以两全其美的交易，却因谈判成本太高而无法成交。另外，很多情况下，由于物品的特殊性质，产权的明确界定也存在很大困难。

5．产权界定不明确的弊端

上述讨论说明，产权的基础在于经济行为主体对稀缺资源排他性的占有和使用，比如享用不受污染河水的权力、污染河水的权力；享受宁静的权力、养狗的权力等。而外部性问题产生的根源在于产权界定不明确。与产权界定相关的另一个问题是“公共资源”现象。

公共资源（common resources）指这样的自然和人造资源系统，人们无法利用明确界定的产权关系对社会成员和机构利用这些资源的获利行为加以有效的排他性限制。例如，各国渔船可以到公海任意捕鱼，公海的鱼类资源就属于公共资源；如果山民可以不受限制地到森林里砍伐树木、捕猎，然后拿到市场上去变卖，森林资源就成为公共资源。公共资源是产权不明确界定的一个特例。你的是我的，我的也是你的，这种不明不白的所有权造成的浪费和损失在现实中并不少见。2007年上半年，我国很多地区热炒兰花，稀缺的野生兰花更是被炒到了天价。野生兰花就属于公共资源。中科院的一项调查显示，目前在我国的大别山区，野生兰花濒临绝种，在交通比较方便的山上，90%的野生兰花已经遭到破坏。在湖南湘西、甘肃陇南等出产兰花的山区，野生兰花的种群也遭受了毁灭性采集。

在公共资源条件下，个人行为对公共资源所带来的成本由集体承担。这样私人成本与社会成本不相一致，因而导致效率损失。在公海捕鱼，一艘渔船多捞一吨鱼的好处全归该船主所有，而海洋渔藏量的损失却由所有捕捞者承担。在产权不明晰的条件下，一艘渔船的捕捞产生了负外部效应，因而导致过度捕捞。这一现象被称为“公共地悲剧”(tragedy of commons)。这一概念最早由哈丁(Garrit Hadin)提出①。

对于“公共地悲剧”问题，有三种不同的解决思路。

第一是大政府方案。利用政府或类似组织所拥有的巨大的强制力，来解决公共资源利用的无效率。哈丁本人就认为，我们被“无知的云雾”所笼罩，“如欲避免拥挤的世界归于毁灭，人们必须诉诸个人心理之外的强制力”②。然而，行政干预的作用毕竟很有限。在此方案下，政府代表公众拥有、利用并控制资源，而实际的资源利用需要通过各级政府机构、官员或其委托机构来实施，如何保证这些资源在公众利益下得到有效利用，存在大量信息搜集、利益约束的困难。

第二是私有化方案，即将公共资源的产权明确下来，转化为私有产权。在我国西部很多地区，为了避免牧场被过度放牧，就是将大片的牧场细分后使用权给了牧民。但要成功实施这一方案，需要有个条件，就是交易成本足够低，从而保证产权界定带来的收益显著超过交易成本。公海滥捕现象之所以得不到有效解决，就是因为界定公海产权的交易成本太高。

第三是集体行动方案。该方案的特点是收益相关者通过协商行动来解决公共资源的低效率利用问题，提高当事人个体和群体的福利水平。比如，在公共楼梯间堆放杂物，既妨碍通行又影响美观，这个问题有可能通过居民协商，制定和实施一套规则来加以解决。实施集体行动方案的困难在于很难克服所谓“搭便车(free

① Garrett Hardin, 1968, “The Tragedy of the Commons”, Science, 162: 1243 - 1248.

② 卢锋:《经济学原理》，北京大学出版社 2002 年版，第 266 页。

ride)”行为。即使所有居民都觉得公共楼梯间堆放的杂物给他们带来不便，但大家都不愿意付出额外成本策划和组织集体行动来解决这一问题，而是等待别人出面组织，自己只享受结果。如果所有的居民都这样，那么这一问题便不可能得到解决。

第二节　公共物品和公共决策

一、公共物品和私人物品

我们通常所说的商品和劳务，如苹果、衣服、汽车等，都是所谓私人物品(private goods)。公共物品(public goods)与私用品在两个方面具有相反的特性。首先，私用品的消费具有所谓“竞争性(rivalrousness)”特征。当一个人在消费或享用某一商品或服务时，其他人便无法同时消费或享用同一商品或服务。一个苹果被你吃了，我便吃不到。一辆新车被你开了一年，别人再开时便不是新车了。而公共物品的消费则不具备竞争性。夜间行路，我享用路灯照明，你也同样享用路灯照明。我对路灯照明的消费丝毫不减少你从路灯照明得到的效用。

私人物品的另一特性为“排他性”(exclusivity)。消费者可以因某种原因而被拒绝消费私用品。比如，你不付一定的价钱，便不能消费服装、汽车等，你没有借书卡便不能借书。公共物品却不然。一国之内，如果一部分人受到国防力量的保卫，另一部分人也一定受到同样的保卫。你不能因为某人对国防力量毫无贡献，而将他排斥于国防力量保卫之外。

如果某一商品或劳务的消费同时具备非竞争性和非排他性，那便称为纯粹公共物品。国防、路灯、无线广播可谓纯粹公共物品。许多商品和服务只具备上述的一个特性。例如，有线电视只具有非竞争性，多一台电视机接收有线电视节目并不会降低其他电视机的接收质量。但它具有排他性，不付费的人是无法接收的。收费公园、电影院在未达到拥挤状态时也如有线电视一样，具有排他性但不具有竞争性。这种物品称为准公共物品。

另一些商品则具备竞争性但不具备排他性，本章上一节所讲的公共资源便具备这样的特性，例如新鲜空气和公海捕捞。一部分人消耗了新鲜空气，便减少了其他人所能得到的新鲜空气。或者说，降低了其他人所得到空气的新鲜程度，但你无法禁止别人呼吸空气。同样，一艘渔船在公海上捕捞，便减少了公海上的整个渔业资源，但任何人也不能禁止别的渔船在公海上捕捞。

二、公共物品与市场失灵

1. 公共物品提供的“搭便车”问题

公共物品消费的非排他性和非竞争性使得公共物品的消费和生产具有自己的特点，同时给市场机制带来一个严重的问题——“搭便车”问题。它往往导致市场失灵，使市场无法达到效率。我们知道，公共物品是非排他性的。一旦有人购买了公共物品，他就无法阻止其他人享受这一公共物品。比如，你在公寓的楼梯上装了一盏灯，其他上楼下楼的人统统借光，他们从路灯上得到的好处，并没因不付钱而有丝毫减少。这样，就产生了所谓“搭便车”的问题：不购买也同样能享用公共物品，那何必要自己掏钱购买呢？如果每个人都想搭别人的便车，期待他人购买公共物品，结果便没有人愿意提供公共物品。这便是“三个和尚没水吃”的故事，也是没有物业管理的公房楼梯一团漆黑的原因。显然，分散决策的市场机制在这里不起作用了。让房客各自安装楼梯过道灯，结果便没有人安装路灯。因此，由于公共物品具有强烈的外部效应，市场不仅失去效率，而且根本就不存在。

通过市场机制来提供公共物品还有另一个问题。公共物品一旦供应了，所有的人都能够而且必须享用同一数量，多一人享用该公共物品丝毫不影响其他人的享用。这就是说，一旦公共物品被供应了，多一人享用的边际成本为零。消费者从公共物品里得到一定的效用，而其消费的边际成本为零。因此，从效率的角度来看，应该让所有人都免费享用公共物品，以任何方式阻拦一部分人享用公共物品都会造成效率损失。比如说，高速公路已经建成，每辆车通过高速公路的边际维修费用假设为零。假如公路管理局收过路费 10 元，那么，那些从使用高速公路中得到的利益低于 10 元的车辆便不会进入这段高速公路。例如，某甲并没有要事，为简单起见，且假定他的时间的机会成本为每小时 4 元。如果他绕道而行要多花半个小时，并多耗 2 元钱汽油，因此机会成本共为 4 元。与 10 元钱的过路费相比，绕道而行对某甲来说是个人理性的决策。但对整个社会来说，绕道而行白白浪费了半个小时人力和 2 元钱的汽油，因此是一种效率损失。

于是，市场供应公共物品碰到了难题。从效率的角度出发，公共物品应该免费供应，但要是消费者一分钱也不付，那又如何来支付公共物品的生产成本呢？市场机制的驱动力之一是利润，要是连生产成本也收不回来，厂商是不会生产公共物品的。

总之,分散决策的市场机制对公共物品的配置无能为力。于是,政府取而代之。事实上,许多公共物品的供应都是由某种政府决策来决定的。国防由中央政府提供,其成本则通过税赋筹集。街灯、地方治安则由地方政府安排,其费用也是靠税收来支付。一些居民大楼的路灯、楼梯灯由居民委员会或其他管理机构统一安装维护,费用由各家各户分摊。

2. 公共物品的需求

政府提供公共物品并不等于政府生产全部公共物品。由于多种原因,单纯由政府生产和经营公共物品往往缺乏效率。因此,政府的职能应该是提供公共物品,而不是生产公共物品。特别是对准公共物品,政府常常通过预算或政策安排给厂商甚至私人厂商进行生产。还有政府也可能通过对生产公共物品的厂商进行补贴的方式来鼓励公共物品的生产。

公共物品的消费特殊性导致了其需求函数的特殊性。在通常的私有品市场上,面临同一价格,消费者依据各自的偏好购买不同的数量。市场的总需求量是在同一价格下所有消费者的需求量的总和。我们通常以横轴表示数量,以纵轴表示价格,因此,私用品的总需求曲线由所有消费者的个人需求曲线横向加总而构成。在公共物品的情况下,消费者必须消费同一数量,尽管他们从这同一公共物品中所得到的边际效用各不一样,即他们为公共物品所愿支付的边际价格不一样。既然所有的消费者享用同一水平的公共物品,那么,对一定量的公共物品,消费者集体所愿支付的价格应该是所有消费者所愿支付价格的总和。于是,公共物品的总需求曲线由所有消费者的个人需求曲线纵向相加而形成。

但是,由于"搭便车"的问题,人们一般不会真实透露自己对公共物品的需求。一定量的公共物品一旦存在,各人的消费并不因其对购买公共物品的贡献之大小而异。因此,人们往往希望别人多付钱,自己少付钱或不付钱。

诱导人们如实汇报其对公共物品的需求是相当困难的。比如,某村庄考虑在横贯村庄的小河上架一座桥。村政府要求每人如实报告这座桥对各人的价值。如果全村所有人所表示的价值总和不小于筑桥的成本,那就建桥,不然就不建。如果决定建桥,建桥的成本按各村民所表示的价值的比例分摊。也就是如果你透露桥对你的价值很高,你就得承担较大比例的筑桥成本。这一方案的结局是不难预料的,为了避免多付钱,大家都有意低估桥的价值,结果桥就修建不了。现在换个方案。每个人如实透露桥对自己的价值,而每人所承担的成本与他所汇报的价值无关。比如说，建桥成本由全体村民平均分摊。这时，经常过河的村民就会夸大桥的价值来促使桥的修建。而不常过河的村民则会极端低估桥的价值，企图取消建桥的计划。我们还是无法得到村民对小桥的真实需求。

那么，对于此问题是否就束手无策了呢？为了使人说真话，美国经济学家克拉克(Clarke, E. H.)提出了一种方案，称为克拉克机制，也叫克拉克税(Clarke Tax)①。为了简明地说明其思想，我们以一个例子来说明。一个大学宿舍要购买一台电视机，宿舍中住了三名学生A、B、C，三人要合伙购买的电视机价值3 000元。我们假设A、B都愿支付500元，C则愿意支付2 500元，或许他更愿意看电视，也可能他更有钱。因为三人评价之和3 500元超过了3 000元，所以电视机应该购买。我们让三个人平均分担成本3 000元，每人必须支付1 000元，然后要求三人报告自己的效用，你可以说谎，不过在下面的机制下，那对你没好处，还不如说真话对自己更有利。

三个人报告的各自的效用减去每人必须负担的成本1 000元，得到每人的净效用，即每人从购买电视机得到的净收益，然后把三个净收益加起来，如果是正值，即表明从整体来看是有收益的，购买；如果是负数，即说明总成本还抵不上净收益，则不购买。不过还没完，在这三人中我们要找那些损人利己，转嫁成本的人。假如先找到A，看A报告的自己的效用加上B与C的净效用之和，是否改变了总净收益的符号，即改不改变最后电视机的购买。如果改变了，则A转嫁了成本，或者说对B与C造成了伤害，使两人的净效用难以实现，所以我们要对A损害别人的行为收税，税收额为A对他人的总损害，即他人净效用的总和，以此来打击他说谎话、损人利己的积极性，从而促使其说真话。与之相似，可以再分别考察B与C，如果有转嫁成本的行为则对其收税，称为克拉克税。

具体到本例中，A如果真实地报告自己的效用500，从而净效用为－500，此时，给定B、C都说真话，从而净效用之和为1 000(－500＋1 500)，显然A的报告加上去不改变电视机购买与否，从而A不是一个关键人物，不用交克拉克税，因为此时他未对别人造成损害。不过如果最后A的净效用是负数，购买电视机相对于他实在是不利，于是他有积极性说谎，比如说谎报其效用为－500，则其净效用为－1 500，此时－1 500＋1 000＝－500小于零，从而最终不能购买电视机了，对A有利。A此时显然损害了B与C，使他们的净效用之和1 000化为泡影。于是对A

① Clarke, E. H., 1971, "Multipart Pricing of Public Goods", Public Choice 11: 17－33.

要收取1 000元的克拉克税，从而 A 最终所得为－1 000，显然比说真话最后得－500更差，索性还是说真话好些。

对于 B，因为与 A 的地位完全对称，从而结果与 A 一样。对于 C，给定 A 与 B 都说真话，如果 C 说真话，报告真实效用 2 500，其净效用为 1 500，此时 A 与 B 净效用总和为－1 000[(－500)＋(－500)]，为负数，两人总意愿是不买，C 的净效用加上去，改变了符号变为 500 大于零，从而 C 损害了 A 与 B，因为两人本来不想购买，但因 C 的行为使得要购买了，C 是一个关键人物，他必须付出税收 1 000，则 C 最终所得为 500。如果 C 为了使最终能买成电视机更保险一些，说谎夸大个人效用为 2 600，则其净效用为 1 600，给定 A、B 说真话，C 仍是一个关键人物要付出克拉克税 1 000，从而最终所得仍为 500(为什么不是 600)，虽然费力说谎，却并未使最终处境变得更好，何必呢？不如干脆说实话。

从以上分析我们看出 A、B、C 在知道克拉克税的运作原理后，理性的选择显然是每人都说实话。但需要指出，在卡拉克税下，所缴的税款不能分给任何一个社会成员。因为，如果社会成员能够分得或预期能够分得一定的罚款，那就改变了他从公共物品所得的净效用，这就会改变他的汇报或导致谎报。税款可以缴给政府作别的用途。

三、公共选择理论

1. 公众决策机制

公共物品的特性令人联想到一般的公共决策如政策、法律、宪法等。这些公共决策一旦被制定之后，它们对所有受管辖的公民产生同样的效力，正如一条街上的居民享用同一路灯照明一样。对公共物品的研究自然引起了经济学者对公众决策的兴趣。

在民主制度里，公众决策的一个重要方式是投票表决。公共物品的兴建只是公众决策的一个特例，当然也可以通过投票表决机制来解决。表决机制比轴心机制粗略得多，尤其是，表决机制中的关键人物并不对其改变社会决策的后果而承担责任。所以，表决机制难免被操纵、利用，因而难以诱导出投票者真实的偏好或意图。我们以一个简单的例子来揭露表决机制的一些缺陷。

假设本节所讨论的村庄里只有三位公民，他们面临着三种建桥方案：木桥、石桥和钢桥，不妨称这三种方案为 A、B 和 C。显然，越是坚固的桥梁，成本也就越高。公民们将投票决定其中的一个方案。表决程序如下：一人一票。每次表决在两种方案中选取一个，获简单多数者得胜。得胜方案再与另一方案角逐，最终得胜方案便成为公共决策。

我们把各位公民对三种方案的偏好排序列成表 10－1：

表 10－1　**公民对三种方案的偏好排序**

排序	公民		
	甲	乙	丙
1	A	B	C
2	B	C	A
3	C	A	B

假设先在 A 与 B 之间表决。根据各人的偏好，甲和丙将投 A 的票，乙投 B 的票，A 通过。然后，A 与 C 角逐。乙和丙都投 C 的票，C 方案通过。但问题是：公民们是否还要在 C 和 B 之间表决呢？如果要的话，表决结果是 B 通过。根据同样的逻辑，B 还必须与 A 角逐，于是 A 通过。如此重复，进入了一个无终止的循环，我们永远也得不到最终的表决结果。

如果在 C 和 B 之间不再表决的话，那会产生另一个问题，即表决程序操纵问题。比如，公民甲会提议先在 B 和 C 之间表决，其中通过的方案再与 A 角逐。根据他的建议，B 方案将先通过，最后 A 获得通过。于是，甲所最喜欢的 A 方案将成为公众决策。显然，其他两位公民不会轻易接受 A 的“程序性”建议。公民们于是将就表决程序进行争论或表决。事实上，在这个例子里，表决程序决定了表决结果。如果表决会进入循环而得不出结果，那么对投票程序的表决也不会有什么结果。

如果在甲、乙和丙就投票程序争论不休的时候，公民甲悟出了一点儿窍门。他说他撤回他的提议，同意按原程序先在 A 和 B 之间投票。但在表决 A 和 B 时，他给 B 方案，而不是 A 方案投了一票，于是 B 方案通过。然后 B 与 C 相比，B 通过。甲做了一点手脚，结果得到了 B 方案。对他来说，这比 C 方案为好。不按照自己真实偏好投票的行为叫做“策略性投票”。上述例子告诉我们，在简单多数表决里，策略性投票可以使投票者得到诚实投票所无法得到的、较好的结果。具有上述可能性的表决机制被称为可被操纵的表决机制。在可被操纵的表决机制里，一些投票者会在投票中做手脚，这样的表决机制一般无法发现公民集体的真实意图。

读者也许要问，这个例子恐怕是不太理想的表决机制，是否有其他表决机制对于程序操纵或策略性投票具有免疫能力呢？有没有表决机制能诱导出诚实的投票呢？答案是否定的。经济学家已经严格证明，（至少两个成员的）社会若要从三个和三个以上的方案中决定单一结果，那么，能免于操纵的表决机制只有一个，那就是独裁，即某一人说了算的表决机制。也就是说，免于操纵的表决机制根本不存在。

2. 阿罗不可能定理

上述表决机制的例子向经济学家提出了一个更为一般、深刻的问题，如某全体社会成员的偏好都是理性的，那么在所有个人偏好的基础上，能不能构造或推导出理性的集体偏好或公众偏好呢？我们知道，所谓理性的个人偏好具备完备性、传递性和非饱和性三个特征。所以，上述问题可以表述为：根据具备上述三个特征的个人偏好，能不能推导出具备完备性、传递性和非饱和性的公众偏好呢？前面三人表决的例子似乎对此作了否定的回答。在那个例子里，甲、乙、丙三人的偏好都是理性的，但是根据少数服从多数机制所得出的公众偏好却违反了传递性。

著名经济学家、诺贝尔经济学奖获得者阿罗（Arrow，K. J.）对上述公众抉择问题有深刻的研究，并作出了重要的贡献。阿罗认为，任何建立在个人偏好基础上的公众决策机制必须满足一些基本要求。他认为这些最起码的要求包括：

(1) 集体理性。如果所有个人的偏好具备完备性、传递性和非饱和性，那么，任何公众决策机制所导出的集体偏好也必须具备这些特性。

(2) 无限制性。公众决策机制不得排斥任何形式的个人偏好，只要该偏好具备完备性、传递性和非饱和性。

(3) 帕累托较优性。如果每个人都认为方案 A 比方案 B 优越，那么集体偏好也必须认为 A 比 B 优越。

(4) 偏好独立性。集体偏好对 A 和 B 之间的排名只取决于人们对这两个选择之间的排名，而跟人们对其他选择的排名无关。

阿罗不可能定理指出，完全满足以上四个条件的公众决策机制只有一个，那便是独裁决策。独裁决策是以某个人的偏好取代公众的偏好，这样的决策机制当然不是一般我们所认为的建筑在个人偏好基础上的公众决策机制。所以，阿罗不可能定理是说满足上述四项条件的公众决策机制是不存在的。因此，除独裁之外所有的公众决策机制，包括投票表决都免不了种种弊端。这似乎是对公众决策宣判了死刑。可在现实中，各式各样的投票表决机制在民主社会里被广泛地用作公众决策的机制。这导致了研究公众决策的理论家们从另一个角度来看阿罗不可能定理。阿罗不可能定理是因为有四项条件。如果我们将这些条件适当地放宽一些，就能得到理性的公众偏好。限于篇幅，对于这一问题我们在这里不做具体分析。

第三节　信息不对称

一、信息不对称及其所引起的市场失灵

新古典微观经济学关于竞争市场模型的一个基本假定是完全信息假定，即所有人都知道其他人的经济特征及各种有关生产的信息，而且，商品的价格唯一地浓缩了所有相关的信息，商品的质量被假定为同质，商品交易的过程被认为可以在瞬间完成，交易与履约过程被大大简化。显然，这种假定并不符合现实。现实生活中的市场都是信息不完全的市场，例如，消费者并不完全清楚商品的质量，雇主也不一定清楚雇员的能力，等等。信息不对称是不完全信息中的一种典型情况，信息不对称理论起源于 20 世纪 70 年代。2001 年度诺贝尔经济学奖授予了三位美国经济学家斯蒂格利茨（Stiglitz, J. E.）、阿克洛夫（Alkerlof, G.）、斯彭斯（Spence, M.），以表彰他们 70 年代在“使用不对称信息进行市场分析”领域所作出的重要贡献。

所谓信息不对称（asgmetric information），指的是交易的一方掌握着另一方所没有的信息，而这一信息又将影响后者的福利。比如说，卖方知道自己的产品质量而买方却不甚清楚，工人知道自己在工作中的努力程度而雇主却很难弄清楚。信息不对称能够对经济个体的决策和交易行为产生直接影响。在这种信息环境里，掌握信息的一方会利用其在信息上的优势企图在交易中得到较多的利益。而在信息上处于劣势的一方一旦意识到对方在操纵信息，就会采取相应措施。这样交易就比较难以达成。我们看到，在信息不对称条件下，价格机制将失去完全竞争所具备的效率性，有时甚至无法促成原本对双方都有利可图的交易。

1. 隐藏信息和逆向选择

我们以汽车保险为例。汽车出事故的概率与驾驶员即被保险人有关。在完全保险条件下，任何事故损失都会 100％地得到补偿。这样，开车人就可能改变开车习惯，为了节省一两分钟时间而闯红灯等，反正如果出了事故保险公司会负责赔付全部损失。如果被保险人如此行事，发生事故的概率就提高了，保险公司赔钱的机

会就多，它就不干。或者，保险公司考虑到被保险人的行为，可以把保险的价格提得很高，以至没有人愿意买保险。

另外，不同的人开车的习惯和态度不一样，因而出事故的概率也不一样。但保险公司并不掌握每个人出事故的概率，它只知道事故的平均概率。如果保险公司不能把高风险和低风险的被保险人区分开，它就不可能对被保险人收取不同的保险费，因为高风险的人会冒充低风险的人。如果保险公司按事故的平均概率收费，那么保险费对低风险的人太高，而对高风险的人太低。结果，低风险的人退出市场，要求保险的都是高风险的人。于是，购买保险的都是高风险客户，他们所面临的事故概率将高于平均概率，因而会遭受亏损，这种现象叫做逆向选择（adverse selection）。

逆向选择之所以发生是因为交易双方所掌握的信息不一样。当交易的一方掌握着另一方所不知道的信息，而该信息又将影响后者的福利时，市场价格就不能反映决策所必需的信息，缺乏信息的一方便不能作出买卖决定。于是，价格失去了平衡供求、促成交易的作用。

在没有不对称信息的市场上，如果需求大于供应，只要提高价格就可以压缩需求，刺激供应，最终达到供求的平衡。在有不对称信息的市场上，由于逆向选择、价格机制失灵了。当贷款价格上升时，需求虽然是降低了，但由于逆向选择，退出市场的是“好”顾客，留在市场的是“坏”顾客。利率提高，要求贷款的投资项目的风险也提高了，银行意识到逆向选择的存在以及破产概率的上升，因此并不会因利率高而增加贷款量。价格提高了，供应反而下降，需求可能还是不平衡。在上述银行贷款的例子里，供应骤然下降为零，市场消失了。

这种现象并不少见。在西方国家里，老年人很难买到医疗保险。按照正常的市场规律，如果老年人的医疗保险需求大于供应，为什么不提高价格来压缩需求、刺激供应呢？老年人的健康状况只有他们自己清楚，保险公司则不甚了然。当保险费上涨后，比较健康的老人，估量着自己不常看病，保险费这么贵，还不如不保险，到看病时再自己掏钱。而健康状况较差的老人，知道自己经常看病住院，医药费用很大，所以仍然会申请保险。提高价格后，赶走了一批低风险的顾客，留下的都有较严重的疾病的高风险顾客，保险公司当然不干。

2. 隐藏信息和道德风险

前文提到，开车人在购买了汽车保险后会改变开车态度，导致车祸发生的概率提高。同样，如果房屋着火所带来的全部损失由保险公司负责赔偿，房屋主人也就不会太费精力地去采取防火措施。被保险人因为购买了保险而改变其行为的现象叫道德风险(moral hazard)。这一术语出自保险业务。道德风险的产生是因为交易的一方无法观察到另一方的行为,或者因成本太高而不能监督对方的行为。要保险公司每时每刻地监督每个被保险人的开车行为,每家每户地检查被保房屋的防火措施,那成本显然高得不切实际。交易对方所不能观察的行为叫做隐藏行为。因为隐藏行为没法为对方或第三者所观察或证实,合同的条款便不能建立在隐藏行为上,也就是说,隐藏行为不受合同约束。这样,能够隐藏行为的一方自然会为自己的利益而采取相应行动。不能观察隐藏行为的一方意识到这一点,会要求在合同里加上一些条款以约束对方隐藏行为的范围,或者根本不愿成交。因此,隐藏行为的存在给交易带来效率损失。

这里我们运用一个具体例子表明在有隐藏行为的条件下,全保险业务为什么不可能存在。以及为什么大多数保险都有所谓免赔率(额)条款。

假设某地区小吃店的食品加工机器经常出现故障。而店主均为风险厌恶者。每出一次故障,维修费用和停工损失共计 200 元。据统计,如果平时能够得到妥善维护,这类机器发生故障的概率为 10%。但若不能得到日常维护,机器发生故障的概率高达 50%。机器的维护成本为每周 40 元。小吃店的利润为每周 320 元。

如果店主对机器进行日常维护,那么机器发生故障的概率为 10%。保养机器每周耗费 40 元。此时,在机器不出故障时,净利润为 280 元(320－40)。而一旦出了故障,每周的净利润只有 80 元(320－40－200)。因此,在保养机器的条件下,店主的期望净利润为 260 元(0.9×280＋0.1×80)。同样道理,如果店主不对机器进行日常维护,他的期望净利润为 220 元(0.5×320＋0.5×120)。显然,在没有保险的条件下,店主会妥善保养机器。

保险公司发现市场上有许多小食店使用这一类食品加工器。经过调查,公司决定推出新业务,给这类机器提供保险。也许是经验不足,一开始提供的是全保险,即凡出故障,公司补偿全部损失 200 元。公司的统计表明,这类食品加工器的故障率为 10%,所以期望赔偿费为 20 元。只要保险费在 20 元以上,太平保险公司就有利可图,愿意提供保险服务。

再来看小店主愿不愿意投保。如果店主购买了保险,那么他每周固定可以获得 260 元(320－40－20)。如果他不参加保险,他每周的期望净利润也为 260 元。因为店主均为风险厌恶者,所以他宁愿要确定的 260 元。所以,所有的店主都会购买保险。因此,保险市场应该存在。

现在，所有都购买了这项保险。在全保险条件下，机器故障的损失将全部得到补偿。对店主来说，既然机器故障的损失将全部得到补偿，那又何必花成本保养机器呢？这就是道德风险。被保人因为有了保险而改变了其行为。大家都不维护机器了，机器发生故障的概率不再是 10%，而是 40%了。为使保险业务不赔本，保险费就不能少于 80 元。可是，当保险费为 80 元时，小店主就不会参加保险。我们看到，道德风险的存在使得市场无法提供全保险业务。

但是保险公司不必完全放弃这项保险业务。上述保险市场无法存在的原因出在全保险。因为有了全保险，被保险人不再为自己行为的后果承担任何责任。如果设法让被保险人承担故障所造成的一部分损失，他们就会“检点”自身的行为，努力降低故障的发生概率。一个办法是在合同里明文规定被保一方必须妥善保养机器，否则保险公司拒绝赔偿损失。可是要使这条款有实际意义，保险公司必须能监督被保人的行为。而且，在有争议的情况下，第三者（法庭）必须能够验证被保险人的行为。我们知道，这一做法即使不是不可能，其成本也一定高得使保险双方都无法接受。

另一种办法是所谓免赔率条款。如果，事故发生被保险人要先承担事故所造成的损失，直到某一规定金额。超过规定金额部分的损失则由保险公司赔偿。现在，保险公司经过研究之后又推出新的方法。如果机器发生故障，被保一方自己承担 50%的损失，即 100 元的损失，余下的 100 元由保险公司赔偿。相应的保险费调整为 10 元。我们来看小店主会不会申请保险。如果保险了，他还会不会对机器进行日常维护？在购买了保险并妥善维护机器的条件下，小店主的净利润为 260 元[$0.9\times(320-10-40)+0.1\times(320-10-40-100)$]。如果不购买保险，他的期望净利润为 260 元[$0.9\times(320-40)+0.1\times(320-40-200)$]。而如果购买了保险而不妥善维护机器，小店主的期望净利润为 220 元[$0.5\times(320-10-40)+0.5\times(320-10-40-100)$]所以，所有的店主仍然会购买保险，并且在购买保险后妥善维护机器。

因为被保险人一定会对机器进行妥善的日常维护，所以机器发生故障的概率为 10%，对于保险公司来说，期望赔偿为 10 元(0.1×100)，恰好等于保险费。保险市场也有利可图。因此，保险市场应该存在。

二、信息调控及微观政策

在信息不对称的交易中，不仅信息缺乏的一方会遭受损失。掌握信息的一方也可能遭受损失。在银行贷款的例子里,当资金成本上升到8%时,银行就不贷款了。这时,银行和厂商甲都吃了亏。因为,要是没有冒险项目的存在,银行可以以10%的利率给甲贷款。这样,甲的项目可以上马,其报酬正好偿付利息。而银行在借贷业务中也得到了2%的毛利润。因此,双方都有愿望把隐藏信息搞个水落石出。

不掌握信息的一方,如银行、保险公司,可以以一定的成本收集与隐藏信息有关的信息,以改善自己在交易中所处的信息劣势,这叫做筛选(screening)。比如,在汽车保险中,保险公司要求在申请表里填写被保险人的年龄、婚姻状况、驾龄等信息。一般说来,成年人、成家的驾驶员开车会比较谨慎,不会像青年人那样乱闯。保险公司还可以查看被保险人以往的事故记录。这样,保险公司虽然不能直接观察到被保险人发生的事故概率,但可以利用这些信息来区分不同的风险。类似地,在医疗保险业务里,通常要对申请人进行健康检查。厂商招聘员工也有各种筛选手段,最简单的是看文凭。招工单位还可以通过考试或试用期来区别、发现雇员的能力。

反过来,掌握信息的一方有时也有积极性将信息暴露出来。优质产品因为低劣产品的假冒而无法得到承认,为了不被埋没,优质产品会设法向交易对方标榜自己的优越性,从而得到较高的报酬。例如,能力强的人可以通过教育获得较高的学历来向招聘厂商表明其能力,优质产品可以提供保修保退而与劣质产品拉开距离,这些行为叫做发送信号(signaling)。

发送信号与"王婆卖瓜"式的自我吹嘘不同。自我吹嘘不需要成本,优质产品能吹的,劣质产品也能模仿。发信号能有效地区分优劣的必要条件是优质发信号的成本比劣质效仿行为的成本较低。以保修保退向消费者发出优质的信号,厂商要付出一定的代价。而劣质产品若要模仿保修保退,其成本更大,因为劣质产品的维修率比较高。当模仿成本高达一定程度,模仿就不如不模仿了。这样,不同质的产品发出不同的信号(不发送信号也是一种信号),优质就能区分于劣质。

优质产品若能成功地通过发信号以区别于劣质产品,必须具备如下两个条件。首先,优质产品发信号的成本必须比劣质产品发同样信号的成本低得多。不然,劣质产品模仿优质产品的行为便不会太困难。其次,相对于信号发送成本,优质产品区别于劣质产品后所获得的利益必须足够大。不然,优质产品宁可混同于劣质产品。

筛选和发送信号在一定程度上都可以降低交易双方面临的信息不对称问题,

有助于交易的达成，从而提高资源配置效率。

保险业务中的免赔率(额)条款使被保险人承担行为的一部分后果，因而限制了他们的隐藏行为。几乎所有的财产保险和健康保险都有此条款。我国以前的公费医疗可算是全保险了，但病人还得付几毛钱的挂号费。只是挂号费太低，对道德风险的限制作用不大，因此滥用公费医疗在那时非常普遍。免赔率(额)条款虽然改善了保险公司的效率，但与没有不对称信息条件下的理想状态相比，还是有效率损失。假若保险公司能够不费代价地观察、监督被保公司人的行为，而且第三者也可以毫无成本地观察和证实被保险人的行为，那么保险合同中可以规定若被保险人不妥善维护机器，保险公司可以拒绝赔偿损失。这时，没有不对称信息，全保险是分担风险的最优合同。

隐藏行为普遍存在于各种经济活动中。雇主很难知道雇员是否努力工作，病人很难判断医生是否作出正确诊断。客户不知道他们所雇佣的律师或咨询机构是否在努力为他们辩护或作调查分析。学生和学校领导不清楚教师是否在认真讲课、做研究。在这种交易环境里，交易双方必须签订适当的合同，以诱导掌握信息、控制行动的一方采取使双方都满意的行为，这就是激励机制。限于篇幅，我们这里不对激励机制作详细介绍。

主要名词与术语

市场失灵　外部性　科斯定理　公共资源　公共地悲剧　公共物品　信息不对称　道德风险　逆向选择

复习思考题

1. 请证明在有正外部经济效应的条件下，完全竞争导致生产或消费的不足。

2. 外部效应的存在破坏了完全竞争市场资源配置的优越性。政府应采取什么措施来降低或消除外部经济效应所带来的效率损失。

3. 给公共物品下定义并举出一个例子。私人市场本身能提供这种物品吗？解释原因。

4. 什么是道德风险？列出雇主为了降低这个问题的严重性可能会做的三种事。

5. 什么是逆向选择？举出逆向选择可能成为一个问题的市场的一个例子。

参 考 文 献

[1] 萨缪尔森,诺德豪斯.经济学[M].18版.北京:人民邮电出版社,2008.

[2] 平狄克,鲁宾费尔德.微观经济学[M].7版.北京:中国人民大学出版社,2009.

[3] 曼昆.经济学原理[M].5版.北京:北京大学出版社,2009.

[4] 哈尔·R·范里安.微观经济学:现代观点[M].8版.上海:格致出版社,2011.

[5] 范家骧,刘文忻.西方经济学名著提要:微观经济学卷[M].南昌:江西人民出版社,2007.

[6] 迈克尔·帕金.微观经济学[M].8版.北京:人民邮电出版社,2009.

[7] 沃尔特·尼科尔森.微观经济理论:基本原理与扩展[M].9版.北京:北京大学出版社,2008.

[8] 张培刚.微观经济学的产生和发展[M].长沙:湖南人民出版社,1997.

[9] 高鸿业.西方经济学[M].5版.北京:中国人民大学出版社,2011.

[10] 尹伯成.西方经济学简明教程[M].5版.上海:上海人民出版社,2006.

图书在版编目(CIP)数据

微观经济学 / 赵立辉主编. —上海:立信会计出版社,2011.9

普通高等院校经济学"十二五"规划重点教材

ISBN 978-7-5429-3059-0

Ⅰ.①微… Ⅱ.①赵… Ⅲ.①微观经济学—高等学校—教材 Ⅳ.①F016

中国版本图书馆 CIP 数据核字(2011)第 193352 号

责任编辑 方士华

封面设计 周崇文

微观经济学

出版发行	立信会计出版社		
地　　址	上海市中山西路 2230 号	邮政编码	200235
电　　话	(021)64411389	传　　真	(021)64411325
网　　址	www.lixinaph.com	电子邮箱	lxaph@sh163.net
网上书店	www.shlx.net	电　　话	(021)64411071
经　　销	各地新华书店		
印　　刷	江苏凤凰数码印务有限公司		
开　　本	787 毫米×960 毫米	1/16	
印　　张	18	插　　页	2
字　　数	305 千字		
版　　次	2011 年 9 月第 1 版		
印　　次	2015 年 8 月第 4 次		
书　　号	ISBN 978-7-5429-3059-0/F		
定　　价	35.00 元		